国際民事訴訟法・国際私法論集

高桑　昭　著

東信堂

まえがき

本書は著者がこれまでに書いた論文のうちから、国際民事訴訟法に関する九篇と国際私法に関する六篇を収録したものである。収録に当っては、できるだけ内容上の重複を避けるとともに、現行法の解釈、適用に当って参考となると考えられるものと、その分野の研究が少く、今後の参考となると考えられるものとを選ぶこととした。

第一部国際民事訴訟法に関する論文の第一章は国際民事訴訟法について概観したもの、第二章から第六章までは国際民事訴訟法で従来から重要な事項とされてきた民事裁判権の免除、国際裁判管轄権、外国人及び外国の社団、財団の当事者能力、渉外的訴訟事件における送達と証拠調、外国判決の承認及び執行をまとめたものである。第七章は主権免除のほか民事裁判権免除一般について述べたもの、第八章と第九章は国際民事手続法についての国際的立法の情況と、国際裁判管轄権に関する将来の国際的立法について考察したものである。この三編は個別のテーマについての研究であるが、第二章から第六章まではわが国における現行国際民事訴訟法の解釈論でもある。

第一章は国際民事訴訟法の意義、内容、法的性質、法源などについてまとめたものであって、この分野の全体を鳥瞰することとなる。

第二章は、平成二一年の「外国等に対する我が国の民事裁判権に関する法律」についての解説であるが、それに先立つ民事裁判権の免除一般についての論文(第七章)を承けて書かれたものである。便宜上ここで第七章について述べると、第七章は外国国家のみならず、国家の代表者、外交官、領事官等の個人、国際機構及びその職員等に関する民事裁判権の免除について、一九八五年頃までの各国の立法をまとめたものであり、おそらく、それまでの邦語の文献としては情報量の多いものの一つであろう。もっとも、そこではあえて国際法学者の「理論」をとり上げて詳しく紹介することはしていない。その理由は、既に多くの文献のあること、従来の国際法学者のいう「理論」(例えば、行為性質基準説、行為目的基準説など)はおおまかな基準にしかならず、それでは具体的な場合に結論が必ずしも明らかになるとはいえないこと、従って、具体的な事項ごとに裁判権免除の妥当性についての利益較量をする必要のあること、主権国家についての裁判権免除は慣習国際法によるのではなく、各国の国内法又は条約に根拠が必要であることとの立場を相当と考えていたからである。第二章のもととなった二〇〇五年の国際連合条約はまさにそのような結果になっているといえよう。

第三章は平成二三年四月に国会で成立した「民事訴訟法及び民事保全法の一部を改正する法律」における国際民事裁判管轄権に関する規定を紹介するとともに、その重要な点について私見を述べたものである。これまで、わが国における国際民事裁判管轄権の問題は上告審判例と大多数の下級審裁判例のとる逆推知説によって処理されてきたが、ようやく近年になって国際管轄権それ自体についての成案をみるに至った。この問題は、わが国の国際民事訴訟法上永年の懸案であったので、ここに新たな規定についての一章を加えた。

第四章は外国人及び外国の社団、財団の訴訟上の当事者能力はいかなる法によって判断すべきかの問題を整理して説明したものであり、既に発表した論文と若干重複するところもないではないが(拙稿「わが国の外国法人制度について」『国際取引における私法の統一と国際私法』(有斐閣、二〇〇五年)二八四頁―二八九頁)、国際民事訴訟法上の重要問題であり、本書が現行法についての解釈も寄与しうることを考えて、あえてここに収録することとした。

第五章は、わが国が締約国となっている一九五四年の「民事訴訟手続に関する条約」(民訴条約)、一九六五年の「裁判上及び裁判外の文書の送達に関する条約」(送達条約)並びにこれらの条約の実施のための特別法(民事訴訟手続に関する条約等の実施に伴う民事訴訟手続の特例等に関する法律及び民事訴訟手続に関する条約等の実施に伴う民事訴訟手続の特例等に関する規則)の解説と、わが国における渉外的送達及び証拠調についての現行法の仕組を述べることにあるが、それに関連するいくつかの重要な問題についても論じている。司法共助についての条約は、事項の性質上、法律家にもわかりにくく、内容も一般に興味をもたれないところであるが、実務上重要な事項であるので、ひととおり説明した。

第六章は一九八二年に書いた外国判決の承認、執行に関する論文(『新・実務民事訴訟講座7』(日本評論社、一九八二年)一二五頁以下)の立論を修正するとともに、その後の裁判例をもとに問題点を整理し直し、また、平成六年(一九九四年)以降約一六年間の裁判例の要旨を附した新たな論文を収録したものである。ここでは外国裁判の承認の問題だけでなく、外国裁判の効力と執行、国際的訴訟競合との関係などについても扱っている。

第七章は、既に述べたように、一九八五年頃までの民事裁判権免除についての各国の国内法と一九七二年の欧州条約についての研究である。

第八章は一九八五年頃までの国際的立法(条約等)で、民事訴訟に関する裁判手続固有の条約だけでなく、私法上の法律関係に関する実質法や、抵触法の条約のなかにある手続法に関する規定を調べた結果をまとめたものである。これによって手続法についての国際的調和と統一の情況について知りうるとともに、当時は将来の国際的立法にも何らかの役に立つであろう。本書に収録するに当っては、それ以後の多数国間条約を調査して資料として加えることも検討したが、かえって読みにくくなるおそれもあり、あえて公表当時のままとした。したがって、その後の情況の変化にともなう補足はつけていない。

第九章はこれをふまえて、裁判管轄権についての国際的立法の可能性と方向を考えてみたものである。第八章と第九章は、国際的立法の観点から問題の整理を試みた研究論文であり、これまで、わが国を含めて、研究の少かった分野である。

第二部の国際私法に関する論文についてはとくに全体に共通するところはない。法例等の解釈に関するものが少ないのは、それらについては個別の判例評釈で論じたためである。

第一〇章は法例修正案の説明書は同じ内容であるにもかかわらず「参考書」と「理由書」とがあるのは何故か、執筆者、目的は何か、わが国の国際私法学者は従来立法資料に言及することが少なかったのは何故かなどのことを調べてみた結果を述べたものである。

第一一章は海事法律関係に関するわが国の抵触法(国際私法)の原則を検討したものである。これに先行する研究としては山戸嘉一博士による『海事国際私法論』(有斐閣、一九四三年)及び『国際私法講座』第三巻(有斐閣、一九六四年)にある「海商」、池原季雄＝高桑昭＝道垣内正人「わが国における海事国際私法の現況」(海法会誌復刊第三〇号、一九八六年)がある。その後、平成一八年(二〇〇六年)に法の適用に関する通則法が制定されたが、海事関係については立法上の措置、裁判例による変更もないので、そこに述べたことは現在でも意味があるといえよう。

第一二章は平成一五年(二〇〇三年)仲裁法のもとで、仲裁判断において適用すべき実体法規範はどのようにして決定すべきかを論じたものである。これは仲裁法と国際私法とにかかわる問題の一つである。それらについては既にまとめたものがあるが(拙著『国際商事仲裁法の研究』信山社、二〇〇〇年)、わが国の仲裁法がその後に制定されたので、現行の仲裁法の解釈を扱ったものをここに収録した。

第一三章はわが国について平成二一年(二〇〇九年)八月一日から効力を生じた、一九八〇年の「国際連合国際物品売買条約」の実体法規定のわが国における適用の問題を論じたものであり、これは統一私法と国際私法との関係に関するものである。国際的立法に際して統一私法と国際私法の関係については必ずしも十分に論じられてきたとはいえないが(拙著『国際取引における私法の統一と国際私法』(有斐閣、二〇〇五年)参照)、わが国では、国際動産売買条約が効力を生ずる間際になっても、学界での研究、実務界での対応には十分とはいえないところがあると思われたので、同条約の適用についてあらためてまとめたものである。第一一章から第一三章までの三つの論文はわが国の現行法の解釈を扱うものである。

第一四章は、一九九三年のハーグ国際私法会議の百周年に当って、平成五年一〇月の日本の国際法学会における研究報告をもとにしたものである。その内容は一九九三年頃までのハーグ国際私法会議における国際的立法を整理、概観したものであり、第一部の第八章、第九章とあわせて国際私法、国際民事訴訟法の国際的立法に関する研究である。

第一五章はハーグ国際私法会議で作成する条約の最終条項について述べたものである。条約とくに国際私法に関する条約の最終条項は国際法、国際私法の研究者、実務家のいずれの関心をもひかないところであるが、同会議の第一二会期及び第一三会期で整備されたので、当時事務担当者であった著者が、昭和五三年一〇月に日本の国際法学会で報告したものをもとにした論文である。このような技術的で地味な条項にも国際私法に関する条約の特色があらわれ、それなりに興味を感ずるところはある。ところで、第一五章は一九七八年に、第一四章は一九九三年にまとめたものであるが、国際私法の国際的立法についての説明に重複があり、本書での順序も論文の発表時と逆になったため、公表当時の形でははなはだ読みにくくなった。そのため、元の論文に大幅な加筆と削除及び修正を加えた(それにもかかわらず、この二章での導入部分の若干の重複は避けられなかった)。しかし、第一四章には一九九三年当時のハーグ国際私法会議条約についての一覧表を残し、第一五章には新たに二〇一一年四月末日現在でのハーグ国際私法会議条約の一覧表(同会議のホーム・ページにもとづいて作成したもの)を加えた。これによってハーグ国際私法会議条約の現況を知ることができよう。

これらの論文を収録するに当っては、書かれた時期が過去約三十年間にわたるため、改正法令、新法、新たな文献、資料、その後の情況について注、補注或は補足、括弧書など適宜の方法で補うこととしたが(これらの統一はとれていない)、その量が多くなり過ぎるもの、書かれた当時の形のほうがわかり易いものについてはあえて元のままにしてある。また、用語の表記、注の位置、文献の引用の仕方などについても統一することを考慮したが、それによってとくに得ることはないと思われたので、あえて統一することはしていない。章の題名は若干変えたものもあるが、ほぼ元の論文のままとした。わが国の法令、裁判例の年月日については和暦で表記しているが、その他については西暦を用いている。以上のことについて御諒承をお願いしたい。

条約、法令の引用は二〇一一年(平成二三年)四月末日現在のものによる。

著者がこのような問題に関心をもつようになったのは、直接には法務省民事局及び外務省条約局において国際私法及び国際取引法に関する立法事務を担当し、国際的立法作業に参加する機会に恵まれたことによる。それ以来、多くの方々の言説や文献に接するように努めた。まがりなりにもこのようなものをまとめることができたのは、内外の多くの研究者、実務家の研究に負うところが大きい。ここに謝意を表する。

本書の出版に当っては、株式会社東信堂代表取締役下田勝司氏の御配慮と同社編集部の助力を得たうえ、成蹊大学からは二〇一一年度学術研究成果の出版助成をいただいた。原稿の整理と校正については、森・濱田松本法律事務所の古川郁子さんにお世話になった。ここに記してこれらの方々と成蹊大学に厚く御礼申し上げる。

二〇一一年七月二七日

高　桑　　昭

目　次

国際民事訴訟法・国際私法 論集

第一部　国際民事訴訟法

第一章　国際民事訴訟法

一　国際民事訴訟法の意義

私人間の紛争についての公権力による強制的解決方法としての民事訴訟、権利の実現のための民事執行、破産等の倒産の場合の民事手続は、これまでそれぞれの主権国家における法制度としては存在する。しかし、複数の国や地域に関係のある私人間の紛争について、国家の枠組の外での或は国家の裁判制度とは別の紛争処理機構も手続も未だ存在しない(今後も容易には実現しないであろう)。したがって、二以上の国や地域にかかわる私人間の紛争を解決するためには、差当たり、いずれかの国の民事手続によるほかはない。しかしながら、各国の民事手続は手続上の要素(例えば、被告の住所、証拠の所在地、別訴の提起)が自国内にあることを前提としているため、手続上の事項が二以上の国に関係のある場合、すなわち渉外的事項のある手続については、通常とは異なる取扱いをするのが適当と考えられることがある。そのような取扱いをする法規範が国際民事訴訟法または国際民事手続法といわれるもの[1]である(以下で慣用に従い「国際民事訴訟法」ということにする)。

手続における渉外的事項とは、一定の手続において自国以外の国・地域（以下、便宜上両者をまとめて「外国」という）が関係し、それによって通常の場合と異なる取扱いを考慮しなければならない事項をいう。一般には、外国に関連のある訴訟における内国裁判所の裁判管轄権（国際裁判管轄権）、外国人及び外国の社団、財団の当事者能力と訴訟能力、外国での又は外国からの送達及び証拠調の要請に関する手続（国際司法共助）、内国訴訟と外国訴訟の競合についての措置（国際訴訟競合）、外国でなされた裁判の内国における効力（外国裁判の承認と執行）などである。

このような民事手続における渉外的事項の取扱いに関する法規範をまとめて国際民事訴訟法と称している。このような法規範も各国国内法であり、国ごとに異る。これまで、各国に共通する法規範或は法原則の形成のための努力はなされてはいるが、それは未だ十分な成果を上げるには至っていない。

二　国際民事訴訟法の規律する事項

国内の通常の民事事件での手続とは異なる取扱いをすることが適当とされる事項が、国際民事訴訟法の対象となる事項である。それは明文の規定によるものもあれば、判例、学説で形成されているものもある。

わが国で国際民事訴訟法の対象とされる事項としては、渉外的要素を含む訴訟事件についての内国裁判所の裁判管轄権、外国及び外国の社団、財団の当事者能力及び訴訟能力、原告が日本に住所等を有しない場合の訴訟費用の担保と訴訟救助、外国への送達と外国からの送達、内国手続のための外国での証拠調と外国手続のための内国での証拠調、外国法の調査と証明、外国での訴訟と競合する内国での訴訟についての措置、外国でなされた裁判等の内国における効力及びその執行などであり、これに附随して、保全手続における国際裁判管轄権、外国でなされた保全処分の内国における効力の問題もある(狭義の国際民事訴訟法)。さらに、渉外的事項のある非訟事件についての国際裁判管轄権及び外国でなされた非訟事件の裁判の内国での効力、内国における倒産手続の外国にある財産に対する効力、外国における倒産手続の内国での効力、外国でなされた仲裁判断の承認(補注)及び執行なども、国内事件とは異なる考慮を要する事項とされている(広義の国際民事訴訟法)。

これらのことからいいうることは、国際裁判管轄権に関する事項が多いということである。まず、訴訟事件、非訟事件等において、自国(内国)が裁判管轄権を行使しうるか、あるいはそれが相当かということ(直接裁判管轄権)と、他国(外国)でなされた裁判について、その国の裁判管轄権を認めてよいかということ(間接裁判管轄権)がある。外国に係属する手続と競合する内国手続の措置(国際訴訟競合)は、内国の裁判管轄権を認めるか、内国の裁判権の行使をどのようにすべきかという問題である。また、内国手続と外国の裁判の関係、内国の裁判と外国の裁判の関係、外国の裁判と他の外国の裁判の関係(外国裁判の効力の承認)も国際裁判管轄権に関連する事項である。

送達と証拠調は国家の裁判権に基づく手続であるから、原則として、内国手続に関して外国で行われる送達と証拠調はその外国の定める方法によるべきであるし、外国手続に関して内国で行われる送達と証拠調は内国の定める方法によるべきこととなる。送達、証拠調及びその他の手続(他国の司法機関からの法令等についての照会など)について国を異にする裁判所間で協力することがあり、これらを国際司法共助という。

外国でなされた裁判の承認及び執行は、外国の裁判の効力を内国で承認し、内国の国家権力によってそれを実現することであるから、これについてはその外国の裁判管轄権を認めるか否かにとどまらず、内国の法秩序の維持という観点からの考慮(公序の問題)が加わる。

外国人及び外国の社団、財団に関する事項は、それらの者の内国における法的地位についての規律(外国人法)の問題である。その当事者能力、訴訟能力はもちろん、訴訟費用の担保、訴訟救助もこれらの者の内国手続における地位、処遇の仕方の問題である。外国人及び外国国家等についての裁判権免除の問題もこれに属するといえよう（もっとも、この問題は内国が裁判権を行使しうるかということであるから、裁判管轄権の前提となる問題でもある）。

当事者適格は一定の者（外国人に限らない）が具体的な手続の当事者となりうるかということであり、実体的法律関係をもとに（例えば、代位訴訟、訴訟担当など）、法廷地で手続を行う法的利益の有無の問題であるから、法廷地手続法によるべき問題である。これも国際民事訴訟法の問題に含めてもよいであろう。

立証責任の問題は、裁判の前提となる事実が不明のときの措置に関する問題であるから、我が国では、紛争の対象となる法律関係の実体法上の問題であって、手続法上の問題ではないとされている。また、債権の消滅時効、出訴期限についても、我が国では権利の存否の問題、すなわち実体法上の問題として取り扱っている（しかし、これを権利の救済に関する手続上の問題（出訴期限）とする国もある）。

外国法の調査、証明の問題は手続上の渉外的要素ではないので国際民事訴訟法固有の問題ではない。

三　国際民事訴訟法の法源

一　概説

国際民事訴訟法で対象とされている事項については、各国が国内法で規律してきた。それは制定法又は判例によることもあれば（例えば、わが国では送達、証拠調は前者であり、国際裁判管轄権は後者であった）、手続の運営における慣習によることもある（かつての外国国家に対する応訴の意思の問合せと訴状送達の可否はその例であった）。

しかし、各国における取扱いが異なることは渉外的な紛争の解決のためには好ましいことではない。それは、いずれの国で裁判をするかによって手続が異なり、それによって実体についての判断も異なる可能性があるからである。そのようなことを避けるために、各国の国際民事訴訟法の規定を統一し、あるいは各国の国内法を利用するための方法を国家間で取り決めることが試みられてきた。このための方法は二国間又は多数国間の合意（条約、協定等）である。各国で同じ法規を適用するためには、国際法上の合意の形式をとることによって、締約国を拘束することが適当であるからである。これらの条約を批准し、あるいはこれに加入した国において、条約の規定が直接適用されるか、条約に基づいて制定された国内法の規定を必要とするかは各国の法制によって異なる。我が国では条約の規定が直接適用しうる内容・性質の規定であれば、あえて国内法を制定することを要せず、国内法としての効力を有するとされている。しかし、そのような場合でも、国内で条約の規定の適用を容易にするために国内法を制定する場合がないではない。

条約のほかに一般（慣習）国際法によることもある。

二　国内法における法源

我が国における制定法の主なものとしては、民事訴訟法（国際裁判管轄権（三条の二から一二まで）、当事者能力二八条及び二九条）、訴訟能力（三三条）、訴訟費用の担保（七五条）、外国でする送達（一〇八条）、外国における証拠調（一八四条）、外国公文書の成立（二二八条五項）、外国裁判所の判決の承認の要件（一一八条））、民事執行法（債務名義（二二条六号））、執行判決（二四条））、民事保全法（管轄権（一一条））、外国裁判所ノ嘱託ニ因ル共助法（外国からの送達及び証拠調の嘱託並びにその実施に関する規定）、民事訴訟手続に関する条約等の実施に伴う民事訴訟手続の特例等に関する法律、破産法(平成一六年制定。外国人の地位(三条)、破産事件の管轄権(四条)、外国倒産手続がある場合の特則(二四五条—二四七条))、外国倒産処理手続の承認援助に関する法律などである。

明文の規定のない事項については、国内事件に関する規定の類推あるいは条理によるなど、立場は分れている。判例で形成されてきた事項としては、わが国の国際裁判管轄権と外国国家等の裁判権免除があったが、近時、いずれも立法がなされた(第二章及び第三章参照)。

なお、通常の国内事件に適用される規定であっても、それが渉外的事件にも適用されるかどうかが問題となることもある(例えば、外国に在る証人の呼出・勾引(民訴法一九〇条—一九四条)、外国に在る者に対する外国に在る文書の提出命令(同二二三条)、外国の裁判所に係属する訴と本案の起訴命令(民事保全法三七条)など)。

三　国際法に基づく法源

我が国が締約国となっている多数国間条約としては、文書の送達について「民事訴訟手続に関する条約」(一九五四年)及び「民事又は商事に関する裁判上及び裁判外の文書の送達及び告知に関する条約」(一九六五年)、外国公文書の成立の証明についての「外国公文書の認証を不要とする条約」(一九六一年)、仲裁契約と外国仲裁判断の承認、執行についての「仲裁条項ニ関スル議定書」(一九二三年)、「外国仲裁判断の執行に関する条約」(一九二七年)及び「外国仲裁判断の承認及び執行に関する条約」(一九五八年)、「国際航空運送についてのある規則の統一に関する条約」(一九二九年のワルソー条約二八条、一九九九年のモントリオール条約三三条)、「油濁による汚染損害に関する国際条約」(一九六九年)、主権国家と私人の紛争についての「国家と他の国家の国民との間の投資紛争の解決に関する条約」(一九六五年)などがある。外交官、領事官等の裁判権免除については「外交関係に関するウイーン条約」(一九六一年)及び「領事関係に関するウイーン条約」(一九六三年)があり、国際機関及びその職員の裁判権免除についてはそれぞれの国際機関を設立する条約及び国際機関と接受国との協定(「国際連合の特権及び免除に関する条約」、「国際連合大学に関する協定」など)による。いずれについても、わが国では、これらの条約を実施するための国内法は制定していない。

二国間条約の合意としては、通商航海条約において相手国国民(法人を含む)の当事者能力、訴訟能力を認める規定(かつて通商条約中の会社互認条款は法人格の承認ではなく、裁判手続上の当事者能力を認めているだけと解されていたが、近時の条約では相手国法人の権利能力及び当事者能力を明文で認める規定を設けることが多い)をおき、いくつかの条約では自国民と相手国国民との間の仲裁契約の承認、仲裁判断の承認及び執行に関する規定がある。また、領事条約の中には相手国において自国民のために一定の方法によって文書の送達をし、証拠調べをすることのできることを定めるものもある(日米領事条約、日英領事条約)。

慣習国際法によるものとしては、不動産に関する訴訟事件についての不動産所在地国の裁判管轄権があるとされている。主権国家の裁判権免除及び執行免除は、かつては国際法によると説明されていたが、この原則は、各国の判例で展開され、近時国内法で外国国家の裁判権免除等について定めている国もあり、その内容も必ずしも同じではない。したがって、主権国家の裁判及び執行からの免除を慣習国際法によるということにはなお疑問がある。しかし、二国間の通商条約のなかで一定の者について、一定の場合には裁判権免除を主張せず又はこれを享有しない旨を定めていることがある。この場合の法的根拠は条約(特別国際法)となる。(例えば、一九五八年の日ソ通商条約付属書)。ところが、国際連合総会は二〇〇五年一月に国際法委員会の条約案をもとに「国及びその財産権の裁判権からの免除に関する国際連合条約」を採択し、わが国はこれにもとづいて二〇〇九年四月に「外国等に対する我が国の民事裁判権に関する法律」を制定し、同法は二〇一〇年四月一日から施行された(条約は二〇一一年四月末日現在未発効。日本の条約受諾は二〇一一年五月)。条約未発効のときは、この問題はなお各国で国内法によることとなる。司法共助について、条約等の明示の合意がない場合に、相手国に協力を要請する手続は慣習国際法による。

四　国際民事訴訟法の法的性質

一「手続は法廷地法による」の原則

北イタリアの都市国家では、中世後期まで、裁判では、当事者がいずれの地又は都市の住民であろうと、訴訟事件がいかなる地に関係しようと、自らの法を適用して裁判をしていた。しかし、一三世紀頃から、自らの法すなわち法廷地法のみを規準として裁判をすることは適当でないということになり、実体(decisio litis)と手続(ordinatoria litis)とに区別し、実体については一定の法則に従って適用さるべき法規を決定するが、手続については法廷地の手続法によることになった。一定の事項が実体と手続のいずれに属するかについては、法廷地の規則によって判断すべきこととされた。このような「手続は法廷地法による」(Forum regit processum[2])の原則はその後欧米諸国において永く維持され、現在に至っている。わが国でも、旧法例(明治二三年法律九七号)一三条でこの原則を定めていたが、一国の法律においてこのような規定をおくことは「国法ノ態裁ヲ失スル」という理由で、現行法例(明治三一年法律一〇号)ではあえてそのような規定はおかないこととした[3]。

「手続は法廷地による」の原則の根拠については定説はない[4]が、手続法は当事者が左右しえない法であって属地的に適用さるべきものであること、手続法の画一的適用の必要とその技術的性質などがその根拠としてあげられている(この原則に異をとなえる説はない)。

二　国際民事訴訟法の内容

手続は法廷地法によるとの原則のもとでも、外国人や外国にかかわる手続については通常の国内事件とは異なる取扱いがなされてきた。このような取扱いのもととなる法規範を、一九世紀末から欧州諸国では国際私法とは区別して、国際民事訴訟法と称するようになったが、その内容及び範囲は論者によって同じではなく、法体系における位置づけも異なっていた。もっとも、中南米諸国では一八八九年の諸条約(モンテビデオ条約と総称)を採択し、西欧諸国によるハーグ国際私法会議でも早くから裁判管轄権や訴訟手続に関する条約(例えば、一九〇二年の「離婚及び別居に関する法律並びに裁判管轄権の抵触を規律するための条約」、一九〇五年の「民事訴訟手続に関する条約」)を採択しており、民事訴訟手続において渉外的事項について国内事件とは異なる取扱いをすることが広く認識されていたといってよいであろう。第二次世界大戦後の各国における渉外的訴訟事件の増加によって、欧米諸国においても、わが国においても、渉外的事項について適用される規則を国際民事訴訟法(わが国での名称は Internationales Zivilprozessrecht の訳語)ということは定着したといってよい。

三　国際私法、民事訴訟法と国際民事訴訟法の関係

国際民事訴訟法がいかなる性質の法であるか、それが法体系上どのような位置にあるかについては外国においてもわが国においても未だ見解の一致をみるには至っていない5。

まず、国際民事訴訟法を国際私法の一部とする説がある。この説では、私法上の法律関係における法の抵触を解決する規則が国際私法であり、「手続は法廷地法による」との原則を国際私法上の抵触規定とみて、国際私法の規則によって一定の事項が手続に属するとされるならば、法廷地法が適用されるとする。この原則は抵触法(国際私法)における一つの規範であるから、国際私法とは別に、とくに国際民事訴訟法の概念を立てる必要はないというのである。それによれば、裁判管轄権の問題についても管轄権に関する規則の抵触の問題として処理することとなる。これは欧州諸国における従来からの有力説であり、多くの国の国際私法の概説書の中で国際民事訴訟法のことが扱われ、国際私法学者による研究が多いのはこのような考え方によると思われる。

これに対して、国際民事訴訟法を民事訴訟法の一部とする学説がある。それによれば、手続法は公法であり、属地的に適用されるのであるから、渉外的事項に関する問題も法廷地の民事訴訟法上の問題であって、あえてそれとは別に国際民事訴訟法の概念を立てる必要はないというのである。

さらに、民事訴訟あるいは民事手続において渉外的要素を考慮して適用される特別の法をいうものとする説があるが、この立場をとる者にあっても、理論的体系を提示しない者、国際民事訴訟法の独自性を主張する者、あえてそれを主張しない者などに分かれているとされている。そのような違いはあるが、結論として近時はこの説をとる学説も多い。

ここでこれらの学説の詳細について検討することはできないが、これらの説の相違は、国際私法の目的及びその範囲についての理解と、「手続は法廷地法による」の法則の意味するところについての理解の仕方の相違とによるのではないかと思われる。手続法に関する渉外的事項のうち、まず問題とさるのは、法廷地における裁判管轄権の有無についてである。それが肯定されてはじめて準拠法の決定のための抵触規則が適用されることになるのであるが、裁判管轄権の有無の問題は法廷地の裁判権行使の範囲に関する問題であるから、まさに自国の法規範によるべき場合であって、外国の法規範の適用の余地はない。したがって、手続法上最も重要な問題である国際裁判管轄権に関する法規範は国際私法には属しないというべきである。そして裁判管轄権が認められたときに、「手続は法廷地法による」との法則が働くことになる。一定の事項が実体と手続のいずれに属するかは法廷地手続法によるが、手続に属する事項とされたときは法廷地手続法が適用され、一定の場合には渉外的事項に関する自国の規定が適用される。このような規定を国際民事訴訟法の規定というのであれば、それは、法規範の存在形式からいえば、国内の民事訴訟法の一部といって差し支えない。しかし、既に検討したように、これらの規定は通常の国内事件についての規定には存在しない事項に関するものであり(例えば、国際裁判管轄権、外国裁判所の判決の承認及び執行、内外の判決及び外国の判決間の牴触など)、その規律の仕方も国内事件の場合とは異なるものもあり(例えば、送達、証拠調べなど)、これらをまとめて国際民事訴訟法と総称する理由はあると考えられる。そのように理解した場合に、取り扱う事項の性質が異なることのために、国際民事訴訟法独自の原理、理論体系が考えられないとしても、それはむしろ当然のことであって、そのことによって特に不都合が生ずるとは考えられない。重要なことは、個別の渉外的事項をいかに適切に規律するかにあるからである。

このように理解すると、国際私法は実体に関する準拠法を決定する牴触法規範であり、国際民事訴訟法は手続における渉外的事項に関する実質法規範であり、したがって、実体か手続かの区別は国際私法を適用すべきか国際民事訴訟法によるかという問題であって、「手続は法廷地法による」との法則は牴触法上の法則ではないというべきである[6]。手続に関する事項かどうかは法廷地の手続法で決定することであり、国際民事訴訟法の規定は原則として牴触法的処理を必要とせず、直接に適用さるべき法規範であるということになる。これに対して当該事項について抵触法的処理によって準拠法を決定するという立場をとる場合(例えば、外国人の訴訟能力について法廷地法によらないで属人法における手続法によるとする立場をとる場合など)では、そのための抵触規定(手続に関する抵触規定)が適用され、次いで、それによって指定される手続に関する実質法が適用されることになる[7]。しかし、手続法の適用に当たって、このような抵触法的処理の方法を持ち込むことが適当かどうかには疑問があろう。

五　国際民事訴訟法の調和と統一

渉外的性格を有する民事訴訟事件、非訟事件、倒産事件は、人々の国際的な交流の発展とともに、わが国でも外国でも今後増加することが予想される。このような事件の処理のための、国家を超えた法や国際的な機関が近い将来に成立するとは考えられず、かなりの期間にわたって、各国の裁判所その他の国内機関によるほかはないであろう。民事訴訟の代わりに仲裁を利用するにしても、それにも限度があろう[8]。したがって、今後の渉外的事件の処理のために、各国の国内手続を整備、充実させることが必要となろう。

その場合にまず必要な規定は国際裁判管轄権に関する規定である。国際裁判管轄権の規定は法廷地を決めることによって当事者の手続進行に影響を及ぼすのみならず、法廷地の国際私法を通じて準拠すべき実体法を決定することにもなるからである[9]。また、裁判管轄権の有無は外国でなされた裁判の承認についても問題となる。これらについては各国がそれぞれ適切な立法をもって対処することになるとはいえ、各国でその内容を異にすることは適当ではない。したがって、裁判管轄権、外国裁判の承認及び執行、国際訴訟競合の場合の措置等についての規定は、多数国間条約によって統一しておくことが望ましい。それによって手続法についての法の相違を解消することができるからである。

これに対して、各国の国内法の規定そのものを統一しなくとも目的を達しうる事項もある。例えば、送達及び証拠調べがそれである。すなわち、送達、証拠調べの実施については原則として実施する国の国内法に委ね、送達又は証拠調べを依頼する国と実施する国との間での嘱託手続と実施方法を定めておくことでも足りる。それは、二国間条約によることもできるが、多数国間条約のほうが適当なことはいうまでもない。これは、手続法における法の調和をはかる方法といえよう。国際民事訴訟法に属する事項のなかにはこのような方法で統一し、あるいは各国の国内法の相違を克服することが可能なものもある。

注

1 国際民事訴訟法の意義については、澤木敬郎「国際私法と国際民事訴訟法」(澤木敬郎＝青山善充編『国際民事訴訟法の理論』有斐閣、一九八七年)一頁以下参照。

2 E. Spiro, Forum regit processum (Procedure is governed by the lex fori), International and Comparative Law Quarterly vol. 18, pp946-960 (1969).

3 法例修正案参考書三頁。なお、明治三一年の法例修正案についての帝国議会での審議に際して起草委員(穂積陳重、冨井政章、梅謙次郎)が議会に参考として提出したものを民間で出版したもので、「法例修正案理由書」とするものもあるが(博文館、一八九八年)、内容は同じであり、題名は出版者が附したものである。高桑昭「法例修正案に関する参考書と理由書」国際法外交雑誌八六巻二号三〇頁(一九八七年)(本書第一〇章に収録)。

4 澤木敬郎・注**1**三頁以下、櫻田嘉章「『手続は法廷地法による』の意義」澤木敬郎＝秌場準一・国際私法の争点(新版)(ジュリスト増刊、一九九六年)二一八頁参照。

5 澤木敬郎・注**1**八頁以下参照。

6 同旨、道垣内正人・ポイント国際私法各論二四頁(有斐閣、二〇〇〇年)。

7 法人の当事者能力及び訴訟能力について法人の従属法(属人法)の訴訟法によるとする説をとる立場がこれである(山田鐐一・国際

私法(第三版)二三七頁、二四〇－一頁(有斐閣、二〇〇四年)。そのうえで、属人法上の法廷地訴訟法で当事者能力、訴訟能力を有するときは法廷地における当事者能力、訴訟能力を肯定する。

8　仲裁手続による場合は当事者の合意の必要、仲裁人の選任、仲裁手続の費用と報酬の負担などからみて、これを私人間の紛争の一般的解決方法とすることは、差当り困難であろう。

9　国際裁判管轄権に関する各国の法規の統一は、各種の法律関係に通ずる一般的な形で、或は個別の法律関係について統一をはかる試みは行われてきた。しかし、家族法上のいくつかの法律関係に関する裁判管轄権を除いて、直接管轄権、間接管轄権のいずれについても各国に共通する一般的な法則は作成されていない。一九九五年からハーグ国際私法会議において、財産関係の訴訟事件の直接管轄権と間接管轄権、訴訟競合の措置などに関する条約の作成は、各国の立場の相違、とくに米国と欧州諸国の相違によって二〇〇一年に挫折した。

(補注)　仲裁の特色とくに訴訟に比べての利点として、迅速な解決、費用の低廉、仲裁人の専門的・技術的知識と経験の活用、実務的で妥当な解決、手続の非公開、裁判管轄権の問題がないこと、適切な判断基準の選択などが主張されているが、結局、仲裁が訴訟と異なるところは専門的・技術的な知識と経験のある仲裁人を選定しうること、手続が非公開であること、裁判管轄権の問題がないことの三点であろう。それ以外は仲裁が訴訟よりもすぐれているとは必ずしもいえないと思われる。かえって、仲裁では、仲裁契約(仲裁合意)の必要、仲裁人の選任、仲裁手続に時間を要すること、仲裁手続の費用と仲裁人の報酬は当事者の負担であること、仲裁判断の基準の不明確、仲裁判断に対する不服申立と是正の余地の少いことなどの問題がある。現代の国家が国内における強制力(執行力)を独占する構造をとるかぎり、国家の裁判手続が原則的な紛争解決方法であり、私人による仲裁、私的調停など、いわゆる裁判外紛争解決手続は国家法の許容する範囲内で意味をもつことになる。高桑昭・国際商事仲裁法の研究(信山社、二〇〇〇年)参照。

第二章　外国等に対するわが国の民事裁判権

一　序説

平成二一年四月一七日に「外国等に対する我が国の民事裁判権に関する法律」が国会で成立し、同月二四日に公布[1]された。この法律によってわが国内で外国国家及びその他主権的権能を有するものに対して、わが国が民事裁判権を行使することのできる場合が明確となった。

この法律は、二〇〇四年（平成一六年）一二月の第五九回国際連合総会で作成され、翌二〇〇五年一月に条約として署名に開放された「国及びその財産の裁判権からの免除に関する国際連合条約[2]」（United Nations Convention on Jurisdictional Immunities of States and Their Property）をわが国が批准するに際して、この条約の規定を採り入れたものである。もっとも、条約の条文と法律の条文は必ずしもそのままの形で対応してはいないところもある。

わが国では、憲法第九八条第二項により、わが国の締結した条約は国内において法的効力を生ずると解されているところ[補注1]、本条約の各規定はその内容・性質からみて、とくに条約実施のための国内法を必要とせず、国内においてそのままの形で適用することが可能で[補注2]ある。それにもかかわらず、今回この国内法を制定した理由は、本条約が未発効であり(発効要件は三〇箇国の批准、受諾、承認又は加入。二〇一一年四月三〇日現在未発効)、未発効の条約は、わが国が締約国となっていても(二〇一一年五月に条約を受諾)、国内で公布しない[補注3]ことと、国内での適用には条約よりも国内法の形式のほうが容易であることにあったと思われる。

筆者は昭和六二年(一九八七年)に国家に対する裁判権免除に関する内外の情況をまとめたことがある[3]。その後、一九九一年に国際連合国際法委員会が国際法の法典化のためにまとめた条約案を作成[4]したが、直ちに国際的立法には至らなかった。国際連合総会第六委員会は二〇〇〇年から主権免除に関する条約作成のための作業部会を設けて、国際法委員会の案をもとに二〇〇四年三月に条約案をまとめ、それが同年一二月の国際連合総会で「国及びその財産の裁判権からの免除に関する国際連合条約」として採択され、二〇〇五年一月に署名に開放された。二〇一一年四月末現在でこの条約の締約国は一一箇国である[補注4]。

本稿では、外国国家の民事裁判権からの免除の扱いについて、前述の拙稿「民事裁判権の免除」で述べた後のわが国における情況について略述し、その後にこの法律の概要を説明することとし、最後に若干の私見を述べることとする。

なお、いわゆる主権免除(国家免除)の問題に関しては内外ともに夥しい文献[5]があり、本条約についての文献も少くない。ここでは紙面の制約上代表的なものを掲げるにとどめた。割愛した多くの文献の著者の御海容をお願いする。

二　一九八〇年代後半以降のわが国の情況

一　外国国家等の民事裁判権からの免除の裁判例

前述の拙稿後にあらわれた外国国家に対する訴についての裁判例としては、次のようなものがある。一は、絶対免除主義をとるものである。これには在日米軍基地における航空機の夜間離着陸禁止と損害賠償を求める訴訟であるが、外国を被告とする訴訟については、国際法の原則によれば、外国国家が自発的にわが国の裁判権に服する意思を表示して応訴した場合又はわが国内にある不動産を直接の目的とする権利関係に関する訴訟である場合は例外として、それ以外の場合にはわが国の裁判権は及ばないとするもの(東京地八王子支判平成九年三月一四日判時一六一二号一〇一頁、判タ九五三号二九八頁。横田基地夜間離着陸差止事件)、また、外国政府の保証による、金融公社の発行した円貨債券の償還を求めた事案で、外国国家の主権免除特権の放棄の意思は常に国家から国家に対して表示されることを要し、債券面上の表示は私人に対してされたものであるので、この表示では特権放棄の意思表示があったとはいえないとし、外国国家への請求を却下したもの(東京高判平成一四年三月二九日判例体系国際私法五八一九頁。ナウル共和国金融公社債事件の控訴審)、外国国家が日本法人からの準消費貸借契約による元利金等の支払について、不動産に関する訴訟の場合及び外国国家が日本の裁判権に服する場合を除き、民事裁判権免除が認められないとするものがある(東京高判平成一五年二月五日民集六〇巻六号二五五四頁。パキスタン政府への物品納入事件)。これらのうちの一つは主権的行為に関する裁判例であるが、あとの二つは商業的取引に関するものである。

二は主権的行為についての判断のなかで制限免除主義をとるべきことを述べたものである。前述の横田基地事件について、「旧社会主義国の一部を除くほとんどの国では制限免除主義が採用されており、わが国だけが絶対免除主義に固執するときは国の経済活動を含む様々な活動の障害となり、制限免除主義がより合理的であるから、大審院判決《（マヽ）》は先例的価値を失ったとの主張は傾聴に値する」としながら、日米地位協定一八条五項により公務執行中の米軍構成員又は被用者の不法行為にもとづく損害賠償請求もその差止請求も認められないとするものがある（東京高判平成一〇年一二月二五日判時一六六五号六四頁、判タ一〇六一号二六五頁。）。この事案について最高裁判所は、「外国国家の私法的ないし業務管理的行為について免除の範囲を制限しようとする諸外国の国家実行が積み重ねられてきているが、主権的行為については民事裁判権を免除する旨の国際慣習法の存在を引き続き是認することができる」とし、在日米軍機の夜間離発着の差止請求と損害賠償請求は認めなかった（最判平成一四年四月一二日民集五六巻四号七二九頁**6**。なお日米地位協定一八条五項は、民事裁判権免除を前提として、米軍の不法行為から生ずる請求の処理に関する制度を創設したものにすぎないとする）。この最高裁判決は大審院決定による判例を変更することを示唆したものであるが、事案との関係では傍論である。同様の判決として在日米軍の通信基地の明渡請求を却下したものがある（横浜地判平成一四年八月二九日判時一八一六号一一八頁。上瀬谷通信基地事件）。

三は制限免除主義を採ることを明らかにしたものである。外国政府の保証にかかる、金融公社の発行した円貨債券に他国の裁判所を管轄裁判所とし、主権免除の特権を放棄する意思を明示的に表示している場合についてまで、その経済的取引の主体である外国国家又はその国家機関に主権免除を認めることが国際慣習法になっているとは認められないとするものと（東京地判平成一二年一一月三〇日判時一七四〇号五四頁。ナウル共和国金融公社債事件の第一審）、これについて前記平成一四年の最高裁判決と同じ基準によるべしとするもの（東京地判平成一五年七月三一日判時一八五〇号八四頁、判タ一一五〇号二八四頁。ナウル共和国金融公社債事件の再審請求事件。ただし、再審請求は棄却）、米国のジョージア州に雇傭されていた者からの解雇無効確認、賃金支払請求で民事裁判権免除を否定したもの（東京地中間判平成一七年九月二九日判時一九〇七号一五二頁、労判九〇四号三五頁）があらわれた。そして、外国国家に対して準消費貸借契約にもとづいて元利金等の支払を求めた事案について、最高裁判所は、「外国国家の私法的ないし管理業務的な行為については、民事裁判権の行使が当該外国国家の主権を侵害するおそれがあるなどの特段の事情がない限り、日本の民事裁判権から免除されない」とし、「外国国家が私人との書面による契約で日本の民事裁判権に服する旨の意思を明確に表明した場合には、原則として、当該契約から生じた紛争について民事裁判権から免れない」として（最判平成一八年七月二一日民集六〇巻六号二五四二頁[7]（パキスタン政府への物品納入事件））、従来の判例を変更し、原審へ差戻した。

しかし、そこでは主権免除の例外についての具体的な基準は明示していない。

二　裁判権免除特権放棄の意思表示の方法

前項で述べたところから明らかなように、かつて、絶対免除主義のもとでは裁判権免除の特権の放棄の意思は当該外国から裁判権を行使するわが国に伝えられなければならないとされ、従って、例えば債券上にその趣旨が記載されていても、それだけでは足りないとされていた。この立場では外交上の経路によって当該外国に放棄の意思の有無を問合せることとなる。平成一八年の最高裁判決はこれも改め、私人との間の契約書でその趣旨が示されていることで足りるとした。

三　訴訟手続上の書類の送達

訴状及び期日呼出状の送達についても、絶対免除主義のもとでは、日本の裁判所が被告とされた外国国家に送達することはできず、それに先立って当該外国にそのことについての意思（必ずしも応訴の意思ではない）を外交上の経路を通じて確める必要があるとされていた（昭和四九年四月一五日最高裁民二第二八一号事務総長通達、平成六年一二月二四日最高裁民二第四二五号事務総長通達）。しかし、これについても学説で批判があり[8]、その後にそのような扱いはしないこととなった[9]（平成一二年四月二〇日最高裁民二第二二四号事務総長通達）。

三　わが国の「外国等に対する民事裁判権法」の概要

一　国及びその財産の裁判権からの免除に関する国際連合条約

国際連合による二〇〇五年の「国及びその財産の裁判権からの免除に関する国際連合条約」（UN Convention on Jurisdictional Immunities of States and Their Property. 2005 未発効）は制限免除主義を採用し、商業的取引、雇用契約などについて国家及びその財産についての裁判権免除を認めないとするものである。まず、適用範囲（一条）、国家、商業的取引についての定義規定（二条）、条約の適用の対象とならない免除の特権（三条）、条約の遡及適用の禁止（四条）について定め、裁判権免除の原則を掲げたうえで（五条）、明示の同意のあるとき、自ら訴え又は反訴を提起したときを除外することとし（七条―九条）、さらに商業的取引（一〇条）、雇用契約（一一条）、人身及び有体物侵害（一二条）、動産・不動産の所有権・占有権・用益権（一三条）、知的及び工業的財産権侵害（一四条）、法廷地法にもとづいて設立され又は法廷地に本拠のある法人又は団体との関係(一五条)、国家が所有し又は管理する船舶(一六条)及び仲裁契約の効力(一七条)に関するそれぞれの裁判手続では、裁判権免除を主張できないこととしている。しかし、訴訟提起前及び訴訟終了後の強制については、それに同意していないかぎり(七条の同意とは別の同意。二〇条)、免除を主張しうる(一八条・一九条)。また、一定の財産については、執行等における同意の対象とならないことを定めている(二一条)。訴状等の送達は条約又は特別の合意のあるときはそれにより、それらがないときは外交上の経路もしくは当該外国の承認した方法による(二二条)。一定の場合を除き、欠席判決をすることはできない(二三条)。この条約の規定は、当該国について条約が発効する以前に開始された裁判手続における事項には適用されない(四条)。この条約では、「国家」には国及び政府機関、連邦国家における州その他主権を行使する権限を有する構成国又は政治的支分国、国家の主権的機能を行使する機関又は組織、並びに国家代表を含むとしている。しかし、外交官・領事官、国家の長の裁判権免除には適用されない(三条)。この条約は締約国が三〇箇国となったときに効力を生ずる。

二 外国等に対する我が国の民事裁判権に関する法律

この法律は二〇〇五年の国際連合条約を国内で実施するために平成二一年四月に制定され(平成二一年法律第二四号)、公布の日から起算して一年を超えない期間内において政令で定める日から施行されることとされた(平成二二年四月一日から施行)。その概要は次のとおりである。

(一)本法が適用される手続

この法律はわが国で行われる民事の裁判手続(裁判権のうち刑事に係るもの以外のものをいう)に適用される(一条)。

(二)この法律の適用される当事者

この法律は、国及びその政府の機関(二条一号)、連邦国家の州その他これに準ずる国の行政区画であって主権的な権能を行使する権限を有するもの(同条二号)、前二号に掲げるもののほか、主権的な権能を行使する権限を与えられた団体(当該権能の行使の場合に限る)(同条三号)、前三号に掲げるものの代表者であってその資格にもとづき行動する者(同条四号)である。米国の各州、中国の香港は二号の例であり、各国の中央銀行(主権的機能の行使の場合に限る)は三号の例である。

(三)この法律と条約・慣習国際法の関係

国家の裁判権免除に関し、わが国が締結した条約又は確立した国際法規(慣習国際法)があるときは、それらがこの法律に優先して適用される(三条)。これは憲法九八条二項にもとづく。

(四)外国等の内国手続免除の原則

この法律の適用される者(前出(二)。以下「外国等」という)については、この法律で定める場合を除き、日本の裁判権(民事裁判権)から免除される(四条。制限免除主義)。この原則は、「我が国の民事裁判権」との文言からみて、この原則は裁判(訴訟)手続、保全処分、民事執行、担保権の実行等、裁判所の行う民事手続の全てに及ぶことになる。

(五)裁判権免除の原則が適用されない裁判手続

i　外国等の同意がある場合(五条)　この同意は訴訟手続等の裁判手続について、条約その他の国際約束(一号)、書面による契約(二号)、当該裁判手続での陳述書若しくは書面による通知(三号)によって明示的であることが必要であり、特定の事項又は特定の事件に限られる。裁判手続における同意は保全処分及び民事執行の手続には及ばない。

ii　外国等の同意があったとみなされる場合(六条、七条)　外国等による訴の提起その他の裁判手続開始の申立、裁判手続への参加(裁判権免除を主張する場合を除く)及び異議を述べることなく本案について弁論、申述がある場合には同意があるものとみなされ(ただし、裁判権免除の原因事実を知らなかったことにつきやむをえない事情があるときは、それを証明すれば本条の適用を免れ、期日への不出頭等は同意とはみなさない。六条)、外国等が訴を提起した場合又は当事者として訴訟に参加した場合において、反訴が提起されたときは、当該の反訴について五条の同意があったものとみなされる(七条一項)。外国等が反訴を提起したときは、本訴について同意があるものとみなされる(同条二項)。

iii　商業的取引に関する裁判手続(八条)　商業的取引とは民事又は商事に係る物品の売買、役務の調達、金銭の貸借その他の事項についての契約(労働契約を除く)をいう。ただし、その取引は外国等とその外国等以外の国の国民との取引又はその外国等の法令で設立されたものでない法人・団体との取引であることを要する。もっとも、外国間の商業取引の場合と、取引の当事者間で明示的に裁判権免除の合意をした場合には、本条は適用されない。

iv　労働契約に関する裁判手続(九条)　個人との労働契約で労務の全部又は一部が日本国内で提供される場合がここにいう労働契約である(同条一項)。ただし、その個人が外交官、領事官など外交上の免除の特権を有する者であるとき、その他外国等の安全、外交上の秘密に関係のある任務を行う者であるとき(同条二項一号、二号)、裁判手続が採用・再雇用の契約の成否に関するとき(同項三号。損害賠償請求は除く)、解雇その他労働契約の終了の効力に関するものであって(損害賠償請求は除く)、外国等から裁判手続が安全保障上の利益を害するおそれがあるとされているとき(同項四号)、その個人が訴提起の時に当該外国等の国民であるとき(同項五号。その者が日本に通常居住する者であるときを除く)、書面による特段の合意があるとき(それが無効とされる場合を除く。同項六号)には、当該外国等は日本の裁判権には服さない。

v　人の死傷又は有体物の滅失等に関する裁判手続(一〇条)　その原因となる行為の全部又は一部が日本国内で

行われ、かつ、当該行為をした者が行為の時に日本国内に所在していたことを要する。外国等の公務員、使用人等による交通事故による損害賠償請求訴訟がその例である。

vi　日本にある不動産等についての権利、利益等に関する裁判手続（一一条）　これらは日本にある不動産の所有、使用、占有等に関する権利義務に関する裁判手続、相続、贈与、無主物として取得した動産又は不動産の帰属、使用等に関する裁判手続をいう。これらについて一部の当事者に裁判手続からの免除を認めることは跛行的法律関係を生ずるおそれがあり、国内の物権に関する秩序に差支えが生ずるからである。

vii　裁判所の行う財産の管理、処分手続（一二条）　外国等の権利、利益にかかわる財産が画一的に裁判所等の管理、処分手続（例えば、破産手続）の対象となっている場合に裁判権免除を認めると、当事者、利害関係人の公平を害し、手続の運用に支障が生ずることになるからである。

viii　日本の法令によって保護される知的財産権の存否、効力、帰属又は内容に関する裁判手続及び外国等による日本での知的財産権の侵害に関する裁判手続（一三条）　日本の法令によって生ずる知的財産権の存否、効力、帰属とその内容に関する裁判手続（同条一号）から免れないとした理由は、日本法にもとづく知的財産権それ自体に関する裁判手続であるからである。日本における知的財産権の侵害に関する裁判手続（同条二号）は通常の財産権侵害における訴訟手続と異なるところはない。なおこれについて日本法で認められる権利の侵害に限定されることになろう。

ix　国家及び国際機関以外をその構成員とする団体であって、日本の法令で設立された団体若しくは日本に主たる事務所を有する団体又はそれらの団体の他の構成員との間における、構成員としての資格に関する裁判手続（一四条）　このようなことは主権の行使とは通常は関係がないからである。ここにいう団体には法人格を有しないものも含まれる。ただし、書面による合意、定款、規約等に裁判手続からの免除の定めがあれば、外国等はそのことを主張することができる(同条二項)。

x　外国等の所有又は運航する船舶の運航に関する裁判手続及びそれらの船舶上の貨物に関する裁判手続(一五条)　前者については、当該船舶(軍艦、支援船を除く)は裁判手続の原因発生時に外国政府の非商業的業務以外のために用いられていたことを要する(同条一項、二項)。後者については、貨物を運送する船舶が政府の非商業的目的以外に使用されていたことを要する。その船舶が軍艦、支援船又は政府の非商業的業務のみに用いられ若しくは用いられることが予定されている船舶の場合には、適用されない(同条三項、同項四)。

xi　仲裁合意及び仲裁手続に関する裁判手続(一六条)　外国等はその外国等以外の国に属する国民、その外国等以外の国の法令で設立された法人との間において、商業的取引にかかる書面による仲裁合意(仲裁契約)の存否若しくは効力又はそれにもとづく仲裁手続に関する裁判手続からの免除を主張しえない。ただし、書面による合意のある場合を除く。これは、外国等と他国民との間の紛争において仲裁合意の存否、有効性が争われた場合に、それについて有権的判断をする機関が必要となるからである。

(六)保全処分及び執行手続等が可能な場合

外国等は日本にあるその財産に関し、その同意がある場合を除き、保全処分又は民事執行、担保権の実行などの手続について日本の裁判権から免れる(一七条)。日本国以外の国の中央銀行又はこれに準ずる金融当局の有する財産は、その当局の同意がないかぎり、保全処分又は民事執行の対象とすることはできない(一九条)。これらの例外となるのは次の場合である。

i　保全処分、民事執行について外国等の同意ある場合(一七条、一八条三項)　この同意は、条約その他の国際約束、仲裁に関する合意、書面による契約、保全処分又は民事執行の手続における陳述又は裁判所若しくは相手方への書面による通知による明示の同意をいう(一七条一項)。訴訟手続についての同意は、保全処分、民事執行の同意とはされない(同条三項)。もっとも、保全処分、民事執行のために外国等が一定の財産を担保として提供した場合には、その財産について日本の裁判権が及ぶ(同条二項)。

ii　民事執行の対象が政府の非商業的目的以外のみに使用される財産の場合(一八条)　日本において外国等の有する財産が非商業的目的以外のみに使われ又は使われる予定となっている財産でないときは、外国等の同意を要せずに、民事執行をなしうる(一項)。外国使節団等がその任務の遂行に当って使用される財産、軍事的な性質を有する財産又は軍事的な任務の遂行に当って使用される財産、外国等にかかる文化遺産、公文書その他の記録、科学的・文化的・歴史的意義のある展示物も、外国等の同意があるときを除き、裁判権から免除される(二項、三項)。

(七)民事裁判手続についての特則

i　訴状等の送達　訴状、期日呼出状の送達はそのための条約等の国際約束があればその定める方法により(二〇条一項一号)、そのような国際約束がないときは外交上の経路を通じてする方法(同項二号イ)又は民事訴訟法に規定する方法であって当該外国等が受け入れる方法(同項二号ロ)による。制限免除主義をとる国では被告に訴状等の送達の方法は法廷地国と被告となる外国等との関係により、必ずしも一様ではない。外交上の経路による場合は外国等の外交機関が受領したときに送達があったものとみなされる(同条二項)。外国等が異議を述べないで本案について弁論、申述をしたときは、送達の方法についての異議を述べることはできない(同条三項)。

ii　被告不出頭の場合の措置　被告が口頭弁論期日に出頭せず、答弁書その他の準備書面を提出しない場合には、原告の請求を認容する判決をなしうるが、訴状等の送達の日又は送達のあったとみなされる日から四月を経過した後でなければならない(二一条一項)。判決又はそれに代る調書の送達についてはⅰの定めに従い(同条二項)、判決に対する上訴又は異議の申立は送達後四月以内にしなければならない(同条四項)。

ⅲ　勾引、過料の規定の不適用　外国等については、文書その他物件の提出命令、証人の呼出その他手続上の命令に従わないことを理由とする勾引、過料を課すことはできない(二二条)。

四　結語

一　外国国家の民事裁判権からの免除の問題については二〇世紀後半から各国で制限免除主義が多く採られるようになった。これについては以前に述べたとおりである(第七章参照)。この問題が国際的にも多くの機会で論じられながら容易にまとまらなかった理由は、多くの国は外国で自国が訴えられ、自国の財産が執行の対象となることは極力避けたいが、自国において自国民等が外国国家の責任を追及する余地は残したいということにあり、それについていかなる行為、いかなる財産について免除するか或は免除しないか、そのためにいかなる基準をとるべきか、どのようなことをその対象とするかについて各国の態度、見解が分かれたためである。そこで基準として主張されたのは機関性質基準説、行為目的基準説、行為性質基準説、通商活動基準説などであったが、一つの基準で整理できるものではなく、結局はいくつかの基準を組合わせて具体的な行為又は財産についての利益の比較較量によるほかはなかった[10]。このことは国家免除(主権免除)に関する慣習国際法は形成されていなかったということである。従って、この条約は新たな国際的立法であり、慣習国際法として行われてきたところを法典化したものではないといわなければならない。

わが国の従来から多くの学説では、絶対免除主義であれ制限免除主義であれ、慣習国際法の存在を前提とし、わが国もそれに従うべしという考え方をとっていたように思われるのであるが、このような考え方は以上のことからみれば、明らかに適当とはいえないであろう[11]。慣習国際法が形成されていなかったからである。慣習国際法が形成されるためには相当数の国家での実行(state practice)があり、そのことが多くの証拠で裏づけられる必要があり、かつ、その国家実行について法的確信(opinio juris)のあることが必要とされる。そうすると、各国で制限免除主義をとるように変ってきたとしても、具体的な基準が異なれば、それについての国家実行と法的確信の存在は疑わしいことになる。それだからこそ条約を作成する必要があり、その意味があるということになる。翻って考えると、国家間の行為によって主権免除についての国際的慣習の形成されることはほとんどなく(このことは外交官、領事官についての裁判権免除の場合とは異なる[12])、国家間の合意がないかぎり、各国の国内事項として処理しうる問題である。そうでなければ絶対免除主義から制限免除主義への変更など起りえないであろう。このことはいくつかの国の裁判例や米国における「テイト・レター」などによる制限免除主義への転換、米国、英国をはじめとする主権免除法の制定からみて明らかではなかろうか。わが国が条約の発効をまたず、国内法を制定したのも、実質的には、この理由によるといえよう。

二　二〇〇五年の国家免除に関する国際連合条約はこの問題に関する永年の論争、各国の態度の相違を立法的に解決するために作成された。その内容は国際法委員会の条約案の段階にとどまらず、条約として採択されたのであるから、本条約によってこの問題については一応の区切りがついたといえよう。

しかし、本条約が発効しなければ、或は発効したとしても締約国が少なければ、国際的立法によって問題が解決されたとまではいえないであろう。その場合に慣習国際法が形成されているとみるべきかも疑わしいこともあろう。

このことは一九七二年の国家免除に関するヨーロッパ条約があるにもかかわらず、国際法委員会で法典化作業を続けたことからもいえよう。

ともかく、わが国については「外国国家等の民事裁判権免除に関する法律」を定めたことによって、この問題についてのわが国における判断基準は一応は明確になった。

注

1 平成二一年四月二四日官報号外第八八号一三頁。

2 UNDoc. A/59/508.

3 高桑昭「民事裁判権の免除」澤木敬郎＝青山善充編『国際民事訴訟法の理論』(有斐閣、一九八七年)一四七頁以下。

4 国際法委員会の条約案については廣部和也「国家免除条約案の意義と問題点」国際法外交雑誌九四巻一号一頁(一九九五年)。また、最近の情況については廣部和也「最近における主権免除原則の状況」国際法外交雑誌一〇四巻一号一頁以下(二〇〇五年)参照。

5 代表的な文献として Hazel Fox, The Law of State Immunity, Oxford University Press, Oxford, 2002. なお、本条約については二〇〇四年に出版された同書のペイパーバック版の前書き(Preface to the Paperback Edition)で多少言及している。

6 最高裁判所判例解説民事篇平成一四年度(上)三七六頁[吉田健司](法曹会、平成一七年)。高桑昭「外国国家の主権的行為と民事裁判権の免除」民商法雑誌一二七巻六号八七七頁以下(二〇〇三年)。

7 最高裁判所判例解説　法曹時報六一巻六号一六三頁[三木素子]。高桑昭・ジュリスト一三二六号二一二頁(渉外判例研究)(二〇〇六年)。著者の評釈で最高裁判所が自判しうるとしたのは、控訴審判決についての著者の誤解によるのであって、これは誤りであり、上告審判決の措置が正しい。ここに私見を訂正する。

8 高桑昭「裁判権の免除」民事訴訟法判例百選Ⅰ〈新法対応補正版〉(別冊ジュリスト一四五号)(有斐閣、一九九八年)三九頁。これ以前にも、小田滋・渉外判例百選〈第二版〉一八四頁、石川明・民事訴訟法判例百選八頁、小林秀之・民事訴訟法判例百選〈第二版〉一八頁にも同様の指摘がある。

9 林潤「外国を相手方とする民事事件に関する応訴意思の有無等の照会について」民事法情報一六七号四三頁。

10 拙稿前掲注**3**一五六頁では、概括的基準では解決できず、具体的な事項について検討すべきことを主張している。

11 この点は論者によって少しづつ異なる。前掲注**6**の判例解説(三八九頁)では、現状では制限免除主義が国際慣習法規として完全に確定するまでには至っていないとする見解が有力であるとする。

12　外交官、領事官については、それぞれ外交関係に関するウィーン条約と領事関係に関するウィーン条約があり、これは慣習国際法を基礎にした法典化の結果である。拙稿前掲(注3)一八三頁―一九三頁参照。

補注1　わが国が締結した条約と国内法との優劣関係については、憲法九八条二項の解釈として条約の規定が国内法の規定に優先するとするのが通説である。同一の事項について両者が異なるときは、国内法を改正すべきこととなる。

補注2　日本政府は公布された条約は国内法としての効力を有し、国民を拘束すると解し(昭和二七年四月二三日第一三回国会参議院法務委員会会議録第二八号三頁)、また、確立された国際法規についても憲法は受け入れていると解している(昭和三四年一一月一七日第三三回国会参議院予算委員会会議録第四号一六頁。佐藤達夫(編)・法制執務提要(第二次改訂新版)(学陽書房、一九六八年)三二二頁)。条約及び確定された国際法規のいずれについても、その規定の内容、性質からみてそのままの形で適用しうる場合は、とくに国内において立法上の措置を要しないが(条約の直接適用)、そこで定めている具体的な権利義務の内容が明確でないもの、国内立法を通して実施されるべきものについては、立法措置が必要とされている。柳井俊二「条約締結の実際的要請と民主的統制」国際法外交雑誌七八巻四号四二一頁以下(一九七九年)参照。条約の規定が国内立法によることなく、直接適用されるか否かは、条約それ自体で国内法上の立法措置を義務づけていないかぎり、条約の具体的な規定(その内容と性質)によるのであって、その条約全体の性質によるものではない。

補注3　わが国が未発効の条約を締結した(批准、加入等)場合には、条約の公布は行わない慣例となっている。したがって、その条約の規定を国内で適用する必要のあるときは、そのための国内法上の措置(多くは立法措置)が必要となる。本条約は平成二一年(二〇〇九年)六月には未発効であり、そのために日本政府は条約締結についての国会の承認(憲法七三条三号但書)は得たものの、未だ条約締結の手続をしていなかった。日本について効力を生じていない条約の公布の手続はなされない。

補注4　本条約は二〇〇四年一二月二日の第六五回国際連合総会で条約として採択されたが、その二八条及び三三条に従い、二〇〇五年一月一七日から二年間署名に開放された。条約の作成は二〇〇四年であるが、二〇〇五年一月から署名に開放されたので、二〇〇五年の国際連合条約と略称することにする。二〇一一年四月三〇日現在で本条約に署名した国は二八ヵ国であり、締約国はオーストリア、イラン、日本、カザフスタン、レバノン、ノルウエイ、ポルトガル、ルーマニア、サウディ・アラビア、スウェーデン、スイスの一一ヵ国である。日本は二〇一〇年(平成二二年)五月一一日に条約受諾の手続をした。

なお、参考文献として、本条約については、山田中正「国連国家免除条約」国際法外交雑誌一〇五巻四号(二〇〇七年)二一三頁以下、国内法については、飛澤知行・逐条解説・対外国民事裁判権法(商事法務、二〇〇九年)がある。

第三章　国際民事裁判管轄権

一　国際民事裁判管轄権

一　国際裁判管轄権の意義

二以上の国または地域にかかわりのある私人間の民事訴訟について裁判をなしうる国家の権限を、国際裁判管轄権(compétence générale, international jurisdiction.)という(英語の jurisdiction の語は裁判権、裁判管轄権、執行管轄権のように多義的に用いられている)。これは国内裁判所の土地管轄(compétence spéciale)とは異なり、一定の民事訴訟事件に関して国家がその裁判権を行使しうる国家の管轄権である。当事者はいかなる国で訴えを提起すべきか、訴えが提起された国の裁判所は審理し、判断することができるかという場合の管轄権を直接管轄権(compétence directe)といい、既に他の国でなされた裁判の承認、執行の場合に、その承認を求められた国で裁判をした国の国際裁判管轄権を認めるかどうかというときの管轄権を間接管轄権(compétence indirecte)という1。直接管轄権と間接管轄権は同一の原則に従うというのが一般的な考え方であるが、各国で必ずしも実際に同じ原則で扱っているとは限らない。

なお、「国際裁判管轄権」の趣旨で「国際裁判管轄」という表現が使われることもあるが、国際裁判管轄権は主権国家による司法権行使の可否の問題であって、国内における裁判所の事務分掌上の管轄とは異なるので、裁判管轄権又は管轄権という表現をとることにする。

二　国際裁判管轄権の決定

渉外的要素のある訴訟事件について、いかなる場合に自国の管轄権を認めるか、外国の管轄権を認めるかは、各国の手続法で処理されてきた。これについて諸国間に共通の基準はほとんどなく（被告の住所地国の管轄権、不動産物権の争いについての不動産所在地国の管轄権は一般に認められている）、国家間の合意（条約等）も少なく（個別の事項に関する条約で管轄権条項を定めるものもある）、したがって、国際裁判管轄権に関する規則は各国の国内法によることになる。国際裁判管轄権についての明文の規定を有する国は少なく、自国内における土地管轄の原則、自国民及び自国に居住する債権者の保護、訴訟提起又は証拠調の便宜、執行の便宜などを理由にして、裁判例を通じて国際管轄権についての法則を形成している国が多い。

三　管轄原因

国際裁判管轄権にも、被告に対するすべての訴が可能な管轄権（general jurisdiction）と、一定の訴えについてのみ可能な管轄権（special jurisdiction）とがある。前者の管轄原因は被告の住所地及び主たる事務所・営業所等の所在地である。もっとも、被告が法人の場合には、主たる事務所の所在地がその本店所在地、管理統括地、主たる業務の行われている地のいずれであるかは、国によって異なることもある。後者の管轄原因は財産所在地、義務履行地、不法行為地、不動産所在地、知的財産権の登録地などのほかに、特定の業務や取引に関する事務所・営業所、子会社の所在地などである。また管轄の合意、応訴、併合請求における一定の要件も管轄原因ということができる。国によっては原告または被告の国籍、被告の財産の存在、自国・自州内における被告への訴状の送達の事実を管轄原因とするものもあるが、これは当事者間の公平に反することも少なく、事案との結びつきに乏しいこともあるので、適当でないと批判されている(過剰管轄 exorbitant jurisdiction)。各国における過剰管轄をなくするには、他国がそれにもとづく外国判決を承認しないことであろう。

四　国際管轄権の重要性

国際裁判管轄権について当事者間で争われることが多いのは、法廷地の遠近、言語の相違などによる不便と不利益、訴訟手続の相違、準拠法の決定と実体法の適用などについて、外国の裁判に対する不安感情があるためである。裁判管轄権についての争いと各国の国際裁判管轄権に関する規則の不明確とを避けるために、当事者が裁判管轄権または管轄裁判所について予め合意(管轄の合意)をすることも少なくない。多くの国では当事者間の合意による管轄権(合意管轄)を認めているからである。また、裁判管轄権の問題を避けるために紛争解決として仲裁によることを合意する当事者もある。

各国の国際裁判管轄権に関する規則の相違から生ずる不安定な状況と裁判管轄権の競合を克服するには、多数国間条約によって各国の直接管轄権に関する規則を統一し、訴訟競合の場合の措置を定めるとともに、管轄権の規則に反する外国判決の承認、執行を認めないことにするのが適当ということになる**2**。

二　わが国の学説と裁判例

わが国では、かつては、国際裁判管轄権について定めた国内法はなく、わが国が締約国となっている若干の多数国間条約（国際航空運送に関するワルソー条約、油濁民事責任条約など）に裁判管轄権に関する規定があるにすぎなかった。そこで条理によることとなるが、大別して四つの立場[3]があった。一は、わが国の民事訴訟法の国内土地管轄に関する規定による管轄原因があれば、わが国の国際裁判管轄権を認める立場である（逆推知説）（なお、民事訴訟法の管轄原因があれば当然に日本の裁判所に管轄を認めるとする「二重機能説」がある。これには国際裁判管轄権の概念を不要とする説もあるが、国内法の規定を二重に機能させるとの立場は逆推知説と異なるところはない）。二は、民事訴訟法の土地管轄の規定は本来国内における管轄の分配に関するものであるが、管轄の場所的配分の法則を示したものとみることもできるので、国際的な配慮によって修正を加えて国際裁判管轄権の配分についてそれを類推する立場である（修正類推説、管轄配分説）。三は、具体的事案ごとに諸要素を比較較量して国際裁判管轄権の有無を決定すべしとする立場である（利益較量説）。四は、紛争の類型に応じた管轄原因を見出すべきであるとする立場である（類型説）。類型説が修正類推説と異なるところは国内管轄の規定を離れて国際管轄権を考えるところにある。一の立場については国内の土地管轄を国際裁判管轄権とでは考慮すべき要素が異なるし、具体的な事案と関係のない管轄原因の存在によって国際裁判管轄権を認める結果も生ずることは適当でないとの批判がある。二の立場については、国際的配慮にもとづく管轄権の配分のために、民事訴訟法の規定をどのように修正するか、その基準が明らかでないとの批判がある。三の立場については、事案ごとの判断になり、原則がないに等しく、予測可能性、法的安定性を欠くとの批判がある。四の立場については紛争の類型化も管轄原因も未だ十分でないとの批判がある4。

わが国の判例は一の立場を採り、「国際裁判管轄権を直接規定する法規もなく、条約も国際法上の原則も確立していない現状のもとにおいては、当事者間の公平、裁判の適正・迅速を期するという理念により、条理にしたがって決定するのが相当である」としたうえで、「民事訴訟法の規定する裁判籍のいずれかがわが国にあるときには、被告をわが国の裁判権に服させるのが条理に適うものというべきである」とする(最判昭和五六年一〇月一六日民集三五巻七号一二二四頁。マレーシア航空事件。これは実質的には逆推知説である)。これ以後、下級審のほとんどの裁判例ではこれに従っているが、これに加えて、「それによって民事訴訟法の基本理念に著しく反する結果をもたらすであろう特段の事情がないかぎり、わが国の裁判所に管轄権を認めるのが右条理に適う」との立場をとった(修正逆推知説)。最高裁判決も昭和五六年の判例を維持しながら、義務履行地にもとづく裁判管轄権を認めることが被告の予測を超える場合には「特段の事情」があるとして、わが国の裁判管轄権を否定すべき場合もあることを認めるに至った(最判平成九年一一月一一日民集五一巻一〇号四〇五五頁)。これは下級審裁判例の立場を追認したものである。これについては、「特段の事情」による裁判管轄権の否定の余地を拡大することになると、「特段の事情」の有無についての争いを生じさせ、そこに利益較量説と同様の問題を持ち込むおそれがあるとの批判がある。

なお、管轄原因となる事実については一応の証明で足りるとするのが多数説であったが、裁判所の立場は、不法行為地の裁判籍によって管轄権を肯定するためには、被告がわが国においてした行為により原告の法益に損害が生じたとの客観的事実関係が証明されれば足りるとしている(最判平成一三年六月八日民集五五巻四号七二七頁は、著作権侵害にもとづく損害賠償請求事件において、被告が警告書をわが国内で送付したことにより、原告の業務が妨害されたことは明らかであるとし、わが国の管轄権を認めた)。

三　民事訴訟法における国際裁判管轄権に関する規定

一　概説

(一)国際管轄権規定の新設

前節で述べたような情況であったところ、一九九〇年代の民事訴訟法の改正作業では国際裁判管轄権の規定を設けることも考慮された。しかし、わが国の裁判例、学説が必ずしもまとまっていなかったこと、ハーグ国際私法会議で裁判管轄権と外国判決の承認についての新たな条約を作成する作業が始ったことなどのため、平成八年(一九九六年)の民事訴訟法の改正の際は国際裁判管轄権及びそれに関連する部分の立法は見送られたのである。ところが、ハーグ国際私法会議の条約案は二〇〇一年の外交会議で挫折して、当分の間国際立法は期待できないこととなった。その後、渉外訴訟事件における管轄の争いは裁判所の負担となるので、平成二〇年(二〇〇八年)九月に法務大臣から法制審議会に「経済取引の国際化等に対応する観点から、国際裁判管轄《(ママ)》を規律するための法整備を行う必要があると思われるので、その要綱を示されたい」との諮問があり、法制審議会の国際裁判管轄法制部会は、学者等の研究会の案などをもとに検討し、平成二二年(二〇一〇年)二月に要綱をまとめ、法務大臣に提出した。その要綱にもとづいて、同年三月に民事訴訟法及び民事保全法の一部を改正する法律案が提出された[5]。平成二三年(二〇一一年)四月に成立した民事訴訟法及び民事保全法の一部を改正する法律(平成二三年法律第三六号。同年五月二日公布)によって、国際裁判管轄権に関する規定があらたに民事訴訟法三条の二から三条の一二までと民事保全法一一条に設けられ、これらの規定はこの法律の公布の日から起算して一年を超えない範囲において政令で定める日から施行されることとなった。この法律の規定は日本の裁判所が直接管轄権を有する場合のみを定めるものであり、いわゆる一方的規定である。この法律の対象となる手続は民事訴訟手続及び民事保全手続であり、人事訴訟手続、家事審判手続、非訟事件手続は対象となっていない。

この立法に至った理由は、渉外的訴訟事件の増加によって、これまでのように裁判例、学説によるのでなく、法律上一定の明確な基準を設ける必要があり、それによって個別の訴訟事件における当事者及び裁判所の負担を軽減しようということにある。ハーグ国際私法会議における裁判管轄権及び外国判決に関する条約案がまとまらず、近い将来に国際民事裁判管轄権に関する多数国間条約の作成の見込みがなくなったこともその背景にある。これらの規定の立案に当っては国際的考慮からなされたということもできようが、これまでの上告審判例、下級審裁判例、多数説(逆推知説)の考え方と同様に、国内管轄の規定についての発想とそれほど大きな違いはないともいえよう。新たな立法によってこれまでの学説は一応その役割を終えたことになるが、今後の解釈論或は立法論に全く影響がないわけではない6。

(二) 新たな立法の概要

国際裁判管轄権に関する規定は、被告の住所地を原則的な管轄原因とするとともに、一定の場合には義務履行地、財産所在地、営業所所在地、継続して行われる業務行為地、不法行為地、船舶所在地などにも管轄原因を認め、いくつかの訴の類型(手形・小切手による金銭の支払を求める訴、会社その他の団体の構成員間の訴、不動産に関する訴、船舶衝突・海難救助に関する訴、相続に関する訴、登記・登録に関する訴など)について管轄のある場合を定めている。当事者の国籍、常居所地は管轄原因とはされていない。

また、合意管轄権、応訴管轄権、併合請求の管轄権についても明文の規定がおかれた。さらに、新たに消費者契約、労働契約に関する裁判管轄権の規定も加えられた。これは国内管轄の規定にはない新たな規定である。そして、日本の裁判管轄権が認められる場合であっても、事案の性質などの事情を考慮して、当事者間の衡平を害し、又は適正、迅速な審理を妨げる「特別の事情」があるときは、訴の全部又は一部を却下することができるという規定が加えられた。これは「特段の事情」による管轄権の否定の考え方を明文の規定をもってとり入れたものとされているが、その当否は疑問であろう。

管轄権の判断は裁判所が職権で判断する。これらの規定は日本の裁判所に提起された裁判事件について日本に裁判管轄権のある場合(直接管轄権)を定める文言となっているため(国内法としてはそのような文言とするのが適当である)、外国裁判の承認の場合における外国の裁判所の管轄権(間接管轄権)の有無については、これを双方的な形の文言に直して適用することとなる。

二　国際裁判管轄権に関する規定

(一)被告の住所地にもとづく管轄権

被告の住所地にもとづく管轄権は、訴の内容(請求の趣旨及び原因となる事実関係)のいかんにかかわらない一般的管轄権(いわゆる普通裁判籍)と解すべきである。

i　被告が個人の場合　個人に対する訴については、その住所が日本国内にあるときは、日本の裁判所はその者に対する訴について管轄権を有する(三条の二第一項前段)。したがって、被告の住所が日本国内以外の地にあるときは、日本の裁判所はその被告に対する訴について、住所地にもとづく管轄権は有しない。被告の住所がいずれにあるかは法廷地法である本条の解釈による（「手続は法廷地法による」の原則。被告が特定の地に住所を有したかどうかは住所地と主張されている地の法（領土法）によるのではない）。被告の住所がない場合又は住所が知れない場合には、被告の居所が日本にあるとき、居所がない場合又は居所が知れない場合には、訴提起前に被告が日本国内に住所を有していたとき（日本国内に最後の住所を有していた後に外国に住所を有していたときを除く）は、日本の裁判所はその者に対する訴について管轄権を有する（同項後段）。

この規定によると、外国に住所、居所のある者のうち、その外国の裁判権からの免除を享有する日本人（外交官、領事官など）に対してその住所地に訴の提起ができないことになるので、それらの者に対する訴については、日本の裁判所が管轄権を有するとしている（同第二項）。

ii　被告が法人その他の社団、財団の場合　法人その他の社団又は財団に対する訴については、「その主たる事務所又は営業所が日本国内にあるとき、事務所若しくは営業所がない場合又はその所在地が知れない場合には代表者その他の主たる業務担当者の住所が日本国内にあるときは」日本の裁判所が管轄権を有するとされている（三条の二第三項）。この規定は民事訴訟法四条第四項に若干の修正を加えたものであるが（傍点部分が加わった。なお、外国の社団、財団の普通裁判籍を定めた同条第五項に対応する規定はない）、これについては多少説明を要する。

ここでいう法人とはわが国において法人格を認められた社団又は財団と解すべきであって、日本法（民法その他の法令）によって成立した法人（民法三三条一項。内国法人）のほかに、外国法によって成立した法人（外国法人）であって、日本において法人格を認められた法人（同法三五条一項。認許外国法人）をいう。これら以外の社団又は財団が「その他の社団又は財団」である。いずれかの国で法人格を認められていても、日本において法人格を認められない外国法人（不認許外国法人）はここにいう「法人」ではなく、「その他の社団又は財団」として扱われる。

①法人　法人の主たる事務所又は営業所の所在地は、その法人の設立準拠法による本拠地、すなわち登記上の本店所在地をいうと解すべきである（法人の管理統括地、営業活動の中心地は必ずしも明確ではないからである）。日本法人（日本法によって設立された法人）は主たる事務所又は営業所が日本国内にあるので、日本法人に対する訴については、その訴の種類・内容にかかわらず、日本の裁判所が一般的管轄権を有する。

外国法人（日本以外の国の法で設立された法人。日本で認許されると否とにかかわらない）はその主たる事務所又は営業所が日本国内にはないので、本条によって外国法人について日本の裁判所に管轄権の生ずることはなく、外国法人に対しては、日本の裁判所に一般的管轄権はない（外国法人は日本に普通裁判籍を有しない）。しかし、日本の裁判所は外国法人に対する訴について全く管轄権を有しないのではなく、一定の管轄原因（義務履行地、財産所在地、業務関連事務所・営業所所在地、事業行為地、不法行為地など）又は一定の類型の訴（不動産に関する訴、登記・登録に関する訴など）については、それらの管轄原因が日本にあれば、日本の裁判所が管轄権（特別管轄権。特別裁判籍）を有する。したがって、日本に営業所があることによって、その営業所の業務と直接の関係のない事案についてもわが国の管轄権を認めた昭和五六年一〇月一六日最高裁判決（マレイシア航空事件）は国際裁判管轄権についての明文の規定のないときの判例であり、新たに明文の規定が設けられたことによって、この判決は判例としての役割は一応終えたことになろう（もっとも、日本の営業所で国際線に加えて国内線の搭乗券も購入しうる場合には、この事案においても、営業所所在地の管轄権を認める余地はあったともいいうる。また、この判決は民事訴訟法第四条の規定を用いているが（その第四項、第五項のいずれによるかは不明[7]）、被害者救済のために、事業行為地の管轄権を認めた場合と同様の結果となっている）。仮に三条の二第三項が外国の法人にも日本での一般的管轄権を認める趣旨と解すると、財産所在地、事務所・営業所所在地、義務履行地、事業行為地等による裁判管轄権は、一般的管轄権がない場合に、日本に管轄権を認めるために働く規定ということになる。

しかし、このような解釈が適当とは思われない。本条は日本法人、日本に主たる事務所・営業所を有するその他の社団、財団、又は、事務所・営業所がないか、それが不明な社団、財団であって、主たる業務担当者の住所が日本にあるものについて、日本の裁判所は一般的管轄権を有することを定めた規定である。

なお、擬似外国会社（外国で設立されたが事実上日本で営業を行うことを目的とする会社）は、日本における取引についてはその取引をした者と連帯して債務を弁済する責任を負うとされているけれども、その主たる事務所・営業所は日本にはないので（会社法八二一条）、日本の裁判所に一般的管轄権はなく、擬似外国会社の日本における業務に関する訴については、事務所・営業所所在地、事業行為地又はその取引をした者の住所地を管轄原因として日本の裁判所が特別管轄権を有すると解すべきである（三条の三第五号、三条の六但書、会社法八二一条）。

②その他の社団又は財団　法人格なき社団又は財団に対する訴については、その社団又は財団の主たる事務所若しくは営業所が日本国内にあるとき、事務所若しくは営業所がない場合又はその所在地が知れない場合であって、代表者その他業務担当者の住所が日本にあるときは、日本の裁判所はその社団又は財団に対して一般的管轄権を有する。その他の社団、財団の中には日本で認許されない外国法人（不認許外国法人）も含まれるが、その実態は外国法で成立した法人であるから、主たる事務所が日本にないことは明らかであり、また、事務所若しくは営業所のない場合やその所在地の知れない場合には該当しないので、認許外国法人の場合と同様に、日本の裁判所は不認許外国法人に対する一般的管轄権を有しない。また、主として外国で活動するその他の社団・財団は日本国内に主たる事務所若しくは営業所が存在しないので、この規定は内国に本拠地、活動の中心地を有する社団又は財団についての日本の裁判所の一般的管轄権を定めたものということになる。もっとも、外国に本拠地、活動の中心又は代表者等の住所のある法人格なき社団、財団が日本でも活動し、その活動の拠点又は業務担当者の住所が日本にあるときは、

日本での活動については内国におけるその他の社団、財団と同じ扱いをすることになろう。

要するに、日本の裁判所が一般的に管轄権を有する法人及びその他の社団、財団は、日本法人及び日本に主たる事務所若しくは営業所のある社団又は財団（外国法人は認許の有無にかかわらずこれに該当しない）、並びに、事務所若しくは営業所のない社団、財団であって、日本に主たる業務担当者の住所のあるものということになる。

(二) 被告の住所地以外の管轄原因

i　契約上の債務の履行地　従来から義務履行地の管轄権に関しては、財産上の請求一般について認めてよいか、契約上の請求に限るか、契約上の請求に限るとしても、契約上の本来の債務の請求に限るか、債務不履行によって生じた損害賠償請求にも認めるか、契約上複数の義務があるときには当該義務の履行地に限るか、相手方の反対給付の履行地をも含むか、義務履行地で消極的確認の訴が可能かなどの問題があり、また、義務履行地の決定についても、当事者が合意した履行地及び契約内容から確定することが可能な場合に限るか、法廷地国際私法によって定まる準拠実体法上の履行地にも認めるかという問題があった。

今回の立法では、義務履行地の管轄権は契約上の債務の履行に係る請求に限定するとともに（三条の三第一号前段）、契約上の債務に関連して生じた不当利得・事務管理に係る請求、契約上の債務の不履行によって生じた損害賠償請求の履行その他契約上の債務に関連する請求については、それらの履行地が日本国内にあるときに日本の裁判所の管轄権を認めることにした（同号後段）。義務履行地は契約で定めてある場合はそれにより、契約で定めていない場合は、当事者が契約で選択した準拠法によって定まる履行地である。義務履行地が契約で定めてある場合とは、契約上明示されている場合のほか、契約条項から明らかに導き出しうる場合である。それ以外の場合は準拠法によって定まることとなるが、当事者の合意で選択した準拠法によって定まる履行地に限っている。この場合は当事者が義務履行地を予測しうるからである。客観的連結によって定まる準拠法によって履行地を決定することは除外されたが、準拠法の指定は明示の場合に限るか、黙示の指定をも認めるか、それはどのような場合かについて疑問は残るであろう。また、「その他契約上の債務に関連する請求」とは具体的に何を意味するかは必ずしも明らかではない(例えば、競業避止義務にもとづく差止請求などがこれに該るか)。この点にも疑問は残る。また、一つの契約でも個別の義務ごとにその履行地は異なる。そうすると、義務履行地の管轄権については反訴、併合請求の是否が問題となろう。

ii　財産所在地　三条の三第三号でいう「財産権上の訴」が何を言うかは必ずしも明らかではないが、訴の種類、内容にかかわらず、財産権に関する訴一般をいうもののごとくである。物権、債権に関する訴はすべて財産権上の訴ということになろうが、ここでは一定の財産権そのものを対象とする訴とそれが執行の対象となりうる訴をいうと理解すべきであろう(財産所在地の管轄権は金銭の給付を求める訴についての原則的管轄権の役割を有することになる)。この訴については、被告の財産が日本国内にあれば、その価値が著しく低くないかぎり、日本の裁判所が管轄権を有することとされた。請求の趣旨及び原因から、原告の訴が日本に所在する特定の物又は権利を目的とする場合には、その所在地である日本の裁判所に裁判管轄権を認めてよい。原告の訴が特定の物又は権利を目的とするものではなく、金銭の給付を求める場合には、被告の財産が日本にあることを理由に財産所在地の管轄権を認めてよいかについては、請求と財産の関連性、請求金額と財産の価額、動産(船舶など)についての仮差押の要否などをめぐって見解が分かれていた。そこでの問題は僅かな財産の存在によって生ずる過剰管轄の防止にある。財産所在地に管轄権を認める大きな理由が法廷地(内国)の判決によって民事執行が容易になることにあるとすれば、財産の価値が著しく低くないかぎり管轄権を認めてよいであろう。実際には船舶、航空機、債権などについては国外への移転を防ぐために、原告となる者が仮差押等の保全処分をする必要のあることもあろうが、保全処分を管轄権の前提とする必要はない（保全処分が解かれた後も管轄権は消滅しない）。僅かな財産の存在を理由に裁判管轄権を認めることは過剰管轄の問題を生じ、内国訴訟については直接管轄権の有無が争われ、外国判決については、内国での承認、執行に際して、間接管轄権の有無が問題となろう。この問題の処理は裁判例の集積をまつこととなろう。

iii　事務所・営業所所在地　日本国内に事務所又は営業所を有する者に対する訴は、それが日本にある事務所又は営業所における業務に関するものであるときは、日本の裁判所に管轄権がある（三条の三第四号）。日本に住所・居所、主たる事務所又は営業所を有する者に対しては、被告の住所地の管轄権によるとの原則によって日本に一般的管轄権があるので（三条の二）、事務所・営業所所在地であることによる管轄権の定めは外国で成立した法人（わが国で認許される外国法人（擬似外国会社を含む）か否かを問わない）及び外国に主たる事務所・営業所を有する法人格なき社団又は財団に対する管轄権を定めたものとして重要である。この規定によって、日本での事務所・営業所に関して生じた紛争について、外国で成立した法人、主として外国で活動する法人格なき社団又は財団に対して日本の裁判所に訴を提起できることとなる。

iv　事業行為地　日本において事業を行う者については、その訴えがその者の日本における業務に関するものであるときは、日本の裁判所が管轄権を有する（同第五号）。日本において事業を行う者とは、個人、法人又はその他の社団、財団を問わず、日本においてその事業として取引や企業活動を行う者をいう。その者の日本における業務に関する訴についても、事務所・営業所の有無にかかわらず、日本の裁判所が管轄権を有する。この規定は、日本に事務所・営業所を有していないが、事業を行う者（擬似外国会社を含む）に対する訴を可能にするためのものであって、米国における事業行為地（doing business）の管轄権に類似し（日本の国内管轄についてはそのような規定はない）、内国にある債権者の保護のためには、その者と法律関係が生じた者との紛争の解決のために必要と考えられる。ただし、米国とは異り、その者の日本における業務に限定されている。事業とはその活動の内容、期間、継続性などを総合して判断することとなろうが、一回の取引であっても日本において事業を行う者とされることはありえよう。この点についても解釈上の争いが生ずる可能性があり、その解決は裁判例の集積にまつこととなろう（前述のマレイシア航空事件のごとき事案は事務所・営業所所在地の管轄権ではなく、事業行為地の管轄権によるべきであろう）。

(三)訴の類型による管轄権

i　手形又は小切手による金銭の支払を目的とする訴　手形又は小切手の支払地が日本国内にあるときは、日本の裁判所に提起することができる（三条の三第二号）。手形または小切手による金銭の支払については、手形・小切手上の支払地（主たる債務の履行地）が最も関係が深いことと、そこで手形又は小切手に関するすべての訴を処理することが関係者の便宜にかなうということであろう。しかし、裏書のみをした者に対する日本での訴の提起は難しくなることとなろう。

ii　船舶債権その他船舶を担保とする債権に基づく訴　この訴は法律上船舶が担保の目的となる債権（船舶債権者の債権）にもとづいて、金銭の給付を求める訴をいうと解され、そのような訴については当該船舶が日本国内にあるときに、日本の裁判所は管轄権を有するとした（三条の三第六号）。船舶債権者とは船舶先取特権者のほか船舶抵当権者というとの説もあるが、従来から船舶先取特権を有する債権者をいうとされてきた（また、船舶債権という表現はなかった。船舶先取権は法律上生ずる権利であるが、船舶抵当権は任意に設定され、抵当権の目的が船舶というだけあって、通常の抵当権と異なるところはない。これに対して船舶先取特権者は法律（債権の準拠法）の規定によって船舶と債権の結びつきが定められているのであって、海商法上の存在意義は船舶抵当権とは全く異なるといえよう。もっとも、船舶先取特権者と船舶抵当権者をあわせて船舶債権者ということにはあえて反対はしない）。この規定にかかわらず、船舶が日本国内にあるときには、財産所在地の管轄権も認められる。船舶は移動する動産であるから、いずれの場合も訴を提起するには、実際上は船舶に対する仮差押等を必要とすることが多いであろう。仮差押等のなされた船舶について、保証書の交付等でそれが解放された場合でも、既に訴が提起されている場合には、わが国の管轄権は消滅しないと解釈すべきである。

iii　会社その他の社団又は財団の社員・役員・発起人・検査役に関する訴　日本の法令によって設立された法人又は主たる事務所・営業所が日本にある社団、財団に関する訴で、イ　会社、社団から社員に対する訴、社員の資格による社員間の訴、ロ　社団、財団から役員に対する訴、ハ　会社から発起人、検査役に対する訴、ニ　会社、社団の債権者から社員に対する訴(イ－ニについて社員、役員等であった者を含む)は、その主たる事務所・営業所が日本国内にあるときは、日本の裁判所が管轄権を有する(三条の三第七号)。日本の法令によって設立された法人又は日本に主たる事務所・営業所のある社団、財団とその構成員との訴訟並びにこれらの構成員間の訴訟については、主たる事務所・営業所のある日本に管轄権を認めることが適切であるためである。ただし、これは専属管轄ではない(三条の十)。しかし、これは疑問であり、これらの訴については日本の裁判所の専属管轄権とすべきであろう。ここで外国法人が除かれているのは日本法人と異り、設立準拠法が外国法であり、日本に主たる事務所・営業所を有しない会社その他の社団・財団について、あえて日本に管轄権を認めるべき必要がないからである。

iv　不法行為に関する訴　不法行為があった地が日本国内にあるときは、日本に管轄権がある(三条の三第八号本文)。不法行為があった地とは、従来から加害行為地、結果発生地のいずれをもいうと解されていた。結果発生地とは加害行為による直接の結果の発生した地をいうのであって、それによって生じた経済的損害、派生的損害の生じた地ではない。ただし、加害行為の結果が発生した地が日本国内にある場合において、日本国内におけるその結果の発生が通常予見することのできないものであったときは、日本の管轄権は認められない(同括弧書)。ここにいう「通常予見することのできない」とは、当該加害行為の類型からみて結果発生地での結果の発生を一般的に予見しえないとの趣旨と解される。結果発生地は原告(被害者又は被害者の利害関係人)の住所地と重なることが多いので、これは原告被告間の公平をはかるための規定である。不法行為に関する訴には生産物責任に関する訴を含む。なお、わが国に加害行為地ありとするためには、被告がわが国においてした行為により原告の法益に損害が生じたとの客観的事実関係が証明されることを要するとした判例(最判平成一三年六月八日民集五五巻四号七二七頁)は、新たな規定のもとでも意味があると考えられる。

v　船舶の衝突その他海上の事故に基づく損害賠償の訴　船舶の衝突による損害賠償の訴の側としては、船舶所有者間の損害賠償の訴、一方の船舶上の積荷の荷主による他方の船舶の船舶所有者に対する損害賠償請求の訴などがある。その他海上の事故としては船舶による港湾等の設備の破壊などもある。このような訴については、損害を受けた船舶が事故後最初に到達した地が日本国内にあるときは、日本の管轄権を認めている(三条の三第九号)。これは証拠の保全と証拠調の便宜によるものであろう。この規定は不法行為に関する訴の管轄権を排除する趣旨ではない。油濁損害にもとづく損害賠償請求の訴については、それが日本の領海内で生じた場合又は日本の領海内で防止措置がとられた場合には、日本に専属管轄権がある(船舶油濁損害賠償保障法一一条)。

vi　海難救助に関する訴　海難救助に関する訴については海難救助地又は救助された船舶がその後に最初に到達した地が日本国内にあるときは、日本の管轄権を認めている(三条の三第十号)。これも前号と同じく、証拠の保全と証拠調の便宜による。海難救助には救助契約にもとづくものが少なくないが、その場合にも裁判管轄権について当事者間にとくに約定がなければ、この規定が適用されることになる(なお、通常、救助契約中には仲裁約款がある)。

vii　不動産に関する訴　不動産の所在地が日本国内にあるときは、日本の裁判所に管轄権がある(三条の三第十一号）。当該財産に最も密接な関係があり、登記、引渡など権利義務の実現が容易なためである。ただし、これは専属管轄権とはされていない。しかし、これは大いに疑問であり、専属管轄権とすべきである。不動産物権についての争いはもちろん、不動産の利用に関する争いもその所在地における一般の利害に影響があるからである。

viii　相続に関する訴　相続権若しくは遺留分に関する訴又は遺贈その他死亡によって効力を生ずべき行為に関する訴は、相続開始時の被相続人の住所が日本国内にあるとき、相続開始時に被相続人の住所がない場合又は住所が知れない場合において、被相続人の居所が日本国内にあるとき、相続開始時に被相続人の居所がない場合又は居所が知れない場合において、被相続人が相続開始前に日本に住所を有していたとき（日本国内に最後の住所を有していた後に外国に住所を有していたときを除く）には日本に管轄権がある（三条の三第十二号）。被相続人の死亡時に住所、居所がある地に被相続人の財産及び利害関係者のあることが多く、相続にもとづく法律関係の処理のために、相続に関する訴を集中させることが適当であり、したがって専属管轄権とすべきである。

ix　相続債権その他の相続財産の負担に関するその他の訴　前号と同様である（三条の三第十三号）。

x　消費者契約に関する訴　消費者契約とは事業者でない個人と事業者（法人その他の社団、財団及び事業を行う個人）との間の契約をいう。消費者から事業者に対する訴は、訴提起の時又は契約締結の時の消費者の住所が日本国内にあるときは、日本の裁判所に提起することができる（三条の四第一項。原告の住所地の管轄権）。事業者から消費者に対する訴については三条の三の規定の適用はなく（同第三項一。被告の住所地以外の管轄権に関する規定の不適用）、被告の住所地に訴を提起することになる。ただし、管轄権の合意についての特則がある（三条の七第五項）8。

xi　個別労働関係に関する訴　労働契約の存否その他の個別労働関係紛争に関する労働者から事業主に対する訴は、当該紛争に係る労働契約における労務供給地（それが定まっていない場合にあっては雇い入れた事業主の事務所所在地）が日本国内にあるときは、日本の裁判所に提起することができる(同第二項)。もっとも、労働者は事業主の普通裁判籍、特別裁判籍に訴を提起することは可能であろう。事業主から労働者に対する訴については三条の三の規定の適用はないので(同第三項)、被告の住所地に訴を提起することになる。ただし、管轄権の合意について特則がある(三条の七第六項)9。

(四) 専属管轄権とされる訴

i　日本の法令にもとづいて設立された会社、社団又は財団の組織に関する訴等　日本の法令にもとづいて設立された、会社の組織に関する訴、役員の責任追及等の訴、役員の解任の訴、社員の除名の訴及び社債発行会社の弁済等の取消の訴(会社法第七章中第二節、第六節を除く)、一般社団法人及び一般財団法人の組織に関する訴及び役員の責任追求の訴、その他社団、財団に関する訴でこれらに準ずる訴については、日本の裁判所が専属管轄権を有する(三条の五第一項)。これらは法人又は社団、財団の住所地の管轄権(普通裁判籍)であるが、それを専属管轄権としたところに本条の意味がある。このことから、日本法以外で設立された会社、社団又は財団等に対する同種の訴については、日本の裁判所は管轄権を有しないことになる。

ii　登記、登録に関する訴　登記又は登録をすべき地が日本国内にあるときは、その訴については日本の裁判所が専属管轄権を有するとされている(三条の五第二項)。これは登記、登録の対象となる権利のいかんにかかわらない。

iii　知的財産権の存否又は効力に関する訴　知的財産権のうち、設定の登録により発生する権利の存否又はその効力に関する訴は、その登録が日本でなされたときは、日本が専属管轄権を有する(三条の五第三項)。その理由は、知的財産権は各国ごとに独立した権利であり、多くの権利は登録がその効力の発生要件とされているためである。ただし、著作権について登録を要するとする国は極く少数であり、わが国は著作権について登録を要しないので、著作権についてはこの規定の適用はないことになる。知的財産権の侵害、不正競争を原因とする損害賠償請求、差止請求等の訴は不法行為に関する訴であり(最決平成一六年四月八日民集五八巻四号八三五頁)、不法行為訴訟の管轄権によることになる。

なお、被告が知的財産権の成否、有効性を争う場合に、あらためて登録国でそれについての判断を要するか、損害賠償請求、差止請求等の訴でも無効を主張しうるか(いわゆる無効の抗弁の主張)は、その権利が準拠する実体法上の問題であって、知的財産権の成否、有効性に関する訴訟の管轄権の問題ではない。登録国以外で無効の抗弁を主張し、それが容れられたとしても、必ずしも登録国でその効果が認められることにはならない。したがって、知的財産権の侵害を原因とする訴について登録以外の国の管轄権を認めたとしても、そこでの裁判の結果が登録国で当然に効力を生ずるとはかぎらない。

(五)合意による管轄権

i　管轄権に関する合意　当事者は、合意により、訴をいずれの外国の裁判所に提起できるかについて定めることができる(三条の七第一項)。ただし、外国の裁判所にのみ訴を提起することができる旨を合意した場合(外国裁判所の専属管轄権の合意した場合)において、その国の裁判所が管轄権を行使することができないときは、それを援用することができない(同第四項)。管轄権についての合意には、裁判所が内国であるか外国であるかを問わず、一定の国の裁判所のみに訴を提起することのできるとする専属管轄権の合意とそれ以外の管轄原因を否定しない付加的管轄権の合意とがあり、この規定ではそのいずれも可能である。外国の裁判所の専属管轄権についての合意は、日本の裁判所に専属管轄権がある場合には、日本の裁判所ではその効力を有しない。また、外国の裁判所が法律上のみならず事実上その権限を行使できない場合には、紛争解決の途が閉されることになるので、その場合にも管轄権の合意は効力を有しない。管轄権の合意の成否はこの法律の解釈の問題であり、いわゆる主たる契約の準拠法によるのではない。その合意が専属管轄権についての合意か否かはその合意の解釈の問題であるが、事業者間の取引については専属管轄権の合意とみるべき場合が多いであろう。しかし、外国裁判所についての専属管轄権の合意がはなはだしく不合理であり、それが内国の公序に反するときは、その効力(内国の管轄権を排除する妨訴抗弁)は認められないこととなろう(最判昭和五〇年一一月二八日民集二九巻一〇号一五五四頁は外国裁判所の専属管轄権を認めた)。

なお、消費者契約、労働契約に関する紛争についての管轄権の合意の規定は当事者間の経済的、社会的力関係に配慮しながら、事業者、事業主の利益をも考慮したものであろうが(労働者に対する、秘密保持義務、競業避止義務等の違反を理由とする差止、損害賠償の訴等)、その文言は通常人にはわかりにくいであろう。

ii　合意の方式　管轄権に関する合意は一定の法律関係にもとづく訴に関し、かつ、書面又は電磁的記録によってしなければその効力を生じない(同条二項、三項)。ここで必要とされる方式は、その合意の内容を明確にするために、書面又は電磁的記録であり、そこでは合意の対象となる法律関係を明示しておかなければならない。その合意は当事者の作成した書面によることで足り(例えば、売買契約中の裁判管轄権条項)、その性質上他方当事者の署名をとくに要しないものもある(例えば、船荷証券)。電磁的記録についても同様であろう。

iii　将来において生ずる消費者契約に関する訴における特則　消費者契約に関する将来生ずる紛争を対象とする訴についての管轄の合意は、消費者契約締結時に消費者が住所を有する国の裁判所の管轄権とする合意であるときは、この合意は効力を有する。この合意は当事者が専属管轄権の合意と定めていたとしても、第二号の場合を除き、非専属管轄権の合意とみなされる(三条の七第五項第一号)。ただし、消費者がこの合意にもとづいて訴を提起したとき、又は、事業者が日本若しくは外国において提起した訴において、消費者がこの合意を援用したときは、管轄権の合意としての効力を有することになる（同第二号）。紛争発生後の管轄権の合意については、このような特則はない8。なお、消費者契約に関する法の適用に関する通則法の規定とは異り、いわゆる能動的消費者について特別の扱いをする規定はない。

iv　将来において生ずる個別労働関係紛争に関する訴における特則　個別労働関係に関する将来の紛争を対象とする訴についての管轄権の合意は、労働契約の終了時以前（終了時を含む）にされた合意であって、その合意の時における労務提供地のある国の裁判所の管轄権とする合意であるときは、この合意は効力を有する。この合意は当事者が専属管轄権の合意とすると定めていたとしても、第二号の場合を除き、非専属管轄権の合意とみなされる（三条の七第六号第一号）。ただし、労働者がこの合意にもとづいて訴を提起したとき、又は、事業主が日本若しくは外国において提起した訴において、労働者がこの合意を援用したときは、管轄権の合意としての効力を有することになる（同第二号）。労働関係終了後の管轄権の合意については、このような特則はない9。

（六）応訴による管轄権

被告が、第一審の裁判所において、日本の裁判所が管轄権を有しないとの抗弁を提出しないで本案について弁論等をしたときは、日本に管轄権があるものとされる（三条の八）。被告が日本の管轄権を争えば、応訴による管轄権は生じない。

（七）併合請求における管轄権

i　同一当事者間において一の訴で数個の請求をする場合　日本の裁判所が一の請求について管轄権を有し、他の請求について管轄権を有しないときは、当該一の請求と他の請求の間に密接な関連があるときに限り、他の請求についても日本に訴を提起することができる（三条の六本文）。渉外的性質を有する二以上の訴（訴の客観的併合）で管轄原因が異なる場合には、国内事件の場合と異なり、同一当事者間であっても他国の管轄権に服すべき請求を内国での訴によって審理することは適当ではないので、内国に管轄権のある請求と他の請求との間に密接な関係を要するとされている（最判平成一三年六月八日民集五五巻四号七二七頁と同趣旨）。

ii　数人からの又は数人に対する訴で数個の請求がある場合　日本の裁判所が一の請求について管轄権を有し、他の請求について管轄権を有しないときは、訴訟の目的である権利又は義務が数人について共通であるとき、又は同一の事実上及び法律上の原因にもとづくときに限り、日本の裁判所にその訴を提起することができる（三条の六但書）。この規定は複数当事者の場合の共同訴訟の要件に関する民事訴訟法三八条前段と同様であり、これまで下級審の裁判例で用いられてきたところである。

三　訴訟手続上の処理

（一）国際裁判管轄権の審査

国際裁判管轄権は訴訟要件の一つであるから、管轄原因があるとは認められない場合には、裁判所は訴を却下する。管轄原因の有無は職権で判断するが、管轄原因を構成する事実は証明されることを要する（最判平成一三年六月八日民集五五巻四号七二七頁は、不法行為地の管轄を認めるについて、「被告がわが国においてした行為により原告の法益に損害を生じたとの客観的事実関係が証明されれば足りる」とする）。管轄権に関する事項については職権で証拠調をすることができる（三条の十一）。

管轄原因が認められる場合には、審理が行われるが、次の（二）から（五）までの特則を設け[10]ている。

(二) 中間確認の訴

日本の裁判所が専属管轄権を有する場合には、当事者は日本の裁判所の管轄権の有無についての中間確認の訴を提起することはできない（三条の十二第二項。この規定はあらたに民事訴訟法一四五条三項とされる。法文は達意の文ではない）。訴訟の遅延を避けるためである。

(三) 反訴の提起

日本の裁判所が管轄権を有する本訴の目的である請求又は防禦の方法と密接に関係を有する請求を目的とするときに限り、日本の裁判所が反訴の目的である請求について管轄権を有しない場合であっても、被告は日本の裁判所に反訴を提起できる。ただし、管轄権の専属に関する規定により、日本の裁判所が反訴の目的である請求について管轄権を有しないときは、反訴を提起することはできない（三条の十二第三項。これもあらたに民事訴訟法一四六条三項となる）。本訴の目的である請求、防禦の方法と反訴の目的である請求との間に、どのような関連があれば密接な関連があるといいうるかは、裁判例の集積にまつこととなろう。

(四) 特別の事情による日本の裁判管轄権の否定

日本の裁判所が管轄権を有する場合であっても、事案の性質、応訴による被告の負担の程度、証拠の所在地その他の事情を考慮して、日本の裁判所が審理及び裁判することが当事者間の衡平を害し、又は適正かつ迅速な審理の実現を妨げることとなる特別の事情があると認めるときは、その訴の全部又は一部を却下することができる（三条の九）。これは三条の二から三条の八までの管轄原因が日本にあっても、特別の事情があるときは、わが国の管轄権を否定することを認めた規定である。

この規定は従来から下級審裁判例で管轄権を否定するときに用いられていた「特段の事情」を明文化したもののご

とくであるが、最高裁の判例(最判平成九年一一月一一日民集五一巻一〇号四〇五五頁)で追認された「特段の事情」は国内管轄の規定から国際管轄権を肯定する場合(逆推知説)の修正手段としての特段の事情であり、今次の法改正では国内管轄から国際管轄権を推認する方法はとらず、国際裁判管轄権について明文の規定を設けているので、三条の九の「特別の事情」は判例で認められた「特段の事情」とは異なるものと解さざるをえない。新たな規定では国際裁判管轄権の配分の原理にもとづいて管轄原因を定めたものであるから、そのような修正手段を設けておく必要があるかは疑わしい。明文の規定で国際管轄権に関する規定をおいたにもかかわらず、ここに特別の事情による修正の余地を認めると、法文に定める管轄原因があっても、事案ごとの利益較量を導入することになり、そのことによって当事者の予測可能性を損い、法的安定性を害することになるからである。したがって、この「特別の事情」は極めて限定的に適用されなければならない。また、この特別の事情による管轄権の否定は、被告の住所にもとづく一般的管轄権の認められる場合には働かないと解釈すべきである。

(五)日本の専属管轄権と外国の裁判管轄権の否定

この法律では、日本の法令に日本の裁判所のみが管轄権を行使する旨の定めがある訴については、この法律において他の管轄原因を定める規定(三条の二から三条の四まで)及び特別の事情による訴の全部又は一部の却下の規定(三条の九)を適用しないものとするとの規定を設けた(三条の十)。これは、日本に専属管轄権がある場合には、特別の事情による訴の却下ができないことと、そのような訴についての外国裁判所の判決の承認、執行に当って、その管轄権(間接管轄権)を否定することを示そうとした趣旨である。

(六)保全命令の管轄権

日本の裁判所が本案の訴について管轄権を有するとき、又は仮差押の目的物若しくは係争物が日本国内にあるときに限り、日本の裁判所が管轄権を有する(民事保全法一一条)。これは、保全手続について、本条の訴の管轄権を有する国と仮差押の目的物又は係争物の存在する国の管轄権とすることを定めた規定である。仮差押はその目的物が存在する国でなければその実効性がなく、係争物に関する仮処分もその物が存在する国でなければ意味がない。仮差押の目的物又は仮処分の係争物の所在地が本案の裁判所ののある国と異なる国にある場合には、本案の裁判所の保全命令は、その国で承認手続を経なければ、実効性はない。しかし、日本に本案の管轄権のある場合に保全手続の管轄権を否定するまでの必要はないであろう。

注

1　わが国での国内管轄では、事件の種類、内容にかかわらず被告に対する訴を提起しうる土地管轄を普通裁判籍、一定の種類、内容の事件についての訴を提起しうる土地管轄を特別裁判籍という。ところが、学説はフランス法の影響をうけて、国際管轄権を一般管轄権、国内の土地管轄を特別管轄権ということが多かった。これに対して、英語では国際裁判管轄権について、わが国の普通裁判籍に相当するものを一般的管轄権、特別裁判籍に相当するものを特別管轄権との表現を用いている。後者のほうが道具概念としては使い易いであろう。

2　国際裁判管轄権に関する一般的条約　国際民事裁判管轄権に関する条約等の作成の情況については、本書の第八章「民事手続法に関する多数国間条約」と第九章「国際民事裁判管轄権に関する条約の立法論的考察」に譲る。ここではその後一九九四年から作成が開始された、新たな裁判管轄権条約案作成作業について略述する。

(1)裁判管轄権及び判決の承認、執行に関する条約　ハーグ国際私法会議による一九七一年の民事及び商事に関する外国判決の承認及び執行に関する条約(Convention on the Recognition and Enforcement of Foreign Judgments in Civil and Commercial Matters 1971. 一九七九年八月二〇日発効)では、間接管轄権を規定している(一〇条)。地域的条約としては、欧州共同体における一九六八年の民事及び商事に関する裁判管轄権並びに判決の執行に関するブリュッセル条約は一九八八年にブリュッセル＝ルガノ条約となり(Convention on Jurisdiction and Enforcement of Judgments in Civil and Commercial Matters, Brussels 1968, Lugano 1988)、この条約は直接管轄権を明示し、外国判決の承認についてもこれによることとしている(条約の規定は二〇〇二年三月一日から欧州共同体規則となる)。二〇〇一年に示されたハーグ国際私法会議の民事及び商事に関する裁判管轄権及び外国判決に関する条約案(Draft

Convention on Jurisdiction and Foreign Judgments in Civil and Commercial Matters, 2001)は、ブリュッセル条約と同様に、直接管轄権を明示している。間接管轄権については、外国判決の承認に際して必ず管轄権ありとすべきもの、過剰管轄として承認すべきでないもののほか、締約国において承認することのできるものの三種類に分けている。今次の条約案作成の発端は一九九二年にハーグ国際私法会議で米国が一九七一年の外国判決承認条約の見直しを提案したことにあった。一九九四年にからの検討会議を経て、一九九六年に条約案作成作業をはじめたが、一九九九年の条約案には各国で異論が少なく、二〇〇一年の外交会議ではまとまらなかった。

米国の意図は、欧州のブリュッセル＝ルガノ条約に対して、米国の判決の承認、執行を可能とする新たな普遍的条約の作成にあった。米国と欧州諸国の立場の相違は、義務履行地の管轄権、消費者事件及び雇用事件の管轄権、支店及び経済的商業活動の拠点による管轄権、訴訟競合と裁判所による不便宜法廷地の判断、損害賠償額の承認などであった。各国案がまとまらなかったのは米国が契約及び不法行為における行為地の管轄権、事業活動(doing business)にもとづく管轄権、消費者事件及び雇用事件の管轄権、知的財産権事件の管轄権等について、米国法上の基本原則に反する条約を受け容れられないこと、欧州諸国は既存の条約があるにもかかわらず米国の主張と妥協した条約をあらためて作成する必要はないことにあった。

直接管轄権を定めた一般的条約は未だ存在しないが、特定の事項に関する条約のなかで国際裁判管轄権について定めている例はある(例えば、国際航空運送に関するワルソー条約二八条、モントリオール条約三三条・四六条)。

(2)裁判所の選択に関する条約　この条約(The Hague Convention on the Choice of Court Agreements, 2005)は一九九六年六月一〇日から正式に開始した民事商事事件における裁判管轄権及び判決の承認、執行に関する条約の一九九九年案が二〇〇一年の外交会議で採択に至らなかったため、二〇〇二年に改めて作業部会を設けて、当事者の合意にもとづく国際裁判管轄権に限定し、二〇〇三年に作成した条約をもとにして、二〇〇五年六月に採択された(二〇一一年四月三〇日現在未発効)。

この条約は国際的訴訟事件における(一条)、当事者の合意による裁判所の専属(排他的)管轄権を認め(五条)、この合意のある場合には他の裁判所(合意された裁判所以外で訴えの係属した裁判所)は一定の場合(合意の無効の場合、合意の効力を認めることが明らかな不正義・公序に反する場合、合意を実行できない場合、選択された裁判所が審理をしないとの決定のある場合)には管轄権を有さず、手続を中止または却下するべきこと(六条)、専属管轄権を有する裁判所の判決は、一定の承認拒否事由(被告の防禦のための通知が十分でないこと、被告の居住地国の送達の基本原則に反すること、判決の詐取、承認・執行が公序に反すること、外国判決が内国判決と抵触すること、他国での同一原因による判決と抵触すること)がある場合を除いて(九条)、他の締約国の裁判所において、外国判決が承認、執行されること(八条)を定めている。もっとも、締約国は非専属管轄権の合意にもとづく他の締約国の判決の承認、執行を宣言することができる(二二条)。

国際的訴訟事件とは、当事者が同一締約国に居住し、当事者間の関係その他紛争の実体がその国のみに関係のある場合以外の案件に関する訴訟事件をいう(一条2)。この条約の適用除外となる専属管轄権の合意は、家事事件、消費者契約、雇用契約に関する事件(一条1)、親族、相続、倒産、旅客・貨物の運送、海事法上の責任、反トラスト・競争法、人身損害、有体物についての不法行為、不動産物権、法人、著作権以外の知的財産権の有効性とその侵害、公の登記の有効性に関する事件についてはこの条約は適用されない(二条2)。しかし、それらが先決問題であるときはこの条約の適用除外とはされない(二条3)。仲裁およびそれに関連する手続には適用されない(二条4)。専属管轄の合意とは、一定の紛争について、一定の締約国の裁判所を合意し、または一定の締約国の一もしくは二以上の特定の裁判所の管轄を合意することをいい、それは書面または後日確めうる手段でしなければならない(三条a—c)。この合意はそれを含む契約から独立し、その契約の有効性に影響されない(三条d)。この条約でいう判決には決定、命令その他の裁判所の判断を含む(四条1)。法人については、その登記の所在地、設立準拠法の属する地、管理統括地、主たる営業地のいずれかがあれば、その地に居住するものとみなされる(四条2)。保全処分についてはこの条約は適用されない(七条)。

外国判決がその承認を拒否されるのは、合意された裁判所の属する国の法律によってその合意が無効であること、当事者の能力の欠缺、訴訟開始の書類が相手方の防御可能なように送達されていなかったこと、その送達が承認国の基本原則に反すること、詐欺による判決の取得、その判決が承認国の公序に明らかに反すること、承認国で同一当事者について既になされた判決に反すること、同一当事者について第三国でなされた判決が承認の要件を有し、先になされたその第三国の判決に反することのいずれかの事由のある場合とされている(九条)。この条約の適用の対象外とされる事項が先決問題として判断された場合には、それについての判断は承認されず、その先決問題に関する判断にもとづいてなされた判決の承認を拒否することができる(一〇条1・2)。ただし、著作権を除く知的財産権の有効性については、判決の承認を拒否し又は一定のときまで遅らせることができる(一〇条3)。また、締約国が特定の事項についてこの条約を適用しないとの宣言(二一条)をしたときは、その事項に関する判断にもとづく判決の承認を拒否することができる(一〇条4)。懲罰的損害賠償等の実損害を越える損害賠償を命ずる判決についても、その承認を拒否できる(一一条)。

専属合意管轄権を有する国でなされた裁判上の和解がその国で執行できるときは、その国の判決同様に承認国で執行することができる(一二条)。外国判決の承認、執行について、当事者は必要な書類を提出し(一三条)、承認国における手続に従う(一四条)。判決の一部が分離可能なときは、その部分について承認、執行することができる(一五条)。

この条約は合意された裁判所の属する国についてこの条約が効力を生じた日以後になされ当事者による専属管轄権の合意に適用し、それ以前に開始された手続には適用しない(一六条)。

保険契約または再保険契約にもとづく手続については、これらの契約がこの条約の適用除外の事項に関するものであるとの理由でこの条約の適用から除かれることはない(一七条)。

締約国はその国と当事者または紛争との関連がないことを理由にその管轄権を否定し(一九条)、また、当事者の全てが自国に居住し、当該事業のすべての要素が自国のみに関連があるときは、他の締約国の裁判所の判決の承認、執行を拒むことができる

(二〇条)。

締約国は非専属管轄権の合意にもとづいてなされた判決の承認、執行を宣言することができ(二二条1)、当該他の締約国も同様の宣言をしている場合には、その国の裁判所について合意にもとづく管轄権のあること、最初にその裁判所に事件が係属したこと、既になされた判決がなく、他の裁判所に事案が係属していないことを条件に、それを承認し、執行することができる(二二条2)。

不統一法国については、この条約における法および手続は関係する地域のものをいう(二五条1)。不統一法国はその国内関係についてこの条約を適用する義務を負わない(二五条2)。不統一法国における関係地域の裁判所は、自国における他の地域で判決の承認、執行がなされたとの理由によっては、その判決の承認、執行を義務づけられるものではない(二五条3)。この条約は全ての国の署名に開放され(二七条)、二国の批准、受諾、承認または加入によって効力を生ずる(三一条)。

3　筆者はかつて逆推知説、管轄配分説、利益較量説に三分していた(渉外判例百選第二版(一九八六年)一九六頁)。現在では、具体的管轄原因については、特段の事情で修正の余地のある逆推知説(修正逆推知説)、管轄配分説が二つに分れて修正類推説と類型説となり、従来からの利益較量説があるので、四説ということになろう。筆者は、差当り、明文の規定のない場合には解釈論としては修正類推説に従うが、新たな立法に当っては国内管轄とは別の考慮を加えることが適当と考えていた。

4　わが国における国際裁判管轄権に関する研究論文は、筆者の知る限り、江川英文「国際私法に於ける裁判管轄権(一)―(三・完)」(法学協会雑誌五九巻一一号一七六一頁以下、同六〇巻一号五四頁以下、同六〇巻三号三六九頁以下(昭和一六年、一七年))が嚆矢であり、それに続くものが池原季雄「国際私法に於ける裁判管轄権と当事者の国籍(一)、(二・完)」(国際法外交雑誌四八巻四号五四一頁以下、同四八巻六号七三八頁(昭和二四年))である。それからしばらくはあまり文献がない。文献が簇出したのは昭和四十年代後半からである。国際管轄権についての原則と具体的な管轄原因とに関するまとまった文献としては、池原季雄「国際的裁判管轄権」新・実務民事訴訟講座(7)三頁(一九八二年)、松岡博「国際的裁判管轄」現代契約法大系(9)二六八頁(一九八五年)(同・国際取引と国際私法三頁所収(大阪大学出版会、一九九三年))、高橋宏志「国際裁判管轄」澤木=青山編・国際民事訴訟法の理論三一頁(有斐閣、一九八七年)、道垣内正人「国際的裁判管轄権」注釈民事訴訟法(1)八六頁(一九九一年)、山本和彦・注解民事訴訟法(第二版)(5)四四一頁(第一法規出版、一九九一年)、道垣内正人「立法論としての国際裁判管轄」国際法外交雑誌九一巻二号一頁(一九九二年)が挙げられる。江川説は逆推知説である。池原説は管轄配分説のうちでも修正類推説であり、高橋説も同様であろう。松岡説、道垣内説は国際管轄権という観点から類型ごとに管轄原因を定めるという考え方であろう。利益較量説は石黒一憲『国際民事訴訟法』(新世社、一九九六年)一三三頁である。

国際裁判管轄権に関するこのような立場の相違は立法で明文の規定を設ける場合にはどのようになるか。逆推知説では国内の土地管轄の規定そのものによるので、あえて国際裁判管轄権のための規定を必要としない。しかし、国内管轄の規定を国際管轄権の規定としてそのまま適用すると不都合な結果が生ずる場合には(例えば、外国の法人その他の社団、財団の日本における普通裁判籍の規定(四条五項)、義務履行地(五条一号)、財産所在地(五条四号)にもとづく裁判籍の規定など)、それを修正する規定と、消費者契約、労働関係などに関する管轄権の規定を加えることにはなろう。そして、「特段の事情」による修正の余地も残すことになる。修正類推説と類型説は、裁判管轄権の国際的配分の際に考慮すべき要素、自国・自国民の利益の保護などについての考え方は必ずしも同じではないであろう。いわゆる利益較量説では、具体的事案の様々な要素を較量するのであるから、あえて明文の規定は必要としないことになる。

5　法制審議会での検討のもとになったのは、法務省からの委託研究として国際裁判管轄研究会がまとめた『国際裁判管轄研究会報告書』であり(その説明はＮＢＬ八八三号(二〇〇八年六月十五日号)—八八八号(二〇〇八年九月一日号にある)、平成二一年(二〇〇九年)七月に「国際裁判管轄法制」も発表された。しかし、中間試案はかなりの改善の余地のあるものであり(中間試案については、ジュリスト一三八六号(二〇〇九年一〇月一日)に立法関係者による説明がある)、中間試案を修正したものが平成二二年(二〇一〇年)二月に法制審議会が答申した「要綱」である。

6　外国判決の内国での承認についての予測は必ずしも容易とはいえないとともに、国内における後訴の手続の中止の裁判形式、申立、職権のいずれによるか、中止に対する不服申立などの問題があり、いわゆる承認予測説をとると、かえって手続が煩雑になり、訴訟遅延に利用されることになろう(藤下健「国際裁判管轄研究会報告に関わる若干の問題点について」判例時報二〇二八号三頁以下(二〇〇九年))。

7　民事訴訟法第四条第四項、第五項は国内管轄に関する規定である。同条第五項を国際管轄権決定の基準として用いると、日本に事務所・営業所又は、代表者の住所のあるかぎり、日本に全く関係のない訴でも、日本で訴を提起することができることになる。これは適当ではないので、第四条第五項は国際管轄権決定の基準とはなしえない。法人その他の社団、財団の普通裁判籍をその主たる事務所・営業所の所在地とする同条第四号の規定は国際管轄権決定の基準とすることには不都合はない。そうすると、この法人その他の社団、財団には外国法人その他の社団、財団も含まれると解し、外国法人については主たる事務所が日本にないから、日本には一般的な訴の管轄権はないことになる。このことは外国人の場合(同条第二項)と全く同様である。この趣旨を定めたものが改正法第三条の二第三項である。したがって、外国法人その他の社団、財団に対する訴は、日本に事務所・営業所があっても、特別裁判籍の管轄原因によって管轄権の有無を決定することになる。

8　消費者契約に関する紛争についての訴の管轄権の規定を整理すると次のようになろう。

消費者(原告)から事業者(被告)に対する訴は、事業者の普通裁判籍のある地及び特別裁判籍のある地に訴を提起できるほか(三条の二、三条の三)、訴提起時又は消費者契約締結時の消費者の住所地に訴を提起することができ(三条の四第一項)、管轄権の合意がある場合には、合意した地に訴を提起することができる(三条の七第一項、第五項)。ただし、紛争発生前にした管轄権の合意(専属管轄権の合意でも非専属管轄権の合意とみなされる)は、消費者が消費者契約締結時にその地に住所を有していたとき、又は消費者がその合意にもとづいて訴を提起したときに、管轄権の合意としての効力を有するものとされる(三条の七第五項一号、二号)。紛争発生後の管轄権の合意については、そのような制約はない。

事業者(原告)から消費者(被告)に対する訴は、消費者の普通裁判籍のある地(三条の二第一項)のほか(三条の三に定める特別裁判籍の管轄権の規定の適用はない。三条の四第三項)、管轄権の合意がある場合には、合意した地に訴を提起することができる(三条の七第一項、第五号)。ただし、紛争発生前にした管轄権の合意(専属管轄の合意でも非専属管轄権の合意とみなされる)は、消費者が消費者契約締結時にその地に住所を有していたとき、又は、事業者からの訴において、消費者が、その合意を援用したときには、管轄権の合意としての効力を有するものとされる(三条の七第五項一号、二号)。紛争発生後の管轄権の合意については、そのような制約はない。

9

個別労働関係民事紛争についての訴の管轄権の規定を整理すると、次のようになろう。

労働者(原告)から事業主に対する訴は、事業主(被告)の普通裁判籍のある地及び特別裁判籍のある地に訴を提起することができるほか、労働契約における労務提供地にも訴を提起することができ(三条の四第二項)、さらに、労働契約の終了時にされた、その時の労務提供地の管轄権とする旨の合意(労働契約に関してなされ、労働契約の終了時に存在する合意(専属管轄権の合意であっても、非専属管轄権の合意とみなされる)であると労働契約終了後にされた合意であるとにかかわらず、労働者はその合意にもとづいて管轄権の合意をした地に訴を提起することができる。この場合は管轄権の合意として効力を有するものとされる(三条の七第六項一号、二号前段、同第一項–第四項)。労働契約終了後の管轄権の合意には、そのような制約はない。

事業主(原告)から労働者(被告)に対する訴は、労働者の普通裁判籍のある地(三条の二第一項)に提起できるほか(三条の三に定める特別裁判籍の規定は適用されない。三条の四第三項)、管轄権の合意にもとづいて合意した地に訴を提起することができる。ただし、労働契約の終了時における、その時の労務提供地の管轄権とする旨の合意(専属管轄権の合意であっても、非専属管轄権の合意とみなされる)は、事業主からの訴において、労働者がその合意を援用したときは、管轄権の合意として効力を有するものとされる(三条の七第六項二号後段)。労働契約終了後の管轄権の合意にはそのような制約はない。

10

訴訟手続に関する事項で明文の規定のないものとして、債務不存在確認の訴の管轄権、緊急管轄権、国際訴訟競合の場合の措置がある。

(1)債務不存在確認の訴の管轄権　これまで原告の住所地又は損害発生地などを理由に外国で損害賠償請求訴訟が提起され、それに対抗するためもあって、内国(日本)で、外国訴訟の被告(多くは内国に住所を有する者)から外国訴訟の原告に対して、その請求にかかる債務の不存在の確認を求める訴が提起されることが少なからずあった(反対訴訟)。これは原告被告の逆転した二重訴訟の一種であり、国際訴訟競合の問題を生ずるが、それに先立って、国際管轄権の有無の問題がある。これはそれぞれの具体的な事案における管轄原因の有無によって決定すべきである(不法行為、生産物責任等の事案で、設計した地、製造地を不法行為地とし、不法行為地の管轄原因にもとづいて訴を提起することが多い)。そして、このような債務不存在確認の訴については、訴の利益があるならば認めて差支えなく、給付を命じている外国判決が既に承認の要件を具備しているときは、内国での債務不存在確認の訴は、全部又は一部について棄却され、その逆のときは容認されることとなる。今次の改正ではとくに債務不存在確認の訴についての規定は設けていない。

（２）緊急管轄権　緊急管轄は管轄権がない場合に当事者を救済するための例外であるから（例えば、最判平成八年六月二四日民集五巻七号一四五頁）、直接管轄権、間接管轄権のいずれについても、その性質上明文の規定はない。

（３）国際訴訟競合の場合の措置　日本に管轄権がある場合には、外国において先に訴訟が係属していても、その法律上の効果は日本の訴訟手続には及ばず、日本で当然に訴の却下、訴訟手続の中止等の措置をとることにはならない（外国訴訟との競合の措置とそれについての不服申立の方法をいかにするかによっては、訴訟遅延の大きな原因となろう）。現行法令のもとでは、国際訴訟競合の結果は外国判決の承認、執行の段階で処理することになる。

第四章　外国人及び外国の社団、財団の当事者能力

一　当事者能力に関する国際民事訴訟法上の問題

一　当事者能力とは、民事訴訟における当事者となることのできる法律上の地位、すなわち、自己の名において訴え又は訴えられることのできることをいう。大正一五年民事訴訟法は当事者能力についての明文の規定を設けた。同法では「当事者能力、訴訟能力及訴訟無能力者ノ法定代理ハ本法ニ別段ノ定アル場合ヲ除クノ外民法其ノ他ノ法令ニ従フ訴訟行為ヲ為スニ必要ナル授権亦同シ」(四五条)及び「法人ニ非サル社団又ハ財産ニシテ代表者又ハ管理人ノ定アルモノハ其ノ名ニ於テ訴ヘ又ハ訴ヘラルルコトヲ得」(四六条)と定めた。平成八年民事訴訟法(以下では単に民事訴訟法という)は、大正一五年法と同様の文言をその二八条及び二九条に設けている(二八条はもとの四五条〔旧四五条〕に、二九条はもとの四六条〔旧四六条〕に対応する)。これらの規定は当時のドイツ民事訴訟法にならったものである。旧四五条と旧四六条の趣旨は、大正一五年法の立法事務担当者によれば、権利能力を有する者が当事者能力を有することは当然であるが、当事者能力を認めることは権利能力を有する者に限定せず、権利能力なき社団及び財団に

も当事者能力を認めることとしたと説明している（松岡義正・新民事訴訟法註釈第二巻三〇三頁（清水書店、一九三〇年）。なお、民事訴訟法改正調査委員会速記録九四頁〜九五頁によれば、立法事務担当者（松岡義正）は、当事者能力は権利能力と同じかとの問い（平沼騏一郎委員）に対して、それを肯定し、そのことは「民法其ノ他ノ法令ノ規定ニ従フ」との表現で理解できると考えていると説明している）。しかし、以下で述べるように、このことは十分に理解されなかったのである。

権利能力を有する者に訴訟上の当事者能力を与えないことは裁判による救済の途を与えないことになるので、権利能力を有する者に当事者能力を認めることは当然である。したがって、大正一五年法の意味は、旧四六条によって、権利能力を認められていない社団（人の結合）又は財団（財産）であっても、代表者又は管理人の定めのあるものについては当事者能力を与えたところにあるといえよう。

二　平成八年民事訴訟法二八条が内国民（日本国籍を有する者）及び内国法人（日本の法令に基づいて設立された法人）に適用されることには特に異論をみない。いずれについても民法その他の法令によって権利能力ありとされているので、当事者能力を有することはいうまでもない。問題となるのは、同法二八条及び二九条でそれ以外の者、すなわち外国人、外国法人、主として外国で活動する法人格なき社団、財団（外国非法人）をどのように扱うことになるかにある。外国人とは日本国籍を有しない者であり、外国法人とは日本法以外によって設立された法人をいう（我が国では、民法三三条（現三三条一項）により、法人は民法その他の法律によってその成立が認められたもののみを法人としているので、それ以外の法人が外国法人ということになる。）。ここでの問題はこれらの者の当事者能力をいかなる法によって決定するかということである。この問題については、かつて英法又は英法系の法のもとで設立されたパートナーシップ（partnership）の当事者能力をめぐって若干の下級審判決があり、それを契機として学説で争われて今日に至っている。

二　裁判例

一　下級審裁判例で争われたのは、主として外国で活動する法人格なき社団、財団の当事者能力である。明治二三年民事訴訟法のもとでも若干の裁判例があるが、大正一五年法以後の裁判例は次のとおりである。

東京地判昭和三〇年三月三一日下民集六巻三号六一六頁①は、香港に主たる事務所を有する英法によるパートナーシップについて、旧四六条は社団について適用されるところ、英法上のパートナーシップは組合に近く、社団ではないとの理由で、その当事者能力を否定した。その控訴審判決たる東京高判昭和三〇年八月九日下民集六巻八号一五八三頁②は、英法上のパートナーシップには代表者の定めがあり、代表者によって各パートナーとは独立の活動をしているとして、旧四六条によって当事者能力を認めた。これらは外国における法人格なき社団、財団（外国非法人）の当事者能力について旧四六条が直接適用されるとしたものである（いずれもパートナーシップの法人格を認めていないが、パートナーシップの社団性の認識の点で異なる）。

東京地判昭和三五年八月九日下民集一一巻八号一六四七頁③は、ケニア法上のパートナーシップの当事者能力を判断するに際して、当事者能力は、旧四五条により法例によって決定される外国人の能力に関する規定によって決定すべきところ（「民法其ノ他ノ法令」のなかに法例が含まれるとする）、法例には明文の規定がないので、その属人法上当事者能力を有するならば、我が国でも当事者能力を認めてよいとした（英法系の国ではパートナーシップは法人格は認められていないが、訴訟上の当事者能力は認められている）。これは我が国の民事訴訟法に従ってはいるが、属人法（従属法）上の権利能力の有無によらず、属人法上の訴訟法によって当事者能力を判断する立場をとっている（属人法訴訟法説あるいは本国訴訟法説）。ところが、右判決の控訴審判決たる東京高判昭和四三年六月二八日高民集二一巻四号三五三頁④は、当事者能力の問題は我が国の国際民事訴訟法上の問題であり、その準拠法は法廷地たる我が国の民事訴訟法であるとしたうえで、ケニア法上のパートナーシップは法人格を認められているものではないが、構成員個人とは異なり、別個の財産を有し、代表権を有する構成員によって商業活動をしているところからみれば、代表者の定めのある人格なき社団であるとして、旧四六条で当事者能力を認めた。これは外国非法人について法廷地法によるものである。

東京地判昭和四七年五月一六日下民集二三巻五〜八号二三〇頁⑤は、ニューヨーク州法によるパートナーシップについて、法廷地法によって判断すべきであるとし、旧四六条によって当事者能力を認めた。これも外国非法人にについて法廷地訴訟法によるものである。

東京地判昭和四七年二月一九日判時六七〇号六六頁⑥は、韓国法によって設立された財団法人について、本国法上権利能力を与えられていても民法三六条(現三五条一項)によって認許される外国法人ではないが、日本では法人格のない財団として旧四六条によって当事者能力を有するとした。その控訴審判決たる東京高判昭和四九年一二月二〇日高民集二七巻七号九八五頁⑦は、外国人の当事者能力は国際民事訴訟法上の問題であるとし、属人法で法人格を認めているならば当事者能力を認めてよく、民法三六条の認許の有無にかかわらないとした(属人法実体法説)。

東京高判昭和五四年七月三日高民集三二巻二号一二六頁⑧は、トルコ法上法人格があるかどうかは不明であるが、権利能力なき社団をその代表者の名で訴え又は訴えられうるとして当事者能力を認めた。これは、属人法における権利能力についての判断をしないで、外国非法人と同様の取扱いによって当事者能力を認めたものである。

東京地判平成三年二月一八日判時一三七六号七九頁・判タ七六〇号二五〇頁⑨は、とくにその根拠についての説明はないが、米国オレゴン州法上の組合について三名の業務執行組合員が代表権を有するとして当事者能力を認めた。これは外国非法人について旧四六条に当事者能力を認めたことになる。

二　これらの裁判例を整理すると、外国非法人については、①②④⑤⑧⑨の判決は属人法所属国の実体法による権利能力は認められなくとも、旧四六条によって我が目における当事者能力を認めているが、③の判決は属人法所属国の訴訟法上当事者能力がありとされているならば我が国でも当事者能力を認めてよいとしている。

外国法人については、民法三六条による認許の有無の問題があり、⑥は同条の適用を肯定し、⑦はそれを否定している。

外国法人の当事者能力をとり上げた裁判例は少ない。東京地判昭和四三年一二月二〇日労民集一九巻六号一六一〇頁⑩は、米国で設立された銀行(判決上では設立に当たって準拠した州法は不明)の訴訟能力(第二副社長による訴え提起の有効性)の判断に際して、旧四五条は外国人の当事者能力、訴訟能力について定めたものではなく、それらについては旧五一条の解釈によって本国の訴訟法によるとした(属人法訴訟法説あるいは本国訴訟法説。なお、この判決の旧五一条に関する解釈には理解に苦しむところがあり、結論も適当とは思われない。)。しかし、最判昭和五〇年七月一五日民集二九巻六号一〇六一頁⑪は、外国会社(設立準拠法、本店所在地法ともニューヨーク州法)の発起人の締結した仲裁契約の効力が争われた事案で、外国会社の当事者能力についてとくに言及せず、これを認めている。

これらのほかに、外国法人及び外国非法人の当事者能力を認めた裁判例としては、国際連合大学について本部協定によって法人格を認めたもの(東京地決昭和五二年九月二一日判時八八四号七七頁)⑫、いわゆる分裂国家の場合に、中華民国について私法上の紛争の解決をはかるために原告となる当事者能力を認めたもの(大阪高判昭和五七年四月一四日高民集三五巻一号七〇頁。光華寮事件)⑬がある補注1。

三　学説

一　大正一五年法の立法者は「民法其ノ他ノ法令」に法例が含まれ、外国人の権利能力はその本国法に従って定めること、したがって当事者能力もまたその本国法に従ってこれを定めると述べている（松岡義正・前掲三〇二頁～三〇三頁）。これは属人法上の実体法によるとの趣旨である。

二　学説では、従来、訴訟能力（当事者能力ではない）について、旧四五条の民法その他の法令の中には法例が含まれると解して、法例三条によって本国法上の行為能力の有無によるとし（法例三条）、当事者能力についてもそれと同様の考え方（本国法上の権利能力の有無による）をとっていたと思われる（兼子一・新修民事訴訟法体系五七頁、一一七頁（酒井書店、一九五四年）。同・実体法と訴訟法九頁（有斐閣、一九五七年）では、「訴訟法がある事項を実体法の定めるところに譲っている関係で、間接的にその実体事項に関する準拠法として外国法の適用を見る場合はある。例えば外国人の訴訟能力の場合である」と述べている）。これは属人法実体法説である（近時この説をとるものとして石黒一憲「外国人の訴訟上の能力」新実務民訴7七三頁以下（日本評論社、一九八二年）、青山善充「外国人の当事者能力および訴訟能力」澤木・青山編・理論二〇九頁以下（有斐閣、一九八七年）、注釈民事訴訟法（1）四二〇頁〔高見進〕（有斐閣、一九九六年）。なお、一般に、この立場を法廷地説と称している）。

三　民事訴訟法の概説書、注釈書の多くは外国人、外国の社団、財団については、権利能力があれば当事者能力が認められると述べ、民法二条、三六条を引用するにとどまるものが多い（新堂幸司・民事訴訟法〔第四版〕一三六頁（弘文堂、二〇〇八年）、菊井維大＝村松俊夫・全訂民事訴訟法Ⅰ二六七頁（日本評論社、一九八三年）、秋山幹男ほか・コンメンタール民事訴訟法（Ⅰ）〔第二版〕二九一頁、三二七頁（日本評論社、二〇〇六年）、兼子一ほか・条解民事訴訟法一六八頁〔新堂幸司〕（弘文堂、二〇一一年）など。ただし、注解民事訴訟法、〈第二版〉（5）四〇五頁以下〔山本和彦〕（第一法規出版、一九九一年）及び前掲注釈民訴（1）四二〇頁〔高見進〕は法例を介してこの問題を説明している）。この立場は日本の実体法によって権利能力の有無を判断し、属人法にまったく言及していない。したがって、これは、一般にいわれている法廷地法説（＝属人法実体法説）とは異なり、法廷地実体法説というべきであろう。

四　これに対して、当事者能力は人の属性・能力に関する問題であるが、それは訴訟法上の概念であるから、その者の本国の訴訟法が当事者能力を認めているか否かによるべきであるとする立場もある。その理由は外国人、外国の社団、財団について、民事訴訟法にはその当事者能力を判断するための規定はなく、理論上、属人法における訴訟法によるべきであるとする（属人法訴訟法説）。そしてそれによって当事者能力が認められない場合であっても、旧四六条によって我が国で当事者能力を認められる場合があるとする（山田鐐一「外国人の訴訟能力」久保岩太郎先生還暦記念・国際私法の諸問題二八六頁（有信堂、一九六二年）（同・国際私法の研究三〇三頁（有斐閣、一九六九年））。澤木敬郎・国際私法〈第三版〉二二六頁（有斐閣、一九九〇年）、前掲注解民訴（5）〈第二版〉四〇五頁〔山本和彦〕）。

五　近時の多数説は、このような議論をもとに、外国人、外国の社団、財団の当事者能力については属人法における実体法又は訴訟法のいずれかで当事者能力が認められることで足りるとする。すなわち前記両説を併せた立場である（岡本善八・同志社法学一一巻二号五四頁（一九五九年）、炑場準一・ジュリ四三五号一四一頁（一九六九年）、河村博文・外国会社の法規制二五七頁（一九八二年）、松岡博「渉外訴訟事件における当事者」講座民事訴訟（3）一七七頁（弘文堂、一九八四年）など）。これによれば、属人法に従うことで足り、その結果、当事者能力の認められる可能性が多くなることになる。これが折衷説である。

四　私見

一　外国人、外国法人その他の社団、財団の当事者能力についての議論が混乱した外観を呈するに至った原因の一つは、旧四五条の文言にある。すなわち、当事者能力及び訴訟能力については民法その他の法令に従うとのみ定め、それぞれ権利能力と行為能力の規定に委ねていることを明確に示していないことにある。そのため同条は外国人、外国の社団、財団にも適用されるのか、民法その他の法令のなかに法例が含まれるかという議論が生じた。法文起草者の意図は理解されなかったのである。これに加えて、ある時期のドイツの有力学説にならって、手続的抵触規則の概念を導入して、訴訟上の当事者能力の問題は外国人の属人法国（いわゆる本国）の訴訟法によるべきであるとする立論がなされ、それを前提にして民事訴訟法の規定を解釈することがかなりの支持を得たことにある（山田・前掲「国際私法の研究」二八六頁以下）。

しかし、手続的抵触規則を想定し、あるいはこれを導入することには疑問がある。それがいかなる事項について、いかなる場合に必要か、そのような規則は「手続は法廷地法による」との原則とどのような関係にあるのかというような基礎的な事柄が十分に解明されないかぎり、にわかに賛成し難い（手続的抵触規則の概念を導入することはいかにも国際民事訴訟法の発達のように見えるかもしれないが、そのためには十分な検討が必要であろう）。それのみならず、訴訟上の当事者能力は法廷地で訴訟の主体となることのできる地位であり、権利義務の主体となる者及びその他一定の者に裁判を受けることができるとすることであって、それは法廷地における紛争解決制度上の問題であるとともに、その国における外国人政策に関する問題でもある。したがって、法廷地の訴訟法のほうが当事者の属人法国の訴訟法よりもはるかに密接な関連性を有しているといえよう。少なくとも、外国人の属人法上の訴訟法の定めるところに従わなければとくに正義、公平に反するという理由は見当たらない。したがって、外国人、外国法人その他の社団、財団の当事者能力についても法廷地訴訟法たる我が国の民事訴訟法の規定に従うべきである。このように考えると、属人法上の訴訟法によるとの立場は妥当ではなく、属人法上の訴訟法と実体法のいずれかによって当事者能力又は権利能力が認められるならば、我が国でも当事者能力を認めてもよいとする折衷説補注2も妥当ではない。

二　旧四五条（平成八年法二八条も同文）で「当事者能力と、訴訟能力及び訴訟無能力者の法定代理とについて、民法その他の法令に従う」としているのは、これらについて訴訟法が実体法に委ねたとの趣旨である。すなわち、民法その他の法令で権利能力を与えられた者は当事者能力を有し、行為能力のある者は訴訟能力を有し、行為能力の欠けている者の法定代理もその定めによるということである。この原則の例外が旧四六条から五八条まで（現二九条から三七条まで）の規定である。このような理解を前提とすると、外国人及び外国法人その他の社団、財団の当事者能力と行為能力の問題は次のように処理することになる。

外国人（個人）については、「何人も、裁判所において裁判を受ける権利を奪はれない」のであり（憲法三二条）、外国人について一般的権利能力はわが国では否定されないのであるから、外国人は法令又は条約の規定により私権を享有しえない場合はあるものの（民法三条二項）、原則として当事者能力を有する。

外国で成立した社団、財団の当事者能力については、その国（設立準拠法国。属人法国或は本国ともいう）の実体法により法人格を与えられ、わが国においても外国法人として認許（内国での法人格の承認。民法三五条一項）される場合（認許外国法人）には、当事者能力を有する。それ以外の外国法人、すなわち認許されない外国法人（不認許外国法人）及びその成立した国でも法人格を認められない社団、財団（外国非法人）はわが国では法人格を有しないので、現二九条の要件をみたす社団、財団（代表者又は管理人の定めのあるもの）ならば、当事者能力を有することになる。不認許外国法人又は外国非法人の成立を認めている国の訴訟法において当事者能力が認められていても（例えば、英法上のパートナーシップ）、それによってわが国で当事者能力が認められることにはならない。これらがわが国で当事者能力を認められるためには、社団、財団としての団体性が認められ、代表者又は管理人の定めのある場合である（旧四六条、現二九条）。

外国人の訴訟能力はその行為能力の問題であるから、その者の行為能力の準拠法によることとなる（法適用通則法四条ではその者の本国法）。しかし、その本国法によれば訴訟能力を有しない場合であっても、日本法（日本の実体法）によれば訴訟能力を有すべきとは、訴訟能力者とみなされる（旧五一条、現三三条）。これは内国法以上の保護は与えないとの趣旨である。

外国で成立した社団、財団の訴訟能力は、その法人格の有無にかかわらず、その社団、財団の代表者の権限（代表権、代理権）の問題であるから、それぞれの社団、財団の成立を支配する法（属人法）によることとなる。

なお、二国間又は多数国間条約において相互に締約国の国民、会社その他の団体の当事者能力を認めている場合には（例えば、通商航海条約中の会社互認条款）、不認許外国法人であっても条約の規定によって当事者能力を有する。二国間条約では、通例、互に相手国の国民（法人その他の社団、財団を含む）の権利能力、当事者能力を認める条項を設けている。

補注1　その後最判平成一九年三月二七日民集六一巻二号七一一頁は、中華民国が原告として提起した建物明渡請求訴訟事件の係属中に、わが国が中華人民共和国を「中国政府」として承認した場合に、建物の所有権が「中国政府」にあるか否かは別として、本件訴訟の原告となる者は中華人民共和国に国名が変更された「中国政府」であるから、それ以前にわが国において中華民国を代表していた中華民国特命全権大使の代表権は政府承認の取消の時点で消滅し、このことは公知の事実であるから、その時点で訴訟手続は当然に中断するとした。これによれば、分裂国家では政府承認の取消によって以前の政府の代表権が消滅し、訴訟能力を失うことになり、承認された政府が訴訟手続を受継しなければならないようである。しかし、以前の政府が外国の団体としての当事者能力、訴訟能力を当然に否定されることになるかは疑問である。これは当事者の変更あるいは当事者の死亡・消滅による訴訟手続の中断及び受継の問題ではなく、本件建物の所有権を「中華民国」と称する社団が有していたかどうか、「中国政府」の財産であったとしたら政府承認の変更によって「中華民国」は所有権を失うことになったかという実体法上の問題である。政府承認の変更によって本件原告(中華民国)の当事者能力が消滅するとは思われない。

補注2　数の上では、折衷説は多い㛊場準一「渉外判例研究」ジュリスト四三五号一四一頁(一九六九年)、山田鐐一＝澤木敬郎編・国際私法講義二三六頁(早田芳郎)(青林書院、一九七〇年)、松岡博「渉外訴訟事件における当事者」講座民事訴訟三巻一七七頁(弘文堂、一九八四年)、木棚照一＝松岡博＝渡辺惺之・国際私法概論二五五頁(渡辺惺之)(有斐閣、一九八五年)。要するに、広く当事者能力をみとめるということであろう。

第五章　渉外的民事訴訟事件における送達と証拠調

一　序説

一　司法共助

送達及び証拠調は裁判所が裁判のために行う手続のなかの一つであって、裁判権の行使である。裁判権は主権の一作用であるから、その行使は原則として自国内に限られ、外国でこれを行使することはできない。しかし、自国内で裁判権を行使する場合であっても、外国にいる者に宛て文書を送達し、外国で証拠調をする必要のあることもある。このようなときには、その外国において権限を有する機関にその国内での送達、証拠調の実施についての協力を求めることが適当であろう。また、外国の裁判所から、このようなことについて協力を求めてくることもある。このような裁判所間の協力を司法共助[1]という。

司法共助については、その必要のあるたびごとに国家間で合意することでも足りるが、予め二国間又は多数国間で取極をしておくこともある。司法共助に関する取極の目的は、国際的な協力の方法を明確にすることにある。司法共助に関する取極では、相手国に協力を要請する事項、その要請の手続、実施方法などを定めている。

司法共助に関する取極の形式は問わない。司法共助のための国際的な手続の統一という目的からすれば、多数国間条約が望ましい。しかし、多くの国を満足させる条約を作成することは容易ではないから、二国間条約又は特定の地域にある諸国間の条約によることも少なくない。ハーグ国際私法会議で採択した一九〇五年及び一九五四年の民事訴訟法手続に関する条約(民訴条約)、一九六四年の民事又は商事に関する裁判上及び裁判外の文書の送達及び告知に関する条約(送達条約)、一九六八年の民事又は商事に関し外国における証拠の収集に関する条約(証拠収集条約)などは一般的多数国間条約の例[2]である。一八八九年モンテビデオで採択された民事手続に関する南米諸国間条約及び一九四〇年モンテビデオで採択された民事訴訟法に関する条約、一九二八年ハバナで採択された国際私法に関する条約(ブスタマンテ法典)、一九七五年パナマで採択された司法共助の嘱託書に関する米州条約及び外国における証拠の収集に関する米州国間条約、一九七九年モンテビデオで採択された司法共助の嘱託書に関する米州国間条約の追加議定書は中南米諸国間の地域的多数国間条約の例[3]である。二国間では領事条約、司法共助取極等によることが多い。条約以外の形式によるものとしては、公文の交換、口上書、先例などがあるが、口上書によって要請し、相手国がこれに応ずるという方法をとることがもっとも多いようである。口上書の内容は、特定の事件に関し送達、証拠調の実施を要請するというものが多いが、一般的に送達、証拠調について協力しあうことを取極めておくこともある。

二　司法共助に関するわが国の法制の概略

わが国の国内法では、当初は、外国で行う送達については民事訴訟法第一七五条（平成八年民事訴訟法（以下「新法」という）第一〇八条）、外国で行う証拠調については同法第二六四条（新法第一八四条）において、いずれも送達又は証拠調を実施すべき国の管轄官庁又はその国に駐在する日本の大使、公使若しくは領事に嘱託する方法を規定していた。外国からの依頼による送達、証拠調を実施するために、明治三八年に「外国裁判所ノ嘱託ニ因ル共助法」（明治三八年法律第六三号。以下「共助法」という。）を制定し、外国からの嘱託による送達、証拠調を補助する裁判所、その受託の要件、実施の方法を規定した。

民事訴訟法及び共助法は国内の手続についての規定であるから、これによって直ちに外国との間で司法共助が可能となるものではない。そのためには、わが国と外国との間で合意がなければならない。わが国は多くの国と司法共助について取極[4]をしたが、その多くは口上書の形をとっている。また、第二次大戦後、米国及び英国との間で領事条約を締結し、送達及び証拠調に関する領事の権限を定めた。そして、昭和四五年（一九七〇年）に一九五四年の「民事訴訟手続に関する条約」及び一九六八年の「民事又は商事に関する裁判上及び裁判外の文書の外国における送達及び告知に関する条約」を批准し、これにともなって「民事訴訟手続に関する条約等の実施に伴う民事手続の特例等に関する法律」（昭和四五年法律第一一五号。以下「特例法」という。）及び同規則（四五年最高裁規則第六号。以下規則という。）を制定した。わが国ではこれらの条約は批准又は加入によって国内的効力を生ずる条約であると解し、あえて条約の規定と同様の国内法を作成することをせず、それを実施するために必要な特則のみを特例法及びその規則で定め[5]た。これらの条約の批准にともない、わが国とこれらの条約の締約国との間では条約に定める方法によることになる。それ以外の国との間ではこの条約の適用はないから、従来どおりの方法によることになる。

三　本章の目的

本章の主たる目的は、わが国における渉外的民事事件における送達、証拠調に関する規定の大要を説明することにある。渉外的民事事件における送達、証拠調の手続を整理して説明する一つの方法としては外国で送達の実施を必要とする場合、外国から送達の要請のある場合、外国で証拠調の実施を必要とする場合、外国からの証拠調の要請のある場合に分けて説明することも考えられる6。しかし、この方法をとると、条約の仕組を把握することが困難となるし、国際的取極と国内法とがどのような関係になるかについても明確を欠くきらいがある。実際の事案においては、送達、証拠調における相手国は特定しているのであるから、その相手国との間でいかなる条約があるか、従来いかなる方法がとられてきたかを調べることによって、とるべき手続が明らかになる。したがって、ここでは民訴条約、送達条約、その他の条約もしくは取極等に分けて説明する。

そのほかに、送達条約と証拠収集条約については、ハーグ国際私法会議の第一四会期で進展があった。これについてはあまり知られていないので、この機会に簡単に紹介する。また、外国からの送達、外国の訴訟のための証拠調と外国判決の承認については、これまで論じられることが少なかったので、これについても触れることとする。

注

1　一九五四年の民事訴訟手続に関する条約の第二章の題名は commissions rogatoires である。

2　司法共助に関するハーグ国際私法会議(Conférence de La Haye de droit international privé)の条約の発展は次のとおりである。出発点となる条約は一九〇五年の民事訴訟手続に関する条約(Convention relative à la procédure civile)である。これには送達、証拠調、訴訟費用の担保及び訴訟救助の四つの事項が定められていた。この条約は一九一〇年に発効したのであるが、二度にわたる大戦争により、国家の消滅、新たな国家の成立などがあって、条約の適用関係が不明確となった。そのため、第二次世界大戦後、ハーグ国際私法会議が活動を再開するとともに、まず一九〇五年条約の適用を明確にするため、それと同じ内容の新たな条約を採択した。これが一九五四年の民事訴訟手続に関する条約(民訴条約)(Convention relative à la procédure civile)である。ところが、この条約には英米法系の諸国が加わらなかったので、送達に関して、主として米国、英国の参加を得るために新たな条約を作成した。それが一九六四年の送達条約(Convention relative à la signification et la notification à l'étranger des actes judiciaires et extrajudiciaires en matière civile ou commerciale)である。これは送達条約の締約国の間では民訴条約に代わるものである。同じようにして、証拠調についても、一九七〇年の証拠収集条約(Convention sur l'obtention des preuves a l'étranger en matière civile ou commerciale)が作成された。これも同条約の締約国の間では民訴条約に代わるものである。一九八〇年には裁判上の援助に関する条約(Convention tendant à faciliter l'accès international à la justice)が採択された。これは訴訟費用の担保及び訴訟救助について民訴条約に代わるものである。以上が司法共助に関するハーグ国際私法会議の条約の発展の概略である。

3　中南米諸国は言語、文化において共通するためか、早くから私法の統一の試みがなされてきた。それらは本文に掲げたほかに民商事法、国際私法を含むものである。とくに民事手続に関する統一規定が早くから存在することは注目に値する。中南米諸国は私法の統一という点では地域的統一の進んだ地域といってよいであろう。司法共助に関する条約としては、一八八九年の民事手続に関する南米諸国条約及び一九四〇年の民事訴訟法に関する条約があるが、最近一九七五年に米州機構(The Organization of American States)会議で司法共助(送達及び証拠調の嘱託)に関する米州国間条約(Inter-American Convention on Letters Rogatory)、外国における証拠の収集に関する米州国間条約(Inter-American Convention on the Taking of Evidence Abroad)が採択された(スペイン語、ポルトガル語、英語及びフランス語が正文)。G.Para-Arangren, Recent Developments of Conflict of Laws Convention in Latin Americas, Recueil des Cours 1979 III.

4　わが国との関係については、服部寿重「民事事件における国際司法共助」(新実務民事訴訟講座第七巻一六二頁)のなかの国際司法共助取決めについての国名一覧表(昭和五七年三月現在)参照。この関係の資料については最高裁判所事務総局編・国際司法共助手続関係資料(昭和五二年)(以下、共助資料という。)がある。なお、その後に最高裁判所事務総局編・国際司法共助ハンドブック(法曹会、一九九九年)と民事事件に関する国際司法共助手続マニュアル(法曹会、一九九九年)がある。

5　三井哲夫「国際民事訴訟法の基礎理論」(法曹時報二二巻一〇号三七頁以下)、最高裁判所事務総局民事局「民事事件に関する国際司法共助手続の概要」(昭和五一年法曹会)(以下、概要という)参照。民訴条約、送達条約の仕組の概要を知るためには後者が便利である。

6　服部寿重・前掲論文はこのような観点から解説をしている。

二　送達

一　民訴条約による送達1

（一）　民訴条約の適用

この条約は、民事又は商事に関し、外国にある者にあてた裁判上及び裁判外の文書の送達に適用される。裁判上の文書とは訴状、期日呼出状、判決書のごとく当事者又は裁判所によって作成された文書であって、裁判手続において当事者に送付すべきものをいう。これには訴訟事件のみならず、非訟事件に関する文書も含まれる。裁判外の文書とは、裁判上の文書以外のすべての文書をいうのではなく、当事者の権利義務、法律上の地位等を保全するために作成された文書、紛争を事前に防止するために作成された文書であって、特にこれを送付する必要のあるものをいう。わが国では執行力ある公正証書の正本又は謄本の送達（公証人法第五七条ノ二）などがこれにあたる。外国の例としては催告書、債権譲渡の通知書などがあげられている。送達すべき裁判外の文書であるかどうかは国によって異なる2。送達すべき文書は実質的に民事又は商事に関する文書であればよい。

この条約の締約国間では、原則として条約の定める方法によって送達をしなければならない。例外として、締約国の間で、それぞれの締約国において送達を行なうべき当局の間で直接送付を行なうことを取極めることはさしつかえない（第一条第四項）。これは、一方の締約国の送達を行うべき当局が他方の締約国の送達を行うべき当局に転達すべき文書を直接送付して送達の実施を嘱託する取極を認めるという趣旨である。このような取極を認めた理由は、地域的、歴史的に密接な関係のある国の間ではこのような簡単な方法が取られていることがあるからであろう。

わが国は外国との間でこのような取極はしていない。

(二)　民訴条約の定める手続

1、原則

(1)　送達の嘱託　この条約では、送達を要請する国(嘱託国)の領事官から相手国(受託国)の指定する当局(指定当局)に送達を要請し、受託国の指定当局がこれを自国の法律上権限のある当局(権限ある当局)に転達し、権限ある当局が送達を実施する方法を原則としている(第一条第一項、第二条)。嘱託国の当局から受託国に駐在する自国の領事官に対する送達の要請の依頼及び受託国の指定当局からその国内における権限のある当局への転達は、それぞれ嘱託国及び受託国の法令の規定によって行なわれるのであって、この条約の規定によるのではない。なお、送達(signification)とは名宛人に対して行われる、法律上の効果をともなう文書の送付であり、転達(transmission)とは送達を実施する機関に送付することをいう。

嘱託国の領事官から受託国の指定当局への送達の要請は書面による。その要請書には、送達さるべき文書を発出した当局の表示、当事者の氏名及び資格、名宛人の送付先、文書の種類を記載したものでなければならない。受託国の指定当局は、この要請にもとづいて文書を受託国の権限のある当局に転達し、その権限ある当局が送達を実施する。受託国の指定当局は、送達をしたときは送達を証明する書類を、送達ができなかったときは送達を妨げた事由を明示する書類を、要請してきた領事官に送付する。これらの書類は受託国の指定当局の用いる言語で作成しなければならない(第一条第一項)。領事官からの要請に関する紛議は外交上の経路を通じて解決する(第一条第二項)。

締約国は他の締結国に宛てた通告により、自国の領域において行わるべき送達の要請書を外交上の経路を通じて自国に提出することを希望する旨の宣言をすることができる(同条第三項)。この規定を設けた理由は、これまで外交上の経路によって要請を行い又は要請をうけることにしている国もあり[3]、とくにそのような方法をとることを否定すべき理由もないからである。外交上の経路による場合は、嘱託国の外交使節から受託国の外務当局に要請することとなる。

要請書には送達すべき文書二通を添付する(第三条第一項)。一通は名宛人に送達するためであり、他は送達の証明書に添付して要請してきた領事官又は外交使節に送付するためである。要請書は、受託当局の用いる言語で作成する(第一条第一項)。

なお、送達すべき文書が受託当局の用いる言語若しくは両関係国間で合意する言語で作成されている場合又はそれらの言語のいずれか一方による翻訳文が添付されている場合でなければ、国内法に定める送達方法又は特別の方法による送達はなしえない(第三条第二項)。

(2) 送達の実施　送達の実施方法には、任意に受領する名宛人への交付(remise)(第二条)と、類似の送達の実施についてその国の国内法で定める方法(la forme prescrite par sa législation intérieure)、その国の国内法に反しない特別の方法(un forme spéciale)(第三条第二項)とがある。条約の第二条、第三条の文言からは原則としていずれの方法をとるべきか一見して明らかではないし、日本語の翻訳文ではさらにまぎらわしいが、原則は任意に受領する名宛人への交付であって、類似の送達の実施について受託国の国内法で定める方法及び受託国の国内法に反しない特別の方法によるのは、その趣旨が要請書に表明されている場合に限ると解される。

任意の交付とは、受託国の権限ある当局が名宛人に対して文書を強制力を用いないで交付することである。その方法にはとくに制限はない。直接名宛人に交付してもよいし、名宛人が権限ある当局の呼出に応じて出頭したときに交付してもよい。名宛人からの要請によって、送付することもさしつかえない。名宛人が任意の交付を拒むときは、文書は嘱託国に返送される。

嘱託国が要請しているときは、受託国の国内法による方法又は受託国の国内法に反しない特別の方法によって送達する。いずれの場合も、送達すべき文書が受託国の指定当局の用いる言語若しくは二国間で合意している言語で作成されているときはそのままでよいが、そうでないときには翻訳文を添付しなければならない。翻訳文が正確であることを証明する方法については、予め関係国で取極をしておくことができる。この取極では、翻訳を一定の機関に行わせることもできるし、翻訳文の正確性の証明を省略することも差支えない。そのような取極のないときは、嘱託国の外交官若しくは領事官がこれを証明するか、又は受託国の宣誓した翻訳者が証明する(第三条第三項)。外交官、領事官が翻訳に当って補助者を用いることはさしつかえない。翻訳者によるときは受託国の手続によって宣誓しなければならない。

類似の送達の実施(l'exécution des significations analogues)における国内法で定める方法とは、送達すべき文書の性質に応じて、受託国の類似する文書について国内法で定める送達方法をいう。嘱託国と受託国とで法制が異なると、嘱託国の国内で行なう送達方法を受託国で行なうことができないこともある。そのような場合には送達すべき文書に最も近い性質の文書の送達方法によらざるをえない。どのような送達方法を用いるかは受託国の権限を有する当局が判断する。

要請書に受託国の国内法に反しない特別の送達方法によることが表明されているときは、その方法によって送達する(第三条第二項)。この方法は、嘱託国の手続において特別の方法が必要とされる場合に要請することになろう[4]。もちろん、特別の方法による送達の要請があっても、それが受託国の国内法に反するなどの理由でこれに応じ難いときは、受託国はその方法による送達の実施を拒否することができる。受託国はあえて任意の交付による送達を実施する必要はない。すなわち、嘱託国から特別の方法による送達を要請してきている趣旨は、任意の交付を行っても意味がないと考えられるからである。

(3)　送達の拒否　受託国は、送達の実施がその国の主権又は安全を害する性質のものであると判断したときは、これを拒否することができる[5]。しかし、それ以外の理由で拒否することはできない(第四条)。

(4)　送達の証明　送達の証明は、日付及び認証のある名宛人の受取証又は受託国の当局が送達の事実、方法及び日付を確認する証明書によって行なう。受取証又は証明書は、送達すべき文書のうちの一通に付記又は添付する(第五条)。

2、特例

条約では、1で述べた方法のほかに、(イ)裁判所等が外国にいる利害関係人に直接文書を郵送する方法、(ロ)利害関係人が直接名宛国の裁判所付属吏又は権限ある官吏に送達を行わせる方法、(ハ)裁判所等が外国にいる者に対する直接の送達を自国の外交官又は領事官に行なわせる方法をも認めている(第六条第一項)。これらの方法によることができるのは、締約国間の条約で定めたとき、又は、条約の定めがなくとも、送達の行なわれる国がとくにそれを拒否していないときである(同条第二項前段)。いずれも、文書を発出する国で法律上適法とされている方法でなければ、その効果を生じないことはいうまでもない。

これらの方法には、次のような特色がある。(イ)の方法は、きわめて簡便ではあるが、翻訳文が添付されているという保証はないし、十分な時間的余裕もなく、送達を受けた者が防禦、その他のための準備をつくすことができないおそれがある[6]。また、送達されたことを証明できないこともある。(ロ)の方法は、送達を求める者が送達の行なわれる地における、その権限を有する者に直接依頼する方法である。送達の要請の依頼、転達といった中間の手続を省略することによって、速やかに送達を嘱託することはできる。しかし、送達の行われる地の手続法がこれを認め、かつ、その定める方式をふまなければ、この方法は利用しえない。(ハ)の方法は伝統的に広く用いられてきた方法である。これについては領事条約等で取極をしておくことが多い7。しかし、外交官又は領事官が、その派遣国の国民だけでなく、接受国、第三国の国民に対して送達すること、また派遣国の国民に対して送達を強制することについては、問題がないわけではない。この条約では、外交官又は領事官が派遣国の国民に対して強制によらない方法で送達することを拒否することはできないが、それ以外の場合は拒否することができるとした(同条第三項後段)。

わが国はいずれの国との間も、これらの方法による送達を認める条約を締結していない。わが国は、民訴条約の批准に際して、(ロ)の方法は拒否の宣言をしているが、(イ)の方法と(ハ)の方法は拒否の宣言をしていない。

3、費用

原則として、送達に関する料金、費用の償還は行なわない(第七条第一項)。しかし、とくに反対の取極がないかぎり、受託国は、裁判所付属吏を用いたとき又は第三条に規定する特別の方法による送達をしたときは、その費用の償還を嘱託国に請求することができる(同条第二項)。

(三)　民訴条約の実施のための国内法の規定

1、わが国から外国(締約国)に文書の送達を要請する場合

裁判上の文書の送達を必要とするときは、裁判所は、送達の名宛人のいる地を管轄するわが国の外交官は領事官に、その国の指定当局に対して文書の送達を要請することを依頼する8。依頼をうけたわが国の外交官又は領事官は、接受国の指定当局に対して書面で要請する。外交上の経路による場合には、送達の名宛人のいる国に駐在する

わが国の大使にその外交当局に対して、文書の送達を要請することを依頼する。

裁判外の文書の送達を求める者は、その者の普通裁判籍のある地を管轄する地方裁判所に、送達すべき文書の種類、当事者の氏名及び資格、送達を受けるべき者の氏名及び住所等を記載した申請書(送達すべき地における公用語によって記載することも要求される)を管轄裁判所に提出しなければならない(特例法第六条、規則第三条)。裁判所は、この申立にもとづいて、送達手続を行うことになる。

任意の交付以外の方法による送達を希望するときは翻訳文を添付しなければならない。翻訳文は当事者が準備し、申請書に添付して裁判所に提出しなければならない(規則第二条)。

なお、わが国から民訴条約の締約国にいる者に対して文書を送達する場合に、外国にいる者に対しても直接郵送する方法(条約第六条第一項1)をとることができるかという問題がある。条約においては、これを否定すべき根拠は見当たらない。もちろん、特例法第六条の規定からみて、裁判所以外の者が直接郵送し又は直接自国の外交使節等に嘱託することは否定すべきであろうが、この規定がわが国の裁判所からの郵便による送達の方法を否定しているかどうかは疑問である[9]。

2、外国(締約国)からわが国に文書の送達を要請してくる場合

わが国が締約国から送達の嘱託をうける場合の指定当局は外務大臣である(特例法第二条)。わが国はとくに外交上の経路を通じて要請が行なわれることを希望する旨の宣言はしていない。わが国で送達について法律上権限を有する当局は、所要の事務を取扱うべき地を管轄する地方裁判所である(特例法第三条第一項、第二項)。

送達の実施方法は条約の定めるところによる。名宛人に対する任意の交付は、わが国では、裁判所書記官が名宛人に送達すべき文書を表示してその受領を催告し、名宛人が裁判所に出頭してその文書を受領するか又はその文書

の送付をうけるかのいずれかの方法によるとされている（規則第四条第二項）。名宛人から文書の送付の申出があれば、裁判所書記官は民事訴訟法に定める郵便による送達の例によって文書を送付する（同条第三項）。名宛人が、催告を発した日から三週間以内に出頭せず又は文書の送付の申出をしなければ、文書の受領を拒否したものとして取扱うことができる（同条第四項）。名宛人がその文書の受領を拒否したときは、送達がなされたことにはならない。送達を実施した結果については、管轄する地方裁判所の書記官が送達の事実、方法及び日付を確認した証明書又は送達ができなかった事由を記載した証明書を作成して、外務大臣に送付する（特例法第七条第一項）。

民訴条約の締約国からわが国に任意の交付以外の方法による送達を要請してきたが、文書が日本語で作成されてなく、また日本語の翻訳文の添付がないときは、所定の要件を欠くものとして、その要請を断わってさしつかえない。

わが国は民訴条約第六条の第一号と第三号については拒否の宣言をしていない。したがって締約国からの郵送による送達、わが国に駐在するその締約国の外交官又は領事官による送達は可能ということになる。外交官、領事官による送達は、わが国の法令に反しない方法でなされなければならない。

二　送達条約による送達

（一）　送達条約の適用

この条約は10、民事又は商事に関し、外国における送達又は告知のための裁判上又は裁判外の文書を外国に転達すべき場合に適用される（第一条）。「民事又は商事に関し」及び「裁判上又は裁判外の文書」の意義は民訴条約におけると同様である。また、「送達」についても同様である。この条約で「送達及び告知」(signification et notification) とあるのは、送達(signification)の意味が国によって若干異なることもあるので、それによる問題を生じなくするための文言である。

送達条約の締約国の間ではこの条約の定めるところによって手続を行う。民訴条約及び送達条約の条約の締約国となっている国の間では、送達条約の規定が民訴条約の第一条から第七条までの規定に代わるものとされる(第二二条)。いくつかの締約国間で民訴条約を補充するための取極をしていた場合には、それらの締約国間で別段の合意のないかぎり、その取極はこの条約についても適用されるものとみなされる(第二四条)。民訴条約及び送達条約の二つの条約の締約国である国と民訴条約のみの締約国との間では民訴条約の規定による。送達条約の締約国間で、条約に定めのない転達の経路、とくにそれぞれの当局の間での直接の送付を認めるための取極をすることは差支えないとされている(第一一条)。

この条約は一般的条約であって、締約国が他の国と締結する条約における送達の規定に影響を及ぼすものではない(第二五条)。

(二)　送達条約の定める手続

この条約では、次に述べる1から3までのいずれかの方法によって送達をすることができるほか、締約国が拒否していなければ4の方法による送達も可能である。この条約の特色は1にある。2は従来から行われていた外交官、領事官による送達であり、3は民訴条約に規定する方法と同様である。4は郵送による方法及び名宛人のいる国の権限ある者に直接依頼する方法である。いずれも送達が実施される国が拒否していないときに限る。送達条約が1の方法以外にこのようなさまざまな方法を規定した理由は、民訴条約にとって代る条約とするためには民訴条約の定める方法をもとり入れておくこと、また、従来から広く行われている外交官、領事官による送達等も可能にしておいて、送達条約への各国の参加を促すことにあったと思われる。

1、嘱託国の権限ある当局又は裁判所付属吏から受託国の中央当局に要請して行う送達

(1) 送達の嘱託　嘱託国の法律上権限を有する当局又は裁判所付属吏は、受託国の中央当局[11]にこの条約の付属書の様式による要請書を送付する(第三条第一項)。この要請書の送付を受けた受託国の中央当局は自ら送達を行ない、又は他の機関に行なわせることができる(第五条)。この条約の特色は、嘱託国の法律上権限ある当局等から受託国の中央当局に直接に文書の転達ができることにある。したがって、民訴条約のように、外交官又は領事官に依頼して受託国の指定当局に対して要請する必要はないので、それだけ手続的にも簡便になる。送達条約の目的の一つはこの点にある。しかし、わが国では送達条約にもとづいて外国に送達の要請をする場合も事務処理上すべて最高裁判所事務総局を経由する扱いをしている[12]ので、送達条約による場合も民訴条約による場合もわが国における手続には差異がなくなり、受託国の中央当局に対する直接の転達は、事実上行なわれないことになる。

送達要請書は嘱託国の法律上権限を有する当局又は裁判所付属吏が作成し、これに送達すべき文書を添付して受託国の中央当局に送付する。この場合には、要請書の認証等の手続は必要ではない(第三条第一項)。受託国の中央当局は、要請がこの条約の規定に従って送達が行なわれていないと認めるときは、そのことを、理由とともに、直ちに要請者に通知する(第四条)。受託国の中央当局は、送達すべき文書を自国の公用語で作成し又はこれに翻訳したものを添付することを要請することができる(第五条第三項)。

(2) 送達の実施　送達の実施は、(a)受託国において作成された文書をその国の領域内にいる者に送達し又は告知するためにその国の法律で定める方法、又は(b)要請者が希望する特別の方法であって受託国の法律に反しない方法による(第五条第一項)。この二つの方法は民訴条約第三条第二項に定める二つの方法に対応する。そのほかに、

名宛人への任意の交付の方法によることもできる。しかし、任意の交付は、要請者が特別の送達方法を要請している場合はすることができない（同条第二項）。特別の送達方法を要請してきているときは、任意の交付では送達の効力を生じないとされることもあるからである。

（３）　送達の証明　受託国の中央当局又は受託国が特に指定する当局は、条約で定めた様式によって、送達又は告知が行なわれたこと、その方法、場所及び日付並びに文書の交付をうけた者を記載した証明書を作成する。送達又は告知が行なわれなかったときはその事由を明示する。証明書は要請者に直接に交付する。要請者は、証明書が受託国の中央当局又は司法当局によって作成されたものでないときは、いずれかの当局にその確認を求めることができる（第六条）。

（４）　用語　この条約の附属書で定める様式の書類には必ずフランス語又は英語を用いなければならない。この書類に嘱託国の公用語を併記することはできる。受託国で作成する書類はフランス語、英語又は受託国の公用語のいずれかで記載すればよい（第七条）。

２、自国の外交官又は領事官による送達

送達条約の締約国は、自国の外交官又は領事官に、強制によらない方法で送達又は告知を行なわせることができる（第八条第一項）。しかし、接受国は、その文書の作成された国（外交官、領事官の派遣国）の国民以外の者に対して送達又は告知がなされることを拒否するとの宣言をすることができる（第八条第二項）。接受国は、派遣国の外交官又は領事官がその国の国民に対して強制力によらない方法で送達又は告知を行うことを拒むことはできないということである。わが国はこの方法による送達を拒否する宣言はしていない。

３、嘱託国の外交官又は領事官から受託国の指定当局に文書を転達して行なう送達送達条約の締約国は他の締約国の指定当局に対し、外交官又は領事官の経路によって、送達すべき文書を転達することができる(第九条)。この方法は民訴条約第一条で定める方法と同様である。民訴条約の締約国が送達条約を批准し又はこれに加入すると、送達条約の規定が民訴条約の規定に代わることになる。そうなると民訴条約の締約国であった国は民訴条約による送達方法を改めなければならなくなり、そのために、送達条約の締約国になることをためらうことも考えられる。このような事態を回避し、民訴条約の締約国の間で従来から行なわれていた方法も継続することができるように配慮したのが本条の規定である。したがって、これら二つの条約の締約国では、民訴条約の指定当局と送達条約の中央当局とを同じ機関にしていることが多い。送達条約の第九条は文書の転達に関する規定であって、これにもとづく送達の実施は第五条による。第五条では、とくに要請者から特別の方法によることが表明されていないかぎり、任意の交付による方法又は受託国の国内法の定める方法で送達を実施することを規定している。特別の方法による送達は受託国の法律に反する方法であってはならない。その他の手続は1の方法による場合と同様であろう。

4、締約国が拒否していない場合の特例

送達条約の締約国である名宛国が拒否していない場合には、(a)締約国にいる者に対して直接に文書を郵送する方法、(b)嘱託国の裁判所付属吏等権限のある者が直接名宛国の裁判所付属吏等権限のある者に送達又は告知を行なわせる方法、(c)裁判手続上の利害関係人が直接名宛国の裁判所付属吏等の権限のある者に送達又は告知を行なわせる方法による送達も認められる(第一〇条)。

これらは、いずれも、既に述べた三つの送達方法に対する例外である。(a)は嘱託国において送達を行なう権限のある者から受託国にいる名宛人に対して直接に文書を郵送する方法である。この点については送達条約も民訴条約も変わるところはない。郵送(send, adresser)によって送達の効力を生ずるかどうかはもっぱらその文書を発した国の国内法によることとなるが、他の国でそのような方法による送達を有効とするか、それにもとづく判決を承認するかという問題は残る。これについては後にあらためて述べる(第五節一参照)。(b)と(c)とは依頼する者は異るが、いずれも名宛国の権限ある者に送達の実施を直接要請する方法である。これらは、従来からの取極や慣行で用いられてきた方法であるから、送達条約ではこれらの方法による余地をも残しておくとともに、それらのうちからどのような方法をとるかは締約国の選択に委ねたのである。わが国は、このうち(b)及び(c)については、拒否の宣言をしている。したがって、外国からわが国の送達担当機関に直接に送達の要請をしてもこれに応ずることはできない。わが国が(a)について拒否の宣言をしていないことは、わが国にいる者に他の締約国から郵送の方法によって文書の送達をすることについてはとくに異議を述べないというにとどまる。しかし、そのことによってわが国がその送達の効力を当然に承認するということを意味するものではない。(a)の方法では、文書に翻訳文が添付されるという保証はなく、送達されたことを証明できないこともありうるし、また、名宛人に防禦その他必要な手続をとるための十分な時間的余裕がないこともある。したがって、必ずしも適当な送達とはいえないこともあろう。しかし、筆者は、送達条約第一〇条(a)についても民訴条約第六条第一項と同様に、拒否の宣言をすることが適当ではなかったかと考える[14]。

5、送達の拒否

この条約の規定に従って要請された送達又は告知の実施は、受託国がその主権又は安全を害する性質のものであると判断する場合には、拒否することができる(第一三条第一項)。しかし、受託国は、当該事件につき自国が法律上専属的な裁判権を有していること[15]又は自国の法律上当該請求の趣旨に対応する法的手段を認めていないこと[16]のみを理由として、送達又は告知の実施を拒否することができない(第一三条第二項)。受託国の中央当局は送達又は告知の実施を拒否した場合には、そのことを、理由とともに、直ちに要請者に通知しなければならない(第一三条第三項)。

6、費用

締約国から転達された裁判上の文書の送達又は告知の実施について、受託国はその提供する役務にかかる料金又は費用の支払又は償還を請求することができない(第一二条第一項)。しかし、要請者は、裁判所付属吏又は名宛国の法律上権限ある者に依頼した場合(第一〇条(b)、(c))又は特別の送達方法を利用した場合(第五条第一項(b))は、それによって生じた費用を支払い、又はこれを償還する(第一二条第二項)。

(三)　被告が訴訟手続に出頭しない場合の措置

外国にいる名宛人に対する送達は常に適切に行なわれるとはかぎらない。したがって、名宛人がその文書を受領していないこともあるし、また受領しても必要な手続をとるための十分な時間的余裕のないこともある。送達条約ではこのような名宛人の不利益を救うための規定を設けた。

1、裁判の延期

訴訟手続を開始する文書又はこれに類する文書が送達又は告知のためこの条約の規定にもとづき外国に転達された場合において、被告が出頭しないときは、(a)その文書が、受託国において作成される文書の、その国内における送達又は告知のための法律の定める方法により送達又は告知されたこと、又は(b)その文書がこの条約の定める他の方法で被告又はその住居で実際に交付されたこと、並びにこれらの送達、告知又は交付が被告の防禦のために十分な期間をおいて行なわれたことが立証されるまで、裁判所は裁判を延期する(第一五条第一項)。訴訟を開始する文書とは訴状などをいい、これに類する文書とは第一回期日の呼出状などをいう。この規定は、被告が訴訟の開始されたことを全く知らない場合のみを保護する規定である。したがって、訴訟の開始を知らせる文書が送達され、かつ、防禦のための時間的余裕が十分にあると認められた後は、この規定は適用されない。それ以後の手続の進行情況については、被告が自ら適宜の方法で知ることができるからである。

しかし、締約国は、自国の裁判所が、送達、告知又は交付の証明書を受理していない場合においても、(a)その文書がこの条約の定めるいずれかの方法によって転達されたこと、(b)その文書の発送の日から、事案に応じて適当と認める六ケ月以上の期間を経過したこと、及び(c)すべての妥当な努力にもかかわらず、受託国の権限ある当局から証明書を入手できなかったことが認められるときには、裁判手続の進行を宣言することができる(第一五条第二項)。

この規定は、外国にいる者に対する送達について特殊な規定をもっている国(例えばフランス)の制度との妥協と、被告の保護に配慮するあまり訴訟手続が遅延することを防ぐ目的で設けられたもの[17]である。わが国は本項の宣言をしている。

2、保全処分

訴訟を開始する文書又はこれに類する文書の送達又は告知が適当な方法でなされているかどうかにかかわらず、裁判所は、緊急の場合には、仮の処分又は暫定的処分をすることができる(第一五条第三項)。

3、被告の不服申立権の回復

外国にいる被告に対する裁判手続がすすめられた場合に、裁判所は、(a)被告が、その責に帰すべき事由によらないで、防禦するための十分な期間内にその文書を知らず、又は裁判に対する不服申立のための十分な期間内にその裁判を知らなかったとき、及び(b)被告の主張が全く理由がないとは思われないときは、被告の不服申立権を回復させることができる。不服申立権の回復の請求は、被告が裁判を知った時から相当の期間内に行なわなければならない(第一六条第一、二項)。

しかし、被告が裁判のあったことを知った後、所定の期間内に不服申立権の回復の請求をした場合であっても、裁判の日から長い時間が経過しているときは、その請求を却下することができる。これは裁判を迅速にすすめるとともにそれにもとづく法律関係を安定させるための規定である。締約国は、そのための期間を定めることができる。その期間は裁判の日から一年未満であってはならない(第一六条第三項)。多くの国では一定の期間経過後になされた不服申立の回復請求を却下する旨の宣言をしているが、わが国ではこの宣言はしていない。

人の身分に関する裁判については本条は適用されない。人の身分に関する裁判にもさまざまなものがあるうえ、それらはいずれもその本人にとってもまた利害関係人にとっても大きな意味をもつからであり、そこまでこの条約でとりきめておくことは適当ではないからである。

(四)　送達条約の実施のための国内法の規定

1、わが国が外国(締約国)で文書の送達を必要とする場合

わが国から他の締約国に送達を嘱託するときは、送達すべき文書に翻訳文を添付しなければならない。送達条約の締約国に駐在するわが国の外交官又は領事官を通じて文書を転達する場合も同様である。翻訳文は当事者が提出しなければならない(規則第一一条)。裁判外の文書の送達を求める者は、送達について利害関係を有する者があるときは、裁判所の文書の送達申請書(規則第三条)に、その氏名及び住所、送達すべき文書に期間又は期限の定めがあるときは、その内容を記載しなければならない。申請書の記載事項については、その一部を除いて自国

語のほか、英語またはフランス語で記載されていなければならない（第七条、規則第一二条）。

2、外国（締約国）からわが国に文書の送達を要請してきた場合

送達条約の中央当局及び指定当局は、わが国では外務大臣である（特例法第二四条）。送達条約の締約国の当局から嘱託があったときは、わが国では裁判所がその補助を行ない、送達を実施する（特例法第二五条）。送達の実施方法は送達条約に特別の定めのある場合を除いて、日本の法律による（特例法第二六条）。送達を実施したときは、その証明は送達を実施した地方裁判所が行なう（特例法第二七条）。

三　二国間取極による送達

送達は、国家間の合意にもとづくものであるから、民訴条約、送達条約の締約国でない国との間は、二国間の条約、取極又はそのたびごとの合意によって行なわれることになる。また、多数国間条約の締約国間であっても、二国間の取極をしておくこともある。通常、二国間の条約、取極が多数国間条約に優先する。二国間条約の例としては、通商航海条約、領事条約などがあり、必要に応じての合意は口上書等の方法によって行なわれている。

(一)　条約

わが国が外国との間で送達に関する取極をしている条約は、日米領事条約では第一七条第一項(e)(i)に、日英領事条約では第二五条に定めがある。いずれの条約でも派遣国の領事官は、派遣国の法令に従い、かつ、接受国の法令に反しない方法で、派遣国の裁判所のために、裁判上の文書を送達することができる旨を規定している。これらの条約では、領事官による送達は裁判上の文書の送達に限られているが、名宛人は派遣国の国民に限られず、接受国の国民でも第三国の国民でもよいとされている。領事官による送達の権限は、一九六三年に採択された領事関

係に関するウィーン条約第五条(j)によって当然に認められるものではなく、当事国の間であらためて合意がなければならない。民事訴訟法第一七五条(新法一〇八条)では、外国においてなすべき送達はその国に駐在する日本の大使、公使若しくは領事に嘱託してすることができると規定している。しかし、この規定があるからといってわが国の外交官、領事官による送達が当然に可能となるのではなく、相手国がわが国の外交官、領事官による送達をみとめている場合でなければならない。

(二)　口上書等

わが国との間に一般的な取極のない国との間では、送達の必要があるときに、送達の実施を依頼する口上書等を提出する方法によっている[18]。

1、わが国から外国での送達の実施を要請するときは、受訴裁判所が民事訴訟法第一七五条(新法一〇八条)によりその国の管轄官庁にあてて嘱託することになるが、文書に翻訳文を添付して、外交上の経路によって相手国に要請することになる。送達の実施はその国の法律の定める方法による。送達を実施したときは、証明書等によってその結果について通知がある。

2、外国からわが国に対する送達の実施の要請があったときは、共助法にもとづいて送達を実施する。同法によれば、外交機関を経由した嘱託であること、送達を受けるべき者並びにその国籍、住所、居所を記載した書面によってすべきこと、日本語以外の嘱託書及び関係書類には翻訳文を添付すること、嘱託国が送達に要する費用の弁償を保証したこと、嘱託国が同一又は類似の事項について日本の裁判所の嘱託に協力することを保証していることがみたされなければならない(共助法第一条ノ二)。送達を実施する裁判所は、その地を管轄する地方裁判所であり(共助法第一条)、日本の法律によってこれを実施する(共助法第三条)。

ばならない。

この場合は費用の償還を請求することができる。送達をしたときは、送達証明書その他を嘱託国に送付しなければならない。

四　公示送達

(一)　わが国における公示送達

1、公示送達の要件

わが国から外国にいる者に送達をする場合に、その国の管轄官庁又はその国に駐在する日本の大使、公使若くは領事に嘱託して送達することができないとき、送達の嘱託をしたけれどもその効なしと認められるとき、外国の管轄官庁に嘱託をしたのち六ケ月を経ても送達を証する書面の送付がないときには、当事者は裁判長の許可を得て公示送達の手続をとることができる(民訴法第一七八条第一項。新法一一〇条一項)。外交官、領事官に嘱託して送達することができない場合とは、相手国と国交がないあるいは外交関係がない場合などをいう。戦争又は内乱などのため事実上不可能な場合もこれに該当する。

嘱託しても送達の目的を達しなければ、送達の嘱託をしたけれどもその効なしと認めてもよいであろう。外国の管轄官庁に送達の嘱託をしたのち六ケ月を経ても送達を証する書面が送付されない場合は、送達の目的を達しなかったと同様に扱われる。

2、公示送達の効果

公示送達の規定は民訴法第一七五条(新法一〇八条)による送達を前提としているが、その趣旨からみて、二国間取極による送達、民訴条約又は送達条約による送達であってもその目的を達しなかった場合及び六ケ月以上送達を証する書面の送付がなかった場合にも準用されると解すべきである。しかし、送達条約第一五条第二項では、裁判所が送達、告知又は交付の証明書を受理していない場合においても、（a）送達すべき文書がこの条約の定めるいずれかの方法によって転達されたこと、（b）その文書の発送の日から、裁判所が事件ごとに適当と認める六ケ月以上の期間を経過したこと及び（c）すべての妥当な努力にかかわらず、受託国の権限ある当局から送達等に関する証明書を入手することができなかったことの三つの要件が満たされた場合には、同条第一号の規定にかかわらず、裁判手続をすすめることができる旨の宣言をなしうると定めている。わが国はこの宣言をしている。そして右（a）、（b）及び（c）に掲げる要件がみたされたときに限り、民事訴訟法第一七八条（新法一一〇条）の規定により公示送達をすることができるとしている（特例法第二八条）。したがって、公示送達がされないときには裁判手続をすすめることはできない。

外国で行うべき送達について公示送達をしたときは、文書の掲示または貼付の日から六週間を経過した時に送達の効果を生ずる（民事訴訟法第一八〇条第二項、新法一一二条）。

（二）　外国における公示送達

わが国で送達されるべき文書についても、外国で公示送達のような取扱をすることがある。これはそれぞれの国の国内法による。

注

1　民訴条約に関するハーグ国際私法会議の公式記録は条約の解釈についてはあまり参考にならない。民訴条約について各国で発表された文献についてはActes et documents de la Quatorziéme Session, Tome I, p.268に掲げられている文献参照。

2 概要・六頁。裁判外の文書が送達を要するかどうかは、その文書を作成する根拠となった国の法律(多くは文書の作成された国の法律であろう。)によると解される。

3 スイス、ソ連、ユーゴスラヴィアは外交上の経路による旨の宣言をしている(共助資料・三八一頁参照)。

4 特別の方法による送達とは、例えば、一定数の証人の面前で送達を実施するようなことをいう(概要・一一頁)。

5 これまでのところ受託国の主権又は安全を害する性質の送達に関する事例は報告されていないようである。

6 郵便による送達では、その効力、それをもとにしてなされた判決の承認について、第五節に述べるような問題を生ずる。

7 領事関係に関するウィーン条約では、領事は裁判上及び裁判外の文書の送達の権限を有するとされている(第五条(j))。しかし、この条約の締約国であれば領事は当然に送達をなしうるのではなく、派遣国と接受国との間の領事条約、通商航海条約等で、そのことを取極めておかなければならないと解されている。民訴条約のような多数国で取極めることでもよい。

8 昭和四五年七月二七日最高裁民二第六五八号最高裁判所事務総長通達(共助資料一〇三頁以下参照)。

9 三井・法曹時報二三巻八号一七〇頁は、文書の名宛人が民訴条約の締約国である外国に存在している場合に限って、郵便による送達を行なうことができると述べている。しかし、裁判所の事務としては、受託国の指定当局に送達を要請することのほうが確実であって、望ましいことはいうまでもない。

10 送達条約に関する文献については、本節注**1**に掲げたActes et documents de la Quatorziéme Session, Tome I, p.268-9に掲げられている文献参照。

11 各国中央当局については、服部・前掲一七四―一七六頁参照。民訴条約の締約国であり、かつ送達条約の締約国でもある国では、指定当局も中央当局も同じ官庁が指定されている。

12 昭和四五年七月二七日最高裁民二第六五八号最高裁判所事務総長通達(民事訴訟手続に関する条約等による文書の送達、証拠調および執行認許の請求ならびに訴訟上の救助請求書の送付について)(共助資料・一一〇頁―一一二頁)。わが国における事務処理の経路については、共助資料三八〇頁に掲げられている国際司法共助手続における関係書類の送付経路図を参照。

13 実際には領事官による文書の送達、告知では、名宛人に郵便によって送付する例が多いようである。

14 外国からの郵送による送達の例としては、おそらくアメリカ合衆国の州の裁判所に係属している訴訟に関するものが最も多いであろう。仮に郵送による送達を拒否するとすれば、外国からの送達の嘱託が増加し、わが国の裁判所の扱う共助事件の事務量がふえることが予想される。

15 ここにいう裁判権とは、受託国における国際裁判管轄権である。その有無は受託国の当局が判断する。

16 送達を実施する国で当該請求の趣旨に対応する法的手段を認めていない場合の例としては、債務不履行に対する救済として、訴訟の係属している国では債務の履行を求めることができるのに対し、送達を実施する国では金銭による損害賠償に限っているような場合がある。また、嘱託国からの訴訟告知が名宛人に訴訟参加の資格を与えるにとどまるのではなく、それによって法律上当然に当事者となるような効力を生ずる場合(第三者を訴訟手続に引込む効果の場合)もこれに当るであろう。

17 三井・法曹時報二三巻七号八四頁以下。

18 二国間の取極については共助資料・二〇七頁以下、概要・六七頁参照。

三　証拠調

一　民訴条約による証拠調

民訴条約**1**はその第八条ないし第一四条で、締約国の司法当局からの嘱託にもとづいて、他の締約国の権限のある当局が、民事又は商事に関し、証拠調その他の裁判上の行為を行うことを定めている。証拠調その他の裁判上の行為とは、証人尋問、当事者尋問、書証の取調、検証などをいう。これらのなかで最も多いのが証人尋問である。民訴条約では第一五条までに、自国の外交官又は領事官によってこれらを行なう方法も定めている。

(一)　受託国の権限ある司法当局に嘱託して行う証拠調

1、証拠調の嘱託の転達

締約国の司法当局が他の締約国における証拠調を必要とするときは、他の締約国において管轄権を有する権限ある当局(受託当局)に対し、受託国の法律に従って証拠調を行うことを嘱託することができる(第八条)。

証拠調の嘱託は、嘱託国の領事官により、受託国の指定当局に転達される。受託国の指定当局はそれをうけて、自国の権限のある当局に嘱託を転達する。これにもとづいて受託国の受託当局は証拠調を実施する。受託国の指定当局は、受託事項の実施を確認し、又はその実施を妨げた事由を明示した書類を証拠調の要請をした領事官に送付する(第九条第一項)。締約国は、他の締約国にあてた通告により、自国の領域内において実施すべき証拠調の嘱託が外交上の経路を通じて転達されることを要請することを宣言することができる(同第二項)。これは、送達の場合と同様の理由による。このほか、締約国間において、それぞれの国の当局の間で直接に司法共助の嘱託を転達することを認めるための取極を行うことができる(同条第三項)。

証拠調の嘱託書は、反対の取極がないかぎり、受託当局の用いる言語若しくは関係両国間で合意される言語で作成するか、それらのうちの一の言語による翻訳文であって、嘱託国の外交官若しくは領事官又は受託国の宣誓した翻訳者が正確であることを証明したものを添付する(第一〇条)。これは受託国において証拠調の実施を容易にするためである。

証拠調の嘱託は、受託当局が権限を有しない場合には、その当局の属する国の法律の定めるところに従い、職権によってその権限を有する司法当局に転達される(第一二条)。

2、証拠調の実施

証拠調の嘱託を受ける司法当局は、自国の当局からの嘱託または関係当事者からの類似の請求について用いられる強制方法と同様の強制方法によって当該受託事項を実施する(第一一条第一項前段)。これも送達の場合と同様である。外国からの嘱託の場合には、直ちに嘱託のとおりに受託事項を実施することができないことも少くない。そのようなときには、受託国の国内法において受託事項に類似する事項の方法によってこれを実施するほかはない。要するに、受託国の国内法に従い、受託事項に類似する事項に用いられる方法をとるということである。しかし、当事者の呼出については、必ずしもその強制方法を用いることを要しない(同条第一項後段)。当事者は単なる証拠方法ではないし、受託事項の実施に出頭しないことによる効果は本来の手続法（訴訟の係属した裁判所で適用する手続法）で判断すればよいから[2]である。

受託当局は、嘱託当局の要請がある場合には、関係当事者が求められた措置に立会うことができるように、その嘱託当局に対し、その期日及び場所を通知する（同第二項）。その場合には、当事者に対する期日の呼出を要しない（特例法第八条）。証拠調の結果は裁判に大きな影響があるので、当事者の立会う機会を与えるための規定である。受託当局に対して当事者の立会を求めるのは嘱託当局であるが、多くの場合は当事者からの要請がある場合であろう。もちろん嘱託当局自らの判断でこれを要請することができることはいうまでもない。

受託事項を実施する受託当局は、手続に関しては自国の法律を適用する[3]（第一四条第一項）。もっとも、嘱託当局が特別の方法によって実施することを要請する場合には、その方法が自国の法律に反しないものであるかぎり、その要請に応じなければならない（同条第二項）。これも送達の場合と同様、自国の法律に牴触し、許されない方法であるときを除いて、自国の法律にない方法であっても、とくに嘱託当局からの要請があるときは、これに協力するという趣旨である。特別の方法とは、宣誓及びその方式、証人尋問、鑑定人尋問の方法で、受託国の法律で認められていない方法をいう[4]。

受託事項の実施を拒否することができるのは、次の場合のみである（第一一条第二項）。すなわち、（イ）書類の真正が立証されない場合、（ロ）その実施が受託国において司法権に属しない場合、（ハ）その実施が、その行われるべき領域の属する国によりその主権または安全を害する性質のものであると判断される場合である。（イ）は嘱託関係書類が権限ある者によって作成されたことが立証されない場合をいう。例えば、権限ある者によって正当に作成されたことを認証する文書が添付されていないような場合である（外国公文書の認証を不要とする条約の締約国の間では裁判所、裁判所書記の作成する文書はとくに認証を要しない）[5]。（ロ）は国内法上受託当局の権限外の場合であるから、このような場合は拒否することができる。（ハ）についてはとくに説明を要しないであろう。しかし、具体的な事例に当たっては、問題は必ずしも簡単ではないこともあろう。

受託当局は、その受託事項を実施しないときは、その旨を直ちに嘱託当局に通知するものとし、その実施を拒否した理由を明示しなければならない。嘱託を権限ある当局に転達した場合も同様である（第一三条）。

なお、外国の当局の嘱託による証拠調に際し、わが国の裁判所がした裁判については、当該裁判所を受訴裁判所とみなして、不服申立に関する民事訴訟法の規定が適用される（特例法第九条）。

3、証拠調の費用

受託事項の実施については、いかなる種類の料金又は費用の償還をも請求することができない。もっとも、受託国は、反対の取極がないかぎり、証人もしくは鑑定人に支払う費用、証人が任意に出頭しないため裁判所付属吏が介入することから生ずる費用又は受託事項を特別の方法によって実施したことから生ずる費用の償還を、嘱託国に請求することができる（第一六条）。

（二）　自国の外交官、領事官による証拠調

締約国間の条約又は受託事項が実施さるべき領域の属する国が拒否しない場合には、自国の外交官又は領事官に受託事項を直接実施させることを妨げるものではない（第一五条）。これは従来から行なわれている方法によることをも可能にした規定である[6]。

二　二国間取極による証拠調

証拠調についても、送達と同様、二国間条約その他で予め取極をしておく場合と、必要に応じてそのたびごとに口上書による要請によって行う場合とがある。

(一)　自国の領事官による証拠調

わが国の裁判所は、民事訴訟法第二六四条第一項(新法一八四条一項)によって、外国に駐在するわが国の大使、公使又は領事に証拠調を嘱託することができるとされているが、これは国内法における規定にすぎないのであって、その外国が外交官、領事官による証拠調を認めている場合でなければ実施することができない。わが国が締結している条約で証拠調について規定しているのは日米領事条約(同条約第一七条第一項(e))と日英領事条約(同条約第二五条)である。もっとも、二国間の合意の形式はとくに領事条約に限るわけではない。前記いずれの条約においても、証拠調は派遣国の法令に従い、かつ接受国の法令に反しない方法によってしなければならない。日米領事条約では、領事官は派遣国の裁判所その他の司法当局のために、接受国に存在する者から、その者が自発的に提供する証言を録取すること、その者に宣誓を行わせることができるとされている。日英領事条約では、領事官は口頭若しくは書面により自発的に提供された証言を録取する権利を有するとしている。

なお、わが国は、二国間で予め取極をしていなくとも、外国の領事官がその国の国民について任意の供述に基く証拠調を行うことは相互主義を条件として認めてさしつかえないが、日本国民及び第三国の国民に対して証拠調を行うことは認められないとの意見を表明したことがある**7**。

(二)　受託国の管轄官庁による証拠調

1、わが国から外国でする証拠調を必要とするときは、民事訴訟法第二六四条第一項(新法一八四条一項)により、その国の管轄官庁に嘱託する方法をとる。そして、外交上の経路によって相手国に証拠調の実施を要請する。相手国は予め証拠調に協力する旨の取極のある場合、それがなくとも、わが国の要請に応ずることとした場合は、自国で証拠調を実施する。

2、外国からわが国に対して証拠調の実施を要請してきたときは、共助法に定める要件を具備しているならば、日本の法律によって実施する(共助法第三条)。証拠調の嘱託は、訴訟事件の当事者、証拠方法の種類、取調を受けるべき者の氏名、国籍及び住所又は居所並びに取調を要する事項を記載した書面による。翻訳文の添付、費用の弁償の保証のほか、わが国からの証拠調の嘱託を実施することについての保証がなければならない(共助法第一条ノ二)。わが国では外国から証拠調の要請があったときは、それが共助法に従って実施できるものであれば、これに応ずることになる[8]。

三　証拠収集条約

(一)　概説

民事又は商事に関する事件の外国における証拠の収集に関する条約(証拠収集条約)は[9]、一九六八年のハーグ国際私法会議第一一会期で採択された。この条約は題名の示すとおり、民事又は商事に関する事件において外国における証拠調のために作成されたものである(ここでいう証拠の収集とは裁判手続での証拠調をいい、当事者が証拠を探し集めることではない)。この目的で作成された多数国間条約としては、この条約に先立って、一九五四年の民訴条約がある。証拠収集条約は、民訴条約を採用しない英米法系の諸国、とくに米国との間に証拠調の共助を可能にするために作られた条約である。この条約は一九七三年一〇月七日に発効している。わが国は批准していない。しかし、後に述べるハーグ国際私法会議第一四会期との関係もあるのでここで紹介しておくことが適当であろう。

この条約を作成した理由は、送達条約の場合と同様である。したがって、民訴条約の締約国がこの条約を批准し又はこれに加入した場合には、この条約の規定が民訴条約第八条から第一六条までの規定に代って適用される(第二九条)。民訴条約の締約国間の補足的合意は、その当事国が別段の合意をしていないときは、この条約においても適用される(第三一条)。しかし、いずれか一方の国がこの条約の締約国でない場合には、この条約の規定は適用されない。この条約は証拠の収集(証拠調)に関する一般的条約であって、締約国が現在締結しており又は将来締結する条約の適用を妨げるものではない(第三二条)。

この条約の定める証拠収集の方法は、大別すると、嘱託国の司法当局から受託国の司法当局に宛てて、それぞれの国の中央当局を通じて嘱託する方法(第一条から第一四条まで)と、外交官、領事官又は受託者(commissioner 証拠調の実施を依頼された者)による方法(第一五条から第二二条まで)の二つである。しかし、この条約は、締約国が証拠調の嘱託書を第二条以外の方法で自国の司法当局に転達することができることを宣言すること、自国の法律又は慣習によってこの条約の適用される行為をより寛大な条件で実施することを許すこと及び自国の法律又は慣習によってこの条約に定められた証拠収集の方法以外の方法を許すことを妨げないとしている(第二七条)。要するに、証拠の収集の行われる国で条約で定める要件よりも寛大な要件、手続を認めていることまでも禁ずる必要はないからである。また、この条約は嘱託書の転達方法、言語、嘱託国の司法当局の立会、証言の免除及び禁止、証拠調の結果を記載した書類の転達、費用及び外交官、領事官又は受託者による証拠調に関して、二国間で取極をすることを妨げないとしている(第二八条)。

なお、この条約の締約国は、コモン・ロー(common law)の国の公判前の書証の開示(pretrial discovery of documents)のために発せられた証拠調の嘱託書を実施しない旨の宣言をすることができる(第二三条)。英米法系諸国の公判前の証拠開示は当事者が訴を提起した後、公判前の段階において、相手方に対して書証の提出を求める手続[10]である。仮に、この条約の締約国がこのような手続にも協力するとなると、米国における訴訟事件の数とおびただしい書証の量からみて、締約国の本来の、裁判事務に支障をきたすおそれなしとしない。したがって、締約国はこれを実施しない旨の宣言をなしうることとしたのである[11]。

また、締約国は外交官、領事官又は受託者による証拠調の規定の適用を排除することを宣言することができる[12](第三三条)。外交官、領事官による証拠調の実施は以前から行なわれてきたが、それよりも受託国の司法当局による証拠調のほうが適当と思われるし、とくに受託者による証拠調は、嘱託国の裁判所から委任を受けた第三者が主宰して行う証拠調であるから、受託国の法制になじまず、必ずしも適当とはいえない面もあるので、この方法による証拠調の実施の全部又は一部を排除することができるとした[13]。

(二)　受託国の権限ある当局による証拠調

1、証拠調の嘱託

締約国の司法当局は、民事又は商事事件に関し、自国の国内法の規定に従って、他の締約国の権限ある当局に対し、嘱託書をもって、証拠の収集又はその他の司法上の行為をなすことを要請することができる。嘱託書は実際に係属し又は係属すべき手続において用いる以外の目的で発してはならない[14](第一条)。この嘱託書は、嘱託国の司法当局から受託国の中央当局に送付され、受託国の中央当局はこれを自国の権限ある当局に転達する(第二条)。これが証拠収集条約でとっている原則的な方法である。嘱託書には、a嘱託をする当局及び、それを記載することが可能なときは、嘱託を受ける当局、b当事者及び宛先並びに、その必要があれば、その代表者、c訴訟手続の性質及び対象並びに事実の概要、d実施すべき証拠調又はその他の裁判上の行為、e尋問すべき者の氏名及び宛先、f尋問すべき者に対する発問又はその者についてただすべき事実、g取調の対象となる文書又はその他の物、h宣誓させて供述を録取すべき旨の請求及び、その必要があれば、用いられるべき文書の指示、並びにi第九条による特別の方法を記載する。司法共助の嘱託には、必要があれば、証言拒否の特権もしくは義務に関する規定を適用するのに必要な事項をも記載する(第三条)。要請書の言語は受託国の権限ある当局の言語によるか、その言語による翻訳文を添付しなければならない。しかし、英語もしくはフランス語又はその言語のいずれかによる翻訳文が添付されていることでも足りる。一国に二以上の公用語のある場合には、その国は共助を実行する地域の言語を指定することができる。翻訳文には外交官若しくは領事官の翻訳証明文、又は宣誓翻訳者若しくは翻訳者の資格を認められた者による、正確であることの証明文を必要とする(第四条)。

締約国は、その国内法で、他の締約国からの共助の要請を受付け、これを適当な機関に伝達するための中央当局を指定しなければならない(第二条)。締約国が連邦国家のときは、二以上の中央当局を指定することができる 15 (第二四条)。二以上の異法地域を有する国では、それぞれの地域ごとに中央当局を指定することができる(第二五条)。受託国の中央当局は、要請がこの条約の定めるところに適合しないときは、嘱託国の当局に異議の理由を明示して、そのことを通知しなければならない(第五条)。要請書の転達を受けた当局がそれを実施する権限を有しないときは、その権限を有する他の機関に移送する(第六条)。

嘱託国の司法当局は、当事者又は代理人の立会を可能とするために、証拠調の日時、場所について通知を求めることができ、また当事者又は代理人にこれを直接通知するよう要請することもできる(第七条)。

嘱託国の司法当局は、当事者が証拠調に立ち会うことができるために、受託国の権限のある当局から証拠調の期

きることを宣言することもできる（第八条）。

2、証拠調の実施

受託国の権限ある当局は、原則として自国の国内法で定める方法及び手続で証拠調を実施する。嘱託国の司法当局の要請する特別の方法による証拠調は、それが受託国の国内法に反しないとき又はその国内における慣行と手続(internal practice and procedure)もしくは実際上の困難によって実施が不可能なときを除き、実施する（第九条）。

受託国の権限ある当局は、嘱託にかかる証拠調を実施するに当り、その国内法による証拠調を実施すると同じ程度の適当な強制方法を用いることができる（第一〇条）。証言を求められた者は、証拠調を実施する国の法律又は嘱託国の法律によって証言拒否の特権若しくは証言拒否の義務があるときは、これに応じないことができる。また、締約国は、嘱託国及び受託国以外の国の法律により定められた証言拒否の特権若しくは証言拒否の義務を一定の限度において尊重する旨を宣言することができる[16]（第一一条）。

受託国は、嘱託事項が自国の司法権の範囲に属しないとき、又は嘱託事項の実施が自国の主権、安全を害すると認めたときには、その実施を拒否することができる[17]。しかし、自国が当該事件について専属的管轄権を有すること又は国内法上そのような訴が許されないことのみをもって、その実施を拒否することはできない（第一二条）。

受託国の権限ある当局は嘱託事項の実施を証する書面を嘱託国の司法当局に送付する（第一三条）。

受託国は嘱託事項の実施の費用の償還を請求することはできない。しかし、特別の方法を実施したことにより専門家、通訳に支払われた費用及び嘱託国の要請した特別の手続によって生じた費用の償還を請求することはできる（第一四条）。

(三)　自国の外交官、領事官、受託者による証拠調

外交官、領事官は、その派遣国の裁判所に係属する手続を補助するために、接受国において、強制力を用いることなく、派遣国の国民から証拠を収集することができる。いずれの締約国も、外交官又は領事官からの請求、又はその国により指定された権限ある当局により外交官又は領事官の名でされた請求に基づいて許可(permission)が与えられたときに限り、証拠調を行うことができる旨の宣言をすることができる(第一五条)。

また、外交官、領事官は強制力を用いることなく、接受国の国民又は第三国の国民について、証拠調を行うことができる。ただし、接受国の権限ある当局がこれを一般的に又は個別的に許可し、かつ、外交官、領事官が許可を与えるに際して定められた条件を遵守するときに限る。締約国は、事前の許可なしに、外交官又は領事官による証拠の収集をすることができる旨の宣言をすることができる(第一六条)。

この条約の締約国の外交官、領事官は接受国の反対の宣言がないかぎり、派遣国の国民に対する証拠調をすることができるが、接受国又は第三国の国民に対する証拠調は、接受国が予め一般的に許可を要しないとしている場合を除いて、その許可を必要とすることになる。

受託者として指名された者も外交官、領事官と同様に締約国の領域内において証拠の収集をすることができる。しかし、それは証拠収集の行われる国の司法当局が一般的に又は個別的にそれを許可し、かつ、受託者として指名された者が許可を与えるに際して定められた条件を遵守するときに限る。この場合においても、事前の許可なく証拠の収集をすることができる旨の宣言をすることができる(第一七条)。受託者による証拠調は、派遣国の国民に限定されることはないけれども、原則として、証拠収集の行われる国の司法当局の許可を必要とする。受託者とは、必要に応じて裁判所又は裁判官から証拠調の権限を託された者をいい、特別の制度があるわけではない。受託者と

して指名される者は、証拠の収集が行われる地にいる嘱託国の領事又は嘱託国の国民が多いと説明されている[18]。締約国は、外交官、領事官、受託者は、証拠の収集において、それが行われる国の司法当局の援助を求めることができる旨を宣言することができる。司法当局の援助は、国内手続に関する法律で定められている方法による。また、法律に定めがあるときは相当とされる強制力を用いることができる（第一八条）。

証言を求められる者は、これらの証拠の収集において、法律家による補佐を求めることができる（第二〇条）。

外交官、領事官又は受託者による証拠収集の実施の方法はおおよそ次のとおりである。(a) 接受国の法律及び許可に反しない方法ですべての証拠を収集することができ、また、その範囲で、宣誓させ又は確認を求めることができる。(b) 証拠調のための呼出状には、証言を求められる者が派遣国の国民である場合を除き、接受国で用いられている言語によって作成し、又はこれによる翻訳を添付しなければならない。(c) 呼出状には法律についての助言者を依頼できること、第一八条の宣言をなされていない国では、証拠調に出頭すること及び供述することを強制されない旨を教示しなければならない。(d) 接受国で禁止されていないときに限り、訴訟が係属している国の裁判所で適用する法律の定める方法によって証拠の収集をすることができる。(e) 証言を求められる者はこの条約第一一条の特権及び義務を主張することができる（第二一条）。

外交官、領事官又は受託者による証拠調の手続によって証拠の収集ができなかったときは、あらためて権限ある当局に対する証拠調の嘱託による方法によって証拠の収集をすることを妨げない（第二二条）。

注

1　民訴条約における証拠調の規定についても前節注1の文献参照。

2　受託国はその国内法による強制方法をとることができる。

3　手続は法廷地法によるという原則の一つのあらわれである。証拠調の実施方法は嘱託国の手続法によるのではなく、受託国の手続法によって行う。

4　特別の方法による証拠調を要請するのは、嘱託国におけるその証拠の証拠能力、証明力に関係するためであると思われる。

5　公文書認証不要条約(Convention supprimant l'exigence de la légalisation des actes publics étrangers, 1961)第一条第二項aでは、裁判所又は裁判所書記の作成した文書は、真正に作成されたことの認証を要しない。しかし、外交官、領事官の作成した文書については同条約は適用されない(同条第三項)。もちろん、公文書認証不要条約の締約国でなければ、同条約の規定は適用されない。

6　外交官、領事官が接受国において証拠調を行うことは、外交関係に関するウィーン条約及び領事関係に関するウィーン条約によって、その権限の一つとされてはいるが、これらの条約によって当然に証拠調をなしうるのではなく、多数国間条約又は二国間条約等で具体的にその旨の取極めをしておかなければならない。

7　昭和二八年九月二二日・法務省民甲第一七二二号外務事務次官宛法務事務次官通知(外国領事官による日本における証拠調について)(共助資料・一九二頁)。

8　例えば大正九年三月二三日付在本邦スイス国臨時代理大使宛外務大臣書翰(共助資料・二一五頁)、昭和一五年三月二二日付在本邦英国大使宛外務大臣書翰(同二四五頁)、昭和二七年八月二二日付在本邦インド大使館宛口上書(同二七〇頁)など。

9　証拠収集条約に関する文献については前節注1の文献の二六九頁―二七〇頁に掲げられている文献参照。この条約を批准した国はチェコスロヴァキア、デンマーク、フィンランド、フランス、ドイツ連邦共和国、イスラエル、イタリア、ルクセンブルグ、オランダ、ノルウェー、ポルトガル、スウェーデン、英国、米国であり、加入は南アフリカとボツワナである。

10　米国で公判前の証拠開示(discovery)というときは、広く訴訟と関連する証拠を探し集めることを意味し、口頭での供述の録取(deposition)、土地等への立入り、身体検査、物の検証等を含むものとして用いられている。これらについては、多くの文献があり、詳しく知るためには米国の文献を参照することが適当であろう。しかし、わが国で直ちに適切な文献を利用する便宜があるとはかぎらないので、文献を検索するための手がかりとして、最近の邦語文献をあげておく。霜島甲一「アメリカ合衆国の開示手続―わが国の研究の現状・意義・方法」法学志林七九巻四号、高橋一修「アメリカ連邦民事訴訟規則の開示手続とその一九七〇、八〇、八二年改正について(1)」同号、霜島・高橋・広江・清水・佐藤「アメリカ連邦訴訟規則第五章証言録取および開示手続」同号、高橋宏志「米国ディスカバリー法序説」法学協会百周年記念論文集三巻(有斐閣、一九八三年)五五八頁、霜島甲一「米国開示手続の対日交渉問題」NBL三〇六号、三〇八号等。これら以外にも参考となる文献は多いであろう。

11　証拠収集条約第二三条の留保は、米国を除いて、すべての締約国が宣言している。英国が率先して留保したのである。

12　領事による証拠調についての宣言は次のとおりである。自国(接受国)の国民について許可を要するとしている国は、スウェーデン、ノルウェー、デンマークである。第三国の国民について、事前の許可を必要としている国は、デンマーク、フランス、ルクセンブルグ、ノルウェーであり、相互の保証があれば事前の許可を要しないとしている国はチェコスロバキア、英国である。

13 受託者による証拠調についての宣言は次のとおりである。事前の許可を要するとしている国は、フランス、ルクセンブルグ、ノルウェーであり、相互の保証があれば事前の許可を要しないとしている国は、チェコスロバキア、英国である。

14 訴訟の開始前に、これを認めて差支えないであろう。なお、仲裁機関がこの条約を利用することはできないが、仲裁機関から裁判所に対する申立により、裁判所が必要な証拠調を行なう場合(例えば民事訴訟法第七九六条)(仲裁法三五条)には、外国の裁判所に対してこの条約にもとづいて証拠調の嘱託をすることは可能であろう。証拠保全手続や、仮差押・仮処分を行うために利用することはできない。しかし、保全訴訟が既に係属している場合には、

15 中央当局については、共助資料・一八二頁、服部・前掲論文一七五頁参照。

16 証言拒否権については、証拠調の嘱託国及び受託国の法律のほかに、証人が国籍を有する国及び証人が常居所を有する国の法律も考慮の対象に加えることも考えられる。

17 現在までのところ、このような事例は報告されていない。しかし、後に述べるウエスティングハウス事件(第四節注**9**)のような場合には、国によっては、主権又は安全を害すると主張することもありうるかもしれない。

18 なお、この点に関連して、米国は、外国の裁判官、弁護士が米国において検証、書証の証拠調、証人尋問を行うことにとくに異論はなく、ただ儀礼上事前に国務省に通告してもらえばよいという見解を表明したことがある(Actes et documents de la Quatorzième Session, Tome IV. p.404)。

四　ハーグ国際私法会議におけるその後の展開

送達条約と証拠収集条約については、一九八〇年一〇月のハーグ国際私法会議第一四会期で若干の発展をみた。その経過を簡単に述べると次のとおりである。

一、一九七七年一一月にハーグ国際私法会議は一九六五年の送達条約の運用について検討するための特別委員会[1]を開いた。事務局作成の資料[2]によれば、送達条約及びその運用に関し、次に掲げる二四の検討事項があげられていた。すなわち、条約の適用範囲、送達先の表示が不完全又は不明の場合の措置、中央当局の指定、嘱託をする当

局、第四条の異議、送達の方法、名宛人の受領拒否、特別の送達方法、任意の交付、翻訳の必要性、送達の証明、標準書式の作成、領事官による転達、郵便による送達、第一〇条b、cの送達、送達の費用、送達の要請の拒否、手続を行うに十分な期間内に送達されたことの証明、第一五条の裁判手続の停止、第一六条の不服申立期間の計算、第一五条、第一六条の適用の状況、裁判外の文書、補足的合意及び送達の遅延である。この資料はハーグ国際私法会議の加盟国から提出された意見を整理して作成されたものである。とくに米国とフランスが長文の意見書を提出したことが注目される[3]。この特別委員会では前記問題点を順次検討した。その結果は事務局が整理して報告書を作成することとなった。それとともに、各国の運用について知らせるための資料を作成するために、各国が事務局に回報すべき事項を定めた。それらの事項は、送達すべき文書を作成する権限のある機関、その転達を受ける中央当局とその所在地等、中央当局の行う送達の方法、領事送達を用いるかどうか、郵便による送達を認めるかどうか、送達の権限を有する者に直接送付することによって送達を依頼することを認めるかどうか、第一五条及び第一六条に関する各国の裁判例、各国で裁判外の文書とされているもの及びそれらの作成権限を有する者、並びに締約国間の特別又は補足的合意である[4]。そして、一九七〇年の証拠収集条約についても検討するために、同様の特別委員会を開くこととした。

二、証拠収集条約の運用について情報を交換し、かつ検討するための特別委員会は一九七八年六月に開かれた。

これに先立って事務局では二〇項目の検討事項を挙げ、各国の意見を徴した[5]。検討事項は、条約の適用範囲(第一条及び第二三条)、中央当局の役割(第二条、第二四条及び第二五条)、嘱託書が要件をみたしているかどうかの判断、用語、嘱託に対する拒否、嘱託書を作成する権限ある当局、証拠調を実施する当局、嘱託事項の実施、強制方法、証言等の拒否の特権、実施の拒否、証拠調後の書類の送付、費用、領事等による派遣国の国民に対する証拠調、領事官による第三国の国民に対する証拠調、受託者による証拠調、領事官及び受託者を援助するための強制方法、領事官及び受託者からの援助の要請の実施、条約で定めるよりも緩い方法及び特別の合意である。これらについて米国、フランス、ノルウェー、英国、スウェーデンが具体的で長文の意見書を提出した[6]。これらの意見書の内容からみると、とくに米国、フランス、英国がこの条約の運用について大きな関心をもっているように思われた。特別委員会における検討の結果は事務局の報告書[7]にまとめられているが、それによると、証拠収集条約の締約国の間で大きな問題は起きていないように思われると述べている。

特別委員会ではいくつか重要な問題を議論している。その一つに、この条約の規定を民事又は商事以外の事件においても利用することができるかという問題がある。外国で取得された証拠が刑事事件や租税事件でも証拠として用いられることがありうるというだけで、それがこの条約の適用範囲外の事項であるということはできないけれども、その証拠によって嘱託国における刑事手続で罰せられるおそれのあるときは、受託国はその実施を拒否することもありうるとされた[8]。これはウエスティングハウス社のウラニウム供給契約に関する米国での訴訟事件における証拠開示の請求に関連する事件についてなされた英国貴族院(House of Lords)の判決[9]との関連で論ぜられた。

また、公判前の証拠書類の開示(pretrial discovery of documents)をめぐっても議論がされた[10]。この条約の第二三条ではコモンローの国における公判前の証拠書類の開示については嘱託を実施しない旨の宣言をすることができるとしており、米国以外の締約国はいずれもこの留保をしたからである。この問題について米国代表は次のように説明した。すなわち、「米国における公判前の証拠書類の開示手続は、訴訟が係属したのちに行われるものである。他の国でも訴訟手続の開始後で法廷における証拠調に入る前に証拠の収集が行われることがあり、米国の制度も実質的にこれと異なるところはない。この留保を最初に提案した英国代表の説明によれば、要するに、具体的に特定されていない証拠を探索するために利用することに反対する趣旨であったと思われる」というのである。この問題について特別委員会で検討したところ、結局、証拠収集条約第二三条の表現が適切でなく、同条の留保は提出すべき文書が十分に特定されていない場合にのみ適用されると解すべきであり、締約国は留保を撤回するか、文書が特定されていない場合に留保する旨の宣言をすることが望ましいということになった[11]。

嘱託書についても、送達条約と同じように、標準書式を作成することが望ましいとされ、これを作成した。しかし、必ずしもその書式によらなければならないものではない[12]。特別の方法による証拠調の嘱託はほとんどないとのことである[13]。

領事による証拠調は派遣国の国民についてはは問題はないとしている国が多いが、接受国又は第三国の国民については一定の条件のもとにおいて認めることとしている国が多いとのことである[14]。受託者による証拠調はほとんどが米国からの要請によるものであって、フランスと英国とで行なわれたことがあるとのことである。受託者に指名されるのは、証拠調の行われる地にいる米国人、米国領事又はその国にいる者で米国の当局からとくに指定された者である[15]。

三、送達条約については一九八〇年四月に特別委員会が開かれ、その結果は同年一〇月の第一四会期において勧告として採択されるに至った。その経緯は次のとおりである。欧州評議会(Council of Europe)は一九七九年一〇月ハーグ国際私法会議に、外国で送達する裁判上又は裁判外の文書には、名宛人がその文書の性質を知り、それについていかなる手続をとることができるかを知りうるような説明(notice)を添付することが望ましい、これはとくに郵便による送達がなされる場合に有用であろうと述べ、一一項目について意見を付してハーグ国際私法会議がそのために適当な方法を講ずることを要請してきた[16]。ハーグ国際私法会議では、同会議は条約による法の統一を目的としているが、条約による方法よりも加盟国、締約国に対する拘束力が弱いとしても、条約以外の方法も他の国際機関で用いられ、それなりの成果を挙げていることから、差当たって特別委員会を開き、とくに実りのある結論に達したときは、その結論を第一四会期の全体会議において適当な形式で採択するということとした[17]。

特別委員会では、送達条約にもとづくと否とにかかわらず、外国で送達する裁判上又は裁判外の文書には同条約の定める書式によって送達すべき文書の概要を示す書面を添付するとともに、新たに記載しなければならない事項は、名宛人の氏名及び住所、英語又はフランス語によって送達される文書が権利義務に関係する文書であるなどの注意書き、英語又はフランス語による記載事項の概要、並びに、中央当局を経由しない送達については、送達を実施する当局の名称及び住所を記載しなければならないとした[18]。

これらは第一四会期においてもほぼそのまま採用[19]された。その結果、送達する文書に添付すべき文書の標準書式が作成され、一九八〇年一〇月二五日に、ハーグ国際私法会議の加盟国及び送達条約の締約国に対して送達すべき文書には常に右の書式による文書を添付することを勧告し(第一四会期で採択された勧告Ⅰ1)、全ての国家及び関係機関が右書式による注意書き(warning)及び文書の概要を示す書面を添付するための相当の措置を取ることを希望[20]し(Ⅱ1)、これを広く知らしめるため事務局にも適切な措置をとることを求めた(Ⅱ2)。

おそらく、今後も必要に応じて送達条約、証拠収集条約の運用についての情報の交換、条約及び国内法による運用の改善についての特別委員会が開かれることもあろう。

注

1 一九七七年一一月の送達条約に関する特別委員会については事務局の報告書(Report on the Work of the Special Commission on the Operation of the Convention of 15 November 1965 on the Service Abroad of Judicial and Extrajudicial Documents in Civil or Commercial Matters, Actes et documents de la Quatorziéme Session, Tome IV, pp.380-391)参照。

2 Actes et documents de la Quatorzième Session, Tome IV, pp.374-377.

3 Actes et documents de la Quatorzième Session, Tome IV, pp.359-370.

4 各国からの回報をもとに、一九八三年にハーグ国際私法会議事務局は、Practical Handbook on the Operation of the Hague Convention of 15 November 1965 on the Service Abroad of Judicial and Extrajudicial Documents in Civil or Commercial Matters を作成した。これは各国における転達・送達の方法、機関とその所在地、費用、一五条、一六条に関する宣言等をまとめたものである。

5 証拠収集条約に関する事務局の作成した問題点は List of questions to be discussed by the Special Commission（Actes et documents Quatorzième Session, Tome IV, pp.395-398)参照。

6 Actes et documents de la Quatorzième Session, Tome IV, pp.400-415.

7 一九七八年六月の証拠収集条約に関する特別委員会については事務局の報告書(Report on the Work of the Special Commission on the Operation of the Convention of 18 March 1970 on the Taking of Evidence Abroad in Civil or Commercial Matters, Actes et documents Quatorzième Session, Tome IV, pp.418-428.)参照。

8 Actes et documents de la Quatorzième Session, Tome IV, p.419.

9 Rio Tinto Zinc Corporation and others v. Westinghouse Electric Corporation et e contra, RTZ Service Ltd. and others v. Westinghouse Electric Corporation et e contra [1978] 1 All ER 434（Re Westinghouse Uranium Contract Litigation M.D.L.Docket No.235 [1978] A. C., 547)である。ウエスティングハウス社は、取引先の電力会社から、ウラニウム供給契約違反を理由にヴァージニア州東部地区連邦地方裁判所に損害賠償の訴を提起された。同社の抗弁は、ウラニウムについて国際カルテルがあって、供給も限定され価格も人為的に設定されているため、契約で定めた条件(売渡価格のスライド)で供給が不可能となったと主張した。その後、ウエスティングハウス社はリオ・ティント・ジンク社等に対して米国の反トラスト法違反を理由にイリノイ州北部地区連邦地方裁判所に損害賠償の訴を提起した。それとともに前の訴訟の事前開示手続において、ウ社の申立にもとづいて、英国の高等法院(High Court)宛にリ社に対する関連する一切の文書の提出命令並びにリ社の役員及び使用人の尋問の嘱託がなされた。高等法院のマスター（Master 補助裁判官）は一九七七年一〇月二八日に、一九七五年証拠(外国における手続に関する)法の規定にもとづき、嘱託を実施する決定をした。しかし、リ社及び七名の証人は、これに対して控訴院(Court of Appeal)に抗告した。控訴院は抗告を退けたが、その際、文書の提出命令については「関連する文書一切」という文言を削除するとともに、リ社は一九六八年民事証拠法の規定により提出を拒む権利(privilege)を有すること、また証言については各証人は米国憲法修正第五条によって供述を拒む権利(privilege)を主張することができるとした(米国司法省及び司法長官は英国の裁判官宛に、米国の当局はこの事件の証言によって証人となった者の刑事責任を追及しない、それ故もはや証人には供述を拒む権利はないはずであるとの意見を述べた書類を送った）。リ社及び証人は控訴院の決定に対して更に上告し、ウ社も上告した（その際英国の法務総裁（Attorney General）は米国の裁判所からの証拠調の嘱託は主権の侵害となるとの意見を述べた）。貴族院は一九七七年一二月一日、裁判官によって理由づけに相違はあったが、結論としてリ社と証人の上告を容れ、ウ社の上告を退けた（なお、ウ社とリ社の主たる争いは、イリノイ州北部地区の連邦裁判所でウ社が原告となって提起した訴訟である。この事案では裁判管轄権が争われた）。

この後、英国では米国法とくに独占禁止法の域外適用から生ずる問題に対処するため、一九八〇年通商利益保護法（Protection of Trading Interests Act 1980）を制定した。この法律は、国務大臣は、英国内で事業活動を行っている者に対して外国の国際通商規制に関する法律による命令に従うことを禁止する権限を有すること、また、これらの者に対して外国の裁判所又は政府の命令によって商業文書を外国の機関に提出することを禁止する権限を有することを規定している。

10　Actes et documents de la Quatorzième Session, Tome IV, pp.420-421.

11　しかし、筆者は、この議論には疑問なしとしない。米国の訴訟において、公判前開示手続の段階では実質的には裁判官は関与していないといってよいし、米国における膨大な数の訴訟を考えると（そのほとんどは法廷における証拠調に至らずに和解で終了する）、単に特定の証拠書類の提出を求めるだけではなく、役に立ちそうな書類を探すことにも利用されているように思われるからである。したがって、この条約を批准した多くの国が第二三条の留保を表明したことは理解できるところである。しかも、証拠開示の対象となる文書について「関連する文書一切」('any memoranda, correspondence or other documents relevant' to the particular documents described）というような表現が実務の慣行として定着しているとすれば、わが国もこの条約を採用するときは、第二三条の留保をすべきであろう。

12　Actes et documents de la Quatorzième Session, Tome IV, p.421. そこで作成された標準書式は同書四二七頁－四二八頁にある。この特別委員会は条約を採択する権限はないので、この書式を用いることを締約国に強制することはできない。

13　Actes et documents de la Quatorzième Session, Tome IV, p.422.

14　Actes et documents de la Quatorzième Session, Tome IV, p.424.

15　もっとも、フランス代表の意見によれば、米国の当事者は、証拠としての重要性も少なく、簡単な証拠調であって、相手国に嘱託するか自国の領事官に委ねておくことで足りる程度の証拠調であるにもかかわらず、わざわざ米国からフランスまで人を派遣して、費用をかけて、証人尋問をすることが少なくないが、その理由は十分には理解できないとのことであった。Actes et documents de la Quatorzième Session, Tome IV, p.424.

16　Lettre de Secretaire General du Conseil de l'Europe, en date du 31 octobre 1979（Actes et documents de la Quatorzième Session, Tome IV, pp.298-303.）

17　Note about the proposal of the Secretary General of the Council of Europe concerning information to accompany judicial and extrajudicial documents to be sent or served abroad in civil or commercial matters（Actes et documents de la Quatorzième Session, Tome IV, pp.295-297.）

18　一九八〇年四月の特別委員会の結論については Actes et documents de la Quatorzième Session, Tome IV, p.306. グスタフ・モラー（フィンランド）による報告書は Actes et documents de la Quatorzième Session, Tome IV, p.308-319.

19　Actes et documents de la Quatorzième Session, Tome IV, Mattjeres diverses, p.339-345.

20　この勧告も締約国を拘束するものではない。なお、この勧告によって送達すべき文書に添付する書面（英語及びフランス語による）は必要でないと思われる場合には、それを添付することを要しない。例えば、日本の裁判所が外国に居住する、日本語を解する日本人に裁判上の文書を送達する場合に、あえて英語とフランス語で概要を表示した書面を添付するに及ばないであろう（Actes et documents de la Quatorzième Session, Tome IV, p.329 参照）。

五　渉外的民事事件における送達、証拠調に関する若干の問題

わが国は、送達、証拠調についていくつかの国と条約を締結している。このような二国間若しくは多数国間条約又は二国間の取極があるにもかかわらず、それらに定められた要件、手続に適合していない方法で外国の裁判所のための送達、証拠調がわが国において行われることがある。そこで、このような送達、証拠調はわが国において有効とすべきか、またこのような送達、証拠調にもとづいてなされた外国判決をわが国で承認することができるかという問題がある[1]。送達、証拠調が適法であるかはわが国で外国判決を承認する場合に問題となり、また、当該外国の手続における送達、証拠調の効力にも影響することがあるからである。ここでは、これらの問題について簡単に検討する。

一　送達

（一）　わが国との間に送達に関して何の取極も条約もない国がある。その国で作成した裁判上又は裁判外の文書

をわが国で送達する必要のあるときは、そのたびに、わが国に送達の実施を嘱託しなければならない。このような方法によらない送達は、わが国では、適法な送達とすべき理由は見出だし難い[2]。もちろん、当該外国における効力はその国の国内法の規定による。したがって、わが国の民事訴訟法第二六四条(新法一八四条)のように、自国の要件をみたすかぎり、他の国では違法であっても自国では適法とするという国もあろう。しかし、それだからといって、このような送達にもとづいてなされた外国の裁判所の判決は、わが国における外国判決の承認の要件を満たしているということはできないというべきであろう。すなわち、このような送達を適法とするならば、一国の国家権力を他の国の領域内で行使することを認めることになり、それは国際法上の主権の独立(非従属性)に反するからである。また、当事者の利益をそこなうことも明らかである。この点について、わが国の民事訴訟法第二〇〇条(新法一一八条二号)第二号における「被告カ……公示送達ニ依ラスシテ訴訟ノ開始ニ必要ナル呼出若ハ命令ノ送達ヲ受ケタルコト」とは、被告が訴訟の開始を知り、防禦のための方法を講ずる余裕があることを意味し、その余裕があったときは、外国判決を認めることもできるとの見解もあろう。しかし国際法上の原則に従っていない送達にもとづく判決は、被告が防禦の方法を講ずるための余裕の有無にかかわらず、このような外国判決を承認することは適当ではないであろう。これは、被告が自国民であるか否かにかかわらない。そうでなければ、あえて司法共助の協定を締結する意味はないということになる。したがって、このような送達にもとづいてなされた外国判決は民事訴訟法第二〇〇条第二号又は第三号の要件を具備しないというべきである[3]。この点に関して、民訴条約第六条又は送達条約第一〇条の定める拒否の宣言があってはじめて直接郵送することが禁止されるのであって、これらの条約の非締約国ではこれらの条約に拘束されないから、非締約国からの郵送による送達はさしつかえないという議論もあるようである[4]。それならばあえて条約や取極を結ぶ必要はないのであって、このような議論は本末を転倒であろう。

（二）　わが国と送達について条約その他で取極をしている国との間では、その条約又は取極に従うべきことはいうまでもない。したがって、わが国との間で取極めた方法によらないで、締約国である外国から文書の送達が行なわれたとしても、わが国ではそれを適法な送達とすることはできない。送達に関して条約その他の取極をしたことは、締約国間ではそこで取極めた方法によってのみ送達を行うことを合意した趣旨であるからである。このような例としては、送達条約の締約国に提起された訴訟の訴状を、送達条約で定めた方法によらないで、原告代理人がわが国に渡来して名宛人に直接交付し、わが国にいる者（わが国の弁護士等の私人）に依頼して、これらの者からさらに被告に送付し又は交付することがある5。このような送達がわが国で行われたときは、たとえ相手国の国内法では適法とされるとしても、わが国では適法な送達とはなし難い。なぜならば、二国間又は多数国間の合意によって送達の要件、手続を定めたのであるから、これに従わない方法を適法と認めることは、締結した国家間の合意の意味を失わしめることになるからである。また、このような合意がなされるのは単に手続上の便宜だけからでなく、締約国にいる者の利益をも考慮してのことだからである。これに対して、前に述べたように、被告が応訴その他防禦のための措置を講ずる余裕があったかどうかによって、それにもとづく外国判決の承認の可否を判断するとの見解もありえよう。しかし、このような外国判決を承認することもありうるというのであれば、条約や取極を締結した意味の大半は失われる。したがって、わが国としてはこのような送達にもとづいてなされた外国判決は民事訴訟法所定の要件を具備していないと解せざるをえないであろう6。

（三）　条約の規定に従った送達のうちとくに問題となるのは、民訴条約第六条第一項1、送達条約第一〇条（a）の送達（郵便による送達）において、訴状、期日呼出状その他の文書に、日本語又は名宛人が解しうる言語による翻訳文の添付がない場合及び一定の期日に出頭し又は防禦のための措置を講ずることが困難な場合である[7]。わが国では、民訴条約においても送達条約においても直接名宛人に対する文書の郵送を拒否する宣言をしていないので、翻訳文のない場合であっても、そのことをもって直ちに適法な送達でないということはでない[7の2]。

しかし、名宛人が応訴のための措置を講ずる十分な余裕がなかったとすれば、その送達は民事訴訟法所定の外国判決承認の要件をみたしているとはいい難い。わが国にいる名宛人が、翻訳文がないために文書の標題、性質、記載内容を容易に理解することができず、応訴、防禦に必要な手段をとることができなかったとすれば、名宛人は実質的に不利益を受けたことになる。この点については、いくつかの見解がある。まず、判決国において、通常、訴の提起を知るに十分とされている方法であればよいとする見解[8]がある。次に、送達すべき文書に翻訳文がなくとも、名宛人が何とかそれを解読することが出来る場合、英語、フランス語は世界的公用語であるから、それによって記載されている場合には、外国判決承認の要件を具備しているとする見解[9]もある。さらに、このような送達については一概にいうことはできず、翻訳文が常に必要であるとまではいえないこともあり、実質的に防禦権の保障があればよいとする見解[10]がある。これに対して、郵送による送達を受けても時間的余裕に乏しいときはもちろん、翻訳文の添付がないときは、名宛人が応訴その他適切な措置をとることが困難なことが多いので、このような送達にもとづいてなされた外国判決の承認の要件を具備しているとはいえないという見解[11]がある。第一の見解は、送達に関して司法共助の条約の存在理由を考慮に入れていないので、これを採ることはできない。また、第二の見解のような基準をもって判断することが適当でないことも多言を要しないであろう。第三の見解では、翻訳文の添付されていない文書が郵送されたとしても常にそれを無効とする必要はなく、被告が送達された文書で用いている外国語を十分に解して訴訟の開始を十分に知り、期日までも余裕があって防禦が可能な場合には承認の要件を満たすと考えてよいのであって、個別の判決ごとに実質的な考慮をして判断すればよいということになる。しかし、この見解では、外国判決の承認の要件を満たしているかどうかを判断する客観的基準が明確でないうえ、個々の判決ごとに当事者の外国語の能力、外国の制度についての知識、時間的余裕、その他の事情(例えば、名宛人が米国で事務所を設けており、取引も英語で行われているなど)を判断しなければならないことになる。このような解釈をとると、裁判所は外国判決の承認に当たって諸々の事情を認定して判断せざるをえないことになるうえ、判断の基準が区々になるおそれがある。それのみならず、送達条約の運用に関して、ハーグ国際私法会議第一四会期で送達すべき文書の概要、性質等について翻訳文を記載した書面を添付することが望ましいとの勧告がなされていることをも考慮すると、直接の郵送による送達の場合も、送達すべき文書に翻訳文を添付することが必要であるというべきであろう。それに対して、第四の見解には、相当の理由があるといえよう。外国からの直接の郵送による送達についてもわが国では翻訳文の添付を要すると解すれば、手続法上の基準として明確であり、指定当局又は中央当局を経由して送達が行われる場合とも均衡を保つことになるし、また、翻訳文の添付を要求することによって、とくに原告の利益をそこなうとも考えられない。外国判決の承認の要件が明確でなく、裁判所が事案ごとに判断しなければならない場合と比較してみるならば、原告及び被告にとっても、またわが国の裁判所の立場からみてもこの見解のほうが妥当と思われる。

なお、わが国ではとくに送達に関する取極をしてない国との間では、共助法の要件を満たすならば送達の嘱託に応ずることとしているが、それには翻訳文の添付が要求されている(同法第一条ノ二第四号)。民訴条約でも送達条約でも直接に郵送するときは翻訳文の添付までは要求していないが、そのような簡便な方法をも認めたのは、言語を共通にしているとか、翻訳文がなくともとくに支障のないような関係にある場合に利用することを予想した規定というべきであろう。現行法の解釈としては第四の見解、すなわち民事訴訟法第二〇〇条第二号又は第三号の要件を具備しているというためには、翻訳文の添付を必要とする見解を相当とする12。

二　証拠調

（一）　外国における訴訟その他の手続のための証拠調をわが国で行うには、民訴条約の定める方法によるか、二国間の領事条約で取極めた方法によるか、又は、そのたびにわが国に証拠調を嘱託する方法によるほかはない。ここで問題とするのは、外国における訴訟その他の手続のためわが国で行われている供述録取書(deposition)である。もちろん、当該外国の外交官又は領事官がわが国との間の条約その他の取極にもとづいて供述録取をすることは何らさしつかえない。しかし、外国における訴訟事件の訴訟代理人がわが国に渡来し、また、わが国にいる外国の弁護士等が代理人として、わが国にいる証人、当事者などを一定の場所で尋問するなどの方法で供述を録取するというようなことも行われているようである。そこで、まず、このような手続をわが国で行うことができるか、次に、このような手続で得られた証拠にもとづいてなされた裁判を承認すべきかについて検討する。

既に述べたように、外国に係属している訴訟その他の裁判のためにわが国で証拠調をなしうる手続は限定されているのであって、わが国と当該外国との取極にもとづいて、わが国に証拠調を嘱託するか、又は自国の外交官又は領事官によってそれを行うほかはない。それ以外の方法によって、わが国で証人、当事者などの供述を録取することを可能とする理由は見出し難い。また、自国の訴訟法に従って宣誓を求めたり、証人尋問等を行う根拠にも乏しい。このことは、証人、当事者の供述の録取にとどまらず、証拠書類の開示(production of documents)についてもいいうるであろう。したがって、このような証拠調は、わが国では適法ということはできない。もっとも、証人、当事者などが、宣誓することなく、任意に供述した場合には、私人の面前で任意になされた供述を私人が録取した書面としての効力は有するといえよう[13]。

このような証拠調の結果を採用してなされた外国判決は、わが国では民事訴訟法第二〇〇条第三号の要件をみたすものとは直ちにいい難い。まず、証拠調の共助についての条約、取極がある場合はそれらに定められた方法によって証拠調をすべきである。また、証拠調の共助についての条約、取極がないからといって、わが国がそのような証拠調を黙認していることを意味するとは解されない。もちろん、外国判決の承認に当っては判決の内容の当否について調査することはないが(民事執行法第二四条第二項)、承認の要件を具備しているかどうかの判断は判決の主文だけでなく理由にも及ぶのであり、判決がその成立手続において公正でなく、文明国に共通する民事訴訟の基本原則に反する事由が認められるときは、同号の公序良俗、すなわち裁判手続における公正(手続的公序)に反するというべき場合もあるからである。もっとも、このような手続違背があったとしても、それが一部にとどまり、判決全体に影響を及ぼしているとはいえない場合には、その外国判決の承認を拒否するまでには至らないことも[14]あろう。今後なお検討を要するところである[15]。

民訴条約による場合においても、共助法による場合においても、受託国たるわが国の裁判所はわが国の法律に従って証拠調を行う。その場合に、外国の訴訟における訴訟代理人がわが国における証拠調においても代理人として活動することができるかという問題もある。民事訴訟法第七九条(新法五四条)は日本の弁護士でない者が訴訟代理人となることを認めていないから、外国の訴訟における訴訟代理人が日本の弁護士でなければ、わが国の裁判所における訴訟行為は許されないと解せざるをえない[16]。また、証人尋問の手続、証言録取の方法などについても、とくに嘱託書において特別の方法によることを希望しており、それがわが国の法律に反しない場合には、その方法によることも差支えないであろうが、それ以外の場合には、わが国の法律の定めるところによることはいうまでもない。

（二）　最後に外国の裁判所からの嘱託にもとづいてわが国の裁判所がした証拠調の裁判に対する不服申立について検討する。民事訴訟法にはこの点についてとくに規定はない。外国の裁判所からの嘱託による場合には国内に受訴裁判所はなく、訴訟の係属している外国の裁判所に不服申立をさせることは司法共助の趣旨に沿わない。そうすると、上級裁判所に即時抗告を申立てることによると解するほかはないであろう[17]。民訴条約による証拠調の嘱託の場合には、嘱託を実施する裁判所を受訴裁判所とみなして、民事訴訟法の規定を適用することとされている（特例法第九条）。したがって、結果として民訴条約によるかどうかにかかわらず、外国の裁判所からの嘱託による証拠調の裁判に対する不服申立は即時抗告によるべきこととなる。

注

1　なお、外国、とくにわが国と経済的な関係の深い米国から、わが国の企業が米国において独占禁止法、反ダンピング法、関税法に関する訴訟、行政官庁の調査又は審査手続等の当事者となり、或はそれらに関連しているとの理由で、文書の提出、証言等を求められることが少なくない。これらについても民事又は商事の裁判における証拠調であるならば、本稿でとり上げた司法共助の問題である。しかし、そうでないものについては、別に国家間の共助の取極を必要としよう。これについては別の観点からの検討が必要である。山本草二「国家管轄権の域外適用」ジュリスト七八一号一九六頁、松下満雄「独禁法の衝突と共助」ジュリスト七八一号一六八頁等参照（米国の独占禁止法に関する送達、調査、文書の提出については、松下満雄・独占禁止法と国際取引（東京大学出版会、一九七〇年）、同・アメリカ独占禁止法（東京大学出版会、一九八四年）の該当部分等を参照されたい）。

2　筆者の聞いたところでは、わが国とこれまでに送達に関する条約や合意もなかった中近東のある国の裁判所から日本に本店のある会社に訴状が郵便で送付されたという事例がある。そのようなことは非常に珍しいことではないようである。郵送による送達は事実行為であって、従来からこれは自由に認められているという見解もある。しかし、それだからといって、名宛人の存在する国がこれを適法とみなければならないとはいえないであろう。

3　民事訴訟法第二〇〇条第二号は敗訴の被告が日本人である場合を定めているが、日本人のみならず外国人にも適用さるべきであるとの解釈をとるならば、応訴その他防禦権の行使の困難は同号の要件を具備しているかどうかの問題である。同号を日本人のみに限るとすれば、外国人の応訴の困難は同条第三号の公序（手続的公序）の問題として検討すべきであろう。拙稿「外国判決の承認及び執行」（新実務民事訴訟講座７）（日本評論社、一九八二年）一四二頁参照。新法一一八条では敗訴の被告が日本人であるときとする規定はない。

4　藤田泰弘「日本の被告に対するアメリカ訴状の直接郵送とその効力」判例タイムズ三五四号八九頁に引用されている議論。なお、ジョルジュ・ドローズ氏（ハーグ国際私法会議での当時の担当書記）が郵便による告知を単なる事実とする考え方を説明書の中で述べているが、この考え方には疑問がある。

5　このような例は米国とくに州の裁判所からの訴状、呼出状の送達に際して往々に見られるところである。訴訟の原告代理人が訴状及び呼出状を被告に送付または交付することは米国の多くの州で認められており、米国ではこれが普通の方法である。日本の会社の役員、従業員が米国で相手方と交渉中に、相手方の弁護士から訴状を手渡されるということもある。しかし、わが国においては、原告代理人から訴状、呼出状を手渡されることは少ない。むしろ、日本の弁護士または法律事務所のトレイニーである米国弁護士、事務員、その他の私人などによって名宛人に送付又は交付されるか、直接米国から郵送されることが多いようである。これらは米国法上は適法であり、有効とされている。

6　同旨、藤田・前掲九五頁。もっとも、わが国は一定の国との間で、条約で定める方法以外の方法による送達をも依然として認めているという説明もありえよう。しかし、そのような説明は、条約で定める方法以外の方法による送達が確立した慣行として認められている場合に限られるというべきであろう。本文で述べたような方法による送達は名宛人のいる締約国の当局は通常は知りえず、外国判決の承認を求められた際にはじめて問題となってくる。したがって、わが国が米国の裁判所の送達条約にもとづかない送達方法をも承認しているとはいい難い。

7　藤田・前掲九六頁によれば、アメリカと取引のある会社であっても、通常の商取引上の英語は理解できたとしても、法律上の専門語ないし約束語で記載されている呼出状及び訴状の内容を正確に理解することは困難であり、また原告代理人の作成した文書には裁判所の公印など裁判所の文書であることを示すものもなく、通常の日本人は、英語が相当に堪能であっても、文書の性格、内容を理解できないであろうという。

7の2　第六章第六節二参照。

8　江川英文「外国判決の承認」法学協会雑誌五〇巻一一号二〇六九頁（昭和七年）、兼子一・条解民事訴訟法（上）五二三頁（弘文堂、昭和三〇年）、斎藤秀夫編・注解民事訴訟法３三五二頁（小室直人執筆（第一法規出版、昭和四八年））など。前二者はおそらく司法共助の条約の存在を考えていないであろう。

9　田辺信彦・ジュリスト六六五号一四四頁。

10　小林秀之「外国判決の承認・執行についての一考察」判例タイムズ四六七号二三頁。

11　藤田・前掲八五頁-九八頁。なお、藤田論文によれば、米国の裁判所は自国から外国への送達については英語だけで書かれているだけでよいとするが、外国から自国への送達については英語でも書かれていなければ認めないとする傾向があると述べ、前者の例として日本の会社が被告となった事件を、後者の例として被告たるアメリカ人がドイツ語を読めなかった事件を引用している(九四-九五頁)。また、米国でも、私人による直接交付、受領証明付直接郵送は、相手国で将来判決を執行する場合のことを考えると好ましいとはいえず、翻訳文を付して中央当局を通じて送達を求める方法が適当であるとされているとのことである(九八頁)。

12　東京地判昭和五一年一二月二一日下民集二七巻九-一二号八〇一頁は、フランスの裁判所からの訴状、呼出状に日本語の翻訳文の添付なくして郵送されてきた事案について、民事訴訟法第二〇〇条第二号の要件をみたしていないとした(フランスとわが国との間では送達条約が適用される)。なお、本文で述べたような理由で、筆者は「外国判決の承認及び執行」(新実務民事訴訟講座第七巻)及び「執行判決を伴わない外国判決に基づく破産債権と外国判決不承認の訴の適否」ＮＢＬ一六六号二〇頁で述べた見解を改める。

13　もっとも、わが国にいる者が外国の法廷等へ出かけていくのは大変手間のかかることであり、費用、時間だけでなく、言語の相違による困難、馴れない環境などさまざまな不便をともなうので、実際にはこのような証拠調に応じたほうが便利であることも少なくない。したがって、本来の証拠調としては適法とはいえないかもしれないが、これを私人が任意にした供述を録取した書面、任意にした書類の開示とみることはできるかもしれない。しかし、わが国で往々にして行なわれている米国の訴訟手続のための証拠の収集としての供述の録取が、わが国において私人が任意にした供述を録取したというのではなく、米国における証拠手続の一部として行なわれたとすれば、そのことは妥当とはいい難い(例えば、米国の訴訟法による宣誓を強いること、偽証罪に問われることのありうる手続であること、或はそれに従わないことによって米国の訴訟上不利益を課せられる手続であることなど)。供述をする者に宣誓させ、又はその他の方法によって強制的に証言させる必要のあるときは、わが国に対し証拠調を嘱託する方法をとるべきであう。実際に米国の裁判所からわが国の裁判所に証拠調の嘱託をしてきた事例があった(野崎幸雄「民事事件の国際司法共助について」東京地裁広報第一九五号一頁(昭和五一年一一月))。

14　多くの学説は民事訴訟法第二〇〇条第二号は外国判決の内容のみならず、その成立手続についても適用されると述べている(松岡義正・新民事訴訟法註釈第六巻(清水書店、昭和五年)一二二一頁、菊井維大・強制執行法(総論(有斐閣、昭和五一年))五九頁など)。最判昭和五八年六月七日民集三七巻六一一頁は相互の保証の有無の判断にあたっても、外国判決の内容のみならずその成立もわが国の公序に反しないことを要するとしている。手続的公序に反する場合とは、裁判の公正、公平、裁判官の独立のごとく民事裁判の基本原則に反するような場合をいう(東京高判昭和五七年三月三一日判例時報一〇四二号一〇〇頁)。承認を求められた外国判決において特定の証拠調のもつ意味が大きいときは、その判決が手続的公序に反するとみるべき場合もあろう。

15　わが国と米国との間で問題を生ずるのは、両国間に日米領事条約の規定(第一七条)を除いて、証拠調についての共助の取極がないことによる。この問題を解決するために、わが国としては証拠収集条約を批准することも一つの方法であろう(米国はこれを批准している)。米国国務省は、米国において外交使節団若しくは領事館の構成員又は米国若しくは外国の弁護士が非公式に証人から証言を聴取する場合について、証人が証言することに自発的に同意し、かついかなる強制、脅迫又は威嚇も用いられないかぎり、米国としては異議をさしはさむものではないとの見解を示したことがある(一九七六年二月三日付アメリカ合衆国国務省の外交団宛の回章)(共助資料・二八七頁)。これは証拠収集条約第二七条にいう同条約で定める要件よりも緩やかな要件で証拠調をすることを認めた例といえるであろう。その趣旨は必ずしも明らかではないが、米国の相手国も相互主義によって同じような態度をとるべきであるというように解されなくもない。しかし、わが国がそれと同じような考え方をとらなければならない理由はない。

16　このようなことは、外国で証拠調を実施する際にはむしろ当然のことというべきであろう。わが国の法令で法廷活動の資格が限定されている以上、わが国で資格を有する者を代理人に選任すべきである。自国における証拠能力、証明力等を理由に自国における訴訟代理人の活動を認めることはできない(野崎・前掲13三、四頁)。

17　同旨、村岡二郎「司法共助」渉外判例百選(増補版)二七八頁。なお、澤木敬郎・ジュリスト五七四号一二五頁は嘱託にもとづいて証拠調を実施した裁判官の属する裁判所に異議の申立をすべきであるという。しかし、そのように解釈すべき実質的理由があるかどうか疑問である。ここで問題とされたのはアメリカ合衆国からの嘱託による証人尋問である。すなわち、アメリカ合衆国関税裁判所に係属する事件(原告アメリカ合衆国、被告ミツイ・アンド・カンパニー・リミティッド)について、同裁判所から証人尋問の嘱託がなされ、大阪地方裁判所で証人尋問をしたところ、証人が職業上の秘密を理由に供述を拒絶した。大阪地方裁判所はその証言拒絶を相当とする裁判をしたので、アメリカ合衆国は大阪高等裁判所に即時抗告の申立をした。大阪高等裁判所は、アメリカ合衆国は民訴条約の締約国でないけれども、すすんで同法の適用に服しているとの理由で、民訴特例法第九条を適用し、不服申立は即時抗告によること、証言拒絶はわが国の民事訴訟法第二八一条第一項により適法であるとした(大阪高決昭和四八年七月一二日判例時報七三七号四九頁)。抗告審が不服申立は即時抗告によるとした結論は相当であるが、アメリカ合衆国は民訴条約の締約国ではないから、特例法の適用はなく、同国が進んで特例法の適用に服したと判示した点も妥当とはいえない。

第六章　外国判決の承認

まえがき

本章は三十年近く前の拙稿「外国判決の承認及び執行」（『新・実務民事訴訟講座7　国際民事訴訟・会社訴訟』日本評論社、昭和五七年（一九八二年）一二五頁－一六〇頁）のうち[1]、外国判決の承認の部分を補うものである。この旧稿は昭和五六年頃までの情況にもとづいてまとめたものであるが、その後に下級審裁判例は増加し[2]（約五十件）、上告審判決もいくつかあらわれた。それと併行して判例評釈と研究論文が著しく増加し、詳しい注釈も公にされた。

時の経過による、このような情況の変化によって、新たな問題もあらわれたが、一応の解決に至ったものもある。そのため、旧稿はその存在意義がなくなったわけではないにしても、わが国における外国判決の承認についての現情を知るには適しないものとなった。譬えていえば、昔からの地形や道路は残っていても、街並や景観はかなり変ったのである。

旧稿は近時も引用されてはいるものの、筆者の考えの熟していなかったところ、その後に考え方を変えたところもあるので、かねてから加筆、修正をしたいと考えていた。本章ではその後の上告審判決といくつかの下級審裁判例を補い、あわせて現在の論点について自説を述べることとした。

なお、本章の目的からみて博引傍証の必要はないので、文献への言及は極く少数にとどめる[3]（あるデータ・ベースによると六百件を超える文献がある）。本章末尾に掲げた裁判例は筆者の知りえた平成六年初めから同二〇年末までの裁判例の結論と判旨或は特記すべき事項を示したものである。

注

1　同書第一版第二刷（一九八二年九月一〇日発行）一五九－一六〇頁では、その後にあらわれた外国確定判決のある債権のわが国での破産手続への参加の問題と、相互の保証に関する最判昭和五六年六月七日民集三七巻五号六一一頁の事件の原審判決（東京高判昭和五七年三月三一日判時一〇四二号一〇〇頁）について補っている。

2　裁判例の数は、裁判所の裁判例集のほか、判例時報及び判例タイムズ等に掲載されたものによると、昭和五六年末までが二五件（そのうち昭和三二年以後のものが二三件）、昭和五七年から平成五年末までが二八件、平成六年から平成二〇年末までのものが二八件となっている（旧稿では昭和五六年までを扱うのみである）。平成六年初めまでの状況は竹下守夫「判例から見た外国判決の承認」（新堂幸司ほか（編）『判例民事訴訟法の理論』中野貞一郎先生古稀祝賀論文集（下）、有斐閣、一九九五年）五六七頁以下に整理されている。

3　詳しい注釈としては、鈴木忠一＝三ヶ月章編『注解民事執行法（一）』（第一法規出版、一九八四年）三六二頁－四三六頁［青山善充］（「青山」で引用）、高田裕成「財産関係に関する外国判決の承認」澤木敬郎・青山善充編『国際民事訴訟法の理論』（有斐閣、一九八七年）三六五頁以下（「高田・理論」で引用）、竹下守夫・前掲論文五一五頁－五七二頁（「竹下」で引用）、鈴木正裕・青山善充『注釈　民事訴訟法(4)』（有斐閣、一九九七年）三五四頁－三九二頁［高田裕成］（「高田・注釈」で引用）、岡田幸宏「外国判決の効力」伊藤眞・徳田和幸編『新民事訴訟法講座Ⅲ』（弘文堂、一九九八年）三六九頁－三九三頁（「岡田」で引用）、三宅省三・塩崎勤・小林秀之（編集代表）園尾隆司（編）『注解民事訴訟法［Ⅱ］』（青林書院、二〇〇〇年）五三六頁－五六〇頁［雛形要松］（「雛形」で引用）がある。これらの注釈が公にされた後にも、いくつか見るべき論文はある。

一　外国判決承認の必要性

現代の欧米諸国では一定の要件を具えた外国裁判所の民事判決の効力を内国で承認するとの制度をとっている[4]。わが国も明治時代前半にドイツ民事訴訟法を継受し、この制度をとり入れて、現在に至っている。外国判決の承認を法制度として設ける理由についてはもはや多くの説明を要しないであろうが、一応次の二つに集約することができよう。一は民事紛争を一度の裁判で解決し、その結果を尊重することであり、他は国際的に跛行的法律関係の発生を防ぐことである。一国又は一地域の裁判はその国又はその地域においてのみ法的効力を有するので、それ以外の地で同様の効果を必要とするときは再び必要な裁判を経なければならない。しかし、同一の紛争について裁判をくり返すことは当事者及び各国の裁判所の負担となるのみならず、紛争の迅速な解決の要請に反することとなり、また、外国と内国とで当事者間の法律関係が異なるおそれも生ずるからである。このようなことを避けるために、既になされた外国判決に内国判決に代る機能を与えることが外国判決の承認の制度である[5]。このことは仲裁判断についても同様であり、外国判決も仲裁判断も内国の裁判所の判断ではないため、一定の要件を具備する場合に承認することとされている[6]。

このような考え方は多くの国に共通するところであろうが、各国での外国判決の承認について、その認める範囲、承認の要件、手続は同じではない。各国で外国判決承認の制度が異なることは依然として重複訴訟、跛行的法律関係を残すことになる。したがって、これを解消するためには各国の外国判決承認の制度を同じものとする必要がある[7]。すなわち、外国判決承認の要件の国際的統一が必要となる。それには多数国間条約によることが適当である。一九七一年にハーグ国際私法会議で作成した「民事及び商事に関する外国判決の承認及び執行に関する条約」[8]とその「追加議定書」はこの目的で作成され、発効はしたものの、多くの国では採用されていない。その後二十数年を経て再度試みられた「民事及び商事に関する国際裁判管轄権及び外国判決に関する条約」の作成も、二〇〇一年六月の外交会議での暫定条文案以上には進まず、二〇〇五年六月に合意管轄にもとづく外国判決の承認、執行に関する「管轄合意に関する条約」を作成するに止まった[9]。財産関係に関する外国判決についてはこのような情況となっているのに対して、人事・家事関係では個別の事項に関する条約(例えば、離婚・別居、扶養義務など)において外国での裁判の承認の要件を定めるという方法をとっている[10]。

注

4　竹下・五一五頁は、外国判決承認・執行制度は国境を越えた権利保護、私的法律関係の安定の保障のためにあり、企業活動や私的交流の国際的規模への拡大のための、一つの社会基盤であるといえるとする。しかし、事柄の因果関係は逆であって、法的な制度とはあまり関係なく国際交流が盛んになり、そのため、法的制度の整備が必要とされるようになり、国際的な統一の試みもなされるに至ったのである。

5　外国判決の承認については従来から外国判決の効力の拡張(Erstreckung)と説明されているが、これには納得し難いところがある。筆者は外国判決の承認の目的は内国で外国訴訟の結果を利用することにあると考える。それは本文で述べたように、手続の重複と跛行的法律関係を避けることにある。

6　仲裁判断も外国判決と同様に、内国裁判所の関与しない手続の結果である。そのため、紛争解決方法として公認するためには、一定の要件をみたす場合に限っている。なお、仲裁判断について、外国仲裁判断を内国仲裁判断と区別して扱うのは仲裁地によって仲裁手続に対する規律が異なるためである。

7　国際的な法の差異から生ずる法律問題を解決するためには、ある国がいかにすぐれた立法をしたとしても、それだけではその問題の解決に直ちに役立つわけではない。それよりもむしろ各国の法の統一をはかることのほうがよいであろう。このことは国際私法(抵触法)の立法についてもいいうることである。

8　Convention of 1 February 1971 on the Recogniton and Enforcement of Foreign Judgements in Civil and Commercial Matters, Supplementary Protocol of 1 February 1971 to the Hague Convention on the Recogniton and Enforcement of Foreign Judgements in Civil and Commercial Matters. この条約は当時としては詳しい内容の条文が多数あり、各国で直ちに採用しうる情況にはなかった(発行要件は二ヶ国の批

准。オランダ、キプロス、ポーランドが批准し、アルゼンチンが加入している)。しかし、多くの国が用いるには至っていない。この条約の作成は、結局、いささか時期尚早であったとも考えられる。

9　この経緯については、道垣内正人『ハーグ国際裁判管轄条約』(商事法務、二〇〇九年)参照。

10　二〇〇九年末現在で、人事、家事に関する裁判の承認、執行に関する条約で、わが国が締約国となっている条約はない。

二　わが国の法制

現在の法令の解釈、適用の問題を扱う前に、わが国の法制の概略を述べておくことにする[11]。

一八七七年のドイツ民事訴訟法にならった明治二三年制定の民事訴訟法(明治二三年法律第二九号)では、その五一四条で外国判決による強制執行には執行判決が必要なこと(一項)とその管轄裁判所(二項)について定め、五一五条で執行判決は裁判の当否を調査しないでなすべきこと(一項)、執行判決を却下すべき場合として、「第一　判決ノ確定カ証明サレテイナイトキ、第二　本国ノ法律ニヨリ強イテ為サシムルコトエナイ行為ヲ執行スヘキトキ、第三　本邦ノ法律ニ従ヘハ外国裁判所カ管轄権ヲ有シナイトキ、第四　敗訴ノ債務者カ本邦人テアッテ、訴訟開始ノ呼出カ本人ニ送達サレテナク、本人カ応訴シテイナイトキ、第五　国際条約テ相互ノ保証ノナイトキ」(二項)と定めていた。

大正一五年の民事訴訟法(大正一五年法律第六一号)の改正に際して、一八九六年のドイツ民事訴訟法の改正を参考に「外国裁判所ノ判決ノ効力ヲ認ムルノ必要ハ執行判決ヲ為ス場合ニ限ラサルヲ以テ」との理由にもとづいて、その二〇〇条でほぼ旧法五一五条二項と同様の外国判決承認の要件を新設した。そして旧法五一四条はほぼそのまま五一四条に、旧法五一五条一項は五一五条一項になり、旧法同条二項は、判決の確定が証明されていないときと二〇〇条の要件を具備していないときに執行判決を却下するとの文言となった。この改正では、承認の要件に関する規定を二〇〇条に移したが、実質的に変化はない。

昭和五四年の民事執行法（昭和五四年法律第四号）では大正一五年民事訴訟法五一四条一項、五一四条二項及び五一五条は、それぞれこれと同じ内容の規定が民事執行法二二条六号前段及び二四条として規定された。

平成八年の民事訴訟法（平成八年法律第一〇九号）の制定に際して、国際民事訴訟法の問題が検討されなかったわけではないが[12]、外国判決承認の要件としては大正一五年民事訴訟法二〇〇条一号の法令又は条約により外国裁判所の「裁判権ヲ否認セサルコト」の部分を「裁判権が認められること」に改め、二号から敗訴の被告が「日本人ナル場合ニ於テ」を削り、公示送達だけでなくそれに類する送達を除くことを明示し、三号の文言を「外国裁判所判決カ日本ニ於ケル公ノ秩序又ハ善良ノ風俗ニ反セサルコト」から「判決の内容及び訴訟手続が日本における公の秩序又は善良の風俗に反しないこと」に改め、四号は従来どおりとする規定を一一八条として設けるにとどまった[13]。明治以来大きな変化はないといってよい。

このほかに、特別法に若干の規定がある。「油による汚染損害についての民事責任についての条約」（昭和五一年条約第九号）にもとづく油濁損害賠償保障法（昭和五〇年法律第九五号）一二条では、管轄権を有する外国裁判所が油濁損害についての賠償請求の訴についてした確定判決の承認について、一定の要件を定めている。外国倒産処理手続の内国での扱いについては、外国倒産処理手続の承認援助に関する法律一七条―二四条でその承認の要件及び手続について定めている（外国倒産手続開始の裁判自体の内国での効力の承認ではない）。

注

11　条文の文言と位置の変更については、青山・三七九頁―三八〇頁がわかり易い。

12　平成八年民事訴訟法の立法経過については、法務省民事局参事官室「民事訴訟手続の検討課題―民事訴訟手続に関する検討事項とその補足説明」別冊NBL二三号（一九九一号）、同「民事訴訟手続に関する改正試案―試案とその補足説明、検討事項に関する各界意見の概要」別冊NBL二七号（一九九四号）

13　改正の結果をみて、国際民事訴訟に関する部分が龍頭蛇尾に終わったという批評がある（伊藤眞・徳田和幸編『講座　新民事訴訟法Ⅲ』（弘文堂、一九九八年）三九六頁〔小林秀之〕）。当初の検討課題などからみると、そのようにいえなくもないが、この批評は必ずしも適当でない。新法の制定に際して裁判管轄権と国際訴訟競合は検討課題に掲げざるをえなかったであろうが、当時は客観的にみてそれについて立法をするに適した情況ではなく、多くを期待できなかった。そうであれば立法を見送るのはやむをえないであろう。しかし、外国判決の承認、執行については、裁判例、学説をふまえた改正であって、わが国の法制のもとでは一応妥当な立法といえよう。

三　承認の対象となる外国判決

民事訴訟法一一八条で承認の対象となるのは「外国裁判所の確定判決」である。

（一）「外国」裁判所の判決であること

「外国」であるかどうかの問題は昨今では大きな論点とはなっていないが、一応触れておく。外国とは日本国以外の国及び地域をいう。ここにいう「地域」とは主権国家ではないが、独立した司法制度の存在する地域をいい、国際法上の独立性は問わない。連邦国家における州（例えば、アメリカ合衆国の州）、独立した司法制度のある地域（中華人民共和国の香港、マカオ）などがその例である。国内政治では連邦国家であっても、司法制度が各州で独立していないならばこれに該らない（例えば、ドイツ連邦共和国の各州）。国家又はこれらの地域に至らない権力（例えば、一地域を事実上支配するに過ぎない権力、交戦団体など）の判決は、ここにいう外国裁判所の判決に該当しない。

ここにいう「外国」は日本が国家承認をしている国に限られるかについては、多数説は国際法上の承認の有無を問わないとし、少数説[14]は承認を要するとしている。承認を要しないとする説は、民事紛争に関する判決の承認と国際法上の国家承認、政府承認とは結びつかないこと、当事者の実際の生活上の不便が生ずることをあげている。国家承認、政府承認を要するとする説は、外交関係を処理することは政府の権限であり（憲法七三条一号）、その国の法を準拠法として適用することと、その国の主権の一作用である判決を承認することとは異ることを理由とする。この問題はいわゆる分裂国家の裁判所の判決についても生ずる。分裂国家とは一定の領域に複数の政治権力が存在し、建前として実際に自己の支配する領域だけでなく、その領域全体が自己の支配下にあるべきであると主張している場合をいい、この場合に日本がそのいずれか一方の政府承認又は国家承認をしているときに、承認していない政府又は国家の領域でなされた判決が承認の対象となるかという問題である。外国判決の承認とは内国で外国の主権の行使の結果を認めることであり、とくに給付判決は内国の国家権力によってその内容を強制的に実現することであるから、この問題は私人間の法律関係の準拠法として外国法を適用することとは異なる性質の問題である（私人間の関係の規律は国家法に限らず、慣習その他その法律関係を現実に規律している法規範による）。したがって、わが国の政府が明示又は黙示の承認をしていないときに、国家承認又は政府承認をしていない国の判決を内国の裁判所が承認することはできないというべきである。これまでにこの問題を正面から扱った裁判例はない[15]。

分裂国家について、政治的理由によって政府承認を一方の政府から他方に変更した場合に、以前に承認していた政府の支配する国家の判決はその後には承認され得ないかという問題がある（わが国についてこのことは一九七二年九月の日中共同声明によって日本政府が政府承認を台湾政府から北京政府に変えたことによって生じた）。しかし、分裂国の政府承認は政治的な意味での政治権力の承認であることからすれば、かつて承認していた政府が現実に支配する領域の判決をもはやここにいう外国判決に該当しないということには疑問がある。内国以外でなされた判決の承認の問題は内国の国内事項であるから、このような場合に本条による外国判決の承認の場合とは別に、そのような判決を承認することができないわけではない。これは通常の未承認国家の裁判所の判決の承認の問題とは異なるというべきであろう[16]。

外国判決であるかどうかは、その判決をした裁判所が判決確定時にわが国の司法権のもとにあったかどうかによる。これは必ずしも領土の変更と直接結びつくものではない。したがって、わが国がその領土として実効的に支配していた当時の台湾、朝鮮等における裁判所の判決は外国判決ではないが、わが国の支配が及ばなくなってからは、国際法上の領土の変更がなくとも、それらの判決は内国判決ではない。日本の司法権にもとづく判決ではないからである。昭和二〇年七月の米国による占領から昭和四七年五月一五日の返還までになされた沖縄の裁判所の判決は、裁判所の権限の根拠がわが国の憲法にもとづくものではなく、裁判制度もわが国とは全く別であったので、わが国に潜在的領土主権があったとしても、それらは「外国」裁判所の判決である。それ故、「琉球諸島及大東諸島に関する日本国とアメリカ合衆国との間の協定」(昭和四七年条約第二号)では、右期間中にこれらの領域でなされた判決について、日本の公序良俗に反しないかぎり日本で効力を有するとの条項を設けて、返還後もそれらの判決が効力を有するための措置をとったのである(同協定五条1)。

(二)裁判所の「判決」であること

本条にいう判決は外国の裁判所の民事訴訟事件の裁判であり、それは私法上の争訟すなわち私法上の権利義務又は法的地位についての争いに関し、対審的な手続のもとでなされた判断をいう(名古屋高判平成一四年五月二二日判例集未登載。この判決について平成一五年度重要判例解説二七六頁は、アメリカ合衆国裁判所の「開示命令手続における合意及び命令」にもとづく執行判決請求について、当事者の訴訟上の合意にもとづいて、これに執行力を付与するための裁判所の命令という形式が利用されていると見るのが相当であるから、執行判決の対象となる外国裁判所の判決にあたらないとした[17]）。この裁判が実質的に私法上の権利義務、法的地位についての争いについての裁判であれば、裁判所の名称（例えば、刑事裁判所、家庭裁判所など）や訴訟手続（例えば、刑事訴訟における附帯私訴、家庭裁判所における人事訴訟など）は問わない。また、訴訟手続（対審手続）にもとづく裁判所の判断であれば、判断の名称、形式が判決でなく決定等となっていても、その実質に従って判断すべきである（訴訟費用の確定決定について東京地判昭和四二年一一月一三日下民一八巻一一〇二号一〇九三頁、婚姻関係存在確認の審判について横浜地判平成元年三月二四日判時一三三二号一〇九頁、訴訟費用の負担に関する命令について最判平成一〇年四月二八日民集五二巻三号八五三頁）。

この裁判は本案に関する終局判断であるとされているが（本条の請求を容認しなかった判断も承認の対象となる）、訴訟要件なしとして却下された裁判は、判決国の訴訟法の問題であって実体に関する裁判ではないという理由により、承認の対象とならないと一般に解されている。しかし、外国で訴訟要件不備で却下された判断の効果は内国での法律関係に影響を及ぼさないだけであって、これらをあえて外国裁判所の判決から除くという解釈をとるまでの必要はないのではなかろうか（いずれにしても結果に違いはない）。外国裁判所の判決であれば、給付判決、確認判決、形成判決を問わず、承認の対象[18]となる。

非訟事件の裁判は判決手続対審手続によるものではないので、本条の対象とはならないというのが伝統的な考え方であった。しかし、外国非訟事件の裁判が本条の対象となるか否かにかかわらず、その承認の要件をいかにすべきかという問題はある。わが国の家事審判、労働審判のごとき手続は訴訟手続に近いので、判決に含めるべきである。

外国で確定判決と同一の効力を有するとされ又は債務名義(Schuldtitel)とされているものであっても、それが訴訟手続にもとづく裁判所の裁判以外のもの、例えば裁判上の和解、支払命令などは裁判所の手続の結果ではあるが、外国裁判所の判決ではない。民商事の調停、家事調停、仲裁判断、公正証書などについても同様である。

なお、その性質上判決国以外にその効力が及ばないとしている外国判決があれば、それは内国で承認の対象とはならない(例えば、わが国の旧破産法三条一項における破産宣告は外国にある破産者の財産にはその効力が及ばないとしていた)。

(三) 確定した判決であること

確定した判決とは、その判決をした国の手続上通常の不服申立の方法ができなくなった判決をいう(東京地判平成一八年一月一九日判タ一二二九号三三四頁)。判決が確定した審級も、その理由も問わない。判決は欠席判決(水戸地静ヶ崎支判平成一一年一〇月二九日判タ一〇三四号二七〇頁は米国ハワイ州の懈怠判決を承認した)でも、書面審理(オーストラリア・クイーンズランド州のサマリージャッジメントを認めたものとして、東京地判平成一〇年二月二五日判時一六六四号七八頁がある)でも差支えない。終局判決の性質を有しない裁判(保全処分の判決又は決定)、執行力はあるが確定していない裁判(仮執行宣言の付された未確定判決)は確定判決ではない(最判昭和六〇年二月二六日家月三七巻六号二五頁は、イタリア・トリノの裁判所による子の引渡のための緊急的、暫定的命令は確定判決には該当しないとした)。確定判決であることは承認を求める当事者が証明しなければならない。未確定判決を認めないのは、安定した法律関係を適当とするためである[19]。

注

14　承認の対象となる判決の判決国をわが国が国家承認、政府承認をしている国とするのは、雛形・五四五頁。なお、中野貞一郎・民事執行法では、その新訂第三版（青林書院、一九九八年）一六八頁で多数説に改説された。

15　未承認国家の国民の著作権の保護について判断した裁判例がある。わが国は朝鮮民主主義人民共和国を承認していないが、両国とも著作権に関するベルヌ条約（一八八六年）の締約国であるので、同国の国民を著作権者とする著作物がわが国の著作権法六条三号の「条約によりわが国が保護の義務を負う著作物」に該当するかどうかが争われた。知財高裁平成二〇年一二月二四日（平成二〇年（ネ）一〇〇一二号）裁判所ホームページは、「日本国憲法上、外交関係の処理及び条約を締結することが内閣の権限に属するとされている（憲法七三条二号、三号）ことに鑑み…政府見解を尊重すべきものと思料する。…我が国は北朝鮮がベルヌ条約の加盟国であることまで否定できるものではない。しかしながら、北朝鮮のベルヌ条約加入により、我が国と北朝鮮との間にベルヌ条約上の権利義務関係が生ずるというのは…我が国の国家承認があったと同視するに等しい」として未承認国家の国民の著作物の保護を認めなかった。

16　中華人民共和国と中華民国との関係については、北京政府自ら本土と台湾との法制の相違を認め、両者は海峡両岸協議会を設け、通商の合意をして交流をはかっていることからみれば、台湾を未承認国家と同様に扱うことは適当ではない。

17　外国裁判所の「判決」に該当するか否かは、その形式から判断すべきであろう。実質的には当事者の合意があっても、裁判官が裁判の形式によって命じたならば、「判決」として扱うべきである。

18　形成判決もその承認の対象となる。実体法上の効果を生ずる形成判決はもちろん、訴訟法上の効果を生ずるだけの形成判決でもよい。訴訟要件を欠くことによって却下されたものも含まれる（判決国の訴訟要件の欠缺は承認国での法律関係には影響を及ぼさないにすぎない）。再審開始の決定も仲裁判断を取消す判決もそれ自体として承認の対象となる。再審による本案の判決は新たな判決である。外国仲裁判断を取消す判決（取消の管轄権を有する国でなされた裁判）が内国で承認されるときは、その仲裁判断は内国で効力を有しないことになる（仲裁法四六条八項の文言が「却下することができる」となっていることから仲裁判断の執行決定を裁量によって認めることができるとの見解があるが、その解釈の当否は疑わしい。このようなことが生ずるのはニューヨーク条約第V条にある文言（may）が適切な表現でないのである。要するに、仲裁地の存在する国の裁判で仲裁判断が取消されたにかかわらず、他国で仲裁判断を執行しうるということは適当ではない。それこそ跛行的法律関係を生ずることになる。形成判決の承認については、酒井一「外国形成裁判の承認」（『企業紛争と民事手続法理論』福永有利先生古稀記念論文集（商事法務、二〇〇七年）八八九頁以下）参照。

19　近時、未確定判決の執行を認める多数国間条約があらわれた。一九五八年の子に対する扶養義務についての判決の承認及び執行に関する条約二条三号但書、一九七三年の扶養義務に関する判決の承認及び執行に関する条約四条二項では、暫定的に執行しうる判決及び暫定措置については、執行を求められた国で類似の判決がなされ、それが執行できる場合には、執行が可能であるとしている。この問題は緊急に執行することの必要性とその後の法律関係の是正の必要から生ずる不利益とのいずれを重視するかという利益較量による。

四　外国判決承認の手続

外国判決が承認の要件を具備しているかどうかについては、給付判決にもとづいて執行を求める場合には執行判決を求める訴において審査することとなるが（民事執行法二二条六号、二四条）、それ以外（給付判決の存在及びその内容の承認の場合を含む）の場合はとくに手続についての定めはない。したがって、外国判決は、それが法令の定める要件を具備しているときには、特別な手続を経ることなく、わが国でその効力が承認されると解されている。このことをわが国ではドイツの学説にならって、一般に自動承認（automatische Anerkennung）と称している。その趣旨は、外国判決の承認とは、外国判決の効力の内国への拡張（Erstreckung）であり、一定の要件を充足すれば、内国ではそのための特別の手続を要することなくその効力が生ずるということにある[20]。しかし、そのための特別の手続を必要としないことは手続法上の問題にとどまるのか、そのことによって当然に外国判決による実体法上の効果も生じているのかについては考え方が分かれている[21]。

これは外国判決の承認の理解の仕方の問題である。外国判決が承認の要件を具備しているときは、とくにそれを審査する手続を定めていないのであるから、判決確定時に内国でその効果が生じているとする考え方がある。しかし、それには疑問がある。すなわち、外国判決は判決国のみで効力を有するものであって、内国に当然にその効力が及ぶわけではない。外国で給付判決があっても、内国でそれと同じ結果を得るにはあらためて内国での給付判決が必要となる。しかし、すでに同一当事者間にそのための判決が存在するなら、重複訴訟の手数、内外判決の齟齬の回避のために、既になされた外国判決の効力を認めることが、当事者にとっても法廷地の裁判所にとっても、その目的に適うことになる。それは外国判決をもって内国判決に代る機能をみとめることであるから、内国でそのための一定の要件を設けることになる(このことは裁判外紛争解決手続である内国仲裁判断及び外国仲裁判断の承認、執行についても同様である)。同様に、外国でなされた確認判決及び形成判決についても、別の内国訴訟において又は他の手続(例えば、登記・登録、戸籍の記載などについての申請)などにおいて、外国判決の効力を認め、それを前提として判断し、措置をとることが適当であろう。これは当事者間に跛行的法律関係の生ずることを防ぐためである。「外国判決ノ効力ヲ認ムルノ必要ハ執行判決ヲ為ス場合ニ限ラサルヲ以テ」という立法理由[22]の説明はこのようなことを述べたとみるべきであろう。外国判決の承認、執行の制度を以上のように理解すると、外国判決の効力(効果)を認めることが必要となったときに、その外国判決を内国判決に代るものとすべきか否かを審査することが必要となり、また、それで足りるということになる。そうすると、民事訴訟法一一八条に外国判決承認の要件を定めた規定があるからといって、外国判決はそれが確定したときは何らの手続を要せずして、当然に内国(わが国)で効果が生じているという解釈は疑問であろう。要するに、そこでいう自動承認とは、外国判決一般についてその承認の可否を定めるための特別の手続を設けることなく、その必要が生じたときに個別に審査することをいうと理解すべきである[23]。したがって、「自動承認」という言葉を使うことによって、外国判決にもとづく実体法上の効果が、その判決の確定時に、内国においても生じているとみることは適当ではないであろう[24]。

このことから次のようにいうことができる。外国判決の承認の訴又は不承認の訴(例えば、外国離婚判決無効確認の訴など)を内国で提起することは、外国判決によって生ずる効果について内国での確認の利益(現在の権利義務又は法律関係を安定させる必要)があれば認められる。また、それ以外の訴においても、外国判決が承認の要件を具備しているか否かは、その前提問題として判断することになる。外国の確認判決、形成判決の効力を争うには内国でそれと異なる効果を生ずる適切な確認の訴、形成の訴を提起することが困難なこともあるので、この方法を認めることが必要になる。外国の給付判決についても、外国訴訟の原告が内国で給付の訴を提起すること、外国訴訟の被告が内国で債務不存在確認の訴を提起することも、外国判決があることによって当然には妨げられない。内国訴訟の被告が外国判決の存在とそれが承認の要件を具備していることを主張し、それが認められた場合には裁判所は外国判決の効力を認めることになる。これは確認判決、給付判決のいずれにもいいうる。このような取扱は通説の認めるところであり、外国離婚判決の無効確認又は不承認の訴については多くの下級審裁判例がある。

外国訴訟の原告についてみると、外国判決確定後に内国で同一の内容の給付の訴(原被告同一型の重複訴訟)を提起できるかという問題があり、外国訴訟の被告についてみると、債務不存在確認の訴(原被告逆転型の重複訴訟)の可否の問題がある。前者については、外国判決承認の要件を具備しているときは、内国訴訟は既判力に抵触するとの理由で不適法となるが、承認の要件を具備していなければ、あらためて内国訴訟にもとづいて実体関係について判断することとなる(当事者からみて外国判決承認の要件の有無は明らかでないこともあり、内国での給付の訴は執行判決を求める訴における予備的併合として用いることになろう)。後者については訴の利益があるかぎり差支えなく、給付を命じている外国判決が外国判決承認の要件を具備しているときは内国での債務不存在確認の訴は棄却され、その逆のときは債務不存在確認の訴は認容されることとなる。

外国判決承認の要件を審査するための特別の手続がない理由は、実際の処理について適当な方法がなく、また、それでも実際上の不都合はないと考えられているためであって、外国判決の確定によって実体的効力が内国で生じているからではない。そのほかにも自国民保護、内国法秩序の統一性の維持、国際礼譲なども挙げられているが、そこにいわれているような理由が適当かは疑わしい。

注

20　学説の多くは、外国判決の「自動承認」を本文で述べたように説明している。そうすると、外国判決は判決国法によって確定した時に、わが国での承認の要件を満すならば、わが国でも既判力、執行力、形成力が生じていることになるように思われるであろう。しかし、そのような説明は見当らず、自動承認という制度は外国判決の承認の訴又は不承認の訴を妨げるものではなく、このような訴の適否は確認の利益の有無によるとする(例えば、青山三八九―三九〇頁、高田・注釈三六四頁)。この点について竹下・五二〇頁は、ドイツでは訴の結果生ずる法的不安定の危険を予防するため、各州の司法行政機関による承認要件の確認処分の制度がとられているが、わが国ではその制度がなく、外国判決の効力の有無は先決問題であって、既判力がないので、外国離婚判決無効確認の訴などの名称のもとに、外国離婚判決不承認(及び承認)の訴を提起することが行われ、これらを適法とすることが判例、学説上支持され、定着しているとする。そしてこれらの訴の判決には対世的効力を認める必要があるとする。

21　外国判決の「自動承認」の問題について考察した論文として、釜谷眞史「外国判決「自動承認」制度の意義」(上)(下)(西南学院大学法学論集三七巻二・三号(二〇〇五年)一頁以下、同四号(二〇〇五年)四七頁以下)がある。

22　民事訴訟法中改正法律案理由書一〇八頁によると、わが国の大正一五年民事訴訟法に外国判決の承認の要件を設けたことについての立法当局の説明はこれのみである。大正一五年民事訴訟法は一八九八年のドイツ民事訴訟法の改正にならったものであるが、そのドイツ法の立法趣旨も明らかとはいえないように思われる(釜谷・前掲注21の論文(下)七六頁―八一頁参照)。

23　釜谷・前掲注21の論文(下)八二頁―八五頁では、わが国に独自の沿革上の議論がないことにかんがみ、ドイツにおける沿革上の意義を基礎とすべきであるとしたうえで、承認とは外国判決によって生じた法律関係の変動を内国において認めることをいうとの理解をとるようであるが、承認がいつの段階でなされているかについては明らかにしていない。そして、議論の意味内容を曖昧にしないために、「自動承認」の用語は手続的意味においてのみ用いるべしとする。

24　筆者は、外国判決の承認について、執行判決を除き、特別の手続がないことについては、内国においてその必要があるときに外国判決の効力を認めて内国での裁判手続に代えることにするという、実際的或は便宜的考慮にもとづくものと考える。外国判決が内国に「拡張」してきたことを受容れるという考え方はとらない。また外国判決確定時に内国でもその効力が生じて、目にみえない実体的法律関係が生じているとは考えない。執行判決手続は、外国判決について内国であらためて執行力を与えるための手続であって、内国判決の執行手続における執行文付与に類似した手続とは考えない。したがって、執行判決を求める訴の存在理由はあると考える。

五　外国判決承認の効果

わが国を含めて、多くの国では外国判決の承認の効果についての明文の規定はない。したがって、これについては解釈によることになる。

従来から多くの学説では、外国判決の承認とは、外国判決がその判決国法において有する効力をそのまま内国で認めることであるとされていた[25]。これは外国判決の承認を外国判決の効力の内国への拡張を承認することであるとするドイツの学説の影響であろう。考え方が分れるのは、要するに、外国判決の本来の効力をそのまま認めるのか、内国判決と同様の効力に限定[26]するのかにあると思われる。外国判決の判決国での効力をそのまま受け容れるという説明が続いてきたのは、一九世紀末の西欧諸国で、内国でも外国でも判決の効力はほぼ同様であるとの前提をとっていた、すなわち、同じような法制度の国の判決の承認を予定していたからではないかと思われる。

外国判決に内国判決も代る働きをさせるとすれば、同種の内国判決に相当する効果を与えることで足りるともいうるし、そのような司法政策をとることも可能であろう。しかし、この考え方では内国判決にない外国判決の効果は内国では生じないことになり、また、外国判決にない効力が内国で生ずることになり、当事者間の法律関係に過不足が生じ、裁判による紛争解決の終局性の確保、跛行的法律関係の解決のためには好ましいとはいえないであろう。したがって、内国においても、判決がなされた国においてその外国判決の有する効果を可能なかぎり認める必要があるが、それは内国において内国判決に認められている効果の範囲で認めるという考え方[27]をとることが適当であろう。ここにいう外国判決の効力とは、その判決がなされた国の法律によって与えられる効力であって、内国における同種の判決の効力ではない。したがって、内国での同種の判決に認められる効力であっても、当該外国判決が有しない効力を認めることにはならない。しかし、逆に、内国判決に認められている効果を超える外国判決の効力は承認されない[28]。それは内国の基本的秩序に反することになるからである。しかし、外国判決の有する効果が内国判決にはない効果であっても、内国の基本的な法秩序に反しなければ、それを認めてよいであろう（例えば、強制参加制度のもとでの判決の効力の及ぶ第三者の範囲、クラス・アクション等の代表訴訟での当事者の範囲など）。既判力の主観的範囲（拘束力を受ける者の範囲）、客観的範囲（請求の範囲、相殺の抗弁など）、参加的効力、基準時なども判決国法によることとなる。それとは別に、国家間の合意（例えば、条約）によって内国判決に認められていない効力を承認することはできよう。そのような場合には内国で何らかの立法措置を必要とすることになろう。

外国でなされた確定判決、形成判決を承認した場合には、その判決が認めた効果又は形成した法律関係を内国で認めることとなる。これについては争いはない。それに対して、給付判決については、それにもとづいて給付内容を実現するためには執行判決を経る必要があるため、考え方は分れる。従来は外国判決の判決国法上の執行力を承認するとの考え方であったが（執行判決は執行力を確認する判決とする）、近時は外国判決の給付内容について内国で執行力を賦与するとの考え方が多数説となっている（執行判決は内国での執行力を賦与するので形成判決であるとする）。これは執行判決制度の理解の仕方の違いであり、いずれの立場でも実際には変らない。しかし、執行判決は外国の給付判決にもとづいてあらためて内国での給付を命ずる判決であるから、それは給付判決とみるべきであろう[29]。

以上述べたような外国判決の内容上の効果を認めるのではなく、内国の法律上一定内容の外国判決の存在に意味がある場合には（講学上、法律要件的効果といわれている）、その外国判決について承認の要件を問題にする必要はない（例えば、外国で日本法を準拠法とする金銭給付の訴を容認する外国判決がなされた場合には、日本法上は債権の消滅時効の中断の効力を生ずることになるが、その外国判決を執行するのでなければ承認の要件を審査する必要はない）。

なお、外国判決が承認される場合に、内国（承認国）裁判所がそれと異なる判断をなしうるかの問題は外国法上の判決の既判力によるのではなく、内国の民事訴訟法の定めるところによる。

注

25 例えば、青山・三六五頁。旧稿・一二八頁も同様であって、それまでの文献にもとづいてわが国における一般的な理解を記述したものである。新法になってからも、当該外国判決の効力は、通説によれば、当該外国法によって定まるものであり、その効力の種類、その効力の及ぶ範囲などについても当該外国法によることとなるが、わが国がその効力を承認することは当該外国法上有する効力をそのまま我国においても尊重し、認めることであるとする説明がある（雛形・五三九頁-五四〇頁）。これに対して高田・理論三六八頁以下は、旧法当時、このような考え方を疑問であるとした。

26 高田・理論三七八-九頁によれば、結局、外国でなされた判決にわが国でいかなる効果を賦与するかという問題になり、外国判決を自国の同種の判決と同視することになるとする。

27 高田・注釈三六二頁では、判決国法上の効果は内国の法秩序に組み入れることが可能な限りでその効力を認めることができるにとどまり、その限界を超えた場合には公序その他の法理論により、その効果が認められることはないとする。なお、高桑昭「外国裁判の承認」（高桑昭＝道垣内正人（編）『新・裁判実務大系3　国際民事訴訟法（財産法関係）』三一〇-一頁（青林書院、二〇〇二年））では、旧稿の見解を本文と同趣旨に改めた。

28 典型的な例として、懲罰的損害賠償の支払を命じた外国判決の効力（最判平成九年七月一一日民集五一巻六号二五七三頁）。

29 執行判決についての通説は形成判決説であり、実務における執行判決の主文も「（外国判決）にもとづいて強制執行することを許す」という文言である（民事執行法二四条四項）。しかし、これは改める必要がある。このような主文は内国の給付判決の主文と著しく異り、執行判決の主文からはいかなる執行をすべきかが直ちには不明確であるからである。そして、元本の金額だけでなく、執行判決の主文の中で利息、損害金を含めて給付内容そのものを明示すべきではなかろうか。執行判決にも仮執行宣言を付することができ、執行判決にもとづいて執行する場合にも執行文を必要とすることは実質的に給付判決と異ならない。

六　外国判決承認の要件

一　法令又は条約により外国裁判所の裁判権が認められること(民事訴訟法一一八条一号)　本号の趣旨は、当該外国判決をした国又は地域が、わが国における国際民事裁判管轄権の法則又はわが国が締約国となっている条約によって、裁判管轄権を有していたことを必要とするとの趣旨である。大正一五年民事訴訟法二〇〇条一号では「法令又ハ条約ニ於テ外国ノ裁判権ヲ否認セサルコト」とあったので、わが国又は第三国に専属的管轄権が認められているときは判決国の管轄権は否認されるが、わが国の裁判管轄権の法則(直接管轄権に関する法則)によって管轄権の有無を判断する必要はないとする立場もあったが、内国で外国の判決の効力を承認し、その執行をも行うのであるから、判決国が管轄権を有していたことを必要とし、その間接管轄権の有無は承認国(内国)において承認について審査する時における裁判管轄権に関する原則によるのが通説であった。平成八年民事訴訟法一一八条一号のもとでは、これが間接管轄権に関する規定であることと、間接管轄権の有無については直接管轄権についての規則によることにはもはやとくに異論はないであろう。もっとも、外国の判決、例えば外国離婚判決などについて、裁判管轄権の不存在を理由とする不承認によって生ずる跛行的法律関係の生ずることを防ぐために、直接管轄権よりも間接管轄権を緩やかなものとすべきかについては現在でも争いがある。

下級審裁判例の多数は、個別の事案に関する裁判管轄権の判断には批判もありえないではないが、直接管轄権に関する法則で間接管轄権について判断している。最高裁判所は外国(英領香港)での訴訟費用の負担を命ずる裁判に執行判決を求める訴について「本条一号(改正前民事訴訟法二〇〇条。筆者注)の趣旨は、わが国の国際民訴法の原則からみて判決国がその事件につき国際裁判管轄（間接的一般管轄）を有すると積極的に認められることをいい、具体的には基本的にわが国の民訴法の定める土地管轄に関する規定に準拠しつつ、個々の事案における具体的事情に即して、当該外国判決を承認することが適当か否かという観点から、条理に照して承認国の間接的一般管轄の有無を判断すべきである」とした（最判平成一〇年四月二八日民集五二巻三号八五三頁。サドワニ事件）。この判決の前半は間接管轄権は直接管轄権についての原則に従うことを明らかにしたものであるが、具体的事情に即して条理に照して判断するという後半はその趣旨は必ずしも明瞭ではない30。前半からみて間接管轄権の有無の基準と直接管轄権の有無の基準が異なるとの立場はとっていないが、後半で具体的妥当性を考慮に入れているところからみると、間接管轄権を直接管轄権よりも広く認めてもよいとの立場ではないかと思われる。

この判決の後に、夫の暴行虐待に耐えかねて外国（韓国）に逃れた妻が外国（韓国）で提起した離婚訴訟の判決の承認に当って、最高裁判決（最大判昭和三九年三月二五日民集一八巻三号四八六頁）にいう被告による遺棄、被告の行方不明に準ずる場合に該るとした下級審裁判例があるが（横浜地判平成一一年三月三〇日判時一六九六号一二〇頁）、これは昭和三九年の判例の解釈に関するものであって、間接管轄権を直接管轄権よりも広く認めたとみるべきではなかろう。

管轄権の有無は職権調査事項であり、そのための基準は外国判決を承認する時の承認国（内国）の国際裁判管轄権に関する法則による。判決国の管轄権の有無の基礎となる事実の存否は承認国における判決の承認時ではなく、判決国における判決確定時と解すべきである31。

なお、わが国では当事者が国際裁判管轄権についての異議をとどめないで訴訟手続を行った場合には応訴による管轄権が生ずるとされているので（通説）、外国で応訴があった場合には、本号の要件をみたすことになる。

注

30　最判平成一〇年四月二八日が間接管轄権を直接管轄権よりも広く認める趣旨かについては解釈が分れている。これを肯定するのは最高裁判所判例解説（民事編）平成一〇年度（上）四五〇頁［河邊義典］。これに対して、学説では、直接管轄権の有無の判断における「特段の事情」論（最判平成九年一一月一一日民集五一巻一〇号四〇五五頁）をそのまま間接管轄権に採り入れたという理解をするものが多い（河野俊行「間接管轄」（『新・裁判実務大系3国際民事訴訟法』（青林書院、二〇〇二年）三三八頁）、道垣内正人・国際私法判例百選［新法対応補正版］（有斐閣、二〇〇七年）一九二頁など）。筆者は前説をとる。

31　青山・三九九頁は訴提起の時とし、高田・注釈三七三頁は起訴又は判決の時点とする。判決国で審理を始める場合には訴提起の時とすることには理由があるが、承認国でその判決の承認の審査をする場合には、内国判決に代る機能を認めるためには、判決確定時に判決国が管轄権を有したことを必要とすべきである。

二　敗訴の被告が訴訟の開始に必要な呼出し若しくは命令の送達（公示送達その他これに類する送達を除く）を受けたこと又はこれを受けなかったが応訴したこと（同条二号）　本号の趣旨は、承認の対象となる外国判決のなされた訴訟手続において、当事者が手続関与の機会を保障されていたことを必要とすることにある。公示送達が除かれているのは公示送達では被告にとって訴訟の係属を知ることが極めて困難であるからである。手続関与の機会の保障の必要は日本人のみに限るわけではないので、改正前の規定にあった「敗訴ノ被告カ日本人ナル場合ニ於テ」の部分は削除された。これは当然の措置であろう。解釈上留意すべきところは次のとおりである。

応訴とは当事者が当該訴訟手続に加ったこと、防禦のための方法をとったことをいう。本案の弁論をした場合はもちろん、裁判管轄権を争う主張をした場合も防禦のための方法であるから、本号の応訴に該当する[32]。

当事者の手続参加の機会を保障するためには、ここにいう送達は、判決国で適法であるのみならず、送達実施国でも適法でなければならない。送達は訴訟手続をすすめるための裁判権の行使であるから、判決国が他の国においてその裁判権を行使することはできないにもかかわらず、送達の行われる地で適法でない送達でよいとすることは内国での送達の場合と均衡を失し、被告に対して公平でないからである。とくに、判決の承認が求められている国で送達が行われたときは、承認国でも適法な送達でなければならない。承認国で適法な送達とされるためには、その国での送達方法によるか、その国で認めた方法によるべきこととなる。したがって、判決国と承認国との間の条約（二国間条約及び多数国間条約）又は取極にもとづき、或は必要に応じてその都度嘱託することによって送達が行われたことが必要である。わが国についていえば、判決国も承認国であるわが国も締約国となっている民事訴訟手続に関する条約（民訴条約）又は民事又は商事に関する裁判上及び裁判外の文書の外国における送達及び告知に関する条約（送達条約）若しくは判決国との間の領事条約の規定により、又は判決国との間におけるその他の取極若しくはその都度の嘱託にもとづいて「外国裁判所ノ嘱託ニ因ル共助法」によって送達がなされたことが必要である。

本号の要件を具備しているかどうかは、わが国の裁判所は直ちには知りえないし、承認を求められた裁判所がこれに関する事実を自ら探知することも適当ではない。したがって、公示送達によらない適法な送達がなされたこと、被告の応訴があったことは、外国判決の承認を求める者に立証責任ありとすべきである。送達の適法、有効性については、送達実施時の法令による。

本号の解釈に関連して、実際に生じている問題として、わが国で適法とされていない送達方法又はわが国が認めていない送達方法の処置がある[33]。具体的には、承認国であるわが国における訴状、期日呼出状の私人による直接交付による送達と判決国からの郵便による送達である。これらの問題については、従来から、送達方法の適法性、妥当性をめぐって、法令の解釈とともに、翻訳文の要否、送達時期の適否、内容の理解の可能性などのことが論じられている。

わが国において、外国に係属している訴訟の訴状、期日呼出状の私人による直接交付による送達についてはこれを認めた裁判例は見られず、ほとんどの学説も不適当としてきた。この問題について、平成一〇年四月二八日の最高裁判決は「訴訟手続の明確・安定を図る必要上、判決国と我が国との間に裁判上の文書の送達に関する司法共助条約が存在し、訴訟手続の開始に必要な文書の送達がその条約によるべきものとされている場合には、条約所定の方法を遵守しない送達は本条二号の要件を満たす送達に当らないと解すべき」であるとし、英国とわが国がともに締約国である送達条約、日英領事条約では、原告から依頼を受けた者による直接交付の方法による送達は許容されていないので、英領香港での訴訟の訴状のわが国における直接交付は本号の要件を満さないとした（前掲最判平成一〇年四月二八日。ただし、被告の応訴による管轄権は認めた）。これは判決の結論に対しては傍論ではあるが、このことを明らかにした意義は大きい。

外国からの郵便による送達について、学説では送達が適当な時期に行われ、その内容が理解可能であり、被告の防禦が可能であるとされる場合には、翻訳文の添付がなくとも個別の事案において実質的に防禦の可能性が与えられているならば、本号に反しないとするものが多いように思われる。下級審裁判例は直接郵便による送達（翻訳文添付なし）を有効な送達とは認めないものが多い[34]（例えば、東京地判昭和五一年一二月二一日下民二七巻九－一二号八〇一頁、東京地判昭和六三年一一月一一日判時一三一五号九六頁、東京地判平成二年三月二六日金商八五七号三九頁、東京高判平成九年九月一八日判時一六三〇号六二頁など）。ここでの問題は、送達は国際司法共助の方法によるべきか、或はそれによらない場合でも実質的に被告が手続に参加しうる情況にあれば足りるとすべきかということにある。

この問題は次のように考えるべきであろう。まず、わが国で適法な送達ありとして認めるためには国際司法共助の方法（条約、取極、嘱託等による方法）によらなければならない。したがって、わが国の定める司法共助の手続に従っていない送達は、本号の要件をみたす送達とすることはできない。そして、翻訳文の要否はその手続の中での添付文書の問題ということになる。条約の規定や共助法による場合には、翻訳文の添付が必要とされることになるが、領事送達の場合には翻訳文の添付を必要としていないことがある。次に、外国からの郵便による送達はわが国で民訴条約又は送達条約上適法な送達といいうるか、仮にそうであるとしても翻訳文の添付がなく、時間的余裕などからみて被告の防禦が可能でないときに、これを有効な送達となしうるかである。その原因の一つはわが国は民訴条約六条一項1と送達条約一〇条ａにおいて、外国から郵便による送達について拒否の宣言をしていないことにある。また、送達実施国に駐在する領事による直接の交付又は郵便による送達についても（文書の作成された国の国民に対して行われる場合を除く）、わが国は送達条約八条二項による拒否の宣言をしていない（東京高判平成一〇年二月二四日判時一六五七号七九頁は、在日ドイツ領事によるドイツの裁判所からの訴状等（翻訳文添付あり）の日本での郵送を同条による適法な送達と認めた）。わが国がこれらの送達方法について拒否の宣言をしなかった理由は必ずしも明らかではないが、要するに、それらの書類の「直接郵送を主権侵害とはみなさないことを意味しているだけであって、（中略）わが国において訴訟上の効果を伴う有効な送達として容認することまでも意味するものでない」というのが現在の政府見解である[35]。これによれば、わが国では外国からの郵便による送達は不適法ということになる。しかし、拒否の宣言を明確にしておかないと、民訴条約、送達条約の締約国間ではこのような送達はわが国でも有効な送達とされていると解されるおそれがある。仮にこれを条約上適法であるとしても、本号の趣旨は被告の手続参加の保障にあるのであるから、本号の「送達」とは「被告の訴訟追行上適切な送達」をいうとの意味と理解し、翻訳文の添付のない送達、時間的余裕のない送達など、十分な防禦の機会のない送達は有効な送達に該らないという解釈をとるべきであろう。しかし、それよりも条約上の拒否の宣言をすることのほうが簡単かつ明瞭であろう。

なお、二〇〇一年の裁判管轄権・外国判決承認条約案二八条一項ｄ及び二〇〇五年の管轄合意条約九条ｃｉは被告に対して十分な期間を置き、防禦の準備ができる方法での通知というような実質的判断をともなった規定があるが36、そのような規定については疑問がある。応訴の機会の保障の有無についての解釈の幅が広過ぎて、基準が明確でないからである。

注

32　本条二号の応訴とは、訴訟手続において被告が自己の主張、立証を行使することである。したがって、判決国の管轄権を争った場合も、二号の応訴に該当する。これに対して、本条一号の裁判管轄権の有無の判断に関しては、被告がその国の裁判管轄権を争う主張をすれば、一号における応訴管轄権は生じない。逆に管轄権をあえて争わなければその理由のいかんにかかわらず、応訴管轄権が生ずる。

33　この問題に関して旧稿後にあらわれた主な文献として、青山・三九九頁-四〇一頁及び四一〇頁-四一二頁に掲げられた文献、竹下・五三四頁-五四〇頁とそこに掲げられた文献、高田・注釈三七五頁-三八一頁、雛形・五五〇頁-五五二頁、安達栄司「直接郵便送達とハーグ送達条約」(『国際民事訴訟法の展開』(成文堂、二〇〇〇年)一七一頁以下、渡辺惺之「外国判決承認に関する新民訴法一一八条二号について」阪大法学四七巻四=五号八六九頁以下(一九九七年)、春日偉知郎「送達」(前掲・高桑=道垣内『国際民事訴訟法(財産法関係)』(青林書院、二〇〇二年)三四三頁以下参照。そのほか、個別の判例評釈等は相当な数になる。渉外的な送達については、高桑昭「渉外的民事訴訟事件における送達と証拠調」法曹時報三七巻四号八二一頁以下(一九八五年)、高桑昭=山崎栄一郎「外国への送達と外国からの送達」(前掲・高桑=道垣内『国際民事訴訟法(財産関係)』一九〇頁以下参照。

34　齋藤彰・ジュリスト平成二年重要判例解説(一九九一年)二六八頁は、この問題を整理したものである。また、高田・注釈三七五頁-三八〇頁参照。

35　原優「私法の国際的統一運動」国際商事法務一七巻一二号一二八八頁(一九八九年)。わが国が条約の批准に際して拒否の宣言をしなかった理由は、筆者には理解し難い。

36　道垣内・前掲二八二-三頁、三二〇頁。

三　判決の内容及び訴訟手続が日本における公の秩序又は善良の風俗に反しないこと（同条三号）　本号にいう公の秩序と善良の風俗（以下「公序」という）は、外国法適用の結果を排除する「公序」と同様に、各国の法制の相違を考慮に入れたうえでの、わが国において譲ることのできない基本的な法秩序又は法的価値をいうことについては、ほぼ異論をみないであろう[37]。そして、外国判決の判断内容を受容れることがわが国の基本的法秩序に反するかどうかは、判決にあらわれた事実関係と判決の結論を総合して判断すること、その判断に当っては判決の当否の審査、そのほか判決の実質的な再審査となることはできないことなどは従来の解釈と変りはない。外国判決の内国での効果を承認しない場合には、その内容が内国との関連性を有することが必要であろう。

改正前の本号は「外国裁判所ノ判決カ日本ニ於ケル公ノ秩序又ハ善良ノ風俗ニ反セサルコト」であった。ところが、昭和五八年六月七日の最高裁判所の判決は米国コロンビア地区とわが国との間での外国判決承認について相互の保証の有無を比較するに当って、「その判決の成立もわが国の公序に反しないことを要する」とした。これは、米国コロンビア地区での外国判決承認の要件には、裁判管轄権、防禦の機会、確定した終局判決、相互の保証のほかに、判決が公正な訴訟手続によっていたこと、公平な司法を保証するような法制のもとで行われたこと、その裁判が明確かつ正規に記録されていること、その判決が詐欺によって取得され或は偏見に冒されているとみられるような特別の理由がないことなどの手続的要件があったことのためである。わが国の規定（旧民訴法二〇〇条）は外国の裁判が公正、公平であることを当然の前提としていたと解されるが、米国コロンビア地区の承認の要件とわが国の要件とが同様であるというために、この判決は同号の規定は「外国裁判所の判決の内容のみならず、その成立もわが国の「公ノ秩序又ハ善良ノ風俗」に反しないことを要するとしたものと解するのが相当である」としたのである。新法ではこれを受けて「訴訟手続」が公序に反しないとの文言を加えた。もっとも、「判決の内容のみならず、その成立も」公序に反しないこととすると、弁論及び証拠調における公平、公正とも関連してくるので、実質審査（révision au fond）禁止の原則[38]（民事執行法二四条二項）に抵触するおそれも生じないではない。

本号の要件は職権で判断すべき事項である。外国判決が「公序」に反するかどうかは、承認国で判決の承認が求められた時点（承認審査時）における承認国の基準による（判決時における承認国の基準によるのではない）。これは内国の現在の法秩序からみてその外国判決の結果を受容れることができるかということが問題であるからである。

近時公序に反するとされた事例で著名なものとしては、婚姻届の受理証明書を偽造して取得した婚姻関係確認の外国審判（横浜地判平成元年三月二四日判時一三三二号一〇九頁、東京高判平成二年二月二七日家月四二巻一二号三一頁）、子の引渡が子の福祉に反する結果となる外国判決（東京高判平成五年一一月一五日高民集四六巻三号九八頁家月四六巻六号四七頁。ただし、本判決はこれを非訟事件の裁判とみて、判決確定後の事情をも考慮に加えたうえで、承認時の基準によって公序に反するとした）、懲罰的損害賠償の支払を命ずる外国判決のうち実損害額を超える部分（最判平成九年七月一一日民集五一巻六号二五七三頁）、外国判決確定後に事情が変って扶養の必要がなくなった場合に、扶養料の支払判決を命ずる外国判決（東京高判平成一三年二月八日判タ一〇五九号二三二頁）がある。

外国判決が公序に反するか否かの判断に関して問題となるのは、いかなる時点の公序によるか、外国判決確定後の事情を考慮して公序についての判断をすることができるかの二点である。この二つの問題は概念的には区別されるものの、具体的事案における結果の妥当性、外国判決の「自動承認」の理解の仕方[39]などが関連して、議論は必ずしも整理されていない。裁判例では子の引渡請求と扶養料支払請求について、それぞれ判決確定後の事情を「公序」の判断の中で考慮することができるとするものがある。東京高判平成五年一一月一五日は、公序判断の基準時を承認審査時とし、米国テキサス州の子の引渡を命ずる判決をわが国では非訟事件の裁判に相当すると解したうえで、子をめぐるその後の事情から、この判決を承認することは公序に反するとした。東京高判平成一三年二月八日は、米国カリフォルニア州の離婚後扶養料の支払を命ずる判決にもとづく執行判決の訴について、その後の生活が変り、外国判決の前提となった扶養料支払を必要とする事情が消滅したことを理由に、そのまま執行させることは公序に反するとした。これによれば、判断の基準時は判決承認時としているが、公序に反するかどうかの判断には、判決後に生じた事情を加えて判決の適否を判断している。いいかえると判決後の事情の変化によって、承認審査時に実際上妥当な結果を得られるか否かを判断する基準がこれらの判決でいう「公序」なのである。なお、これらはいずれも執行判決を求める訴で生じていることに留意すべきであろう。

学説の情況は必ずしも明らかではない。公序についての判断の基準時については、外国判決の承認はその効力を内国で受容することであるから、承認審査時とするのが通説或は多数説である。このことは外国判決の確定時に当然に内国で実体的効力が生ずるものとはしないことを意味することになる。学説には判決確定後の事情をも加えて「公序」について判断するとの立場もあるが[40]、外国判決承認の「公序」と判決確定後の事情とは区別すべしとするほうが多数であろう。これらの立場では執行要件としての「公序」と解するもの[41]、執行判決を求める訴のなかで執行阻止を可能にする方法を検討すべしとするも[42]、がある。

筆者は差当り次のように考える。まず、公序に反しないとは内国の基本的な法秩序又は法的価値に照して許容しうることをいうと理解すべきである。次に、外国判決はその確定時に当然に内国でそれに応じた効果を生ずるのではなく、外国判決の承認を内国判決に代る効果を外国判決に認めることと理解するならば、公序の審査の基準時は承認、執行が求められた時点(承認審査時)である。しかし、判決確定後に生じた事情は判決では審理の対象とはなっていないから、その後の事情を公序の審査の際に判断に加えることは適当ではない(その後の事情によって承認を拒否すると、その外国判決の既判力も認めないことになろう）。その後の事情が実際に意味をもつのは執行を要する場合である。したがって、その後の事情については請求異議事由として執行力を与えるか否かの際に考慮することが妥当である。この点は民事執行法三五条二項からは明らかでないので、解釈で補うほかはないであろう。執行判決を求める訴において、既判力の基準時以後に生じた請求権の変更・消滅に関する事由（例えば、弁済、相殺、免除等）は、請求異議の訴により、又は執行判決を求める訴における抗弁として主張する方法があり、民事訴訟法一一八条三号の公序とは別に扱うべきであろう（東京高判平成一三年二月八日の事案についていえば、第一審が事情の変更を請求異議訴訟の問題としてとり上げなかったことは妥当でなく、控訴審が公序の問題としたことも妥当でない）。逆に、その後の事情によってさらに給付の必要が生じたならば、それについては新たに内国で給付の申立をすることができる。

外国判決と内国判決とが競合或は抵触する場合も、本号の問題とされることもあるが、これを「公序」の問題とすることには疑問がある。これは内外判決の抵触の問題として処理すべきである。また、外国判決の対象となった争いと同じ争いがわが国で係属している場合に、そのことをもって外国判決が公序に反するとはいえないであろう。

注

37　本条第三号の「公序」については、早川吉尚「手続的公序」及び「実体的公序」高桑＝道垣内編『新・裁判実務大系国際民事訴訟法（財産法関係）』三五一頁以下及び三五八頁以下（青林書院、二〇〇二年）参照。なお、現行法制定以前の研究として岡田幸弘「外国判決の承認・執行要件としての公序について」（一）―（六・完）名古屋大学法政論集一四七号―一五四号（一九九三年―一九九四年）、とくに一五三号三五五頁以下、一五四号四五三頁―四五四頁（いずれも一九九四年）、赤刎正子「外国判決の承認・執行における手続的公序についての一考察」一橋論叢一一三巻一号（一九九五年）一四二頁以下があり、両者とも何が「手続的公序」であるかについて詳細に検討している。

38　外国判決の当否の審査の問題については、中西康「外国判決の承認執行における révision au fond の禁止について」(一)—(四)法学論叢一三五巻二号四号六号・一三六巻一号(一九九四年—一九九五年)参照。

39　釜谷・前掲注21の文献はこれについて考察した論文である。そこでは「外国判決はたとえ潜在的であっても、その外国判決が有効に効力を獲得した段階で内国においても効力を有することになったことを前提とすべきであろうとし」、実体的意味についても承認が生じたとの考え方をとる(西南学院法学論集三七巻四号(二〇〇五年)八三頁)。しかし、自動承認という言葉の用い方としては手続面に限定したほうがよいとする(八四頁—八五頁)。

40　竹下・五四五—六頁では、「子の福祉」についての考慮は公序に属するとし、平成五年の東京高裁判決を一般論として正当であり、具体的にも妥当であったとする。また、その第一審判決(東京地判平成四年一月三〇日判時一四三九号一三八頁)が公序違反でないとしたことを疑問とする見解もある(櫻田嘉章・ジュリスト一〇二四号(一九九三年)二九六頁、小室百合・法学五八巻一号(一九九四年)二二一頁)。これらの考え方は判決後の事情をも公序に反するか否かの判断をするということになろう。判決後の事情の変化をも判決内容に加えて、それをもとに公序に反するか否かの判断をすることについては、要件の審査の時を外国判決確定時とする説からも承認審査時とする説からも批判がある(前者には渡辺惺之・平成五年度重要判例解説二九八頁、山田恒久・渉外判例百選[第三版]二三〇頁、後者には早川吉尚・前掲注37の文献三六一頁がある)。なお、高田・注釈三八四頁は判断の基準時を承認時とはしているが、判決後の事情の変化をも考慮すべしとは明言していない。

41　渡辺惺之・私法判例リマークス二五号(二〇〇二年(下))一五三頁は、外国判決一般についての承認の基準時と執行判決を求める訴における要件審査の基準時とを区別して考えているようである。

42　酒井一「米国懲罰的賠償判決の承認と執行に関する一考察—外国判決の承認と執行の分化試論(2完)」民商法雑誌一〇七巻五号(一九九三年)六六一頁—六六四頁では、外国判決の承認と執行とを分けて、承認されても執行しえない場合があるとする。釜谷眞史・国際私法百選[新法対応補正版](二〇〇七年)一九七頁も承認を拒否するのでなく、執行を拒否するとしている。このように承認と執行とを分ける考え方は理由なしとしないが、懲罰的損害賠償に関する判決と子の引渡に関する判決とでは同じように扱えないところがある。前者では判決後の事情の変化はなく、後者では判決後の事情の変化が大きな問題となるからである。前者では懲罰的賠償を命ずる部分以外についてのみ承認したうえで(一部承認)、それを執行すべきであって、承認と執行を分けることは適当でない。後者では、外国判決を承認はするが、時の経過による事情の変化によって執行を認めない措置を講ずること(執行判決を求める訴における抗弁として扱うこと)が妥当であろう。

四　相互の保証があること(同条四号)

相互の保証とは自国の判決を外国が承認するならば、その外国の判決を自国でも承認するということである。この要件は判決国と承認国との均衡をはかるために多くの国で設けられてきた。

これまでの外国判決の承認・執行に関する多数国間条約でもその対象となる判決を締約国の判決に限定している。かつてはこれによって相互に承認を促進するという目的があったといわれている。しかし、相互の保証を要件とすると、相互の保証のない外国判決は内国で承認されないので、跛行的法律関係は解消せず、内国で再度の訴を提起する必要も生ずる。また承認についての要件がかなり異なるならば、それは相互の保証がないことになるが、その判断は必ずしも容易ではない。相互の保証の有無は外国判決の承認時であり、外国判決承認の要件の審査は職権調査事項とされている。しかし、判決国での外国判決承認の要件の調査（外国法の調査）は必ずしも容易ではないので、当事者の立証責任とすることも考慮に値しよう。

わが国ではかつては「二百条ノ規定ト等シキカ又ハ之ヨリ寛ナル条件ノ下ニ我国ノ判決ノ効力ヲ認ムル」場合に相互の保証ありとしたが（大判昭和八年一二月五日新聞三六七〇号一六頁）、昭和五八年の最高裁判決で「判決国における外国判決の承認の要件が我が国における右条件と実質的に同等であれば足りる」とこととなった（最判昭和五八年六月七日民集三七巻五号六一一頁）43。

相互保証についてはわが国の裁判所はかなり緩やかに認めているように思われる。そのなかには、わが国で相互の保証があるとしていても、相手国でわが国の判決を承認した例のない国、承認の要件をみたすとするかが不明の国もある（例、ドイツ連邦共和国）。中華人民共和国では最高人民法院が下級裁判所からの問に対して、日本の判決の承認、執行を認めないとの回答をしているので（大阪高判平成一五年四月九日判時一八四一号一一一頁参照）、明らかに相互の保証の要件を満たさない。ところが、その後に中華人民共和国の離婚判決を承認する判決があらわれたが（東京高判平成一八年一〇月三〇日判時一九六五号七〇頁）、そこでは何故かそのことに触れていない。離婚判決に相互の保証の要件を必要とすることが適切な結果をえられないためであろうか。

そこで検討すべきは「相互の保証」の要件を今後も残すかということである。外国の確認判決、形成判決及び執行を求めていない給付判決では、相互の保証以外の要件を満たしているならば、承認の要件の相違が多少あっても、その承認を拒むことは、当事者にとっても内国裁判所にとっても得るところは少ないであろう。形成判決とりわけ親族関係の形成と解消に関する判決については跛行的法律関係となることを回避する必要がある。このような場合には、相互の保証の要件は、かえって、外国判決承認の障害となるといえよう。しかし、他方で、外国での承認の要件にかなりの相違があり、わが国との均衡を欠くときに、そのような国の判決を承認することが公平といえるかとの疑問もある。相互の要件を削除して、その代りに一般的報復規定を設けることも考えられるが、その解釈、運用が明確でないであろう。そうすると、第三号の公序が多用され、その一般条項化、不明確化をもたらすことにもなろう。一つの考え方としては判決の既判力と形成力の承認については相互の保証を要件とせず、給付判決にもとづいて執行をする場合にのみ、執行判決の要件として相互の保証を残すこともありうる。

二国間或は多数国間条約で外国判決承認の要件を統一した場合には、他の締約国でなされた判決に適用するとの条項があれば(例えば、一九九九年の条約案二条2、二〇〇一年条約案二条2)、これは相互の保証を前提としている(実質的相互主義又は隠れたる相互保証条項)といえよう。

43 注

最高裁判所判例解説(民事編)昭和五八年度二三二頁[加藤和夫]参照。

訴訟手続以外で裁判所が私法を適用して行う判断手続が非訟事件である。

七　非訟事件の裁判の承認

伝統的な考え方では、非訟事件の裁判はそれによって実体法上一定の効果が生ずるのであるから、外国非訟事件の裁判の承認ということはありえず、その効果が有効なものとして認められるのは、わが国(内国)の国際私法の定める準拠法を適用してなされた場合であるとし、そうでない場合にはその効果が認められないので、あらためて内国で裁判をすることができるとする。しかし、非訟事件の裁判も外国による裁判権行使の結果であるから、その承認の問題が生ずるとするのがその後の多数説である[44]。

民事訴訟法における外国判決の承認に関する規定の趣旨、目的からみて、本条は非訟事件の裁判には適用されず、非訟事件の裁判にはそれを準用或は類推適用するとの説もある(この両者の相違は法文の適用の仕方の違いにすぎない)。そのいずれであっても、第一号から第四号までのどの要件によるかという問題があり、その全部を用いるもの、第一号(管轄権のあること)と第三号(公序に反しないこと)で足りるとするもの、争訟性ある事件では第一号と第三号に加えて第二号(防禦の機会のあったこと)も必要とするものに分れている。また、一般的な基準によらず、非訟事件の類型ごとに民事訴訟法の類推適用の可否を判断すべしとの見解もあるが[45]、そこでは具体的類型と適用すべき要件の関係は示されていない。差当っては民事訴訟法の要件の類推適用又は準用をするものが多数であるが、利害の対立或は争訟性のありうる類型の非訟事件については防禦権又は手続関与権の保障を必要とし、そうでない非訟事件については管轄権の有無と公序違反の有無の要件で足りるとする見解が多いといえよう(もっとも、手続関与の保障は公序として判断することもできるので、両者で実質的な差はないであろう）。

具体的な事件については、管轄権の有無の判断は、裁判のなされた時を基準とするが、公序に反するか否かの判断はその裁判の承認の時を基準とする。その裁判以後に生じた新たな事情を公序の判断の際に考慮しうるとの立場もあるが（前掲東京高判平成五年一一月一五日）、裁判以後の事情を考慮して判断することは外国裁判所の判断の承認とはいえず、適当ではない。裁判以後に生じた新たな事情によって外国判断の承認を拒否したからといって、新たな事態に対応できるわけではない。非訟事件の裁判に既判力はなく、内国ではあらためてその後に生じた事情を加えて新たな裁判をすることができるのであって、この方法によるべきである。この新たな裁判が既になされた外国の裁判の取消、変更をする場合（承認を前提とする）には、その判断の基準は内国の牴触法の定める準拠法によるべきである。

注

44　外国非訟事件の裁判の承認については、鈴木忠一「外国の非訟裁判の承認・取消・変更」法曹時報二六巻九号（一九七四年）四八三頁、海老沢美広「非訟事件裁判の承認」国際私法の争点一六一頁（一九八〇年）参照。学説の情況を要約したものとしては、早川眞一郎・私法判例リマークス一〇号一七四頁（一九九五年）がある。

45　海老沢・前掲一六二頁。

附記

非訟事件手続を改正する法律は平成二三年五月に成立したが（平成二三年法律第五一号。同年五月二五日公布）、本書に盛込むことはできなかった。

八　内国判決と外国判決の牴触の処理

内国判決がある場合の外国判決の承認の問題は、処理の手がかりとなる条文が明確でないとの理由で、従来は裁判例、学説とも「公序」条項の問題としてきた。しかし、判決の内容と訴訟手続とが公序に反しない外国判決は「公序」に反することにはならないのである。他方で、公序に反する外国判決は承認されないのであるから、外国判決が公序に反する場合は内外判決の牴触は生じない。したがって、外国判決が内国で承認される場合に、外国判決と内国判決との牴触が生ずることになる[46]。したがって、この問題は本来の公序の問題ではないことがわかる。

外国判決と内国判決の牴触については、確定の先後にかかわらず内国判決と競合する外国判決を公序に反するとして承認しなかった裁判例がある(大阪地判昭和五二年一二月二二日判タ三六一号一二七頁)。

学説の多くは、この問題を扱うのは外国判決の承認の段階における公序の要件の適用によるべきであり、先に内国判決が確定していた場合にのみ公序によって外国判決の承認を拒否すれば足りるとする[47]。これは公序の肥大化現象の一つである。そして、先に確定した内国判決があれば後に確定した外国判決は承認されず、先に確定した外国判決があれば内国判決は再審による取消の対象となるという解釈をとるとすれば、このことはまさに判決の確定の先後を基準にしていることにほかならない。それならば、公序に反するという理由づけは成立たない。

また、外国判決が確定した時点で、それによって内国でも実体的効果が生じているとの立場からすると、公序によらずとも、当然にこの問題の説明はつくということになろう。しかし、既に述べたように、外国判決の確定によってそれが内国でも当然に効力を生じているということそれ自体が疑問である。このことは内外の判決間の牴触の場合だけでなく、外国判決間の牴触の場合についても同様である。外国判決の承認の必要を一度の訴訟手続による紛争の解決に求めるとすれば、判決の当事者に対する拘束力が生じたとき、すなわち判決の確定時の先後で決めることが適当であろう。

内外判決の牴触の問題を既判力の牴触の問題として捉えると、出口のない迷路に入り込むことになるとし、この問題は当事者の責に帰すべき訴訟進行の結果であるから、内国判決の確定が先に存在する場合には外国判決が自動承認制度の利益を享受しえず、外国確定判決が先に存在する場合には内国判決の確定を阻止しえなかった当事者が外国判決の自動承認制度の利益を享受できず或は喪失してもやむをえないとし、承認時又は執行判決時に内国確定判決が存在するときは、わが国の公序に反するとすべしとの説がある48。しかし、国際的な訴訟競合の場合についての各国の法制は一様ではないので、当事者の訴訟手続上の努力によってこれを防ぐことが容易にできるとは思われず、一般的に当事者の責任とはなしえない。それのみならず内国判決の存在する場合に、外国判決が公序に反するとする根拠それ自体が不明である。

内国で訴訟が係属している場合に外国判決は公序に反するか。これについても内国訴訟の係属が先か後かによって判断する考え方もあろうが、先に内国訴訟が係属していた場合であっても、そのことによって本条三号の公序の問題となるとはいえないであろう。国際訴訟競合について内国裁判所でなしうることは、後に係属した内国訴訟をいかに扱うかにとどまるのであって、外国判決の承認についての措置でこの問題を処理することは適当ではない。

注

46　諸説の相違を簡潔、明快に知るには青山・四一三頁–四一六頁にある注四五から同四八までの記述と、四一六頁に掲げられた図表を参照されたい。

47　岡田・三八六頁。この立場では、先に外国判決が確定した場合に係属している内国訴訟をどのように扱うか、後に確定した内国判決はどのようになるかの説明は明らかではない。なお、内外判決の抵触を「公序」についての第三の類型という説明もしているが、現行法の解釈としては無理であろう。

48　雛形・五五六頁。この立場は当事者の訴訟追行上の努力に重点をおくが、これには限度があり、それにもかかわらず内外判決の抵触が生じた場合にどのような措置をすべきかということがここでの問題なのである。

補注

内国判決と抵触する外国判決(この場合は内国判決と異なる外国判決の意味)の処理についての学説の整理の仕方にはいくつかの基準がある。その場合に基準とされるのは、判決の確定の先後、外国判決承認時における内国訴訟の係属の有無と内国判決の確定、訴の係属の先後の三点であろう。

次のような考え方がある。①外国判決が先に確定していても、内国に訴訟が係属している場合及び内国判決がある場合は、外国判決は承認されないとするもの(下級審裁判例。おそらく多数説)、②外国判決が先に確定し、その承認を求められた時に内国確定判決がなければ(内国で訴が係属していても)、その外国判決は承認される(それ以外の場合は承認されない)とするもの(宮脇説、青山説)、③二つの判決の抵触について、後の判決は再審で取消されないかぎり先の判決に優先するとの前提を採り、外国判決が先に確定しているときには後に確定した内国判決が優先し、内国判決が先に確定しているときにはその既判力によって後に確定した外国判決は承認されないとする説(三ツ木説)、④訴の係属の先後、内国判決、外国判決の区別にかかわらず、先に確定した外国判決が承認されるとする説(高桑説)、⑤先に係属した訴を適法とする前提のもとに、外国判決についての訴の係属と判決の確定が先の場合にのみ、外国判決が承認されるとする説(道垣内説)。

①は内国訴訟及び内国判決を外国判決に優先させる考え方であって(そのために「公序」条項を利用することになる)、このような政策はありうる。しかし、そのような政策が妥当かどうかは問題であり、跛行的法律関係は生ずるであろう。また、この立場をとると内国での反対訴訟が多くなるであろう。②は外国判決の承認時に確定した内国判決があれば内国判決を優先させるとの政策であるが、内国での法秩序はそれでよいとしても、当事者間の跛行的法律関係は残る。③は、後の確定判決が先の確定判決に優先するとの考え方をとるものの、結局、内国判決優先の結論を導くものである。一貫した理論とはいい難い。④は、先の確定判決が当事者間の法律関係を規律するとの考え方をとり、外国判決が先に確定しているときは後の内国判決を再審で取消し(民事訴訟法三三八条一項一〇号)、内国判決が先に確定しているときは、外国判決の承認は拒否する。国内二重訴訟の場合と実質的に異なら

ない。⑤は先に係属した訴訟手続を優先させるとの前提をとり、外国の訴の判決が先のときは、その訴の判決が内国で承認される可能性があるならば、後に係属した内国訴訟手続を中止し（承認予測説）、訴訟手続が競合したときには先に係属した外国訴訟手続の判決が先に確定していたならば、これを認めるとする。

いずれの説でも内国判決が先に確定している場合は、外国判決は承認されない。①と③は内国判決の優先であり、②は外国判決が確定し、内国判決の未確定の場合に外国判決を認める。⑤は、訴訟競合の処理は別にして、内外判決及び外国判決間における抵触が生じた場合の解決が明らかでなく、訴の係属の先後は必ずしも正当な管轄権、裁判の適正、迅速とは結びつかない。また、外国判決の承認を妨げるには、先に内国で訴を提起するにかぎることになる。④では内国判決が先に確定していないかぎり外国判決を承認することになり、諸説のうちで外国判決承認の可能性が最も大きい。

ここで、宮脇説とは宮脇幸彦「訴訟」貿易と法律（貿易実務講座8）五四九頁、青山説とは注**3**の青山四〇三頁、三ツ木説とは三ツ木正次・昭和五三年度重要判例解説二八三頁、道垣内説とは道垣内正人・法学協会雑誌一〇〇巻四号七一五頁、七九四頁、高桑説とは高桑昭・NBL一五五号六頁をいう。国際訴訟競合については、道垣内正人「国際的訴訟競合（一）―（五・完）」法学協会雑誌九九巻八号―一一号（一九八二年）、一〇〇巻四号（一九八三年）、古田啓昌・国際訴訟競合（信山社、一九九七年）を参照されたい。

結び

昭和五五年以降約三〇年の間の裁判例と条約とによって、問題は整理されてきた。それでも解釈として残るところは民事訴訟法一一八条の第一号から第四号までの要件についてである。しかし、そこでの問題の程度、今後の方向は事柄によって異なる。

民事訴訟法一一八条一号の間接管轄権については、直接管轄権に関する原則に従うとの理解がなされているので、管轄権の判断基準をめぐって裁判例が区々になるとは考えられない。しかし、間接管轄権を直接管轄権よりも広く認めるべきか、そうする場合にはどのような基準を用いるかという問題は残る。この問題は直接管轄権の立法によっては解決しない問題であるから、裁判例にまつことになろう。このことは、裁判管轄権と外国判決の承認に関する条約(多数国間条約)が出来た場合でも変らないであろう。

第二号の送達の要件については、送達実施国(内国又は第三国)において適法な送達がなされた場合をいうとする解釈をとるべきこと、そして、わが国での送達の実施については国際司法共助の方法による以外は適法な送達とはしないとすることが望ましい。国際司法共助の方法によるときは、民訴条約、送達条約若しくはその他の二国間協定又は「外国裁判所ノ嘱託ニ因ル共助法」によることとなり、日本語の翻訳文が添付されることになる。そのうえで、防禦のための十分な余裕があったか否かを判断するという仕組みが適当であろう。そのためには、直接郵送による送達、直接交付による送達について、すみやかに条約上の拒否の宣言をすることも必要である。

第三号の公序の要件については、公序それ自体と外国判決確定後の事情の考慮とを区別し、後者が問題となるのは外国判決の執行の可否の判断の際であるから、これを執行判決の訴において審査できるような措置を講ずるべきである。この問題は大正一五年民事訴訟法になく、それが現行法にまで持越されたので、立法による解決が望ましいが、解釈論としても可能であろう。

第四号の相互の保証の要否は大きな問題である。現行条文が存在するかぎり、これを無視する解釈は困難であり、離婚判決等の形成判決の承認に当ってこの要件を必要としないとの解釈をとるのが精々のところであろう。他方で、立法措置によって相互の保証の要件を廃止することも考えられる。しかし、その場合でも、執行判決の要件としては残すべきではなかろうか。それは内国において、外国判決が命ずるとおりに、内国にある債務者の財産権を強制力をもって奪うことになるからである。この点については、多数国間条約の立案においても、承認、執行についてはその条約の他の締約国の判決に限るとしていることにも留意すべきであろう。

これに対して非訟事件の裁判の承認については、個別の事件類型についてのわが国での間接管轄権の問題を除けば、差当たり、解釈に委ねてもさしつかえない。民訴法一一八条第一号と第三号の要件を必要とすること、第四号の要件は必要でないこと、準拠法の要件も必要でないことについては、学説がほぼ一致しており、争訟性のあるものについて第二号の要件の要否で見解が分れているにすぎないからである（これは第三号の要件に含めることもできよう）。また、民訴法の適用、準用、類推のいずれであっても実質的な違いはない。

内外判決の牴触の問題は依然として解釈の問題として残るであろう。しかし、第三号が外国判決が「公序ニ反セサルコト」との文言から「判決の内容及び訴訟手続が公序に反しないこと」となり、公序の対象となることが明らかにされたことによって、内国からみて都合の悪い外国判決を公序で排除することはできなくなった。したがって、今後は内外判決の牴触の問題として正面から取り扱うべきこととなろう。

平成六年以降の外国判決の承認及び執行に関する裁判例

ここでは平成六年一月から同二〇年一二月までに筆者の接した裁判例を日附の順に掲げた。記載内容は裁判所名、裁判の日附、出典、外国裁判をした国（州）の名、わが国での承認・不承認の別と、各裁判例における判旨或は特記すべき事項である。

平成六年三月以前のわが国の裁判例については、竹下守夫「判例からみた外国判決の承認」（新堂幸司ほか（編）『判例民事訴訟法の理論』（中野貞一郎先生古稀祝賀論文集（下）、有斐閣、一九九五年）五一三頁以下の本文でとりあげられており、五六七頁－五七二頁での「引用判例一覧表（年月日順）」に整理されているので、それに譲ることにした。

裁判例の出典の略称は、法律文献における通常の例に従った。

（一）東京地判平成六年一月一四日判時一五〇九号九六頁、判タ八六四号二六七頁（米国ニューヨーク州）－承認。

判決国に契約上の義務履行地及び不法行為地の管轄権を認めるとともに、共同不法行為の共同被告による応訴を理由にそれとの主観的併合を認めて、判決国の管轄権を認めた。判決国における訴状の直接交付による送達によって適法な送達がなされたとし、判決文中の定型文言の更正決定が被告に送達されなくとも公序に反せず、判決確定の日から年九％の利息の生ずることも公序に反しないとした。

(二)東京地判平成六年一月三一日判時一五〇九号一〇一頁、判タ八三七号三〇〇頁(英国)－承認。

契約上の義務履行地を理由とする管轄権は否定したが、追加的な管轄合意による英国の管轄権を認めた。日英間で外国判決の承認について相互の保証があるとした。

(三)京都家審平成六年三月三一日判時一五四五号八一頁(フランス)－不承認。

日本に住所を有する子との面接交渉については子の住所地国に専属的管轄権ありとし、父の住所地国であるフランスの管轄権を否定した。

(四)東京地判平成七年五月二九日判タ九〇四号二〇二頁(米国ヴァージニア州)－承認。

本件は米国において、離婚に伴い、デイストリビューター契約による販売権の移転を認めた判決にもとづく原告の権利を前提として、日本に住所を有する企業にその確認を求める訴訟であるが、当該外国判決の日本での効力を承認した。(六)事件の第一審判決。

(五)大阪地判平成八年一月一七日判時一六二一号一二五頁、判タ九五六号二八六頁(米国メリーランド州)－承認。

相互の保証の要件の具備を認めた。外国判決と同一の実体的問題についての判断を求めた内国訴訟は外国判決の既判力に抵触するとした。

(六)東京高判平成八年三月三日判タ九五〇号二三〇頁(米国ヴァージニア州)－承認。

（四）事件の控訴審判決。

（七）東京地判平成八年九月二日判時一六〇八号一〇三頁（米国ミネソタ州）―給与天引きと送金については不承認、その他は承認。

子の養育料の支払について、扶養義務者の給与等を天引きして州の集金機関に送金すべきことを命じた部分について、わが国ではそのような強制執行はできないことを理由に、民事執行法による執行判決を求める利益がないとしたが、それ以外の部分については承認した。（一四）事件の第一審判決。

（八）最判平成九年七月一一日民集五一巻六号二五七三頁、裁判所時報一九九九号三頁、判時一六二四号九〇頁、判タ九五八号九三頁、金融商事一〇三九号二八頁（米国カリフォルニア州）―懲罰的損害賠償の支払を命ずる部分は不承認、その他は承認。

懲罰的損害賠償の支払を命ずる部分は公序に反するとしたが、実損害の支払については承認し、かつ、判決に記載がなくてとも当該外国法制上支払を命じられる金員に附随して計算上明らかな利息が発生し、執行力が認められている場合には、これを附加して執行判決をすることができるとした。

（九）東京高判平成九年九月一八日判時一六三〇号六四頁、判タ九七三号二五一頁、高裁民集五〇巻三号三一九頁、東高民時報四八巻一―一二号五七頁（米国オハイオ州）―不承認。

家事非訟事件でも当事者の手続保証を考慮すべき争訟性の強い事件には民訴法二〇〇条の適用がある。養育費請求事件の管轄権は原則として子の住所地国にあるが、両親の経済的負担の調整の側面が強く、本件では子の住所地国の管轄権を認めるのは相当でないとすべき特別の事情があるとして、その管轄権は認められない。米国の手続法上適法な送達であっても日本に住所を有する者に対する送達は司法共助の方法によって行うべきであり、訴状に日本語の翻訳文の添付がなければ有効な送達とはなしえないとした。

(一〇)東京地八王子支判平成九年一二月八日判タ九七六号二三五頁(米国ニューヨーク州)―不承認。

被告への送達には、文書の翻訳文が必要であり、かつ、司法共助の手続によるものでなければならない。

(一一)東京地八王子支判平成一〇年二月一三日判タ九八七号二八二頁(米国カリフォルニア州)―承認。

国際裁判管轄権の有無については原告が請求原因として主張する不法行為地の管轄権を認め、日本とカリフォルニア州の間では相互の保証の要件を具備しているとした。

(一二)東京地判平成一〇年二月二四日判時一六五七号七九頁、金融商事一〇三九号二〇頁(ドイツ)―承認。

在日ドイツ領事による日本にある被告の住所への郵便でなされた、翻訳文の添付された訴状・呼出状の送達は送達条約八条一項に定める適法の送達であり、ドイツにおけるその訴訟の訴訟費用確定決定について被告に防禦の機会が与えられなくとも、その執行を認めることができる。ドイツでの弁護士強制と弁護士費用の訴訟費用への算入はわが国の公序に反しない。ドイツと日本では外国判決承認の要件は重要な点で異ならず、ドイツに日本の判決を承認した先例がないからといって相互の保証の要件を欠くとの解釈をとるべきでないとした。

(一三)東京地判平成一〇年二月二五日判タ九七二号二五八頁、判時一六六四号七八頁(オーストラリア・クインズランド州)―承認。

オーストラリアにおけるサマリージャッジメントは確定判決に該当し、その執行判決を求めることができる。判決に記載されていない利息、遅延損害金についても執行判決を求めることができる。外国訴訟で担保を立てる命令があってもわが国の公序に反しない。外国判決に対する執行判決請求訴訟において執行要件を争うとともに、債務不存在確認を求める反訴を提起することは許されるとした。(七)事件の控訴審判決。

(一四)東京高判平成一〇年二月二六日判時一六四七号一〇七頁(米国ミネソタ州)―承認。

一方の親から他方の親に対する子の養育費の支払について、扶養義務者の現在又は将来の使用者その他の基金の支払者が債務者の収入から一定額を天引してミネソタ州の公的機関に送金を命ずる判決は、扶養義務者に対して請求者へ養育費の支払を命ずるものとして、我国で執行力を認めることができるとした。

(一五)最判平成一〇年四月二八日民集五二巻三号八五三頁、裁判所時報一二一八号四頁、判時一六三九号一九頁、判タ九七三号九五頁(英領香港)―承認。

外国訴訟についての訴訟費用確定決定も承認の対象となり、その管轄権の有無は本案判決の管轄権による。また、送達条約によらない送達方法を不適法であるとしたが、応訴管轄を認める。わが国と英領香港との間では相互の保証の要件を具備しているとした。

(一六)横浜地判平成一一年三月三〇日判時一六九六号一二〇頁(韓国)―承認。

原告の住所地国でなされた離婚審判について、被告住所地主義によることが原告に酷な場合として管轄権を認め、国際司法共助に従って送達があった場合に、被告不出頭のまま進められた離婚審判の手続は公序に反しない。

(一七)水戸地龍ヶ崎支判平成一一年一〇月二九日判タ一〇三四号二七〇頁(米国ハワイ州)―承認。

併合請求の裁判籍を認める。証拠開示手続への参加を怠ったことに対して制裁として下された損害賠償金の支払を命ずる米国の懈怠判決は確定判決に該当し、執行判決を求めることができるとした。

(一八)横浜地横須賀支判平成一二年五月三〇日判タ一〇五九号二三五頁(米国カリフォルニア州)―承認。

離婚に伴う扶養料支払を命ずる外国判決について、離婚後の事情が変り、準拠法上扶養の変更ないし終了の余地がある場合であっても、扶養料判決が当然に効力を失うものではなく、外国判決として承認することが公序良俗に反するものとはいえないとした。(一九)事件の第一審判決。

(一九)東京高判平成一三年二月八日判タ一〇五九号二三二頁(米国カリフォルニア州)―不承認。

離婚に伴う扶養料支払を命ずる外国判決について、離婚後の事情の変更によって扶養の必要がなくなった場合には、これを認めることは公序に反するとして執行判決を取消した。(一八)事件の控訴審判決。

(二〇)名古屋高判平成一四年五月二二日ジュリ一二八五号一三三頁(米国カリフォルニア州)―不承認。

執行判決の対象は外国判決に限られ、それ以外の判決と同一の効力を有するにすぎないものは含まれないとし、子の養育費の支払金額に関する合意を内容とする裁判所の「命令」について、訴訟上の合意に裁判所の命令が利用されているときは、終局判決とは実質的に性質が異なるとして、執行判決請求を認めなかった。

(二一)大阪高判平成一五年四月九日判時一八四一号一一一頁、判タ一一四一号二七〇頁(中華人民共和国)―不承認。

中華人民共和国最高人民法院は日本の裁判所の判決を承認、執行しないとの回答をしているので、同国との間では相互の保証の要件を具備しないとして、承認しなかった。

(二二)名古屋地判平成一五年一一月二四日判時一七二八号五八頁、判タ一〇六八号二三四頁(米国オレゴン州)―離婚の部分について不承認、親権者の指定について承認。

米国人妻が無断で子をつれて移住した米国オレゴン州には離婚の訴の国際管轄権はなく、それにもとづく外国判決はわが国において効力を有しないとして、わが国での訴訟であらためて離婚請求を認めたが、子に対する親権者の申立についてはオレゴン州とわが国のいずれにもあるとし、親権者の指定については外国判決の効力を承認した。

(二三)東京地判平成一五年一二月一九日判タ一一九八号二八二頁(米国カリフォルニア州)―承認。

日本で死亡した日本人の財産の一部が死亡当時カリフォルニア州に存在したため、同州で遺言を検認し、遺言執行者を任命した裁判について、その当否は裁判国法によるべきであるとして、その裁判の効力を承認した。
(二四)東京地判平成一八年一月一九日判タ一二二九号三三四頁(シンガポール)－承認。会社の取締役の責任を追及する訴訟の管轄権は、商法二六八条(当時)によって本店所在地の専属管轄に属するとしたうえで、外国での応訴に多大な労力を有するとしても、手続面で公序良俗となるような事情はないとした。
(二五)東京高判平成一八年九月二九日判時一九五七号二〇頁、東高民時報五七巻一－一二号一一頁、裁判所HP(米国ネヴァダ州)－承認。夫婦の精子と卵子の体外受精により、代理母の出産による子と夫婦との間の親子関係を認める外国判決は公序に反しないとした。(二七)事件の原審判決。
(二六)東京高判平成一八年一〇月三〇日判時一九六五号七〇頁(中華人民共和国)－承認。当事者双方が出頭してなされた中華人民共和国の離婚判決について管轄権を認め、その他の承認の要件も満しているとした。
(二七)最判平成一九年三月二三日民集六一巻二号六一九頁、家月五九巻七号七二頁、訟務月報五四巻三号六四二頁、裁判所時報一四三二号四頁、判時一九六七号三六頁、判タ一二三九号一二〇頁(米国ネヴァダ州)－不承認。夫婦の精子と卵子の体外受精により、代理母の出産による子と夫婦との間の親子関係を認める外国判決は公序に反するとした。(二五)事件の上告審判決。
(二八)東京家判平成一九年九月二日家月六〇巻一号一〇八頁、判時一九九五号一一四頁、判タ一二五五号二九九頁(オーストラリア・連邦)－不承認。
離婚訴訟の両当事者が日本に在住である場合に、両当事者が婚姻後一度も居住したことのない原告の本国の離婚判決は過剰管轄にもとづくものであって、管轄権に関する要件を具備していない。有責配偶者からの離婚請求が信義則に違反する場合には、外国離婚判決の内容はわが国の公序良俗に反するとした。

第七章　民事裁判権の免除

一　概説

一　民事裁判権の免除の意義

国家の裁判権は原則としてその領域にあるすべての人に及ぶ。自然人であると法人であるとを問わず、その国の国籍を有すると否とを問わない。しかし、多くの国では、様々な理由から、例外として、一定の者については一定の又は全ての事項について、その国の裁判権に服さないこと[1]を認めている。このうち一定の者に対する民事事件について、その国の裁判権の行使が制約される場合を民事裁判権の免除という[2]。民事裁判権の免除には二つのことがある。一は民事訴訟その他一切の民事裁判手続に服さないことであり、他は国家権力による執行をうけないことである。これらのなかには、当事者として裁判手続における書類の送達、裁判機関からの呼出をうけ或は出頭を強制されないこと、裁判上の当事者として、または、当事者以外の第三者（証人、鑑定人等）としても裁判手続又は執行手続において何らの義務を負わず、また、これらの手続において不利益を課せらないことなども含まれる。このようなことは一定の者について国家の裁判権の行使が制約されることであるから、民事裁判権の対人的制約とされている。

これに対して、ある国が一定の事件について裁判権を行使しうるかという問題がある。その一つは事件の性質、内容によって、裁判権の行使が限定される場合である。これが対物的管轄権である。他は、事件を構成する事実と具体的な場所との関係からみて、一定の国又は地域の裁判権の行使が限定される場合があり、国際裁判管轄権というときはこれを指すことが多い。この管轄権は対人的及び対物的管轄権のあることを前提とする。

二　民事裁判権の免除の根拠

(一)民事裁判権の対人的制約には二つの問題がある。一つは一国の国内裁判所にその国の政府その国の公的機関、その国の元首その他の一定の者に対して裁判を申し立てることができるか、これらの者に裁判手続において義務や不利益を課すことができるか、また、これらの者に対して公権力にもとづいて執行することができるかという問題であり、他は外国政府その他の公的機関、外国の元首、外交使節・領事、国際機関とその職員などに対して裁判を申し立てることができるか、これらの者に裁判手続における義務を課し、またこれらの者に対して公務にもとづく執行等をなしうるかどうかという問題[3]である。前者は、各国の国内問題であるから、各国の国内法で定めることができるし、またそれで足りる。

後者についても、各国の国内法で定めることができるが、国際的な取極(条約等)及び慣習国際法によることもある。しかし、条約できめていない事項もあるし、条約の締約国でない国もあるので、そのような場合には、慣習国際法による。慣習国際法は必ずしも明確とはいい難いこともあり、また、慣習国際法が十分に形成されていないこともある。とくに、外国国家がいかなる場合に国内の民事裁判権に服するかという問題については、条約も慣習国際法も十分に形成されているとはいい難い[3]。そうするとこれは各国の国内裁判手続の問題であるから、国内の法令、国内における裁判上の慣行によらざるをえない。外国国家の裁判権免除は各国の国内裁判における国家免責の慣行が国際法上の原則として認められるに至ったものであると説明されているが、その内容は必ずしも明確であるとは言い難く、最近では外国国家に対する裁判権の免除に関し国内法を制定した国も二、三にとどまらない。これに対して、外交使節の特権、免除については、慣習国際法が相当程度に確立され、それにもとづいて条約が作成されている。このように民事裁判権の免除は国際法と国内法の双方に関係のある問題である[4]。

(二)民事裁判権の免除の内容、その理由ないし根拠は、外国国家、外交使節・領事、国際機関とその職員とで同じではない。最も古くから認められていたのは外交使節・領事に対する裁判権の免除(diptomatic priviteges, consular privileges)である。その大部分は近代西欧諸国間における慣行にもとづくものであった。一九二八年ハバナで採択された国際私法に関する条約[ブスタマンテ法典]では国家、国家元首、外交官及び領事官の民事裁判権の免除を認めている[5]。ところが、第二次世界大戦後、国際連合が国際法委員会による国際法の法典化をすすめ、一九六一年に外交関係に関するウィーン条約(Vienna Convention on Diplomatic Relations, Convention de Vienna sur les Relations Diplomatiques)、一九六三年に領事関係に関するウィーン条約(Vienna Convention on Consular Relations, Convention de Vienna sur les Relations Consulaires)、一九六九年に特別使節団に関する条約(Convention on Special Missions)、一九七五年に普遍的性格の国際機関との関係における国家代表に関するウィーン条約(Vienna Convention on the Representation of States in their Relations with International Organizations of a Universal Character)の四条約が採択された。前の二条約はすでに発効し、わが国も批准している。後の二条約は未だ発効していない(補足−特別使節に関する条約は一九八五年に発効。国際機関への代表者に関する条約は二〇一一年四月末日現在未発効、日本は締約国ではない)。また、発効している条約についても全ての国が締約国となっているわけではない。したがって現在でも慣習国際法によるところは少なくないが、これらが条約という形で法典化されたことの意味は大きい。

外国国家の裁判権免除(sovereign immunity, state immunity)は、近世西欧各国の国内裁判で形成されてきた慣行(国王の無答責)が一般化し、それが国家主権の独立、平等の観念と結びついて一九世紀に国際法上の原則として認められるようになったといわれている。しかし、国家の活動が多方面にわたり、私人の利害と深くかかわりあうようになった二〇世紀後半には、各国で外国国家の裁判権免除を制限する裁判例があらわれ、またこれを制限する立法がされるようになった。一九七二年に欧州評議会(Council of Europe)で国家免除に関するヨーロッパ条約(European Convention on State Immunity)が採択され、この条約は一九七六年六月に効力を生じた。国際連合国際法委員会では一九八〇年からは具体的な条文試案の審議をはじめたが、未だ成案を得るには至っていない(補足−二〇〇五年に条約となる。本書第二章参照)[6]。他方、国際法協会(International Law Association)では、一九八二年の第六〇会期に、国家免除に関する条約草案(Draft Articles for a Convention on State Immunity)を作成し、これを国際連合事務総長に提出し、国際法委員会及び全ての国際連合加盟国の参考に供することを決議した[7]。現在、外国国家の裁判権免除については国際的に統一された慣習や条約があるわけではないから[8]、結局各国の国内法及び裁判例によることが多いであろう。しかし、いくつかの国の間では必要に応じて取極をしていること[9]もある。

国際機関とその職員の裁判権免除については、条約、協定等によって明文で規定されていることが多い。それは国際機関が国家間の合意にもとづいて、一定の目的のために設立された機関であること、それらが二〇世紀になってから発達したことのためであろう。

これらのなかで現在最も重要な問題は外国国家の裁判権免除である。多くの国家は二〇世紀半ばから商業活動、経済政策にもとづく活動を積極的に行うようになり、私人、私企業との間に通常の私法上の権利を有し義務を負うにとどまらず、それを越えて、政治的・経済的利害関係をともなうような法律関係(例えば、大規模工業施設の建設契約、コンセッション契約の締結等)の当事者となることも少なくない。また、公権力的な行為によって私人の財産、権利関係に重要な影響を及ぼすこと(例えば、私人の財産の収用、企業の国有化等)も珍しいことではなくなった。このように、国家の活動が私人、私企業の経済的利害と大きくかかわるようになったことによって、私人と国家間の法律上の紛争をどのような方法、手続で解決するかは重要な問題となっている10。

本章ではわが国における民事裁判権の免除について述べる。したがって内外の学説を紹介し、これらについて論評することはあえて行わない。しかし、この分野では一九六〇年代から国際的法典化の作業が行われ、とくに主権免除についてはこの十年来国内的にも国際的にもいくつかの立法がなされたので、これらについてはできるだけ紹介することとした。

1　注

裁判権の免除とは、原則として、国家によるすべての裁判、執行その他の強制的方法から免れることを意味する。これは、例えば外交使節の特権(privileges)にみられるように、民事裁判のみならず、刑事裁判にも存在する。しかし、民事裁判権の免除と刑事裁判権の免除には基本的に共通な面(例えば外交使節の活動の自由)もあるものの、刑事裁判は国家による個人の自由、財産の剥奪、処罰を目的とするが、民事裁判は原則として私人間の法律関係における公平を目的とする。とくに、外国国家と私人との法律関係が多くなると、その相手方となる私人の裁判を受ける権利の保障という問題が生ずる。民事裁判権免除に関する大きな問題は、いかなることについて、どの程度までこれを制限するかということにある。

2　民事裁判権の免除に関しては、国際法の概説書や論文では、国家、外交使節・領事、国際機関について、それぞれの項で個別に説明されているのが普通である。いずれについても内外ともに文献はすこぶる多い。近時のわが国の文献のうちで、これらの全てにわたるものとしては、太寿堂鼎「民事裁判権の免除」新・実務民事訴訟講座(7)四五頁以下(日本評論社、一九八二年)が詳しい。

3　この部分は一九八五年までの情況をもとにした記述を若干わかりやすくしたものである。その後の国際的展開をふまえて記述は本書第二章「外国等に対する民事裁判権の免除」参照。また、これ以後の本文及び注の記述も発表当時のままとし、ほとんど加筆はしていない。

4　わが国では、従来、民事裁判権の免除の問題はもっぱら国際法上の問題として説かれてきたという特色がある。これは興味ある現象であり、それについてはいくつかの説明が考えられる。例えば、わが国はもっぱら近代国際法を受容することに努力したこと、裁判上問題となる事件が非常に少なかったこと、わが国でも私人との間の紛争について国又は行政庁が当事者となり又は責任を負うという考え方が一般的ではなかったことなどによるのであろう。現在でもわが国の裁判所や外交当局は、いわゆる絶対免除主義に従っているようである。しかし、民事裁判権免除をもっぱら国際法上の問題とみることは、本文でも述べたように、適当ではない。また、その内容についても、外交使節の裁判権免除のように慣習国際法が条約化されたものもあれば、外国国家の裁判権免除のように国内裁判所の裁判例によって発展してきたものもある。国際条約や慣習国際法があればそれが大きな意味をもつであろうが、それがない場合は各国の国内法、裁判例によるほかない。以下に述べるように、わが国は、外交関係及び領事関係並びにいくつかの国際機関との関係については条約を批准したが、外国国家に関する国内法、裁判慣行の形成は十分とはいえない。

5　一九二八年二月二〇日第六回汎米会議において採択された国際私法に関する条約(ブスタマンテ法典)の第四編では、裁判管轄権の例外として、国家、国家元首、外交官及び領事官の民事裁判権からの免除を定めている(三三三〜三三八条)。これはラテン・アメリカ諸国のおける慣行を成文化したものである。

6　国際法委員会では、国家及びその財産についての裁判権免除を一九四九年から題目にかかげていたが、ようやく一九七八年に作業グループを設け、報告者としてタイのスチャリトクル(S. Sucharitkul)を指名した。一九七九年から報告書、条文試案(draft articles)が提出され、各国政府からの意見をも参考にしながら、毎年少しずつ審議されているが、簡単には成案をえられそうもないらしい。一九七八年(第三〇会期)以降の国際法委員会報告書(Report on the International Law Commission)参照。なお、国際法委員会の最近の審議の経過については芹田健太郎・国際法外交雑誌七九巻一号九九号(一九八〇年)、筒井若水他・同八〇巻二号六四頁(一九八一年)、中村道・同八一巻二号五二頁(一九八二年)、横川新・同八二巻三号七八頁(一九八三年)、川島慶雄・同八三巻二号四四頁(一九八四年)、小寺彰・同八四巻一号八四頁(一九八五年)にも報告されている。

7　The International Law Association, Report of the Sixtieth Conferences 5-10 (1982).

8　外国国家の裁判権免除一般に関する条約ではないが、国有船舶について制限免除主義をとった条約がある。一九二六年にブリュッセルの海事法外交会議で採択された「国有船舶の免責に関するある規則の統一に関する条約」(Convention international pour l' unification de certaines régles concermant les immunités des navires d'État)は、商業活動に従事する国有船舶又は国家の運航する船舶に関する契約及び不法上による責任及び義務については、私有船舶における場合と同じく、各国の裁判権に服することとした(二条、三条)。この条約は一四カ国(主として西欧、北欧)が批准しているが、必ずしも多くの国の支持はえていないので一般的に大きな意味を有するとまではいえない。わが国はこの条約を批准していない。一九五八年の領海及び接続水域に関する条約(The Convention on the Territorial Seas and the Contiguous Zone)及び公海に関する条約(The Convention on the High Seas)も商業用とそうでない国有船舶と区別し、とくに後者は商業目的に用いられていない国有船舶及び国家の運航する船舶についてのみ免除を認めている(領海条約二一条及び二二条、公海条約九条)。これらの考え方は一九八二年一二月に採択された国際連合海洋法条約にも採用されている(同条約三二条、九六条、二七九条)。

9　わが国についていえば、例えば、日米友好通商条約一八条2、日ソ通商条約付属議定書四条。

10　国家と私人の間の紛争をいかなる機関で、どのような手続で解決することが適当かはかなりむずかしい問題である。国内裁判所以外の機関が適当であるとしても、いかなる機関とすべきか、私人は当事者となりうるか、国内裁判所の管轄権との関係をどのように考えるかというような問題がある。ともかく、このような機関がない現状では、国内裁判所によるほかはない。紛争を国内裁判所における手続で解決しようとする場合には、場所的管轄権(どこの国の裁判所に訴を提起すべきか)、国家の裁判権免除の有無(被告はその国の裁判権に服するか)、規準とすべき法原則(いかなる法律、規則によって判断するか)をどのようにきめるかの問題もある。これらがきまったとしても、国内裁判所の裁判によることがその種の紛争の解決には適当でないこともある。そのような場合のための試みとして、国家と他国民との間の投資紛争の解決に関する条約(昭和四二年条約第一〇号)がある。これは国際復興開発銀行(いわゆる世銀)に付置された投資紛争解決機関において調停又は仲裁を行うというものである。しかし、これは強制仲裁ではない(同条約第二五条(1))。さらにすすんで、一九八二年の海洋法条約では海底鉱物資源の探査、開発に関して生じた紛争について、一定の範囲で私人も国家や(海底)管理機構を相手方として海洋法裁判所等に紛争解決の中立をすることが認められている。しかし、このことから直ちに国際法上一般的に、国家を相手方として訴を提起しうるようになったということはできない。また、今のところ、一般的に私人と外国国家の間の紛争を解決すべき国際機関又は国際的裁判所は設立される見込みもないから、依然として、従来のように各国の国内裁判所における手続によるほかはないであろう。

二　外国国家

一　絶対免除主義と制限免除主義

（一）外国国家に対する民事裁判権の免除を主権免除（sovereign immunity）又は国家免除（state immunity）という1。主権（国家）免除を最も広く解する考え方によれば、主権（国家）免除とは、外国国家が民事訴訟その他の裁判手続において被告または相手方とされないこと、裁判手続上の義務、不利益（例えば送達をうけること、文書の提出、証言等を強制されること等）を負わないこと、その有する財産に対して強制執行をされないことなど、国内裁判所の一切の手続から免れることを意味する。この原則は外国政府だけではなく、外国の元首、外国の軍隊にも及ぼされ、対人訴訟だけでなく、外国国家の有する財産（例えば国有船舶）に対する対物訴訟にも適用される。ただし、若干の例外が認められている。すなわち、外国国家など、裁判権の免除をうける者がこれを放棄した場合、例えば外国政府が原告として訴を提起するとか、被告として応訴した場合には、国内裁判所の裁判権に服する。また、不動産を直接の目的とする権利関係に関する争訟については不動産の所在地の属する国の裁判権に服するとされ、財産の相続に関する手続についてもその財産の所在地の属する国の裁判権に服する。このような考え方は一九世紀から二〇世紀前半にかけて多くの国でとられていた考え方であり、これを絶対免除主義（absolute principle of immunity）という。

（二）一九世紀に絶対免除主義が支配的となった理由は、国家の独立、平等という観念が強かっただけでなく、国家の機能が警察、外交、軍事等に限られており、国家が私人の経済的活動にかかわることが少なかったためであろう。二〇世紀になると国家や公企業が貿易等の商業活動や企業活動を行うようになり、国家と私人とのかかわりあいは多くなった。このような情況のもとで絶対免除主義をとると、私人と外国国家の法律関係については、裁判による解決すなわち紛争の法律による解決の可能性がないことになり、私人にとってははなはだ不利である。他方、多くの国では、その国の政府に対して国内裁判所に訴訟を提起することが認められるようになったこともあって、外国国家に対する裁判権免除についても、これを制限しようとする考え方が主張されるに至った。このような考え方にもさまざまなものがあって、具体的な制限の規準、程度はかなり異なるのではあるが、これらをまとめて制限免除主義(restrictive principle of immunity)と呼んでいる[2]。制限免除主義の考え方は一九世紀末にイタリアであらわれたといわれているが、西欧では二〇世紀前半から強く主張されるようになり、第二次大戦後は、いくつかの有力な国でこの考え方を採用し[3]、そのなかには国内法を制定した国もあらわれた[4]。

(三)制限免除主義は、一定の規準を設けて外国国家も国内裁判所の裁判権に服せしめるという立場である[5]。そこで、いかなる事項について裁判手続からの免除を認めるか、外国国家のほかに、どの範囲の者について裁判手続からの免除を認めるか、また強制執行をどの程度で認めるかなどが問題となる。

いかなる事項について裁判権の免除を認めるかをめぐって、いくつかの説がある。そのなかでも基本的に国家の行為を権力行為又は公法的行為(acta jure imperii)と私法的行為(acta jure gestionis)とに分け、国家の権力行為・公法的行為についてのみ裁判権の免除を認める考え方が有力である。しかし、この両者をどのような基準で区別するかについて、また見解が分れている。従来の裁判権の免除に関する議論は主としてこの点に関するものであった[6]。すなわち、行為の主体が国家の権力作用を担う機構の一部であるかそれとは別の組織であるかによるとする説(機関性質基準説)、行為の目的が国家目的と直接関連しているかどうかで区別する説(行為目的基準説)、行為の性質が国家しかなしえない性質のものか私人が行いうる性質のものかで区別する説(行為性質基準説)、国家の通商活動、企業活動には免除を認めないとする説（通商活動基準説）などである。このうち比較的多くの支持を得ているのは行為性質基準説である。しかし、行為の性質というだけでは何が国家のみがしうる行為であるか十分に明らかであるとはいえない[7]。また、行為の性質によって区別するとしても、いかなる基準によって区別すべきかについては依然として論者ごとに少しずつ異なり、未だに一致をみるには至っていない。この点についていかに「理論的」考察を重ねてみても恐らく容易にまとまらないであろうし、それだけでは具体的な問題の解決にはあまり役立たないであろう。その理由として、問題は外国国家のいかなる行為又はいかなる事柄についての裁判権の免除を認めることが適当かという立法政策上の問題であって、一定の抽象的な基準から論理必然的にこれを導き出しうるものではないことが挙げられる。したがって、実際に存在する問題を解決するためには、もはや抽象的、一般的に論ずるよりも、個々の行為類型ごとに、外国国家の裁判権の免除を必要とする理由、その程度及びそれによってそこなわれる私人の権利、利益とを比較しつつ具体的に検討していくべき時期に来ているというべきではなかろうか[8]。

裁判権の免除を享受する者の範囲についても見解は分かれている。外国政府がこれに該当することには異論はないが、外国政府といっても、その外部機関、自治権を有する州、国の行政区画、地方自治体などもこれに含まれるか、外国の公社、公団その他の公共企業体、公法人、特殊法人、中央銀行なども含まれるかという問題がある。この問題は、これらの機関、団体等の性質、それらの行った行為の性質、目的に関する問題でもある。

民事裁判権の免除には、裁判手続からの免除と並んで強制執行からの免除がある[9]。裁判手続に服したときは当然に強制執行をなしうるとする考え方もないではない。しかし、強制執行をすることは外国国家の財産に直接影響が及び、それは外国国家の主権的活動を阻害するおそれが多い。また、それによってその外国との関係をそこなうおそれもあり、外国にある自国の財産に対する影響も考えられる。したがって、裁判権免除においても裁判手続からの免除と強制執行からの免除とを区別するのが普通の考え方である。

これらの点について各国がどのような態度をとっているかは、それぞれの国での立法または裁判例をみるか、それが明らかでなければ、実例から推しはかるほかはない[10]。現在、多く国では制限免除主義に移りつつあるといわれているけれども、各国の考え方は必ずしも同じではないようである[11]。最近、永い間絶対免除主義をとっていた英国が制限免除主義に転じたので、絶対免除主義に固執している国はわが国及びソ連をはじめとする社会主義国であるといわれている[12]。

二　制限免除主義の立法

主権免除(国家免除)に関する一般的条約は未だ存在せず、国内法における立法例も多いとはいえない。したがって、各国の態度、あるいは具体的な基準等については、それぞれの国内での立法、裁判例、実例等によって知るほかはない。いくつかの文献には各国の裁判例の紹介がなされているが、裁判例は具体的事案に関してなされるのであるから、偶然的な要素もあるのみならず、問題の全体にわたっての考え方が示されるとはかぎらず、いわば断片的であって、若干の裁判例から直ちにその国の態度や見解を判断できないこともある。また、わが国では直接に外国の判例集に当ってそれらを確かめることも困難であるうえ、裁判例をみるにしても、その国における全体の流れのなかで把握する必要がある。このような理由で、本稿では各国の裁判例の紹介は省略し、それらについては本節の注に掲げる文献に譲る[13]。

主権免除に関する立法としては、一九七六年の米国の外国主権免除法[14]、一九七八年の英国の国家免除法[15]、一九七九年のシンガポールの国家免除法[16]、一九八一年の南アフリカ連邦の外国国家免除法[17]及びパキスタンの国家免除法[18]、一九八二年のカナダの国家免除法[19]がある。また一九八五年にオーストラリアが詳細な外国国家免除法[20]を作成した。シンガポール、南アフリカ連邦及びパキスタンの国内法は、いずれも英国の一九七八年法に類似している。カナダの国内法は米国の立法と英国の立法とを参酌しているように思われるが、米国法に近い。オーストラリアの立法は基本的には英国法に近いが、これらのなかで最も詳細である。

このように、各国で立法がなされ、いずれも制限免除主義をとっているといっても、その内容は必ずしも同じではない。そこで、外国国家の主権免除についても条約によって定めておくことが望ましい。外国国家の主権免除に関する条約及び条約案としては、一九七二年に欧州評議会で作成された国家免除に関する条約[21]、一九八二年の国際法協会の国家免除に関する条約草案[22]、一九八三年の米州機構による国家の裁判権免除に関する条約案[23]がある。

国際法協会の国家免除に関する条約草案は英米法的色彩が強く、両者を折衷したごとき内容[24]である。国際連合国際法委員会では、早くからこの問題を議題の一つにあげていたのであるが、なかなか着手するに至らなかった。ようやく特別報告者(S・スチャリトクル)を指名して、一九七八年から国家免除に関する法典化の作業に着手し、一九八三年までに五つの報告書が提出されたが、あまり進捗していないようである[25]。とくに執行(execution, enforcement)の免除の部分は後まわしとなっている。このような国内法及び条約を比較検討して、どのような問題が解決され、どのような問題が残されるか、その解決としてどのような考え方が望ましいかは、今後の課題である。

ここでは、その重要度を考慮し、欧州条約、米国法及び英国法について簡単に説明することとしたい。

(一)国家免除に関するヨーロッパ条約　国家免除に関するヨーロッパ条約及びその追加議定書は一九七二年五月に欧州理事会で作成され、一九七六年六月一一日に効力を生じた。この条約は、制限免除主義を採用した最初の立法、しかも国際的立法である。この条約では裁判手続からの免除については一定の範囲で免除を認めないことにしたが、強制執行については原則として免除を認めている。

この条約で裁判権の免除が認められない訴訟はその一条から一二条まで列挙されている。すなわち、①外国国家が自ら訴を提起し、または訴訟に参加した場合及びこれらの訴訟に対する反訴、②外国国家が裁判権に服することに同意した訴訟、③外国国家が本案に関する手続を行った訴訟（裁判権の免除を主張した場合を除く）、④契約上の義務履行地が法廷地国である訴訟、⑤労務の供給地が法廷地である訴訟、⑥外国国家が法廷地国にその本拠を有する会社その他の団体に参加している場合における、その会社、その他の団体と外国国家の間の訴訟、⑦法廷地国において営業所等によって行う工業、商業または金融業の活動に関する訴訟、⑧法廷地国で保護される無体財産権に関する訴訟、⑨法廷地国に存在する不動産に関する訴訟、⑩相続、贈与、相続人曠欲にもとづく動産、不動産の権利関係に関する訴訟、⑪法廷地国で生じた不法行為に関する訴訟、⑫法廷地を仲裁地又は準拠法国とする仲裁に関する訴訟については、外国国家は裁判権の免除を主張できない。ただし、裁判権の免除を裁判手続で主張することは裁判権に服したことにはならない（三条）。また、破産手続等で一定の財産に外国国家の権利、利益が存するとしても、そのことによってこれらの手続が妨げられるものではない（一四条）。これらのうち①から③までは裁判権の免除を放棄している場合であり（②については、明示されていれば、裁判所の面前であることを要しない）、⑨と⑩は絶対免除主義でも認められている性質のものでもある。したがって、この条件の特色は④から⑧までと⑪及び⑫にある。裁判権の免除を制限する理由は必ずしも明確とはいえないが、④から⑧までは私人と同様の経済的活動から生ずる権利、義務に関する訴訟であるから、行為性質基準説によるように思われる。⑪は行為の性質、行為の目的等からみて裁判権免除を認めないことが適当であり、⑫は仲裁手続等に対する司法裁判所の補助が必要であるとの理由によるものと思われる。しかし、これらの訴訟以外の訴訟では外国国家は裁判手続からの免除を主張できることになる。もっとも、外国国家の裁判権の免除をこの条約の規定よりも制限している国では、ここに列挙された訴訟以外についても外国国家に対して裁判権を行使することを宣言することができるので(二四条)、法廷地がこの条約の締約国であっても、この条約よりも広い範囲で裁判手続からの免除の制限が認められることもありうる。なお、外交関係及び領事関係、軍隊、締約国の所有し又は運用する船舶の運航並びに貨物又は旅客の輸送については、この条約は適用されない(三〇条)。また、他に特段の条約があれば、それがこの条約に優先する(三三条)。

この条約では、締約国の領域内にある他の締約国の財産については、その国の明示の同意がないかぎり、強制執行または保全措置を認めていない。すなわち、執行については制限免除主義を採用していない。その代わりに、この条約の規定によって裁判手続からの免除が認められない訴訟事件の判決によって義務を負うとされた締約国は、その判決を自国において承認し、執行しなければならないとされている。もっとも、その判決が自国の公の秩序に反する場合及び二重訴訟となる一定の場合には、その承認を拒むことができる(二〇条)。しかし、当事者である当該国家が正当な理由もなく外国判決の承認を拒むこともありうるので、私人はその国の裁判所に外国判決の執行を求める訴を提起することができるのが通常である。これに対して当該国家も外国判決を執行する義務のないことを確認する訴を自国の裁判所に提起することができる(二一条)。この条約の追加議定書はこのような手続が存在しない場合又は行われない場合のための規定である。

この条約で裁判権免除を認められているのは外国国家である。公共企業体、公法人などのごとく、国家とは独立の法人格を有し、自己の名で訴え又は訴えられる能力のある者は、その任務が公的なものであっても、国家には該当しない。もっとも、主権的な権力の行使に際して実行した行為については免除されることとされている。連邦国家の支分国(構成国)及び地方公共団体は免除を享有しない(二七条・二八条)。

訴状等の送達は、外交上の経路によって当該外国の外務省に送付する方法で行う。

(二)アメリカ合衆国の外国主権免除法　アメリカ合衆国では一九七六年に外国主権免除法を制定し、この法律は一九七七年一月一九日から施行された。アメリカ合衆国では一九五二年に国務省から司法省に宛てた文書いわゆるテイト・レター（Tate Letter 26）のなかで、裁判権の免除について絶対免除主義から制限免除主義に転換する意思を示した。しかし、実際の裁判では、それ以後も個々の事案ごとに国務省の意見を参考にしながら裁判所が個別に判断することには変わりはなかった。このような方法をとっていては、制限免除主義をとるといっても裁判権の免除の基準が客観的に明確であるとはいえないし、また、その基準を具体的事件に適用するに当って、種々の事情の影響を受けることもあるので、その目的を達するためには法律をもって明確にすべきであるとの動きが起り、一九七六年に外国主権免除法が制定された。

この法律では、裁判権免除は外国国家だけでなく、その政治的下部機構及び外部機関にも認められる(一六〇三条)。政治的下部機構とは州や地方公共団体などをいい、外部機関には、外国国家又はその政治的下部機構が株式又は持分の過半数を有する法人も含まれる。その範囲は相当に広く、公法人、公企業、中央銀行などもこれに含まれることになる。このように広い範囲にわたる者に対して裁判権の免除を認めたのは、連邦政府のみならず、連邦国家を構成する各州、種々の公的機関、公的団体等が他国でも国家と同様の扱いを受け、あるいはそのことを主張しうるようにするためであろう。

裁判手続からの免除の対象外とされる場合は、外国国家等が免除を放棄した場合、それらの行った商業活動(commercial activities)に関する訴訟の場合、それらが国際法違反によって財産を取得した場合、相続、贈与財産及び不動産に関する場合、不法行為及び海事である(一六〇五条)。免除の放棄は黙示的になされた場合でもよい。これらのうちで実際上最も重要なのは「商業活動」に関する場合であるが、商業活動とは、その目的によるのではなく、その性質によるのであって、私人が通常行っている経済活動はその性質を備えているものをいうと解されている。「商業活動」は継続して行われる取引だけでなく、一回限りの取引でもよく、その行為の性質によって判断する。そして、外国国家等が米国内でした「商業活動」、米国外での「商業活動」に関連して米国内で行われた行為及び米国外での「商業活動」に関連して米国外で行われた行為であって米国内で直接の効果の生ずるものについては、裁判手続からの免除を主張しえないとされている。外国国家等が米国内で行った「商業活動」だけであれば、それらが裁判権の免除を主張できない場合は必ずしも広いとはいえないかもしれないが、米国内での「商業活動」に関連して行われた行為についても裁判権を行使しうるとしたことによって裁判権免除を主張しえない場合を著しく拡大したことになる。しかも、米国内での行為との関連性の有無、米国内での直接の効果の有無などの概念は抽象的であって、具体的な判断を裁判所に委ねているが、どのような基準が用いられるかは明確とはいえない。これらの点は今後の裁判例にまつほかはない[27]。なお、外国国家等が国際法に違反して財産を取得した場合に米国での裁判権免除を主張できないとしているのは、その国で米国国民の財産が没収されたり、国有化された場合を考慮し、米国においてこれらの外国国家等に対して原状回復、損害賠償等の訴訟を提起した場合に、外国国家等による裁判権免除の主張を封ずるための規定であろう。

外国国家に対する強制執行は原則として認められない（一六〇九条）。例外として、外国国家及びその政治的下部機構の財産は、それが米国内で「商業活動」に使用されているものであって、自ら強制執行の免除を放棄した場合、その財産が請求の基礎となっている「商業活動」に使用されている場合、違法な財産取得に対する損害賠償請求権を実現する場合、その財産が相続・贈与により取得された場合又は外交官、領事官の用に供されていない不動産の場合、その財産が損害保険金から生じた場合であれば、強制執行の対象とされる。外国国家の外部的機構の財産については、強制執行の免除を放棄した場合、裁判権の免除を主張できない訴訟の判決にもとづく場合には、請求の基礎となっている「商業活動」に使用されていたか否かをとわず、強制執行の免除を主張しえない（一六一一条）。なお、中央銀行、軍隊の財産については一定の範囲で強制執行の免除が認められている（同条）。

送達方法としては、外国国家及びその政治的下部機構に対しては、まず、原告との間で別段の定めをしているときはそれにより、米国とその国との間で条約等によって特定の方法をきめているときにはそれによる。これらがないときは、裁判所の書記がその国の外務省の長官にあてて郵送の方法により、又は外交経路を通じて、送達する。外国国家及びその政治的下部機構以外の機関に対しては、原告との間で特段の定めがあればそれにより、それがなければ米国内におけるその機関の権限ある職員又は代理人に送達する（一六〇八条）。

(三)連合王国の国家免除法　連合王国（英国）は永く絶対免除主義をとっていたが28、一九七六年のフィリピン・アドミラル事件の判決及び一九七七年のナイジェリア中央銀行事件の判決によって制限免除主義をとることを明らかにした29。そして国家免除に関する欧州条約及び一九二六年の国有船舶の免除に関するブリュッセル条約を批准し、これにともなって一九七八年に国家免除法を制定した30。

英国において裁判権の免除を主張しえない場合は、①免除を放棄した場合（明示の放棄に限る。予めの放棄は書面でしなければならない。訴の提起又は応訴でもよい。）（二条）、②商取引及び英国内で履行さるべき契約に関する場合（三条）、③英国で締結され、または英国で労務を供給すべき雇傭契約に関する場合（四条）、④英国内における身体、財産への加害行為に関する場合（五条）、⑤英国内にある不動産の所有、占有、使用に関する場合（六条）、⑥英国内にある外国国家の工業所有権に関する場合（七条）、⑦英国内によって設立され又は英国に主たる営業所を有する法人その他の団体の組織及び運営に関する場合（八条）、⑧仲裁に関する場合（九条）、⑨商業的目的に使用される船舶についての海事手続の場合（対物訴訟も含まれる。一〇条）、⑩付加価値税、関税等に関する場合（一一条）とされている。これらは一九七二年のヨーロッパ条約の規定をうけつぐとともに、さらにその範囲を広げている。最も問題となるのは「商取引」（commercial transaction）の概念である。第三条（3）によれば、それは（a）物又は役務の供給に関する契約、（b）融資又はその他の資金供給、これらの取引又は借入債務の保証又は賠償、（c）国家が主権の行使としてではなく従事する取引又は活動（商業、工業、金融等）をいうとされる。これらをみると、通常の私的な経済活動の性質を有する行為に関する訴訟について裁判手続からの免除を主張することは相当に困難なことといってよいであろう。

裁判手続からの免除を主張しうる者は、外国の元首、政府及びその部局である。しかし、外国政府からは独立した組織（separate entities）であって、独立して訴え又は訴えられることのできる者は、それが主権（sovereign authority）にもとづいてなされた場合、又は国家が行ったならば免除される場合を除いて、主権免除を主張することはできない（一四条）。したがって、通常の場合は、地方公共団体、公法人、公共企業体、中央銀行、貿易公団のごときは裁判手続からの免除を主張することができない。

外国国家からの財産については、原則として強制執行から免除されるが（一三条（2）（b））、その免除を主張しえないのは、執行について書面による同意のある場合（同条（3））、商業的目的に使用され又は使用することが意図されている財産に関する執行の場合（同条（4））である。このような目的に使用されているかどうかは外国国家の代表者（例えば英国に駐在する大使）の証明が重要な役割を有するとされている（同条（5））。中央銀行その他通貨当局の財産は政府の財産とみなされ、書面による同意がなければ執行することはできない（一四条（4））。

訴状等の送達は英国外務省から相手国の外務省へ送付する方法による。

三　わが国における外国国家の裁判権免除

わが国において、外国国家の裁判権の免除についていかなる法規範が存在するかは必ずしも明らかではない。もちろん、外国国家が原告としてわが国で訴を提起することには問題[31]はない。問題となるのは、外国国家が被告として訴訟その他裁判上の手続の当事者となった場合である。一般的に確立した国際法があるわけではなく、またわが国に成文の規定もないからである。したがって、裁判例、政府の見解等によってどのようになっているかを判断しなければならない。

（一）　外国国家の裁判権の免除に関し、現在まで判例とされているのは、昭和三年一二月二八日の大審院決定[32]である。事案は、原告ら（日本人）は中華民国代理公使の振出した約束手形の所持人であり、その手形の支払期日に支払場所（横浜正金銀行東京支店）で手形を呈示したが支払を拒絶されたので、中華民国を被告として手形金の支払を求める訴を提起した件である。第一審では、職権調査のうえ、中華民国に応訴の意思なく、裁判権の免除を放棄する意思がないと認めて、訴状を被告に送達する方法がないとの理由により、訴状を却下した。原告らの訴状却下命令に対する不服は控訴審において却下された。大審院は外国国家に対する裁判権について「凡ソ国家ハ其ノ自制ニ依ルノ外他国ノ権力作用ニ服スルモノニ非サルカ故ニ不動産ニ関スル訴訟等特別理由ノ存スルモノヲ除キ民事訴訟ニ関シテハ外国ハ我国ノ裁判権ニ服セサルヲ原則トシ只外国カ自ラ進テ我国ノ裁判権ニ服スル場合ニ限リ例外ヲ見ルヘキコトハ国際法上疑ヲ存セサル所ニシテ此ノ如キ例外ハ条約ヲ以テ之カ定ヲ為スカ又ハ当該訴訟ニ付若ハ予メ将来ニ於ケル特定ノ訴訟事件ニ付外国カ我国ノ裁判権ニ服スヘキ旨ヲ表示シタルカ如キ場合ニ於テ之ヲ見ルモノトス然レトモ此ノ如キ旨ノ表示ハ常ニ国家ヨリ国家ニ対シテ之ヲ為スコトヲ要スルハ勿論ニシテ仮ニ外国ト我国臣民ト之間ニ民事訴訟ニ関シテ外国カ我国ノ裁判権ニ服スヘキ旨ノ協定ヲ為スモ其ノ協定自体ヨリ直ニ外国ヲシテ我国ノ裁判権ニ服セシムルノ効果ヲ生スルコトナキモノト謂ハサルヘカラス」と判旨し、次いで訴状の送達については、「而シテ我国ノ臣民ヨリ外国ニ対シテ民事訴訟ノ提起アリタルトキハ叙上特別ノ事情ノ存セサル場合ト雖ナホ一般ノ規定ニ基キ訴状ヲ相手方ニ送達シ期日ヲ定メテ当事者ヲ呼出シ以テ応訴ノ有無即本件ニ於テ中華民国カ我国ノ裁判権ニ服スル意思ノ有無ヲ検スヘキ機会ヲ与フヘシトノ所論ニ付テハ我民事訴訟ニ於ケル如ク同法第百九十三条第百六十一条ニ基キ職権ニ依リ為サルル送達及期日ノ呼出ハ即我国権ノ行使ニ外ナラサルカ故ニ我国権ニ服サセル外国ニ対シテ之ヲ強フヘキモノニ非サルハ言ウヲ俟タサル所ナルニ依リ叙上ノ特別事情ノ存セサル本件ニ於テハ此ノ如キ措置ヲ講スルノ余地ナキモノト謂ハサルヘカラス」と判示した。この判決は要するに、①外国国家は、不動産に関する訴訟など特別の理由のある場合を除いて、原則としてわが国の裁判権に服しないこと、②外国国家が裁判権の免除を放棄したときはわが国の裁判権に服するが、放棄の意思は常に国家より国家に対してすることを要するのであって、当事者間の予めの合意では十分ではないこと、③わが国の裁判権に服しない外国国家に対しては訴状の送達をする方法がないというのであって、古典的な絶対免除主義[33]であるといわれている。

その後これを変更する判例はなく、下級審の裁判例にもこの大審院決定に抵触するものはない。第二次大戦後の下級審裁判例は次のとおりである。東京地判昭和二九年六月九日下級民集五巻六号八三六頁は外国国家(ビルマ連邦共和国)がわが国にある不動産に関する仮処分事件の債務者とされた事案であって、外国国家に対するわが国の裁判権が認められた。外国国家に対する仮処分事件であっても、不動産を目的とする裁判手続であるから、絶対免除主義であるか制限免除主義であるかによって結論が異なるものではない。東京地判昭和三〇年一二月二三日下民集六巻一二号二六七九頁(控訴審は東京高判昭和三二年七月一四日下民集八巻七号一二八三頁)は外国国家(中華民国)が日本にある不動産の所有権移転登記を求めて訴を提起した事案であり、東京高判昭和五六年一二月一七日判時一〇三四号八八頁は外国国家(ビルマ連邦共和国)が日本にある不動産の引渡しを求めて提起した事案であって、いずれも外国国家が原告であるから、裁判権免除の問題はない。福岡高決昭和三一年三月一五日下民集七巻三号六二九頁は駐留米軍を相手方とする土地の現状変更禁止の仮処分命令申請事件について裁判権の免除を認めている。このような事案では、おそらく、いかなる制限免除主義をとったとしても同様の結果となるであろう。

注目されるのは、駐留米軍基地にある将校クラブ(基地内の食堂、娯楽施設)に雇われていた従業員(日本人)の解雇をめぐる事案について下級審で異なった判断がなされたことである。青森地判昭和三一年二月一四日労民集七巻一号一〇三頁及び東京地判昭和三二年三月一六日労民集八巻二号二四三頁は駐留米軍基地の将校クラブを米国法上の政府機関と認定したうえで、裁判権の免除を認めたが、福岡地判昭和三一年三月二三日労民集七巻二号三五頁は、これらの従業員の雇主は各米軍基地の労務連絡士官であると認定し、将校クラブの従業員の労務は軍隊とは関係のない私的な雇傭契約というべきであるとして、外国国家の裁判権の免除の場合に該当しないと判断した。しかし、この判決は米軍将校クラブを米国政府または米軍の機関と認めたものではないから、裁判権免除に関する制限免除主義を採用したものとはいい難い34。しかし、この一連の米軍将校クラブに関する事件は、わが国において国家機関の性質或は国家機関の行為に関する裁判権の免除の問題を見直す一つの機会となりえたのではなかったかと思われる。

訴状の送達に関する裁判例は大審院の決定以後あらわれていない35。

(二)このように、わが国の裁判例では、裁判権の免除に関して、いまだに絶対免除主義がとられているということになろう。しかし、わが国の締結している条約の内容、日本の政府代表の国際会議での発言などからみると、必ずしも絶対免除主義に固執しているようには思われない。例えば、一九五八年に採択された公海に関する条約九条では、「国が所有しまたは運航する船舶で政府の非商業的役務にのみ使用されるものは、公海において旗国以外のいずれの国の管轄からも完全に免除される」と規定している。この規定は、非商業的役務にのみ使用される船舶以外の船舶は、国が所有しまたは運航する場合であっても、旗国以外の国の管轄に服することのありうることを示している。この条約の規定は行為の性質を基準とする制限免除主義といえよう。わが国はこれを批准している（昭和四三年条約一〇号）。また、一九五三年の日米友好通商航海条約一八条2では、「いずれの一方の締約国の公の所有又は支配に属する企業（社団法人、団体及び政府機関を含む。）も、他方の締約国の領域内で商業、工業、海運業その他の事業活動を行う場合には、自己又は自己の財産のため、……訴えられ、又は裁判の執行を受けることその他当該領域内で負う義務を当該領域内で免除されることを請求し、又はその免除を享有しないものとする」と規定している。一九五八年の日ソ通商条約の付属書三条において、在日本国ソヴィエト社会主義連邦通商代表部の法的地位について、「通商代表部は、ソヴィエト社会主義共和国連邦政府の名において行動する」としながらも、その四条で、「日本国の領域において……通商代表部が締結し、又は保証した商事契約に関する紛争は、仲裁又は他の裁判管轄に関する留保がない限り、日本国の裁判所の管轄に属し、……訴訟に関して行われる裁判所の手続においては、ソヴィエト社会主義共和国連邦政府は……第二条に掲げる免除及び特権を援用しないものとし、……強制執行は、日本国におけるソヴィエト社会主義共和国連邦のすべての国有の財産、特に通商代表部によって、又はその保証のもとになされた取引から生ずる財産、権利及び利益に対して行うことができる。……外交的又は領事的事務を国際慣行に従って行うためにのみ充てられる財産及び土地建物並びに……動産は、いかなる強制執行の措置を受けないものとする。」としている。これらはいずれも条約の規定であるから、「此ノ如キ例外ハ条約ヲ以テ之カ定ヲ為ス」という前記大審院決定の判旨に形の上では抵触しないかもしれない。しかし、これらの条約の規定は国家の支配する企業の活動、商取引については裁判権の免除を認めないというものであって、実質的には行為性質基準説にもとづく制限免除主義といってよいであろう[36]。これらの条約の規定は絶対免除主義をとっているわが国の判例とは明らかに異なるといわれなければならない。これらのほかにもわが国が国際会議などにおいて制限免除主義に立つ考え方を支持していることも少なくないと思われるが、外国において日本政府が訴を提起された場合には、ほとんどの場合、裁判権の免除を主張しているようである。このように、外交当局の態度も対外的に一貫しているとはいい難い。また、具体的にいかなる場合にどのような基準によるかについては、差し当たり、これを推測するための資料は十分ではない。

(三)わが国の民事裁判では、裁判所はこのような問題について判断するに当って、米国における法廷助言者(amicus curiae)のような制度もないし、外交当局の見解を知るための手段もほとんどない。わずかに、鑑定という方法を用いて、国際法学者の意見をきくことができる程度である。そのようなことで足りるか、あるいはそのような方法によることが適当かどうかについては、なお検討する必要があろう。今後、外国の政府、政府機関、州、公企業などが国際的取引の主体となることが多くなり、これらとわが国の私企業、私人との間に商業活動、不動産、雇傭、不法行為等に関する紛争が増加することが予想される。外国国家等の裁判権の免除について、近い将来に条約が締結されて広く適用されるとか、慣習国際法が形成されるような情況にないとすれば、わが国においても、裁判例の集積に期待するというだけでは不十分であって、国内的に何らかの立法的措置を講じておくことが必要となってくるのではなかろうか[37]。

注

1 主権免除又は国家免除に関する文献ははなはだ多い。ここでは筆者の参照しえたもので、この問題の概略を述べたものを若干掲げるにとどめる。基本的なものとして、H.Lauterpacht, The Problem of Jurisdictional Immunities of Foreign States, British Yearbook of International Law., vol. 28, p.220 (1951); S. Sucharitkul, Immunities of Foreign States before National Authorities. Recueil des cours 1976-I, pp.87-215 (1977). 最近のものとして、I. Sinclair, The Law of Sovereign Immunity; Recent Developments, Recueil des Cours 1980-I, pp.113-284 (1981); J. Crawford, A Foreign State Immunities Act for Australia, Australian Yearbook of International Law, vol. 8; J. Crawford, International Law and Foreign Sovereigns: Distinguishing Immune Transactions, British Yearbook of International Law 1983, pp.75-118; Reports on Jurisdictional Immunities of States and their Property (1979-84) (UN DOC. A/CN. 4/323, 331, 340, 357, 363, 376); United Nations, Materials on Jurisdictional Immunities of States and their Property, 1982 などがある。なお、Netherlands Yearbook of International Law, vol, X (1979) は各国の法律、裁判例、その他の実務について特集している(二三三〜四四頁)。詳しくはこれらに掲げられている文献を参照されたい。わが国の文献としては太寿堂鼎「国際法における国家の裁判権免除」法学論叢六八巻五・六号一〇六頁(一九六一年)、同「主権免除をめぐる最近の動向」法学論叢九四巻五・六号五二頁(一九七四年)、広瀬善男「国際法上の国家の裁判権に関する研究」国際法外交雑誌六三巻三号二四頁(一九六四年)参照。

2 制限免除主義に関する文献も多い。主権免除に関する文献のほとんどは制限免除主義に関するものといってもよい。前出注1の文献を参照。

3 一九世紀末のイタリア、二〇世紀前半にベルギー、フランス、第二次世界大戦後に米国、オーストラリア、西ドイツ、英国で裁判例で制限免除主義をとったとされている。主権免除に関する論文の著書の多くは各国の裁判例を丹念に紹介している。前出注1の文献及びそこに引用されている文献を参照されたい。もっとも各国の判例の引用は著書によって若干異なるところもある。日本語文献ではゲオルグ・レス(栗田陸雄訳)「外国国家の免除特権に関する発展の傾向」法学研究五二巻八号(一九七九年)がある。なお、制限免除主義が受け容れられるようになったことについては、国際法学会、国際法協会等の国際的団体の活動を見逃すことができない。

4 国内法で制限免除主義にもとづく国内法を制定した国は米国(一九七六年)、英国(一九七六年)、南アフリカ連邦、パキスタン(いずれも一九八一年)、カナダ(一九八二年)及びオーストラリア(一九八五年)である。また多数国間条約としては一九七二年の国家免除に関する欧州条約がある。そのほかに国際私法を制定した際にチェコスロヴァキア(一九六三年)、ポーランド(一九六四年)、ハンガリー(一九七九年)も制限免除主義をとったといわれている。

5 仲裁によって紛争を解決する旨の合意(仲裁契約)は裁判権免除の放棄を意味するかどうかは見解がわかれている。社会主義諸国間の貿易で仲裁が用いられているのは、準拠法の問題もあるが、貿易を行う国家機関又は公団等が他の国の裁判権に服することを避けるためでもあろう。仲裁契約は当然には裁判権の免除の放棄を意味するものではないことになる。もっとも、多くの国では仲裁契約は妨訴抗弁とされているから、実際上は同じような結果になるであろう。なお、外国国家の裁判権の免除によって私人が蒙る不利益を避ける一つの方法としては、当該外国の領域内で裁判を提起することである。しかし、この方法がいずれの国においても常に可能であるとはかぎらない。

6　前出一注6に掲げる文献、太寿堂鼎「主権免除をめぐる最近の動向」法学論叢九四巻五・六号一三九〜四五頁(一九七四年)及び広瀬・前出注1四二〜五四頁参照。

7　国際法委員会の特別報告者(スチャリトクル)が国家免除の例外として掲げているものは、①貿易又は商業活動、②雇傭契約、③個人的損害及び財産の損害、④財産の所有及び利用、⑤特許権、商標権及びその他の知的所有権、⑥財政上の責任及び関税上の義務、⑦株式の保有及び団体のメンバーシップ、⑧商業活動に従事する船舶、⑨仲裁である(横川新「国際法委員会第三四回会期の審議概要」国際法外交雑誌八二巻三号八二頁による)。しかし、これ以外にもいくつかの基準のありうることは各国の立法例からも明らかであろう。

8　主権免除については行為性質基準説をとることによってすべてが解決するかどうかは問題である。各国の立法、国際的立法の作業の成果との関連で、いくつかの問題点も指摘されている(例えば、G. Delaume, Economic Development and Sovereign Immunity, 79 AM. J. Int'l L. 319; M. Singer, Abandoning Restrictive Sovereign Immunity: An Analysis in Terms of Jurisdiction to Prescribe, Harv. Int'l L. J. vol. 26, no. 1, 1; M. Sornarajah, Problems in Applying the Restrictive Theory of Sovereign Immunity, Int'l C. L. Q. vol. 31, p.661 (1982))。

9　執行免除についてはJ. Crawford, Execution of Judgments and Foreign Sovereign Immunity, 75 Am. J. of Int'l L. 820 (1981) 参照。

10　スチャリトクルも、国内裁判所における国家免除の問題は、各国の国内裁判所の慣行から出発しなければならないと述べている(その第二回報告書七項)。

11　制限免除主義を採っているといっても、国によって同じではなく、各国で実際にいかなる考え方をとっているかは必ずしも明らかとはいえない。立法があればともかく、裁判例、外交上の実例からは十分に知ることができない。また、各国が常に一定の基準に従っているとも言い難いようである。西欧、米国及びわが国の文献では、学説のうえでは制限免除主義が大勢であると説かれているが、社会主義国、発展途上国は、絶対免除主義を強く主張している。ソ連などはこれを「理論的」であると主張しているが、開発途上国は、貿易、海運を国家が行うことが多いこと、国家が開発契約、コンセッション契約の当事者となることが多いことから、制限免除主義は開発途上国にとって都合が悪いと主張している(国際法委員会での発言など。前出一注6に掲げる文献参照)。

12　太寿堂鼎「民事裁判権の免除」新・実務民事訴訟講座(7)(日本評論社、一九八二年)四九頁。しかし、社会主義国が絶対免除主義に固執しているとはいえないのではないかという疑問もある(たとえば、ソ連とドイツ間の一九二五年一〇月一二日の条約に付せられた経済協定七条、ソ連と英国間の一九三四年の暫定通商協定五条等)。日ソ通商条約付属議定書四条二項には、在日ソビエト通商代表部(これは在日ソヴィエト大使館の構成部分であると規定されている)が日本の領域において締結し、又は保証した商事契約に関する紛争は、仲裁又は裁判管轄に関する留保がないかぎり、日本の裁判所の管轄に属するとの規定がある。これは一種の制限免除主義をとった規定ではなかろうか。これから推測するに、社会主義国であっても事柄に応じて柔軟な考え方をとるのではないかと思われる。しかるに、国際法委員会における審議の際にはウシャコフ(ソ連)、ヤンコフ(ブルガリア)は絶対免除主義を主張しているとのことである(国際法外交雑誌七九巻第一号九九頁[一九八〇年]、同八二巻三号八二頁[一九八三年])。また、M. Boguslavsky, Foreign State Immunity: Soviet Doctrine and Practice, Netherlands Yearbook of International Law, vol. X, p.167も、ソ連では絶対免除主義によると述べ、制限免除主義における基準は、理論的にみて不適当であり、不明確であるとして、これを非難している。しかし、ソビエト連邦と他の国の二国間協定では、ソ連通商代表部の経済活動について、その国で裁判に服するという規定をおいているものがあるから、ソ連及び社会主義諸国でさえも、必ずしも絶対免除主義に固執しているとはいえないであろう。もっとも、ウシャコフの説明によれば、国家の定義からみても、国家が商人(trader)として行動することはありえない、国家の行うことは、例えば靴の購入であったとしても、すべて政治的な性質を有する行為である、とのことである(Yearbook of International Law Commission 1979, vol. I, p.213)。しかし、これは説得力ある説明とはいえまい。もっとも、社会主義国では理論と実践とは異なるのかもしれない。ところで、ある国が自国では絶対免除主義を採るとしても、その国が外国において訴訟の被告とされたときに、自国の採る原則なり基準なりを主張して、その国の裁判権から免れることができるわけではない。したがって、社会主義国が自国において絶対免除主義をとる実益はあまりないということになろう(後出注**18**に述べるパキスタンでの裁判例を参照)。そうすると、社会主義国が絶対免除主義を主張する目的は、他の国も制限免除主義をとってはならないこと、少なくとも自国で絶対免除主義をとる国については、他国は制限免除主義を適用してはならないということ(一種の相互主義)にあるとみるべきであろう。

13　本文では外国国家の裁判権の免除に関する欧州条約、米国、英国をはじめとする各国の国内法について紹介した。しかし、第一次資料の利用が困難であること、紙数と時間の制約から、未だ国内法を制定していない国の判例については省略した。また、若干の裁判例から全体をうかがうことが適当でないこともあるし、裁判例はその国の現在の国際法に関する実務を示していないこともあるからである。ここでは各国の判例について整理した資料として、Sucharitkul, Immunities of Foreign States, Recueil des cours 1976 I, Netherlands Yearbook of International Law, vol. X (1979); Reports on Jurisdictional Immunities of States and their Property (1979-84) (UN. DOC. A/CN. 4/323, 331, 340, 357, 363, 376); United Nations, Materials on Jurisdictional Immunities of States and their Property, New York, 1982などを示すにとどめる。

14　米国の外国主権免除法(28 U. S. C. §§1602-1611 (1976))については、非常に多くの文献がある。わが国で参照しやすいものとしては、G. Delaume, Public Debt and Sovereign Immunity; The Foreign Sovereign Immunities Act of 1976, 71 Am. J. Int'l L. 399 (1977); R. von Mehren, The Foreign Sovereign Immunity Act of 1976, 17 Columbia Journal of Transnational Law 33 (1978); M. B. Feldman, The United States Foreign Sovereign Immunities Act of 1976 in Perspective: A Founder's View, Int'l C. L. Q. vol. 35, p.302 (1986)など。同法の制定前の論文として、A. Lowenfeld, Claims against Foreign States - A Proposal for Reform of the United States Law, 44 N. Y. U. L. R. 901 (1969)参照。邦語の紹介として太寿堂鼎「主権免除をめぐる最近の動向」法学論叢九四巻五・六号一八二頁以下(一九七四年)、西立野園子「米国主権免除法」ジュリスト七二七号一一七頁以下(一九八〇年)が詳しい。なお、米国の絶対免除主義の判例はThe Schooner Exchange v.

McFadden 11 U. S. 116 (1812) である。

15　英国の国家免除法(State Immunity Act 1978)については、1978 C. 33 Current Law Annotated 1978, vol. 1; I. Sinclair, The Law of Sovereign Immunity: Recent Developments, Recueil des cours, 1980-II, p.257; R. Higgins, Execution of State Property: United Kingdom Practice, Netherlands Yearbook of International Law, vol. X, 35 などによる。なお、その制定の理由の一つとして、米国が一定の範囲で外国国家に対する訴訟を認める立法をして私人の権利を保護しているのに対し、英国にその種の立法がないとすれば、私人は英国において外国政府や外国の公企業等と取引することに不安を感じ、このような国際的に重要な経済活動(business)はロンドンで行われなくなり、その中心はニューヨークに移ってしまうであろうとも述べている(Sinclair, ibid. 245 で引用している、大法官(Lord Chancellor) の法案提出趣旨説明)。

16　シンガポールの国家免除法(State Immunity Act 1979) の概略は次のとおりである。外国国家は原則としてシンガポールの裁判所の裁判権に服しない。国家が裁判手続に出頭しなくとも裁判権の免除の特権には影響を及ぼさない(三条)。しかし、次の場合は国家は裁判権の免除の特権を有しない。すなわち、シンガポールの裁判所の裁判権に服した場合又は事前にその旨の合意のある場合(ただし、シンガポール法を準拠法としたこと又は裁判権の免除の主張のために出頭したことをもって裁判権に服するものとはみない)、商業上の取引(commercial transaction)及びその全部又は一部がシンガポールで履行さるべき契約(商業上の取引には物品及び役務の供給、金融取引、それにともなう債務の保証、主権の行使としてではなく行った取引、活動をいう)、外国国家が一方の当事者となる雇用契約、シンガポールにおける作為又は不作為による生命、身体の侵害及び財産上の損害、外国国家がシンガポールにおいて有する不動産の占有権又は使用権並びにそれから生ずる債務、シンガポールにおいて登録され又は保護さるべき特許権、商標権、意匠権並びにこれらの権利又は著作権の侵害、国家以外の法人等の組織並びにシンガポール法により設立され若しくはシンガポール法の適用をうけ又はシンガポールに主たる事務所を有する法人等の組織に関する事項、仲裁手続、国家の有する船舶であって商業目的に用いられている船舶に関する海事手続(対物訴訟も含まれる)(四条〜一二条)、租税に関する手続(一三条)である。裁判上の書類の送達はシンガポール外務省から相手国の外務省に送付する方法による(一四条)。外国国家には、元首、政府及び政府の部局を含む。国家からの独立の人格を有する組織(separate entity)は、主権の行使の場合又は国家であれば裁判権免除の特許を有する場合には、裁判権の免除の特権を与えられる(一六条)。

17　南アフリカ連邦の外国国家免除法(Foreign State Immunity Act 87 of 1981)は制限免除主義をとり、国家の行為でもその性質上私人の経済活動と同様の性質をもつものについては裁判権の免除を認めないこととしている。それによれば、外国国家はこの法律に定める場合を除き、原則として裁判権の免除を有することを定めている(二条)。しかし、外国国家がこれを放棄した場合を除くとし、放棄とみなされる場合は裁判を申し立てたこと、応訴したこと、裁判権に服することに同意したこと(ただし、準拠法の指定は裁判権に服するとの同意とはみなさない)である。裁判所で国家免除を主張することは、その放棄とはみなさない(三条)。免除の例外とされる場合は、四条から一二条までに具体的に列挙されている。すなわち、商業上の取引(commercial transaction)、雇傭契約、身体生命の侵害及び財産上の損害、所有権・占有権・使用権に関する争い、特許権等の無体財産権に関する争い、団体の組織に関する問題、海事手続、租税である(四条〜一二条)。送達は外務省から相手国の外務省に対して転達して行う(一三条)。国家以外に、国家とは別の組織を有し、その名において訴え又は訴えられる法人及び連邦国家を構成する地域は独立の人格を有するもの(separate entity)とし、これらも主権の行使、または国家であれば裁判権の免除を享有する場合には、免除されるとしている(一五条)。立法の直接の動機は具体的な裁判事件があったためである(Interscience Research and Development Service (Pty) Ltd. V. Republica Popular de Mozambique (1980) 2SA 111; W. Bray and M. Beukes, Recent Development of State Immunity in South Africa Law, South African Yearbook of International Law, vol. 7, p.13 (1981))。

18　パキスタンが国家免除法(State Immunity Ordinance, Ordinance No. IV of 1981)を制定したのは、ソビエト連邦を被告とする訴訟(Qureshi v. USSR [1981] P. L. D. (SC) 377)があったためである。この事件は原告がパキスタン政府に納入するためのジープ及びトラックを在パキスタンのソ連通商代表部から購入する契約をしたところ、ソ連通商代表部が契約を履行しなかったのでソビエト連邦政府を相手取って損害賠償請求の訴を提起したものである(第一審判決はHigh Court of Pakistan, Karachi Benchのした一九六八年の五月二四日の判決である)。パキスタンの最高裁判所の判決は、この問題に関する内外の文献を網羅的に検討した詳細なものであるが、制限免除主義の立場をとり、被告の主張した国家免除の主張を排斥した。そして、この事件と併行して国内法の制定作業が行われたようである。パキスタンの国家免除法は外国国家のパキスタンの裁判所における手続からの免除を原則として認めているが(三条)、その例外として、裁判権に服する場合(四条)のほか、パキスタンで履行さるべき商取引及び契約、雇用契約、財産の所有権、占有権及び用益権、特許権その他無体財産権、団体の組織に関する問題、仲裁、商業目的に使用される船舶、付加価値税について裁判権免除の例外を認めている(五条〜一二条)。また、手続事項として、送達、欠席判決の禁止、文書の開示、提出等に関する規定もある(一三条及び一四条)。

19　カナダは一九八二年に国家免除法(The State Immunity Act, S. C. 1980-81-82; C. 95)を制定した。それによれば、主権免除について制限免除主義をとることとし、裁判手続からの免除の例外は、免除を放棄した場合、商業的活動に関する場合、カナダで生じた人命、身体、財産に対する侵害に関する場合、国家の所有する船舶又は積荷についての対物訴訟の場合、相続・贈与及び相続人不在の場合とされている(五条〜八条)。問題となるのは商業的活動(commercial activity)の意味であるが、英国のように具体的な類型を列挙する方法によらず、米国と類似の定義を設けているだけで、具体的事案における裁判所の解釈に委ねている。主権免除を主張しうるのは外国国家であるが、それには、政府、その政治的下部機構、外部機関、元首を含むとされている(三条)。送達の方法には、その外国との間で合意した方法、その外国との間に適用される条約による方法、又はカナダ外務省からその外国に転達する方法の三つがある(九条)。強制執行に関しては、外国国家の書面による同意なくして、その財産に対し差押、特定履行、原状回復などの措置をとることは許されない(一〇条)。しかし外部機関に対しては強制執行の免除を制限している。例外とされているのは、明示又は黙示の同意のある場合、商業的活動に使用され又は使用することが意図されている場合、相続・贈与によって取得した財産、又はカナダにある財産に関する場合の三つである。カナダ法では外国の中央銀行の財産については強制執行の免除を認めているが、商業的活動のための資金は強制執行の対象から除外されていないから、それらについて執行をすることは可能である(一一条)。これは米国法とも英国法とも異なるところである。カナダが国内法を制定した直接の理由は、ケベック州における判例が分かれたことにあるようである。Democratic Republic of Congo v. Venne [1971] S. C. R. 997 では国家免除を認めたが、Zodiak International Products Inc. v. Polish Peoples' Republic [1978] 81 D. L. R., Corriveau v. Republic of Cuba [1980] 103D. L. R. 3rd 528 では国家免除を認めなかった(H. L. Molot and M. L. Jewett, The State Immunity Act of Canada, Canadian Yearbook of International Law, vol. XX, p.79 [1982])。

20　オーストラリアは、英国が国家免除法の立法をした当時は、商取引、金融取引の中心地の一つではないとの理由で、同様の立法をすることを見合わせていた(J. R. Crawford, A Foreign State Immunities Act for Australia, Australian Yearbook of Int'l Law, vol. 8, p.71 (1978-80))。しかし、オーストラリアにおいても、外国国家による投資、鉱物資源の開発等が行われており、従来からのコモン・ローによるよりも制定法によるほうが明確であるとの理由で、法律改正委員会(Law Reform Commission)において外国国家免除法を制定することとなり(Australian Law Reform Commission Report, no. 24)、一九八四年外国国家免除法案(Foreign State Immunity Bill 1984)を議会に提出した。

同法は英国法に近いが、それまでの外国の立法を十分に(thoroughly)参照して作成されたものであって、これまでの立法のなかでは条文の数だけでなく、内容的にも最も詳細である。その立場は行為性質規準説に立つ制限免除主義をとり、商業的活動(commercial transaction)を裁判権免除の対象から除外している。もっとも、具体的な例示は英国法及びそれにならった諸国の規定よりも少ないが、仲裁、対物訴訟、租税等についても明文の規定を設けている。また、強制執行についても、かなりの規定を設けている。概要は次のとおり。

第一章総則は法律の題名(一条)、法律の効力の発生時期(二条)、定義(三条)、海外領土への適用(四条)、国王に対する適用(五条)、他の法令との関係(六条)、本法の適用のない場合(七条)、本法が適用される裁判手続(八条)について定めている。

第二章裁判手続からの免除(Immunity from Jurisdiction)では、外国国家による裁判手続への服従(submission)による免除の例外と裁判の対象となっている行為による裁判手続からの免除の例外とを規定している。それ以外の場合には免除される(九条)。外国国家が裁判権に服する場合には、裁判手続からの免除を主張することはできない。それは合意にもとづく場合であって、自ら応訴した場合でもよい(一〇条)。行為の性質によって免除されるのは、次の場合である。商業的取引(commercial transaction)に関する裁判手続においては免除を主張できない。商業的取引の範囲は、相当に広い(一一条)。このほかに、雇傭契約(一二条)、人の死亡または身体の損傷及び有体物の滅失または毀損(一三条)、物の所有権、占有権、用益権(一四条)、特許権、著作権、商標権等(一五条)、団体の構成員又はその権利義務(一六条)に関する裁判手続においても裁判手続からの免除を主張することができない。仲裁における裁判所の監督的な手続についても裁判手続からの免除を主張することができない(一七条)。船舶が商業的用途に供されている場合又は商業目的の貸物に対する対物訴訟(action in rem)も同様である。外国国家が為替手形上の当事者となり、その原因関係において裁判権の免除を主張できない場合には、その外国国家は裁判手続からの免除は許されない(一九条)。オーストラリアの税法によって課せられる租税債務に関する手続においても、外国国家は免除を主張することはできない(二〇条)。

第三章は送達について規定する。まず、外国国家との間で送達方法についての合意のある場合はそれによる(二三条)。それがない場合には、外交的経路による(二四条)。そのほかの送達は不適当とする(二五条)。もちろん送達手続に対する異議権を放棄することは妨げない(二六条)。欠席判決は、送達が適法に行われ、かつ裁判手続からの免除が認められない場合を除いて、許されない(二七条)。

第四章は強制執行に関する規定である。原則として、外国国家の財産は判決、決定、仲裁判断にもとづく強制執行又は海事手続における仮差押(arrest)、抑留(detention)若しくは売買による手続の対象とはならない(三〇条)。ただし、外国国家が強制執行からの免除を放棄した場合を除く。しかし、外国国家が裁判権に服したことを理由に、強制執行からの免除を放棄したものとはみなされない。強制執行からの免除の放棄があっても、外交上及び軍事上の物品は強制執行の対象とはならない(三一条)。また、外国国家が一〇条で裁判手続に服した場合には、商業的財産に対しては、強制執行からの免除の規定は適用されない。外国国家が商業的目的に用いられている船舶又は貨物に対する手続からの免除が許されない場合には、これらに対する仮差押、抑留についても同様である。商業的財産には、外交上及び軍事上の物品は含まれない(三二条)。相続若しくは贈与によって取得した財産又は不動産、並びに一四条の手続による判決又は決定によって外国国家に対して認められた権利については、強制執行からの免除は許されない(三三条)。この章の規定は外国の中央銀行又は通貨当局についても適用する。その他の独立の機関については、それらが裁判手続から免除される場合であり、かつ、当該裁判手続に従った場合にのみ適用される(三五条)。

第五章では、国家元首の裁判権の免除(三六条)、独立の機関の裁判権の免除に関する協定の効果(三七条)、公判前開示(discovery)(三九条)等についても規定している。

21　この条約の紹介としては、Ian Sinclair, The European Convention on State Immunity, Int'l and Comparative Law Quarterly, vol. 22, p.254 (1973)、太寿堂鼎「主権免除をめぐる最近の動向」法学論叢九四巻五・六号一七二頁以下(一九七四年)参照。なお、ヨーロッパ評議会が説明書(Explanatory Report)を作成している。一九八三年六月三〇日現在で、これを批准または受諾した国はオーストリア、ベルギー、キプロス、スイス、英国である(一九七六年六月一一日に発効)。

22　この条約草案の紹介及び批評として、G. Varges, Defining a Sovereign for Immunity Purposes: Proposals to Amend the International Law Association Draft Convention, Harv. Int'l L. J., vol. 26, at p. 103.

23　Inter-American Draft Convention on Jurisdictional Immunity of States (ORG of AM. STATES, Jan. 21, 1983)　米州機構の条約案の概略は次のとおりである。まず、国家は他の国家の裁判権に服しないことを原則とする(一条)。国家はその統治権にもとづく行為については裁判権からの免除を享有する。また国家の統治権のために所有し、使用する財産に関する行為についても同様とする(三条)。

法廷地国で行われた商業活動に関する請求については、国家は裁判権の免除を主張することはできない。商業活動とは日常の取引における特定の契約又は商取引の履行をいう(五条)。また、国家は、法廷地における労務の供給契約、財産の譲渡、法廷地における不動産に関する行為(但し外交官等に関するものは除く)、法廷地国における財産に関する租税、五条の活動から生じた不法行為による損害及び訴訟費用については、裁判権からの免除を享有しない(六条)。国家が訴訟を提起したとき、応訴又はこれに参加して本案について弁論したとき、反訴等を提起したときは、裁判権からの免除はない(七条)。国家のなかには、政府及びその内部部局及び外局(独立の法人格を有するか否かにかかわらない)、全国的又は地域的の政治上又は行政上の単位を含む(二条)。訴訟手続は法廷地の手続法に従う(八条)。送達は法廷地国の外務省から相手国の外務省を通じて行う(九条〜一一条)。この条約にもとづいてなされた判決は、相手国との条約又は相手国の法律に従って執行する(一四条)。外国国家は、免除の特権を放棄する場合を除いて、競売、保全処分についても免除される(一五条)。

24

国際法協会の試案の概要は次のとおりである。まず、「外国国家」は政府、それ以外の国家機関(state organ)、国家から独立した法人格を有しない機関(agencies and instrumentalities)、連邦国家の構成単位(constituent units)を含む。国家から独立した法人格を有する機関は、主権の行使としての行為(acts or omissions)、すなわち権力的行為に関してのみ外国国家とみなす(一条B)。外国国家は権力的行為に関しては法廷地国の裁判権に服さない(二条)。第三条のAからGまでに掲げる場合には法廷地国の裁判権に服する。A　裁判権の免除の明示又は黙示の放棄。黙示の放棄とは応訴又は裁判権に服する旨の書面による同意をいう。B　外国国家の商業活動(commercial activity)及び契約上の義務。商業活動とは通常の取引行為(a regular course or commercial conduct)をいい、物又は役務の供給、金銭の貸借、保証を含む金融取引を含む。商業活動であるかどうかは、その行為の目的よりもその行為の性質によって決定する(一条C)。C　雇用契約。もっとも、使用人が自国民の場合、使用人が法廷地国の国民でなく、そこに住所も有していない場合は除かれる。D　外国国家が法廷地国に有する不動産についての権利に関する訴訟。E　外国国家が法廷地国において有する知的又は工業所有権(特許権、意匠権、商標権、著作権等)に関する訴訟。F　人の死亡、身体の傷害、財産の損傷又は滅失に関する訴訟。G　国際法に違反して取得された財産に関する訴訟。そして、裁判上の文書の送達は原告となる者と外国国家との間で取り極めた方法、裁判上の文書の送達に適用される国際条約による方法、外交上の経路による方法、又は外国国家と法廷地国との間で取り極めた方法による(四条)。それ以外の方法による送達のときは欠席判決を言い渡すことができない(五条)。外国国家の責任の範囲は私人の責任の範囲と同様であるが、懲罰的損害賠償を課せられることはない。外国国家に対する海上先取特権を実行するための判決は船舶又は積荷の価額を超えることはできない(六条)。外国国家の財産に対しては原則として差押、仮差押及び執行をすることはできない(七条)。しかし、執行免除の明文又は黙示の放棄のある場合、商業活動の用に供している財産、国際法に違反して取得した財産に対する執行の場合には、執行免除は認められない(八条A)。借入金のうち非商業活動に用いられた部分のあるときは、その部分は執行を免除される(同条B)。外交又は領事事務の用に供されている財産、軍事目的に供されている財産、中央銀行の用に供されている財産及び通貨当局の用に供されている財産については執行が免除される(同条C)。また、外国国家の財産が法廷地国以外に移転することを防ぐための、仮の措置(interim measures)は例外的に認められることもある(同条D)(International Law Association, Report of the Sixtieth Conference, pp.5-10)。これらについての逐条説明はその三二七頁ないし三三七頁参照。

この草案は国際法協会の作業部会によって、一九八二年三月に作成された。第一六会期の参加者の多くは、こまかい表現は別として、この草案に好意的であった。しかし、ボグダノフ(ソ連)は絶対免除主義が確立した国際法の原則であると考え、英米中心の西側の法律家の作った一方的な草案は支持しえないと述べた。

25　一九七二年、一九七九年及び一九八〇年以降の国際法委員会(International Law Commission)の報告書の該当部分のほか、なお前節注**6**に掲げる文献参照。

26　Department of State Bulletin 984 (1952).

27　米国は一九七六年法の制定後も、外国国家の裁判権に免除に関して、かなりの裁判例がある。ここでこれらをいちいち判例を紹介している余裕はないので、米国国際法雑誌(American Journal of International Law)の裁判例(Judicial Decisions)を参照されたい。なお、一九七六年法及びそれに関する裁判例を扱った論文はかなりの数にのぼるので、ここに掲げることは省略した。

28　英国の絶対免除主義の批判は一八八〇年のThe Parlement Belge, C. A. 5 P. D. 197 (1880)であり、とくに絶対免除主義の論理は、The Cristina [1938] A. C. 485で明瞭に述べられているといわれている。

29　フィリピン・アドミラル(The Philippine Admiral)事件は、フィリピンの賠償公団所有の船舶が商業目的に使用されている際に、修繕者及び傭船者から香港で対物訴訟が提起された事案である(Philippine Admiral v. Wallen Shipping (Hongkong) Ltd. 〔1976〕 1 All E. R. 78; 〔1977〕 A. C. 373)。この事件で枢密院(Privy Council)は対物訴訟についても制限免除主義を認めた。ナイジェリア中央銀行事件は、原告が、ナイジェリア政府が全額を出資しているナイジェリア中央銀行に対し、同銀行の発行した信用状(letter of credit)にもとづいて支払を請求した事案である。控訴院(Court of Appeal)の多数意見は国家免除を認めなかった。この事件は対人訴訟である(Trendtex Trading Corp. v. Central Bank of Nigeria 〔1977〕 Q. B. 529, 〔1977〕 1 All E. R. 881)。

30　英国におけるその後の重要な判例として、Playa Larga v. I Congreso del Partido [1981] 2 All E. R. 1092がある。この事案はキューバからキューバの船舶公団の船で砂糖をチリに運んだところ、チリで政変が起き、チリとキューバの政治的関係が悪化したので、キューバ政府は積荷の陸揚げをしないで、船に帰国するよう命じたため、荷主が損害賠償を請求した事案である。控訴院はキューバ政府の主権免除の主張を認めたが、貴族院は全員一致で主権免除を認めなかった。F. A. Mann, A New Aspect of the Restrictive Theory of Sovereign Immunity, Int'l C. L. Q. vol. 31, 573 (1981); M. Sornarajah, Problems in Applying the Restrictive Theory of Sovereign Immunity, Int'l C. L. Q. vol. 31, 661 (1982).

31　東京地判昭和三〇年一二月二三日下民集六巻一二号二六七九頁(原告は中華民国)、東京地判昭和三五年九月一九日下民集一一巻九号一九三一頁(原告はアメリカ合衆国)、東京高判昭和五六年一二月一七日判時一〇三四号八八頁(原告はビルマ連邦共和国)など。なお、外国国家が訴を提起した後に、その国が政府承認を取り消された場合であっても、当事者能力を失わないとした裁判例がある(大阪高判昭和五七年四月一四日判時一〇五三号一一五頁。原判決は京都地判昭和五二年九月一六日判時八九〇号一〇七頁。原告は中華民国。原審の判決について波多野里望・判例評論二四〇号参照)。

32　大決昭和三年一二月二八日民集七巻一一二八頁。その判例批評として、山田正三・法学論叢二一巻九四二頁、横田喜三郎・国際法外交雑誌二八巻五八八頁、江川英文・判例民事法昭和三年度五二〇頁、小田滋・渉外判例百選〈増補版〉一五八頁参照。

33　田畑茂二郎・国際法Ｉ〈新版〉三二七頁、太寿堂鼎「民事裁判権の免除」新・実務民事訴訟講座(7)四五頁以下、広部和也「主権免除」国際私法の争点一五五頁など。

34　わが国では、この点についてとくに異論をみない。小田、太寿堂、広部の各論文参照。

35　外国を相手方とする民事事件の中立があったときは、応訴の意思の有無について外務省を通じて確かめることとされている(昭和四九年四月一五日最高裁判所事務総長通達最高民二第二八一号)。しかし、米国の法廷助言者(amicus curiae)のように、外務省が裁判所に助言又は意見を述べることが認められているわけではない。

36　日ソ通商条約は、絶対免除主義の立場をとりながら、裁判権の免除を予め放棄したという説明もあるかもしれないが、それはいささか困難ではなかろうか。

37　国家免除法が必要かどうかは、もちろん、それぞれの国で異なるであろう。わが国がアジアにおける商取引の中心地の一つであり、世界的な金融の中心地となりつつあるとすれば、従来どおり、個々の事件を通じて裁判所が学説等を参酌しながら、適宜判断するという方法をとることが適当かどうかは、あらためて検討する必要があろう。なお、オーストラリアでは米国及び英国の立法に刺激されて、同国でも同様の立法をしてはどうかとの意見もあったが、同国は国際的な商取引や金融の中心地(centre)の役割を担っていないから、しばらく前までは、そのような必要はないとのことであった(前出注**1**に掲げたCrawford論文参照)。しかし、その後に立法したことは前述のとおりである。

付記

本章は一九八五年頃までの情況にもとづいて一九八六年に記述したものであった。極く僅かな補足はしているが、公表当時の形で収録した。外国国家に対する民事裁判権免除に関するその後の展開については第二章で述べている。

三　外交使節、領事等

一　外交使節

（一）特定の国に派遣され、その国との外交関係を処理するための常任外交使節の外交特権は主として慣習国際法によっていた[1]。しかし、第二次世界大戦後、国際連合の国際法委員会で外交関係と外交特権の問題をとりあげ、これらについて法典化の作業をすすめた。これをもとにして一九六一年にウィーンで外交関係に関するウィーン条約が採択された[2]。この条約は一九六四年四月に発効した。もちろんこの条約で定めていない事項については慣習国際法の原則による。わが国ではこの条約を批准し（昭和三九年条約第一四号）、わが国については昭和三九年（一九六四年）七月八日から効力を生じている。わが国で外交使節の裁判権免除が問題となるときは、この条約の規定による[3]。条約実施のための国内立法措置はとっていない。

外交特権及び裁判権免除を認める理由としては、威厳の維持と任務の遂行とがあげられている。威厳の維持とは外交官の代表する国家の威厳、体面を保つ必要があるという趣旨である。しかし、最近では外交官の活動が他の国の権力によって制約されることなく任務を遂行することにあるとするのが普通の考え方である。ウィーン条約でも前文で「国を代表する外交使節団の任務の能率的な遂行を確保することにあることを認め」と述べているのは、この趣旨である。外交使節の有する特権免除の目的は、その任務の遂行を確保することにあるのであって、個人に利益を与えることにあるのではないが、これらの特権、免除は派遣国の権利ではなく、個々の外交使節が享有する権利であるとされている。そして、派遣国はそれを自国の外交使節に与えることを接受国に要求する権利を有するとされている[4]。

(二)ウィーン条約では外交官(外交使節団の長及び外交職員)、事務及び技術職員、役務職員の三つに分け、それぞれについて裁判権の免除について規定している。さらにこの条約では外交官の家族、事務及び技術職員の家族、使節団の構成員の個人的使用人についても規定を設けている。

(1)外交官には使節団の長と外交職員とがあるが、裁判権の免除についてはその間に差異はない。外交官は、(a)接受国の領域内にある個人の不動産に関する訴訟(その外交官が使節団の目的のため派遣国に代わって保有する不動産に関する訴訟を含まない)、(b)外交官が派遣国の代表者としてではなく個人として、遺言執行者、遺産管理人、相続人又は受遺者として関係している相続に関する訴訟、(c)外交官が接受国において自己の公の任務の範囲外で行う職業活動又は商業活動に関する訴訟を除いて、民事裁判権及び行政裁判権からの免除を享有する(三一条1)。(a)の例としては、外交官の土地、建物の売買、賃貸借などがあろう。もっとも、個人名義であっても、実質的にその派遣国のために保有する不動産が除かれることは当然であろう。(b)についてはとくに説明の必要はあるまい。(c)の職業活動、商業活動とは利益を得る目的で継続的に行う活動をいうものと解される。したがって、外交官が自己又は家族の生活や趣味のために物品を購入したり、これを売却したりする行為はこれに含まれない。

現在外交官がまきこまれる可能性の高い紛争の一つは自動車運転などの際の交通事故であろう。しかし、外交官に対する不法行為にもとづく損害賠償請求訴訟は右のいずれの場合にも該当しないから、外交官はこのような裁判からも免除されることになる[5]。しかし、それでは被害者の救済が十分でないことになるから、ウィーン条約採択のための外交会議では被害者が保険者に対して直接に被害の填補を請求することのできる場合にかぎり、外交官の裁判権の免除を認めることにしてはどうかとの提案もあった。結局、そのような場合には、外交官の任務に支障のないかぎり派遣国が外交官の有する裁判権の免除を放棄するか、又は請求権の正当な解決のために努力することを勧告する決議（民事請求権の審議に関する決議）が採択された。

外交官は証人として証言する義務を負わない（同条2）。しかし、任意に証言することはさしつかえない。

外交官に対する強制執行は、外交官の身体又は住居の不可侵を害さないことを条件として、同条1（a）、（b）又は（c）に規定する訴訟の場合にのみ行うことができる（同条3）。ここで注意すべきことは、訴訟から免除されない場合には強制執行からも免除されないとしていることである。

外交官の家族でその世帯に属する者は、接受国の国民でない場合には、外交官と同様の特権、免除を享有する[6]（三七条1）。

（2）事務及び技術職員並びにその家族は、接受国の国民でない場合又は接受国に通常居住していない場合には外交官と同様の特権と免除を享有する。しかし、裁判手続からの免除は、公の任務の範囲外で行った行為には及ばないとされている（同条2）。すなわち、これらの者は公務の範囲で行った行為については裁判手続に服さないが、それ以外の行為についてはその内容、性質にかかわらず、これに服さなくてはならない。強制執行については、明文の規定はないが、三一条3を類推し、身体又は住居の不可侵を害しないことを条件として、裁判手続から免除されない場合には強制執行についても免れることができないと解すべきであろう。事務及び技術職員については各国での慣行は必ずしも同じではなかったし、議論も分かれていた。条約の規定は、したがって、新たな立法であると説明されている[7]。

（3）役務職員であって接受国の国民でない者又は接受国に通常居住していない者は、その公の任務の遂行にあたって行った行為についてのみ裁判権の免除を享有する(同条3)。例えば、自動車運転手が職務上自動車を運転しているときに他人の生命や身体を侵害したような場合である。役務職員はそれ以外の場合は裁判権の免除を主張しえない。この点で事務及び技術職員と異なる。

(4)使節団の構成員の個人的使用人は、接受国の国民でない場合又は接受国に通常居住していない場合には、接受国で認めている限度までの特権と免除を有する。接受国がこれらの者に対して裁判権を行使するには、使節団の任務の遂行を不当に妨げないような方法によらなければならない(同条4)。要するに、どのように扱うかは各国に委ねられていることになるが、外交使節団の任務をそれによって不当に妨げることとなるような措置をとることはできないということである。

(三)外交官その他の者の享有する裁判手続からの免除は、これを放棄することができる。放棄は、派遣国が行う(三二条1)。放棄の意思表示は、通常は、派遣国政府又は使節団の長が行う[8]。外交官その他の者が自らの判断で放棄することはできない。外交特権は任務の遂行のために与えられているのであって、個人の利益のためではないからである。放棄の意思表示は常に明示的でなければならない(同条2)。これは放棄の有無をめぐる争いを少なくするためである。しかし、何が明示の放棄であるかは必ずしも明らかではない。ところで、これらの者が応訴したときは、裁判権の免除を放棄したとみるべきかは問題である。裁判権免除の放棄は派遣国が行うのであるから、被告が応訴しただけで明示的に放棄したと解することはできないのではなかろうか。この段階で裁判所は派遣国が裁判権の免除を放棄する意思であるかどうかを確かめるべきであろう。裁判権の免除の放棄は個別の事件ごとに行うべきである。これを審級ごとに行うことは適当ではない。

外交官その他の者が本訴について接受国の裁判権に服したときは、それに関連する反訴についても裁判権の免除を主張することはできない（同条3）。このような場合に反訴について裁判権の免除を主張しえないのは当事者間の公平、紛争の迅速、適正な解決のために必要だからであって、予め放棄の意思を表示したと解されるからではない。

民事訴訟に関する裁判手続からの免除の放棄はその判決の執行についての免除の放棄を意味するものではない。執行の免除の放棄のためには、あらためてその旨の意思が表示されなければならない（同条4）。裁判手続からの免除と執行からの免除とが区別されているのは、強制執行は外交使節の任務の遂行に直接かつ大きな影響を及ぼすおそれがあるからである。

(四)接受国の国民である外交官又は接受国に通常居住している外交官は、その任務の遂行にあたって行った行為についてのみ裁判権の免除を享有する。ただし、接受国がそれ以上の免除を与えることはさしつかえない（三八条1）。このような外交官に関する訴訟事件は現在では非常に少ない。これらの者については裁判権の免除の放棄はない。任務の遂行にあたって行った行為について責任を問うことは派遣国の責任を問うことと同じことになる。

(五)外交職員以外の使節団の職員又は個人的使用人であって接受国の国民である者または接受国内に通常居住している者は、接受国によって認められている限度まで免除を享有する。接受国は、その者に対する裁判権を行使するには、使節団の任務の遂行を不当に妨げないような方法によらなければならない（同条2）。

二　外交使節に類似する国家代表

外交使節に類似する国家代表として特別使節（団）、国際機関への代表（団）、国際会議への代表（団）[9]がある。

(一)特別使節については慣習国際法が十分に形成されているとはいい難かった。そこで一九六九年に特別使節団に関する条約が採択された。しかし、この条約は未だ発効していない（補足—一九八五年発効）。またわが国も批准していない。その裁判権の免除の規定は外交関係に関するウィーン条約に類似している。たしかに政府の閣僚、国家の特別の要職にあるものなどが政治上、外交上の目的で外国に派遣される場合には外交使節と同じとみてよいかもしれないが、特別使節はそのようなものばかりではないのであって、その目的、構成員の地位、職務はさまざまである。これらを一律に外交使節に準じて取り扱ってよいかどうかは疑問の余地がないではない。なお、この条約では、使節団の代表及び外交職員であっても、公務外の自動車事故によって生じた損害賠償請求訴訟からは免除されない。

(二)国際機関への代表(団)は特定の国際機関に対する使節であって、その構成も機能も常駐の外交使節に類似している。国際連合の主要機関及び補助機関に対する加盟国の代表者及び国際連合が招集した会議に対する加盟国の代表者については国際連合の特権及び免除に関する条約(昭和三八年条約第一二号)がある。国際連合の主要機関及び補助機関に対する加盟国の代表者(代表、代表代理、顧問、技術専門家及び書記を含む)並びに国際連合が招集した会議に対する加盟国の代表者は、その任務の遂行中及び会合地への往復の旅行中、すべての行動に関して、あらゆる種類の訴訟手続の免除を享有する(四条一一項・一二項)。加盟国はこの免除を放棄することができる(同条一四項)。これらは外交官の裁判権の免除と似てはいるが、非常に広い。これよりも外交関係に関するウィーン条約の規定のほうが適当であるように思われる。一九七五年にウィーンで採択された普遍的性格の国際機関との関係における国家代表に関するウィーン条約10では、国際機関の内部機関の会合及び国際会議に対して派遣された代表団の構成員は、交通事故による損害賠償請求訴訟を除き、任務の遂行中のすべての行為に関して民事裁判権が免除されるとしている。この条約は未だ発効していないし、わが国も批准していない。

(三)国際会議への代表についても慣習国際法の形成は十分ではなかった。しかし一九四六年の国際連合の特権及び免除に関する条約が採択されたので、他の国際会議についてもこれにならうことが多い。

三　領事官等

（一）領事官は、一九六三年に採択された領事関係に関するウィーン条約によれば、広い範囲の職務を行うものとされている11（五条（a）～（m））。これらの職務の性格についていちがいにいうことはできないが、主として自国民の保護と自国民に関する派遣国の事務である。このような任務を遂行するために領事官に特権及び免除が与えられている。領事官の職務、地位にはかなりの変遷があり、そのために、外交官にくらべて、慣習国際法の形成されたところは少なかった。それ故、従来は、領事の特権・免除について二国間の領事条約、通商航海条約等で取り極めることが多かったが、外交関係に関する条約につづいて、一九六三年に領事関係に関するウィーン条約が採択され、この条約は一九六七年三月に発効した。現在はこれが広く行われている。わが国もこれを批准し、昭和五八年（一九八三年）一一月二日から効力を生じている。わが国ではとくに国内での立法措置を講じていない。

領事官及び事務技術職員は、領事任務の遂行にあたって行った行為に関して、接受国の司法当局又は行政当局の裁判権に服しない（四三条1）。したがって、領事任務の遂行と関係のない行為については裁判権の免除を享有しない。領事任務の遂行のための行為であっても、（a）派遣国のために契約する旨を明示的にも黙示的にも示さないで領事官又は事務技術職員が締結した契約に関する民事訴訟、（b）接受国において車両、船舶、航空機によって生じた事故に起因する損害について第三者が提起する民事訴訟については、免除されない（同条2）。領事機関の構成員（領事官、事務技術職員及び役務職員）は、任務の遂行に関連する事項に関して証言を行う義務を負わず、それに関する公の信書、文書を提出する義務を負わない。また、自国の法令に関する鑑定人として証言することを強制されない

(四四条3)。任務の遂行以外の事項に関しても、領事官は証言を強制されない(同条1・2)。

裁判権の免除の放棄の意思表示は明示的に行うものとし、書面で接受国に通知する(四五条1・2)。領事機関の構成員が本訴について接受国の裁判権に服したときは、それに関する反訴についても裁判権の免除を主張することはできない(同条3)。民事訴訟又は行政訴訟からの免除の放棄は、強制執行からの免除の放棄を意味しない。強制執行に関してはあらためて放棄の意思を表示することを要する(同条4)。これらの放棄の意思表示は派遣国が、領事機関の長については外交上の経路によって、その他の構成員については領事機関の長を通じて行う。

接受国の国民である領事官又は接受国に通常居住している領事官は、任務の遂行にあたって行った行為についてのみ、裁判権からの免除、証言の免除を享受する(七一条1)。領事官以外の領事機関の構成員であって接受国の国民である者又は接受国に通常居住している者は、接受国により認められている限度において便益、特権及び免除を享受する(同条2)。

(二)わが国が領事条約を締結している国は米国、英国及びソヴィエト連邦である。日米領事条約(昭和三九年条約第一六号)及び日英領事条約(昭和四〇年条約第二二号)では、領事官及び領事館職員は、公の資格で行った領事職務の範囲内の行為についてのみ裁判権の免除が認められる。したがって、個人としての契約、交通事故などに関する民事訴訟からは免除されない(日米領事条約一一条(1)(a)(2)、日英領事条約一四条(1)(a)・(2)(a))。なお日米領事条約では役務職員をも領事職員に含まれるものとしている(日米領事条約二条(9))。日ソ領事条約(昭和四二年条約第九号)では、領事官、領事館職員の裁判権免除は広く認められている(一八条)。交通事故による損害賠償請求訴訟についても免除が認められている(二七条)。この条約では運転手、家事使用人、庭番及び領事館の役務を行う類似の者も領事館職員に含まれるとしているところに特色がある(一条(4))。ソヴィエト連邦ではこれらの者も重要な任務を遂行することがあるためであろう)。いずれの条約でも派遣国、領事官及び領事館職員の所有するすべての輸送手段は、接受国において第三者の損害に関する保険に付しておかなければならないとされている(日米領事条約一一条(8)、日英領事条約一四条(7)、日ソ領事条約二八条)。これは交通事故などによる紛争に外交官、領事官がまき込まれた場合に、あえて裁判によらないで、容易に解決できるようにするための措置であろう。

四　その他(軍隊等)

日本国とアメリカ合衆国との間の相互協力及び安全保障条約第六条に基づく施設及び区域並びに日本国における合衆国軍隊の地位に関する協定(昭和三五年条約第七号)一八条に合衆国軍隊の構成員及び被用者の民事裁判権の免除に関する規定12がある。すなわち、合衆国軍隊の構成員又は被用者(日本国籍のみを有する被用者を除く)は、その公務の執行から生ずる事項については、日本国においてその者に対して与えられた判決の執行手段には服さないが(同条5(f))、それ以外の場合には、合衆国は、日本国の裁判所の民事裁判権に関しては、合衆国軍隊の構成員又は被用者に対する日本国の裁判所の裁判権からの免除を請求してはならないとしている(同条9(a))。これらの規定からみると、合衆国軍隊の構成員又は被用者(日本国籍のみを有する者を除く)は、公務の執行から生ずる事項以外の事項については、わが国の裁判所の裁判手続及び強制執行に服する趣旨と解される。

強制執行に関しては、合衆国軍隊が使用している施設及び区域内に日本国の法律に基づき強制執行を行うべき私有の動産(合衆国軍隊が使用している動産を除く)があるときは、合衆国の当局は日本国の裁判所の要請に基づき、その財産を差し押さえて日本国の当局に引き渡さなければならない(同条9(b))。ここでいう動産には日本人の所有する動産も含まれると解されるから、厳密には合衆国軍隊の構成員及び被用者に対する強制執行に関する規定ではないが、合衆国軍隊の構成員及び被用者の所有する財産に対する強制執行を認めることを前提とし、それが合衆国軍隊の使用している施設及び区域内にあるときは、わが国は合衆国に協力を求めることができるとの規定と解される。

注

1　外交使節の特権、免除についても文献はすこぶる多い。ここでは、横田喜三郎・国際法Ⅱ〈新版〉二八二頁以下（有斐閣、一九七二年）参照。外交使節の特権、免除について英米のように国内法で定めていた国もある。その目的は外交使節を保護することにあった。

2　外交関係に関するウィーン条約については横田喜三郎・外交関係の国際法（有斐閣、一九六三年）参照。この条約の多くの国（約一四〇カ国）が批准し、一九六四年四月二四日から発効している。わが国も批准している。

3　わが国では条約の批准で足り、あえて国内法を制定する必要はない。

4　横田・前掲注**1**二八二頁。

5　わが国においても米国大使館付軍人は、その公務の遂行としての自動車運転によって発生した事故にもとづく損害賠償請求訴訟に服しないとした裁判例がある（東京地判昭和四〇年九月二九日判タ一八四号一七〇頁）。

6　外交官及びその家族の個人としての生活に関する紛争については明らかではない。なお、横浜地判大正一三年七月一六日新聞二二九四号七頁では、駐日ドイツ大使館書記官がその妻に対して幼児引渡請求をした場合に、裁判権の免除の放棄の有無にかかわらず、わが国の裁判所が判断しうるとした。

7　横田・前掲注**1**三一四～一五頁。

8　わが国で外交使節に対する訴訟が提起されたときは、裁判所は、外務省を通じて、派遣国にたいして裁判権の免除を放棄するかどうかを確かめることとしている。外交使節に証人として証言を求める場合も同様である。また、領事官及び領事館議職員、各種の代表部の代表及び職員、各種の使節団の団長及び職員、各種の国際機関の職員等についてもこれに準じて扱うものとされている（昭和四〇年八月二六日最高裁事務総長通達最高裁民二第六〇八号）。東京高判昭和四五年四月八日下民集二一巻三・四号五五七頁は、アラブ連合の外交官に対してその貸借する家屋の明渡しを求めた事案において、外交官の有する裁判権の免除の放棄の有無を確かめずに訴状を却下した命令を違法とした。

9　外交使節に類似する国家代表の特権、免除については、横田・前掲注**1**三三三頁以下。この条約は発効していない。また、わが国は批准していない。

10　普遍的性格の国際機関との関係における国家代表に関するウィーン条約については、島田征夫＝高井晋「普遍的国際機構との関連における国家代表に関するウィーン条約」国際法外交雑誌七五巻三号七七頁以下（一九七七年）。

11　領事関係に関するウィーン条約については、横田・前掲注1三四二頁以下参照。この条約は一九六七年三月一九日に発効した。現在わが国を含む一〇〇カ国以上が批准している。なお、領事の裁判権の免除については同書三六九頁以下。

12　軍隊に関する地位協定については、横田・前掲注1三三二頁以下。日米合同委員会における民事裁判管轄権に関する事項の決議によれば、わが国の裁判所は証拠のための文書、物件の送付を合衆国軍当局に嘱託することができる、合衆国軍隊の構成員及び使用人を証人、鑑定人として取り調べることができる、日本の裁判所は検証のために区域内に立ち入ることができる、これらの者に対して期日呼出状及び訴状を送達することができ、そのため区域内に立ち入ることができる、とされている。

四　国際機関及びその職員

一　国際機関と裁判権の免除

(一)国際機関(国際機構)は二〇世紀とくに第二次世界大戦後に設立されたものが大多数であって、国際機関及びその職員の特権及び免除についてはそれぞれの国際機関とその加盟国の条約、協定等で定めるのが通常である1。国際機関は、条約に基づき、一定の目的のもとに、複数の国を構成員とする組織体である。国際機関は国際法上独立の人格を有し、自己の機関によって活動するけれども、その設立の根拠は条約にあり、一定の目的のために存在するのであるから、国家とはその性質を異にする。国際機関の職員についても国際機関の目的の遂行のために存在するのであるから、国際機関及びその職員の裁判権の免除の根拠は、国際機関の任務の遂行を容易ならしめ、その機能を十分に発揮させるということにある(国際機関及びその職員の特権、免除は、国際機関によって多少異なるところもある)。しかし、国際機関の職員の享有する裁判権の免除は、外交使節等よりも制限されてはいるものの、かなり広い。これについてはかなりの批判もある。これを改めるには根拠となっている条約を改正するか、国際機関及びその職員の特権、免除に関する新たな条約を作成するほかはない(もっとも、それぞれの国と国際機関との間で個々の協定で免除の一部を放棄するなど、必要に応じた規定を設ける等の方法をとって解決することはできよう。しかし、国によって国際機関及びその職員の裁判権の免除の範囲が異なることは適当ではないから、このような方法にも自ら限度があろう)。

なお、国際機関に関する条約において、国際機関が加盟国において訴を提起することを認めた規定を設けることが少なくないが、これは当事者能力を認めた規定であって、裁判権の免除の放棄を意味するものではない(例えば、国際復興開発銀行協定七条)。

(二)国際機関とその職員の裁判権の免除については、通常、条約、協定等によって定められるが、その国際機関との関係では、その本部又はその機構の一部が存在する国、その機関に加盟はしているがそのような機構の存在しない国、その機関に加盟していない国とに分かれる。国際機関を設立する条約で裁判権の免除について一般的に定めているときは、加盟国はその機構の有無にかかわらず、その条約の定めるところに従わざるをえない。しかし、国際機関とその本部又はその機構の一部が存在する国との間において特権、免除に関する協定があるとしても、その機構の存在しない加盟国はこれに拘束されるものではない。しかし、それらが存在する加盟国の例にならうことが多いであろう。その国際機関に加盟していない国では、その国際機関を承認しないこともありうるが、多くは類似の国際機関の例にならった扱いをするか、または個別に交渉して取り極めることになろう。

二　わが国と国際機関の裁判権の免除に関する条約

わが国が特権、免除について条約、協定を結んでいる国際機関は、国際連合並びにその専門機関及び国際連合大学、国際原子力機関、経済協力開発機構、欧州共同体、アジア生産性機構、国際電気通信衛星機構である[2]。また、国際通貨基金協定、国際復興開発銀行協定などのように、国際機関を設立する条約のなかにも特権、免除についての規定がある。

(一)国際連合憲章一〇五条では、国際連合はその目的の達成に必要な特権及び免除を加盟国の領域において享有し、その職員は国際連合に関連する自己の任務を独立に遂行するために必要な特権及び免除を享有すると規定した。これをうけて一九四六年の国際連合の特権及び免除に関する条約では、国際連合並びにその財産及び資産は、免除を明示的に放棄した場合を除き、あらゆる形式の訴訟手続の免除を享有する。免除の放棄は執行の措置には及ばないものと了解される(同条約二条二項)。国際連合の職員は公的資格で行ったすべての行動に関して訴訟手続を免れる(同五条一八項)。これらの裁判権免除は放棄することができるが、その権限を行使するのは事務総長である(同条二〇項)。国際連合のための任務を遂行する専門家についてもほぼ国際連合の職員の場合と同様である(同条約六条二二項・二三項)。

国際連合の享有する免除は、国家の裁判権免除に関する制限免除主義にくらべて非常に広い。これは制限免除主義の考え方が有力になる以前の、第二次世界大戦後間もないころにこの条約が定められたためであろう。しかし、明文で規定されている以上、これを制限的に解釈することは困難であろう。なお、契約から生ずる紛争又は他の私法的性格を有する紛争で国際連合を当事者とするもの及び国際連合職員に関する紛争で免除を放棄しないものについては、国際連合はそれについての適当な解決方法を定めなければならないとされている(同条約八条二九項)。多くの場合は仲裁によって解決する旨の合意をしているようである[3]。

(二)国際連合の専門機関については、一九四七年の専門機関の特権及び免除に関する条約がある。これは国際連合の特権と免除に関する条約とほぼ同様である。わが国はこの条約に加入している。

(三)経済協力開発機構の裁判権の免除は、経済協力開発機構条約一九条及びそれをうけた第二補足議定書では、欧州経済協力機構条約のの締約国、カナダ、アメリカ合衆国及びその他の国に分けているが、日本を含む「その他の国」においては、関係政府と機構との間で締約される特権及び免除に関する協定又は取極によることとされている。したがって、同機構の特権及び免除は国又は地域によって必ずしも同じではない。日本では日本国における経済協力開発機構の特権及び免除に関する日本国政府と経済協力開発機構との間の協定(昭和四二年条約第六号)による。

(四)国際復興開発銀行、国際金融公社及び国際開発協会については、それぞれ国際復興開発銀行協定七条、国際金融公社協定六条、国際開発協会協定八条が適用される[4]。例えば、国際復興開発銀行に対しては、当該領域内に銀行が事務所を有しており、若しくは訴訟に関する送達をうけるための代理人を任命している加盟国又は当該領域内で同銀行が証券の発行若しくは保証をしていた加盟国にのみ訴を提起することができる。銀行の財産及び資産は、所在地及び占有者のいかんを問わず、銀行に対する裁判の確定前はあらゆる形式の押収、差押又は強制執行を免除される(同協定七条三項)。これは国際復興開発銀行の目的と機能の面からの免除である。同銀行の役員、使用人は、公的資格で行う行為について訴訟手続を免除される。ただし、銀行がこの免除を放棄することはできる(同八条一項(i))。

(五)欧州共同体は、一九六五年四月の単一理事会及び単一委員会設立条約の附属議定書によって、加盟国の代表者及び欧州共同体職員の裁判権の免除を定めた[5]。しかし、共同体そのものの裁判権の免除は定めていない。また、この条約は共同体の加盟国のみを拘束し、非加盟国には適用されない。要するに、そこでは加盟国の代表者及び共同体職員の加盟国における裁判権の免除を定めているにすぎない。問題となるのは、欧州共同体はこの条約の加盟国、非加盟国において裁判権の免除を享有するか、また、共同体の職員は非加盟国で裁判権の免除を享有するかということである。わが国は欧州共同体の加盟国ではないから、後に述べるようにわが国における欧州共同体の裁判権の免除に関しては、同条約および附属議定書の規定を適用することはできない。一般に、条約によって設立された国際機関については、その国際機関の非加盟国においてこのようなことが生ずる。このような場合には、その国際機関と非加盟国の間で特権、免除に関する協定があればそれに従うこととなるが、それがなければ、性質の類似する国際機関又は国家に準じて扱うこととなろう。わが国は、欧州共同体との間でヨーロッパ共同体委員会の代表部の設置及びその特権免除に関する協定(昭和四九年条約第三号)を締結し、同委員会の代表並びにその日本国における代表部の長、職員及びこれらの家族に外交関係に関するウィーン条約で認められた特権、免除を与えている。これは欧州共同体に対する日本の外交使節の特権免除に対応する関係にある。しかし、欧州共同体それ自体がいかなる特権、免除を享有するかは定めていない。国際機関に関する協定としてはいささか異例というべきではなかろうか。全体としてみると、欧州共同体は国際機関というよりも主権国家に準じた扱いをうけているように思われる。わが国でも欧州共同体を主権的な権力を行使し、国家に準ずる地位をもつ国際機関であると説明している[6]ところからみると、欧州共同体それ自体については国家の裁判権の免除の考え方を適用するのが妥当ではなかろうか。

三　わが国における裁判例

わが国において国際機関の裁判権の免除について判断された裁判例は国際連合大学に関する事件(東京地決昭和五二年九月二一日判時八八四号七七頁)、欧州共同体に関する事件(東京地決昭和五七年五月三一日労民集三三巻三号四七二頁)である。いずれも日本で採用した職員の解雇に関する事案である。

(一)国際連合大学事件[7]は、わが国で国際連合大学に雇傭された者が、国際連合大学が三カ月の期間満了後さらに雇傭契約を更新しなかったことは正当な理由がなく、解雇権または更新拒絶権の濫用であるとして地位保全の仮処分を申請した事件である。ここで争われたのは国際連合大学の当事者能力と裁判手続からの免除である。裁判所は国際連合大学憲章の規定及び国際連合大学本部に関する日本国との間の協定(昭和五一年条約第七号)の規定の解釈として、国際連合大学がわが国で独立した法人格として訴訟等の権利能力を有するものとし、さらに、わが国の裁判権に服するかどうかについては、前記本部規定によって国際連合憲章及び国際連合の特権及び免除に関する条約によって与えられる利益を享有することを前提として締結しているのであるから、国際連合大学が免除を明示的に放棄した特定の場合を除き、裁判手続からの免除を享有すると判示した。国際連合大学は国際連合の補助機関であるから、国際連合憲章一〇五条、国際連合の特権及び免除に関する条約の趣旨からみて、明示的な放棄がなされていないかぎり、これに裁判権の免除を認めることができよう。

(二)欧州共同体委員会事件[8]は、わが国にある欧州共同体委員会代表部に職員として採用された者が、試用期間中に解雇の通知をうけたので、欧州共同体委員会を相手方として地位保全と賃金仮払いを求める仮処分を申請した事件である。欧州共同体委員会の主張は、欧州共同体委員会代表部はわが国においても外交関係に関するウィーン条約によって与えられる特権及び免除を享有するものであり、その就業規則で「当機関と現地職員のいかなる紛争も、日本法の下で管轄権を有する裁判所に提訴する」との定めがあっても、これは裁判手続からの免除を放棄する趣旨であって、執行の免除の放棄を意味するものではないから、執行の免除があれば仮の地位を定める仮処分そのものが否定されるべきであるし、賃金の仮払いも強制されない、したがって執行不能なことを求める仮処分の申請はその利益を欠くというのである。これに対して裁判所は、裁判手続からの免除と執行の免除とは別のことであり、判決の執行を拒否される可能性があるからといって直ちに訴の利益がないということはできず、欧州共同体委員会が裁判手続からの免除を放棄していることは明らかであるとして、解雇の当否について判断した。本判決の意義は、裁判手続からの免除と執行の免除を区別したこと、欧州共同体の裁判手続からの免除を認めなかったことである。この判決文によれば、就業規則の規定からみて、欧州共同体がこの種の紛争について予め裁判手続からの免除を放棄していると解しているようである。ところで、欧州共同体を「主権的な権力を行使し、国家に準ずる地位をもつ」国際機関であるとし、就業規則において紛争の解決を現地の裁判所の手続によるとした条項のあることから、一定の事項について予め裁判権の免除の放棄をしたと解するとすれば、少なくともこの判決は裁判手続からの免除を放棄する意思の表示方法については昭和三年の大審院決定の考え方とは異なり、当事者における予めの放棄を認めたものというべきであろう。また、本件は仮処分事件ではあるが判決手続で行われているところからみると、欧州共同体代表部に対して口頭弁論期日指定をし、期日呼出状を送達したと推定される。この点も注目されるところである。今後、国際機関をめぐって雇傭、不動産、交通事故等に関する訴訟がふえることも予想される。

注

1　国際機関及びその職員の特権、免除についても文献は少なくない。

2　いずれもその本部又は機構の一部がわが国にある国際機関である。しかしわが国にそのようなものを有しない国際機関についてどのように扱っているかは明らかでない。

3　一九六七年にこの問題を国際法委員会で検討した際に、国際連合は私法上の性格をもつ紛争の解決については、仲裁に委ねることとし、職員の任務の遂行によって生じ、国際連合の利害から裁判権の免除の放棄ができないときは、当事国との間で話合いで解決するようにしていると述べている。Yearbook of International Law Commission 1967, vol. II, at 296.

4　このような規定はこの種の国際機関にほぼ共通しているようである。

5　Treaty Establishing a Single Council and Commission of the European Communities 及び Protocol on the Privileges and Immunities of the

European Communities (Official Journal, No. 15, 13 July 1967).

6　第七二国会衆議院外務委員会議事録二五号三頁(昭和四九年五月一五日)の政府委員(外務省条約局参事官)の説明参照。欧州共同体は、形式的には国際機関であるとはされているが、各国の主権を徐々に制限し、主権的権限の移譲をうけるものであるから、国家に類似する性格の組織とみるべきであろう。なお、田畑茂二郎・国際法1〈新版〉三二四～二五頁参照。

7　国際連合大学については横田洋三「国連大学の当事者能力及びわが国における訴訟手続の免除」昭和五三年度重要判例解説二六四頁、中村道「国連大学事件」田畑茂二郎・太寿堂鼎編・ケースブック国際法〈増訂版〉四五頁参照。

8　欧州共同体駐日代表部事件については、小寺彰「欧州共同体委員会の地位」昭和五七年度重要判例解説二六八頁参照。

第八章　民事手続法に関する多数国間条約

一　序説

一　いくつかの国にわたる法律関係が増加するにつれて、各国の法律が異なることは当事者にとっても裁判所にとっても不便である。このような問題を解決する一つの方法は各国の法律を統一することである。しかし、各国の法律を統一することは非常に困難であるし、また、あえて国内的生活関係のみに関する法律までも統一する必要はないと考えられる。そうすると、渉外的生活関係に関する法律を統一することでも足りる。このような法の統一への動きは、主として実体法の分野において、各種の国際団体、国際機関において一九世紀末から行われるようになった。これを統一法運動[1]という。しかし、実体法の統一が実現していないとすれば、裁判所はいずれかの国の実体法を適用して判断しなければならない。それは各国の国際私法（抵触規則）によって決定される。各国の国際私法の規定は必ずしも同じでないから、いずれの国の裁判所に事件が係属したかによって、準拠法となる実体法が異なる可能性がある。同一の事案が、裁判の係属した国によって解決が異なることは好ましいことではない。したがって、各国の国際私法、すなわち準拠法の決定に関する規定を統一することが望ましい。一九世紀末からのハーグ国際私法会議はこれを目的としている。このように、渉外的法律問題に関する法の牴触を解決するために、実体法と国際私法の分野では、これまでいくつかの事項にわたって国際的な統一の試みがなされてきた[2]。いずれの分野でも、法の統一の方法は、通例、国家間の条約である。各国がそれぞれの条約を批准し又はそれに加入することにより、締約国間では法の統一がなされることになる。このような場合に締約国が法廷地であるときは、直接又は間接に、その条約の規定が適用される。このような条約は立法的性質を有する条約である。これらを国際的立法ということもできよう。

民事訴訟法その他手続法の分野では、いくつかの国に関連性を有する事項について国際的に法の相違を調整し或いは克服するために、どのような試みがなされてきたのであろうか。このようなことについては、これまでわが国では十分に検討されてきたとはいえないであろう[3]。本稿は、民事手続法に関するこれまでの多数国間条約の情況を筆者の知りえた範囲で示し、そこから民事手続法における法の相違の調整・克服の方法、法の統一の必要性等について、何らかの特色を読みとることができるかを調べ、また、これらの資料をもとにして民事手続法の国際的立法に関するいくつかの問題を検討しようというものである。その目的は、民事手続法の国際的立法の情況を把握するとともに、先人の努力と経験を今後の国際的立法に役立てるためである。また、それは国内法としての国際民事訴訟法の立案にも参考となるであろう。

二　手続法の国際法立法について検討するに当たって、まず、本稿で取り扱う手続法とはどのようなものをいうかについて述べておく必要がある。一定の法律関係が実体法上の問題か手続法上の問題かどうかは、法廷地の法原則によって決定されるのであって、それは国によって異なるのであるが、ここでは、一般に理解されているところに従って、民事訴訟事件及び非訟事件の裁判管轄権、出訴期限、当事者能力、当事者適格、二重起訴（国際訴訟競合）、送達、証拠調、訴訟費用の担保、訴訟救助、外国裁判の承認及び執行、保全手続、担保権の実行手続、仲裁、外国仲裁判断の承認及び執行、破産手続など実体法上の権利義務を実現するための手続をいうものとする。これらは「国際民事訴訟法」あるいは「国際民事手続法」と呼ばれているもの4である。

三　次に、国際的立法とは何かについても決めておく必要がある。民事手続法の差異を克服又は調整するための措置を講ずる目的は、渉外的な事件について各国で統一された規則にもとづいて手続が行われることにある。各国で同一の規則を適用するための方法は多数国間条約である。したがって、本稿で検討の対象とするものは、これまでに作成され、採択された多数国間条約である。しかし、既に述べたような目的からすると、現に発効している条約はもとより、未発効の条約もとり上げるべきである。どのような条約が未発効であるか、それはいかなる理由によるかなどについても、今後の国際的立法を考えるに当たって参考となりうるからである。もっとも、本稿では紙数の制限があり、そこまでの考察は別の機会に譲らざるをえない。また、条約として採択されるに至っていない条約案についても、これまでどのような試みがなされているかを知るという観点から有益であるので、知りえたかぎりにおいて検討の対象とする。あえて各国で手続法を統一しておくまでの必要はない事項（例えば仲裁手続）に関する規定に関しては、条約によるまでの必要はなく、いわゆるモデル法（model law）でも足りるとされている。このような試みもここでの対象に加えておいてもよいであろう。

本項でとりあげたものは、筆者が過去十数年にわたって参画し或は関係したいくつかの国際的立法作業を通じて知りえた多数国間条約である。それらは民事手続法の統一を目的とした条約だけでなく、民事手続に関する規定を含む実体法、国際私法の統一を目的とする条約である。しかし、二国間条約はあえてとり上げなかった。それらを網羅的に調査することは困難であるし、また、手続法の統一又は広い範囲での国際的協力、調整を目的とするものではないからである（しかし、二国間条約を軽視しているわけではない。二国間条約と多数国間条約とでは機能を異にする）。この目的のため調査は網羅的であるに越したことはないが、とくにそれに適した形で条約を整理し、編集した資料もないので、今のところ、個々の研究者の知識と経験をもとにして調べるほかない。世界中の国を対象とするような条約であればともかく、地域的条約、私法以外の分野の条約等については時間と手段に制約があり、調査は十分とはいえないであろう。しかし、それでも民事手続法に関する多数国間条約の情況の大要を知り、そこからいくつかのことを読み取ることもできるのではないかと思われる。

いうまでもなく、条約の検討において重要なことは、それがいかなる内容であるか、それはどのような目的で作成され、どのような機能を有するか、その利害得失はどうかなどの実質的な問題の検討にあるが、本稿では個々の条約を具体的に論ずることが目的ではないので、そこまでは立ち入らない。したがって、条約上の個別の問題に触れることはしない。また、紙数の制約もあるので、それぞれの条約の趣旨、目的、その内容、それを作成した国際組織について説明することも省く。

注

1　田中耕太郎・世界法の理論（全三巻）（岩波書店、一九三四年）参照。本書は、約半世紀以前に書かれたものであるが、民法、商法等の実体法の統一、国際私法の統一の問題を広い視野で捉え、その統一の可能性について詳しく論じたものであって、法の統一に関する古典的な著作である。しかし、第二次大戦後は以前よりも法の統一のための国際的な活動がなされているにもかかわらず、或いはかえってその故にか、本書に続くものがあらわれていない。

2　国際私法の統一については、折茂豊・国際私法の統一性（有斐閣、一九五五年）、池原季雄・国際私法（総論）四一頁（有斐閣、一九七三年)以下参照。とくに折茂教授の著書を参照されたい。同書のなかで手続法に関する問題が扱われていないわけではないが、同書は主としていわゆる国際民法を中心に論じたものである。ハーグ国際私法会議の活動に関しては、このほかに法務資料三四〇号(第七会期まで)、川上太郎・国際私法の国際的法典化(有信堂、一九六七年。一九六六年の特別会期まで)、高桑昭「ハーグ国際私法会議第一二会期の報告」法曹時報二五巻一号(一九七三年)、池原季雄＝千種秀夫＝南新吾＝高桑昭「ハーグ国際私法会議第一三会期の成果」ジュリスト六三五号(一九七七年)、南敏文「ハーグ国際私法会議における国際私法の統一」ジュリスト七八一号(一九八三年)がある。

3　民事手続法に関する条約について、その発展を述べたものはいくつかある。Istvan Szaszy, International Civil Procedure, 1967, 中南米諸国間の条約について G. Para-Arangren, Recent Developments of Conflict of Laws Convention in LatinAmericas, Recueil des cours 1979 I, p.55; T. de Maeckelt, General Rules of Private International Law in the Americas: New Approach, Recueil des Cours 1982 I, p.193 など、並びにそこに引用されている文献参照。しかし、本稿のような観点から、民事手続法に関する条約だけでなく、民事手続法に関する規定を実体法、国際私法の条約の中から拾い上げて検討することを試みたものは、わが国以外でも、これまでのところ見当らないようである。

4　国際民事訴訟法の概念は一般に認められている。国際民事訴訟法(Internationales Zivilprozessrecht; Diritto processuale civile internazionale)という表現は適切でないかもしれないが、その概念は有害無益であるとはいえない。仮にこのような概念を否定する努力をしたとしても、そこで取り扱っている問題そのものまでもなくなるわけではない。もっとも、国際民事訴訟法の概念を不要とする考え方が渉外的性質を有する問題であると否とを区別することなく、裁判所は法廷地法を適用すべしとの見解であれば、現在の一般的な考え方とは著しくかけはなれているというほかはないし、そのような見解には筆者は賛成できない(いわゆる国際民事訴訟法有害無益論は、国際裁判管轄権の決定について、国内裁判所の土地管轄に関する民事訴訟法の規定を適用又は類推することで足るという発想から生じたものらしい)。

国際民事訴訟法に関する文献も少ないとはいえない。本稿の性質上、それらをここで掲げることは控える。例えば、G. Kegel, Internationales Privatrecht, 5. Aufl., 1985, pp.638-640 に掲げられた文献(個別的な問題を論じたものではない)参照。古くは、Meili, Das internationale Zivilprozessrecht auf Grund der Theorie, Gesetzgebung und Praxis, 1906 がある。第二次世界大戦後のものとして、E. Riezler, Internationales Zivilprozessrecht und prozessuale Fremdrecht, 1948; G. Morelli, Studi di diritto processuale civile internazionale, 1961; I. Szaszy, International Civil Procedure, 1967; H. Nagel, Internationales Zivilprozessrecht fur deutsche Praktiker (1980); R. Schutze, Internationales Zivilprozessrecht (1980), R. Schutze, Deutsches Internationales Zivilprozessrecht (1985)等を参照されたい。なお Max Planck Institut から出された Handbuch des Internationales Zivilverfahrensrechts, I, IIIa, IIIb (1982)は詳しい解説書である。筆者の知るかぎりでは、英語、仏語の概要書ではとくにこのような概念を用いたり、手続部分のみをまとめることはしていないようであるが、民事手続に関する重要な問題については概説書でも説明を加えている。

二　これまでの多数国間条約の概況

一　民事手続法の国際的立法の情況を知るためには、まず、民事手続法それ自体に関するこれまでの条約を知らなければならない。民事手続法それ自体に関する条約とは、例えば民事訴訟手続に関する条約、送達条約などである。しかし、それだけではない。実体法や国際私法の統一を目的とする条約のなかにも手続法に関する規定が存在することもあるからである。これらも、個々の問題に限定されているとはいえ、ここで取り上げて検討すべき手続法に関する国際的立法[1]である(例えば、航空運送に関するいわゆるワルソー条約における裁判管轄権に関する規定)。そうはいうものの、民事手続法そのものに関する条約のみであるならばともかく、実体法、国際私法に関する条約のなかから民事手続法に関する規定を拾い上げることは必ずしも容易ではなく、まして日本に直接関係のない条約を調べることは難しい。これまでに筆者の知りえた条約とそこで取り扱っている手続法の分野は末尾の一覧表にまとめた[2]。もっとも、本稿では出訴期限及びその期間、責任制限に関する規定は省いた。それは数が多くなりすぎることのほか、単に出訴期限の期間又は責任制限の金額を統一したにすぎず、手続法としてそれほどには重要とは思われないからである。

二　これらの条約をいくつかの観点から整理して検討してみる。

(一)　まず、これらの条約は、その内容からみて、三つの類型に分けることができよう。一は国際民事手続法上の一定の事項に関する一般的条約、二は国際民事手続法上の特定の事項に関する条約、三は実体法又は国際私法に関する条約であって、附随的に関連する国際民事手続法上の規定を設けている条約である。

（イ）第一の類型は国際民事手続法の一定の問題（例えば送達、証拠調、外国判決の承認及び執行）について一般的な規定を設けることを目的とした条約である。この種の条約の例としては、一九〇五年及び一九五四年の民事訴訟手続に関する条約（送達、証拠調、訴訟費用の担保、訴訟救助）、一九六五年の民事又は商事に関する裁判上又は裁判外の文書の送達及び告知に関する条約（送達）、一九七〇年の外国における民事又は商事に関する証拠の収集に関する条約（証拠調）、一九七一年の民事及び商事に関する外国判決の承認及び執行に関する条約（外国判決の承認及び執行）などがある。また、仲裁に関する諸条約、破産に関する条約及び条約案も、これに属することはいうまでもない。この類型に属する条約は事の性質上、数の上では多くはない。

（ロ）第二の類型は特定の手続に関して定める条約である。例えば、一九五八年の動産の国際的性質を有する売買における合意管轄に関する条約、一九七三年の扶養に関する判決の承認及び執行に関する条約などがあげられる。これらの条約は、それぞれ合意管轄、外国判決の承認及び執行に関するものであるが、特定の手続に関するものであって、合意管轄などについての一般的条約ではない。また特定の事項に関する裁判管轄権、準拠法、判決の承認及び執行をあわせて一つの条約で扱う例もある（一九六五年の養子縁組条約、一九七七年万国海法会の船舶衝突条約案など）。このような条約もこの類型に入れてよいであろう。

（ハ）第三の類型は実体法又は国際私法の条約のなかで、附随的に、関連する国際民事手続法上の規定を設けている条約である。その例としては、一九二九年の航空運送に関するワルソー条約（裁判管轄権）、一九七八年の海上物品運送に関する国際連合条約（裁判管轄権）、一九六一年の未成年者の保護に関する条約（裁判管轄権、保護措置の承認）などがある。これらの条約は本来実体法又は国際私法の規定の統一を目的としているが、そのなかで裁判管轄権など国際民事手続法に関する問題もあわせて規定しているものである。国際民事手続法のみに関する条約よりも実体法又は国際私法の条約の中に手続法に関する規定を設けている条約のほうが多い。

（二）　次に、条約がどのような問題を取り扱っているかという点から整理してみる。これらの条約では、国際裁判管轄権、外国判決の承認及び執行、二重起訴（国際訴訟競合）、送達、証拠調、訴訟費用と訴訟救助など民事訴訟法に関する問題のほか、非訟事件の裁判管轄権、破産、仲裁もとりあげられている。

（イ）　このなかでは、裁判管轄権に関する規定が著しく多いことが目をひく。注目すべきことは、裁判管轄権のみを一般的な形で規定した条約が少なく、裁判管轄権は個別の問題又は個別の法律関係に関する実体法又は国際私法の条約のなかで、直接管轄権の形で、規定されていることである。さらに、外国判決の承認のための要件としての裁判管轄権、すなわち間接裁判管轄権と直接裁判管轄権とが同一の原則に従うべきであるとすれば3、これらの条約（例えば、一九七三年の扶養に関する判決の承認及び執行に関する条約）の規定も裁判管轄権に関する条約と考えることもできる。

（ロ）　外国判決の承認及び執行に関する条約も少なくない。一般的な条約としては、ハーグ国際私法会議で採択された、一九七一年の民事及び商事に関する外国判決の承認及び執行に関する条約と、それに対する追加議定書がある。この条約は発効はしてはいるが、わずかに二ヵ国が批准しているだけで、多くの国で採用されるには至っていない。しかし、中南米、北欧及び西欧では、地域的条約として、外国判決の承認に関する条約があり、いずれも効力を生じている。これに対して、既に述べたように、個別の事項、例えば、未成年者保護、養子縁組、扶養等に関する外国判決の承認及び執行に関する条約は、いくつか存在する。

（ハ）　国際二重起訴（国際訴訟競合）に関する規定もいくつか存在する。それらは独立した条約でなく、裁判管轄権に関する条約(一九六五年の管轄の合意に関する条約)、外国判決の承認及び執行に関する条約(一九七一年の民事及び商事に関する外国判決の承認及び執行に関する条約、一九七〇年の離婚及び別居の承認に関する条約)などのなかにあわせて規定されている。

(二)　手続法上の事項のみに関する条約も存在し、それらは組織的に作成され、それを改訂する条約も作られている。西欧においては訴訟手続に関する条約として基本となるのは、民事訴訟手続に関する条約(一九〇五年及び一九五四年。民訴条約)である。この条約は送達、証拠調、訴訟費用及び訴訟救助について規定している。そのうち、送達については、英米法系の諸国とくに米国の参加を得るために、一九六五年に民事又は商事に関する裁判上及び裁判外の文書の外国における送達及び告知に関する条約が作成され、この条約の締約国の間では民訴条約の規定に代わることとなった。一九七〇年の民事又は商事に関する外国における証拠収集に関する条約も、同様に民訴条約の証拠調に関する規定に代わるものとして作成された。訴訟費用及び訴訟救助については、一九八〇年のハーグ国際私法会議第一四会期で、裁判上の援助のための条約を採択し、民訴条約の該当する規定を改めることにした。しかし、西欧諸国間では欧州共同体の役割が大きくなりつつあるように思われる。これに対して、中南米諸国では一八七八年の国際私法統一条約(リマ条約)、一八八九年の民事手続に関する南アメリカ諸国条約及び一九四〇年の民事訴訟法に関する条約(モンテビデオ条約)、一九二八年の国際私法に関する条約のように、総合的な法典の形をとっていたが、その後これを改正する動きが起こり、一九七五年パナマで採択された司法共助の嘱託書に関する米州国家条約、外国における証拠の収集に関する米州国家条約及び国際商事仲裁に関する米州国間条約、一九七九年モンテビデオで採択された外国法の証明及びその情報に関する米州国間条約、保全措置に関する米州国間条約、判決及び仲裁判断の外国における効力に関する米州国間条約では、司法共助、証拠収集などをそれぞれ規定している。

このような事項は、実体法または国際私法の条約のなかで定めるには適しないので、当然それのみを取り扱う条約を作成せざるをえないことになる。

（ホ）保全手続については、海事法外交会議における一九五二年の船舶の仮差押に関する条約と万国海法会の作成した一九八五年の船舶の仮差押に関する条約案がある。これらは一定の債権にもとづく船舶の仮差押のほか、仮差押解放金、執行手続、裁判管轄権についても規定している。

（ヘ）破産についてはいくつかの条約案が作成されたが、北欧諸国間における一九三三年の破産に関する条約を除くと条約として効力を生じたものはない。

（ト）仲裁については、中南米、西欧、東欧等の地域で統一法又は条約が作成されているだけでなく、既に世界的な規模で国際的立法がすすんでいる（別表に掲げなかったが、仲裁に関する条約草案は二、三にとどまらない。本稿ではこれらについては省略した）。すなわち、外国仲裁判断の承認及び執行については一九二七年のジュネーヴ条約と一九五八年のニューヨーク条約があり、仲裁規則については一九七六年に国際連合国際商取引法委員会の規則（UNCITRAL Arbitration Rules）が作成された。また、仲裁法についても同委員会で一九八五年六月にモデル法（UNCITRAL Arbitration Model Law）が作成されている。

（三）　これらの条約の規定の性格は必ずしも一様ではない。大別すると、二つの種類に分かれる。

一つは、裁判管轄権、国際二重起訴、外国判決その他の裁判の承認及び執行、外国仲裁判断の承認及び執行などに関する条約の規定である。これらは内国に裁判管轄権があるか否か、外国で訴訟が係属する場合の内国訴訟の取扱、外国判決の承認及び執行、外国仲裁判断の承認及びその執行などのように、外国とかかわる手続法の部分を統一しようというものである。すなわち、手続法における渉外的関係の実質法を統一するための規定である。これを統一型の条約ということもできよう。

他は、送達、証拠収集の条約のごとく、外国から依頼をうけ又は外国に依頼して手続を行う場合に関する条約の規定である。これらの条約では、一部には各国の手続法の統一を目的とした規定(例えば、送達における任意の交付の原則)もないではないが、そのほとんどの規定は各国の裁判所その他の当局間の協力手続及びその実施の方法等についての規定を設けることを目的としている。これらの規定は各国の国内法の規定に直接影響を及ぼすことなく、国家間の協力についてとりきめる規定[4]である。これを協力型の条約ということもできよう。

(四)　条約を作成した国際組織の点からみると、民事手続法固有の条約は、地域的国際組織で作成されたものが多い。一九世紀末からの中南米諸国及び米州機構における条約はその代表的な例である。地域的にみると中南米では一九世紀末から、西欧では二〇世紀後半から、地域内における手続法に関する国際的立法が試みられている。もっともハーグ国際私法会議は第二次世界大戦前はほとんどが欧州の国で構成され、ヨーロッパ地域にのみ適用されるための条約を作成していたことを考慮する[5]と、実質的には地域的な国際機関に近かったということもできるから、これを実質的には西欧と考えると、西欧では一九世紀末からそのような試みがなされていたともいえる。これらの中で特色のあるものは仲裁に関する条約であって、いずれも国際連盟又は国際連合で作成されている。

(五)　複数の条約が作成されている事項もある。これらは送達、証拠調、外国判決の承認、仲裁判断の承認など手続法固有の部分であって、しかも米州機構、ハーグ国際私法会議、国際連盟及び国際連合などの機関で作成されている。これらの条約は、内容的には新しい条約で古い条約を改め又は補充するようになっている。これは国際的立法の発展の例ともいえよう。

注

1　このほかに、外国国家、外交使節及び領事の裁判権免除、国際機関の当事者能力などについての条約がある。しかし、各国の民事手続法における渉外的規定を統一するために作成した条約とは少し性質が異なるので、ここではとりあげないこととする。

2　別表に掲げた条約は、事項ごとに分類したものではない。条約案を作成した国際的組織・機関、条約の内容に従って適宜まとめたにすぎない。しかし、これによって実際的な見地から多数国間条約の情況を知るためには多少役立つかもしれない。

3　わが国の通説は国際裁判管轄権において、直接裁判管轄権と間接裁判管轄権とが同一の原則に従うとしている。このような原則をとる国においては、外国判決の承認及び執行に関する条約を批准し又はこれに加入した場合に、条約で定めている間接裁判管轄権に関する規定を自国の直接裁判管轄権に関する規定として読むことができるかもしれない。しかし、それだからといって、直ちに、自国に直接裁判管轄権の生ずる原因をそれだけに限定すると解すべきか、また条約に定められた国以外の国でなされた判決を承認しないというべきかは、にわかに判定し難い。一九六八年の民事及び商事に関する裁判管轄権及び判決の承認に関する条約は、わが国の通説の考え方をとっているかどうかは明らかでない。二国間または多数国間条約によって国際裁判管轄権を定めたときは、締約国は直接裁判管轄権についても間接裁判管轄権についても、その定めに従うべきことは当然である。しかし、そのような条約がない場合又は条約の締約国でない国との間については、条約の規定に拘ることなく、自国の規則で裁判管轄権の有無を判断しうる。

4　わが国でも民訴条約、送達条約の批准にともなって、若干の国内法の規定は改正している。しかし、これらの国内法の規定は条約の実施にともなう新たな規定であって、民事訴訟法の原則を修正したところはほとんどない。

5　高桑昭「ハーグ国際私法条約における最終条項」国際法外交雑誌七七巻五号五六頁以下(修正を加えて本書第一五章に収録)。

三　国際立法のための若干の考察

一　これまでの多数国間条約の情況から直ちにいくつかの結論を引き出すことは困難であり、危険でもあろう。ここでは若干の私見を述べるにとどめる。

(一)　対象とされている事項

(イ)　全体をみて気付くことは、民事手続法に関する条約については、実体法、国際私法に関する条約と同様、一九世紀末からその必要が感ぜられていたことである。中南米諸国における一八七八年の国際私法統一条約(リマ条約)、一八八九年の民事手続に関する中南米諸国間条約(モンテビデオ条約)、ハーグ国際私法会議における一九〇五年の民事訴訟手続に関する条約はその代表的な例といえよう。そして前者は、一九四〇年のモンテビデオ条約、一九七五年のパナマで採択された諸条約、一九七九年のモンテビデオで採択された諸条約へと発展している。なお、中南米諸国では二〇世紀前半までは手続法上の問題をも網羅する大部の条約を作成していたが、最近は事項ごとに個別の条約を作成するようになっている。ハーグ国際私法会議による一九〇五年及び一九五四年の民訴条約も送達、証拠調、訴訟費用及び訴訟救助について規定していたが、一九六五年の送達条約、一九七〇年の証拠収集条約、一九八〇年の裁判所の利用を容易にするための条約によって、規定の内容を改善、拡充している。このような条約の進展の過程をみると、地域的国際組織においては、古くからかなりの程度に組織的な立法作業がなされ、成果を上げてきたということができよう。むしろ、民事手続法に関する条約は実体法に関する条約及び国際私法に関する条約と相並んで古くから行われ、かつ、それなりの成果をあげているといえる(裁判管轄権、送達、証拠調、訴訟費用、外国判決の承認及び執行に関する条約がそろえば、通常の訴訟については一応足りるといってもよい)。しかし、世界的に多くの国がこれらの条約を採用するには至っていない。これらの作業が長期的な見地から、計画的、組織的にすすめられたかどうかは明らかでないが、米州機構、ハーグ国際私法会議、欧州共同体など常設事務局を有する組織で行われていることは記憶にとどめてよいと思われる。

(ロ)　直接管轄権については、一八七八年のリマ条約、一九二八年のブスタマンテ法典及び一九六八年の裁判管轄権及び判決の承認執行に関する条約を除けば、これを一般的に規定した条約はない。一九四〇年のモンテビデオ条約では手続法に関する条約ではなく、民法に関する条約中で個別の事項ごとに裁判管轄権を規定している(なお、財産関係については全く規定がない）。また、中南米諸国間における一九七五年、一九七九年の諸条約のなかには直接管轄権に関する条約はない。ハーグ国際私法会議による一九七一年の外国判決承認の執行条約一〇条は、間接管轄権についてであるが、一般的な規定を設けている。むしろ、既に述べたように、実体法又は国際私法を統一するための個別の条約の中で国際裁判管轄権について規定する例が多い。国際裁判管轄権についても国内法上の裁判所の土地管轄に関する規則と同様の管轄原因（例えば、被告の住所地・営業所所在地、義務履行地、財産所在地等）をもとにして条約を立案することは、技術的には必ずしも困難なことでないので、そのような規定を設けている条約も存在する。それは一九二八年のブスタマンテ法典、ハーグ国際私法会議の一九七一年の外国判決の承認執行条約、欧州共同体の一九六八年の裁判管轄権及び判決の承認執行に関する条約である。ブスタマンテ法典はその三二三～三一条で、直接管轄権について被告の住所地、義務履行地、不動産所在地、原告の住所地、契約締結地などを挙げている。また、一九六八年の裁判管轄権並びに判決の承認執行に関する条約においては、直接的管轄権について、契約上の義務履行地、扶養義務者の住所地、不法行為における被害・損害の発生地、支店又は営業所に関する取引についてはその支店・営業所所在地という規定を設けている。これに対して一九七一年の外国判決の承認執行条約はその第一〇条(一)―(四)で一般的な管轄原因として、被告の住所地・主たる営業所所在地、当該取引に関係のある支店・営業所所在地、不動産所在地、損害発生地を規定しているが、それは間接管轄権についての規定である。

しかし、これだけの規定をもって多くの類型の法律関係に関する裁判管轄権を適切に規律しうるかどうかは問題である。ある程度まで裁判管轄権の原因を限定したとはいえ、例外をかなり認めなければならないと思われるからである。そのため、個々の法律関係（例えば養子縁組、航空運送など）に関する条約の中に個別的に裁判管轄権に関する規定が設けられているのではなかろうか。このようなことから考えると、一般的、抽象的な形で裁判管轄権を規定するのではなく、法律関係の類型ごとに裁判管轄権に関する規定を設けることもこの問題を解決するための一つの方法であろう。また、これらの条約の作成過程を検討すると、直接管轄権に関する一般的条約の作成が困難な理由としては、各国の立場、利害が分れ、司法制度についての政策が一致しないことが多いことによることがうかがわれる。そうだとすると、国際裁判管轄権に関する統一された又は共通の規定は、近い将来において容易に実現するとはいい難いように思われる。限られた範囲であってもこれを実現するためには、普遍的又は一般的条約よりも地域的条約によることとなろう。規定の仕方として、条約で一定の類型の紛争についていくつかの裁判管轄権を認めて、当事者にその選択を許すことにすれば、多くの国が参加しやすくなるかもしれないが、専属的裁判管轄権の規定を置くと多くの国の支持が得られないこともある。もっとも、裁判管轄権に関する規定が各国で同一であればそれで足りるのであるから、そのためには必ずしも条約によることなく、モデル法を作成して各国がこれを採用するという方法をとることでも足りるであろう。

（ハ）　外国判決の承認執行については、財産関係の分野ではそのための条約が存在するが、地域的条約が機能しているにとどまり、一般的条約は機能していない。それは一般的条約の規定が詳細かつ複雑にすぎるためではなかろうか。これに対して離婚・別居、扶養義務、未成年者保護、養子縁組など能力、身分に関する条約では、それぞれの法律関係に関する外国裁判の承認の要件が定められてあり、それらの条約はいずれも発効している。おそらく、個別の法律問題に関する条約で規定するほうが適切な規定を設けることができ、したがってこれを利用することが容易になるのであろう。これに対して財産関係の外国判決の承認執行条約については将来再び検討を行う必要があるようにも思われる。

（ニ）　外国人、外国の社団、財団の当事者能力、訴訟能力に関する条約は見当たらない。その理由は各国に委ねておくことで足り、あえて多数国間条約によって統一する必要はないと考えられるからであろう。これまで、このような問題は二国間の通商条約などで規定されていることからみると、基本的には二国間条約で決めることが適当であって、多数国間条約によることは適当ではないということによるのではなかろうか。

（ホ）破産又はそれに類似する手続についてはこれまで条約作成の試みはなされたが、いずれも条約案の段階にとどまっている。おそらく、立案が技術的に容易でないことが大きな原因であるとともに、必要とする度合がそれほど高くなかったためではなかろうか。外国における担保権の実行の手続などについても同様のことが考えられる。

（二）条約の規定の性質

（イ）民事手続法に関するこれらの条約には、内国の裁判所で外国の手続法を適用するという規定はない。いいかえると、国際私法とはちがって、連結点を介していずれかの国の手続法の選択という方法はとられていないということである。したがって、原則として裁判所は自国の手続法を適用するのであり、外国の手続法を選択して適用することはない。もちろん、例えば、外国からの送達、証拠調の依頼を実施するに際して、その外国の手続法による方法をとることがないわけではないが、それはいずれも嘱託に際して特別の方法（ただし、受託国の法律に反しない場合）によるとの要請が嘱託国によって表明されているとされるときに限るとされている。このような方法をとることができるのは、条約の規定にもとづいて、渉外手続規定を新たに設けたことによると解すべきであろう。ところが、法廷地の抵触規定によって手続問題と性質決定がなされたとしても、常に法廷地の手続法が適用されるのではなく、外国の手続法に委ねる分野もありうるとの主張もある。その主張の当否は別として1、これまでの多数国間条約からみると、そのような方法は必要ではないように思われる。

「手続は法廷地法による」との原則は中世以来広く行われてきた。そこで、何が手続であり、何が実体かという問題がある。これは法廷地の法原則によらざるをえない。この点に関しては、条約ではとくに触れていない（交通事故条約と生産物責任条約のなかに、消滅時効・出訴期限と立証責任については、締約国がそれが手続問題であると考えるときは、この条約を適用しないとした規定はある。なお、最近英国は出訴期限に関する問題について、従来手続問題としていたことを立法で改めた[2]）。しかし、何が手続問題であるかについてはあえて各国の規則を統一する必要はないと考える。それよりも、個別の事項について必要とされる規定を作成することが適当である。これまでに作成された条約の情況からみるかぎり「手続は法廷地法による」の原則は崩れていないといってよい。少なくとも、手続法上の事項において、外国法を適用することが好ましいとはいえないであろう[3]。

（ロ）　送達、証拠調等の司法共助に関する条約では、各国の手続法を統一する方法をとらず、国家間の協力又は手続の調整のための規定を設ける方法をとっている。これに対して、外国判決の承認執行条約では、国内法の一部を修正することになる。財産関係における外国判決の承認執行条約が多くの国で採用されない理由の一つは、この点にもあるのではなかろうか。

二　このような多数国間条約の情況をふまえて、将来の国際的立法について考えてみることにする。

（一）　まず、民事手続法のうち、いかなる事項について国際立法を行うことが必要か、また適当かという問題がある。この問題については国際的立法が必要か、必要であるとすればどのような規定を設けるか、それを実現することの難易、既に同じような事項について国際的立法がなされているかなどの角度から考えてみなければならない。いうまでもなく、手続法のすべてにわたって統一されている必要はなく、多くの規定はそれぞれの国の国内法に委ねておいてよい性質のものであるし、また、そのような規定までも統一することは不可能であろう。したがって、渉外的手続に関する部分、すなわち外国との関係で共通の規定を作成しておく必要のあると考えられる事項(例えば国際裁判管轄権、外国判決の承認・執行など)、内国の手続法と外国の手続法との間の連絡、調整を必要とすると考えられる事項(例えば送達、証拠調など)について国際立法をすることで足りるのではなかろうか。

そのうち、立法技術上の問題を別にしていえば、とくに必要とされるのは渉外事件についての国際裁判管轄権であろう。国際裁判管轄権に関する規定が統一されていることによって、当事者も裁判所も裁判管轄権の有無について時間と労力を費やさないで済むし、また、裁判管轄権を有する国が定まっているならば、その国の国際私法の規定を通じていかなる法律が準拠法となるかについても予め知ることが可能となるからである。また、外国判決の承認の際における裁判管轄権に関する争いも減少するであろう。次いで必要とされるのは、破産等の倒産手続における裁判管轄権、裁判の効力、実体法上の権利の取扱等に関する事項、船舶差押と担保権の実行などである。企業活動の国際化にともない、その必要の度合は増大すると思われる。

しかし、国際的立法が必要とされる事項であっても、それが困難なものもある。その代表的なものは国際裁判管轄権に関する規定であろう。既に述べたように、裁判管轄権に関する一般的な条約を作成することはかなり困難であって、個別の法律関係の類型ごとに個別的に実体法又は国際私法の条約の中に織り込むという方法によって解決してゆくほかはない[4]ようにも思われる。そうだとすれば、当分の問は問題の全面的な解決は期待できないであろう。また、この方法では実体法や国際私法の規定と組み合わされているため、それらの規定について賛成しない国では、その条約の採用が期待できないおそれもある[5]。もちろん、特定の問題に関する国際裁判管轄権を定める条約を作成することも考えられないではない。しかし、そのようなことは容易に実現できないのではなかろうか。

これに対して、既に条約等の存在する事項については、さらに多くの国がそれらに参加できるように技術的な条項について修正し、或は追加議定書等により条約の内容を改善するなどの方法で、それらが広く利用される方策をはかるべきであろう。その例としては送達、証拠収集、訴訟費用、外国判決の承認などに関する条約がある。

既に相当多くの問題について国際的立法が試みられており、改善の余地がないわけではないが、当分の間あらためて条約の作成を検討する必要のない領域も二、三にとどまらない（例えば、送達、証拠調、外国仲裁判断の承認及び執行など）。いかなる問題について、どのような順序で国際的立法を行うことが適当かは、種々の観点によって異なるであろう。

（二）　それでは国際的立法の形式はどのようにすべきか。現在の国際的秩序のもとでは、それは条約によることになろう。それは民事手続法の適用、執行は国家主権の行使にかかわることが多いので、国家間の合意によって取り極めておくことが必要であること、また、各国で定めたとおりの手続が行われることを確保するためには、各国がこれを遵守しなければならない方法をとることが必要だからである。一般的には、このようにいうことができよう。例えば、人の能力、身分に関する外国判決その他の裁判の承認は各国で同じに扱われることが適当であるから、一般的条約の性質を有する多数国間条約を作成し、これが広く採用されるように努力することが望ましいといえよう。しかし、財産に関する外国判決の承認のように、これまで中南米諸国間の条約、一九六八年欧州条約のような特定の地域に関する条約はともかく、一般的条約の形をとったものは十分な成果を収めているとはいい難いので、次善の策として、二国間条約又は地域的条約により国内法の相違を克服することが考えられる。また、多くの国を満足させる案を得ることが難しいとすれば、社会的、経済的に密接な関係のある国の間で条約を作成するほかはないであろう。これに対して、あえて条約で拘束しなくとも、各国でほぼ同じような規定を備えていることによっても目的を達しうるものもないではない。そのようなものは条約でなくモデル法という方法も考えられる。その例としては、仲裁に関する国際連合のモデル法[6]がある。すなわち、仲裁判断の承認及び執行については各国の規定を統一する必要があるけれども、仲裁手続に関する法律は各国の国内法に委ねておいてもよいものであって、あえて国際的立法措置を講じて統一しておかなければならない性質のものではない。また、多数国間条約であっても、二国間の補足的合意(bilatearal agreement)を認めるという方法をとることによって、基本的な部分について統一し、各国に選択、補足の余地を残しておくという方法をとることも試みられてよいであろう[7]。それによって各国が条約を採用する可能性が増すことも考えられる。

(三)　また、手続法においても国際私法でとられている牴触法的処理をすべきかどうかの問題がある。手続法に関する国際的立法においては、連結点を介していずれかの国の手続法を選択し、これを適用するという方法が適当とは思われないことは既に述べたとおりである。実体的な法律関係に関する準拠法の決定とは異なり、内国の手続法の規定に代えて外国の手続法の規定を内国で適用することははなはだ困難なことをひき起すであろうし、そのような必要があるかも疑わしいからである。これまで行われてきたように、渉外的手続に関する部分を統一し、また各国の手続法の連絡、調整をはかるための規定を設けることが適当であり、またそれで足りるのではなかろうか。「手続は法廷地法による」との原則をあえて修正する必要はないといってよいであろう[8]。

(四)　さらに、手続法のみを定める条約を作成するかという問題がある。手続法のみを定める条約とするほうがわかりやすく、また適当であることはいうまでもない。送達、証拠調、訴訟費用、訴訟救助、財産に関する外国判決の承認、執行など、実体的な法律関係と切り離して定めることができるものは、その方法によることが適当であろう。しかし、人事、家事の事件の国際裁判管轄権のごとく一般的、抽象的な規定を設けても十分に機能するかどうか疑問であって、それぞれの法律関係の類型にしたがって規定を作らざるをえないものについては、既に行われているように、個別の実体法又は国際私法の条約のなかに織り込むような形をとらざるをえないであろう。国際私法の規定と実体法の統一の規定とを一つの条約で定めることは、その性質上、適当ではない場合もあるかもしれないが、手続法の規定は実体法又は国際私法の規定とともに一つの条約とすることにとくに支障はないと思われる。したがって、この方法は今後さらに活用すべきであろう。

（五）そして、いかなる国際組織で立法作業をするかという問題もある。これまでの条約の作成作業は必ずしも組織的、計画的といえないところもあり、また条約が作成されても多くの国がこれを採用するに至らないという欠点がないではない。そこで、統一法の作成あるいは世界法の作成を目指して、多くの国の参加する新たな国際立法機関を作るという考え方もあるかもしれない。しかし、それが果たして実際的であり、適当であるかは問題[9]である。本稿では、現に存在するそれぞれの国際機関の活動の状況、その特色、長所、短所などをとり上げて論ずるまでの余裕はない。ここでは、差し当って、基本的な考え方として、これまでの条約作成の経験、実績をふまえ、またそれぞれの国際機関の性格、構成国等を考慮しながら、既存の国際機関の活用をはかるのがよいのではなかろうかというにとどめる[10]。

国際機関は、法の統一の目的からすれば、それが全世界的な規模の組織であることが望ましいようにも思われるけれども、多く国が参加することによって、かえって統一法の作成が困難になったり、政治的、経済的な利害関係が影響して、立法作業が困難なるという弊害もあるから、地域的国際機関によるほうが適当なこともあろう。このことは西欧、中南米諸国の例にもみられるところである。しばらくの間は、社会的、文化的に共通の基盤のある地域において地域的条約が作成されるとともに、普遍的国際機関において条約又はモデル法が作成されるという情況は変わらないように思われる。また、実質的な立案作業を、国際的学術団体を通じて、専門家に委ねるということも活用されてよい。ハーグ国際私法会議は実質的には各国の専門家の会議であったし、国際海事機構、国際貿易開発会議が私法上の問題に手をのばすまでの半世紀以上にわたって、海事法外交会議のための立案作業は海事法の専門家の集団である万国海法会(Comité Maritime International)が担当してきたのである。これらのことについてはなお種々の観点からの検討を必要としよう。

三　最後に民事手続法の国際的な統一は可能か、また、それが可能であるとしても適当かという問題がある。

手続法は技術的性格の法律であるから、統一法の作成は民法等の実体法に比較すれば困難ではないように思われるかもしれない。しかし、手続法は本来各国の国内事件を適用の対象とした法律であって、これをあえて国際的に統一しなければならない必要性は大きくないと考えられる。既に述べたように、渉外的手続の部分について各国の民事手続法が統一されていることが望ましいという観点から、それについて国際的な取極をする必要があるというにとどまるのではないだろうか。このような取極を必要とする事項には二つの種類がある。一は各国の手続法の間の連絡、調整をはかることで足りる事項(例えば、送達、証拠調などの司法共助に関する部分)であって、これらについてはそのための国際取極を作成することで足り、国内法の規定をあえて修正するまでの必要はない。他は各国で共通の規定を有することが望ましい事項(例えば、外国判決及び仲裁判断の承認執行)であって、これらについては、統一した規定を作成し、それを実施するための措置を講じておく必要がある。しかし、この二つのいずれについても、それが直ちに可能かどうかはさらに別の考慮を要する。手続規定であっても一定の価値観、政策的配慮にもとづくものも少なくないし、実体法とかみ合って法体系の一部を形成しているものであるから、一般的にいって、国内事件に関する手続規定はもちろん、渉外事件に関する規定であっても、近い将来において、国際的統一が可能であり、それが実現しうると楽観することはできないのではなかろうか。しかも、手続法であるからといって各国の経済的利害、政治的立場、その時の国際情勢が影響する部分(例えば、公判前の証拠開示、外国判決の承認執行など)も、ないわけではない[11]。

筆者は法の統一が論理的に可能かどうかということと実際上の困難とを区別する考え方には疑問をもっている。その理由は、法の統一が可能かどうかは、現実に存在する情況をもとにして検討しなければならないからである[12]。民事手続法について、いかなる目的のために、いかなる事項について、いかなる方法で統一が可能かは、個別に、かつ、具体的に検討しなければならないのではなかろうか。

注

1　このような主張は、司法共助、当事者能力において唱えられている。司法共助については本文で述べたように、手続法における法の牴触の問題ではない。そのような主張は、当事者能力については、これを手続法上の問題と性質決定しながら、当事者の属人法によらしめることを説明するためであろう。しかし、当事者能力、訴訟能力は法廷地において訴訟の当事者となり、訴訟を遂行する能力であるから、法廷地手続法によることが原則であり、手続法が実体法に委ねたときのみ属人法が適用されることがあるということである。

2　高桑昭「英国の一九八四年外国出訴期限法」国際法外交雑誌八三巻六号六六頁以下。

3　なお、刑事事件における司法共助には積極的共助と消極的共助とがあり、外国からの嘱託に応じて内国の機関が協力することが前者であり、外国の手続が内国で行われることを妨げないことが後者であるとする(例えば、森下忠・国際刑事司法共助の理論(成文堂、一九八一年)二九頁以下)。民事事件においても、このような区別は可能であろう。消極的共助を認めるか、これを認めるとしてもどのような方法で、どの程度まで認めるかという問題があり、これは民事政策上の問題である。しかし、消極的共助は国際私法にいうような手続法の牴触、すなわち外国の手続法を適用することとは異なる。かえって、それよりも外国手続法の直接的な作用を認めることのように思われなくはない。しかし、これは外国の裁判手続が直ちに内国で行われることを認めるものではなく、内国の法律の規定で定めた一定の場合に限って、自国の手続法に定める通常の方法以外の方法で送達、証拠の収集を行うことであるから、やはり内国の手続法に従っているということができよう(なお、28 U.S. C. Sec. 1696, 1781, 1782 参照)。

4　このような国際立法の傾向からすると、わが国において、国内法における渉外的民事事件の裁判管轄権について、国内裁判管轄の規定に従って国際裁判管轄権を認めるとの考え方(逆推知説)、また、具体的事案に応じてそれぞれの利益の較量によるとの考え方(利益較量説)は必ずしも適当ではないのではなかろうか。裁判管轄権に関する規定であるから、できるかぎり形式的に明確であることが望ましい。また、その基準は渉外的な法律関係の類型に応じて異なるのであって、抽象的な管轄原因のもつ意味は必ずしも同じではない。このような理由で、利益較量説についてはもちろん逆推知説にも直ちには賛成し難い。法律関係の類型ごとに国際裁判管轄権の配分をきめるという、現在の国際立法の傾向が適当と思われる。その場合に利益較量説のとる考え方を形式的な原則に対する修正機能として用いることまでは否定しない。しかし、立法技術的には相当に困難であろう。高桑昭「契約債権関係の裁判管轄権」渉外判例百選〈第二版〉一九六頁参照。

5　条約の一部を採用するためには、批准、加入に当って留保を認めることで解決しうるであろう。

6　各国の国内法又は国家間の協力の方法を統一しておく必要のある場合は条約による。しかし、それほどの必要のないことは国家を拘束する方法による必要はない。例えば、仲裁は国家法によって承認されることによって意味を有するのであるから、仲裁判断の承認、執行については条約で統一しておくことに意味があろう。しかし、仲裁手続については各国の国内法に委ねることでも足りるのであるから、このような事項についてあえて条約を作成する必要はない。

7　一九七一年の民事及び商事に関する外国判決の承認及び執行に関する条約は、この方法による。

8　最近、「手続は法廷地法による」との伝統的な考え方に対して疑問が投げられ、これを批判する見解もある。「手続は法廷地法による」というだけでは足りないことは、例えば外国における送達をみても明らかであるから、その意味では「手続は法廷地法による」という法則の例外はある。しかし、このような場合をも手続法の抵触というべきかどうかは問題であろう。しかも、外国の手続法に委ねる場合は、国内における手続において自国法(法廷地法)に代わって外国法を適用するのではなく、自国法のほかには外国法をも考慮する(例えば、証言拒否の事由)とか、自国法の及ばない部分について外国法によって手続をすすめる(例えば外国における送達の実施)という場合である。したがって、これらの場合をあえて手続法上の抵触規定という必要はないのではなかろうか。わが国の民事訴訟法の規定のなかで、一般に、渉外手続的抵触規定といわれているものは、外国人の訴訟能力、外国における証拠調の内国における効力である。しかし、筆者はいずれについても抵触規定ということには疑問があると思う(この点については前出注**1**参照)。なお、手続は法廷地法によるとの法原則を検討したものとしては、E. Spiro, Forum regit processum (Procedure is governed by the lex fori) 18 International and Comparative Law Quarterly (1969), pp.949-960 がある。これは、手続上の問題について、法廷地法によるべきか又はその他の法によるべきかを検討したものである。わが国の文献としては、澤木敬郎「『手続は法廷地法による』の原則について」立教法学一三号三一頁以下(一九七三年)、同「手続と実体の性質決定」国際私法の争点一四三頁(一九八〇年)参照。

9　各国の国内法の統一をするためには、これまでのところ、条約という方法によって国際的に合意するしかない。しかし、条約という方法をとっても、各国がこれを採用するとはかぎらない。従って、早期にかつ効果的に法の統一を行うことができず、これは時間と労力と費用の浪費である。このような事態を改めようというのが一九六九年、七一年に国際連合国際商取引法委員会(UNCITRAL)でフランス代表のルネ・ダヴィド教授が主張した"droit commun"及び"Union for jus commune"の構想である。ダヴィド教授よると、従来の考え方とは発想を転換しなければならない。簡単に述べると、一定の国際機関で国際的立法をすることとし、その機関に加盟している国ではとくに拒否しないかぎり、それに拘束されるという制度を作るべきだというのである。なお、ダヴィド教授が主として念頭においているのは国際的取引に関する法の分野である(Report of UNCITRAL 4th Session (1971), pars, 146-154)。

10　国際的立法に当って注意すべきことは、第二次世界大戦後多くの国際機関が設立されたが、必ずしも私法に関する条約の作成に適してはいないということである。加盟国が多いことは法の統一のためには一応好ましいかもしれない。しかし、そのような国際機関であっても国際的な政治問題、経済問題の解決を主たる任務とする機関は、その目的、能力等からみてこのような立法作業には必ずしも適当ではない。また、国際機関では専門的な問題について十分な知識を有し、かつ立法作業を行いうる能力のある者を常時事務局にかかえておくことが必ずしも可能とはいえない(この例外として、GATT事務局とその後身である世界貿易機構がある)。また必要に応じて部外の専門家に委嘱するとしても必ずしも妥当な結果を期待できるわけではない(このことはハーグ国際私法会議、私法統一国際協会、国際連合国際貿易開発会議、国際連合国際商取引法委員会などについても、いいうることである)。しかも、最近の国際会議の傾向として、国際機関の事務局が調査のみならず、原案を作成し、実質的に事務局主導の色彩が強くなりつつあるうえ、この種の条約、憲章、模範法等の国際的立法活動に関連して国際機関相互の「縄張り争い」にまで発展しかねないこともある。例えば、国際商取引法委員会、私法統一国際協会、国際貿易開発会議、国際海事機構、ハーグ国際私法会議などは、いくつかの問題については、それぞれ自己の任務であると主張し、仕事としてとり込もうとしている事例もみられる(組織の維持と拡大に関するパーキンソンの法則は、国際機関にもあてはまる)。このような情況のもとにおいて、国際機関の論理にもとついて国際的立法がなされることは好ましいとはいえないであろう。むしろ、近い将来に国際的立法体制について再検討し、将来に向かっての充実を考えるべきであるかもしれない。

11　例えば、ハーグ国際私法会議で作成した一九七〇年の証拠収集条約を批准するに当って、米国以外の国は公判前の証拠開示(pretrial discovery of documents)のために同条の規定を用いることを留保した。また、英国と米国との間でも、相手国の判決の承認・執行に関する二国間条約の締結は長い間の懸案であるが、未だに実現していない。

12　一般に最も統一になじむとされてきた海商法の分野ですら、部分的に統一がすすんではいるものの、未だに十分に統一されていない部分が多い。この種の国際的作業に参画した筆者の経験によれば、法の統一が容易に行われ難いのは、いわゆる理論的な理由よりも、それ以外の理由によることが多いと思われる。しかし、そうだからといって、政治的、経済的或はその他の理由を軽視することは適当でないであろう。実定法の統一はこれらの事情に大きく左右されるからである。このことは実体法についても国際私法についてもいえることである。この点で、筆者は私法の統一について田中耕太郎博士よりもはるかに悲観的である。

民事手続法に関する多数国間条約

注1　この表は民事手続法に関する条約を網羅したものではない。調査した条約のうち、責任制限とその金額及び出訴期間に関するものはあまりに多いので省略した。しかし、担保権の順位を定めている条約は加えた。

2　条約は、原文を参照する便宜を考え、正文で表示されたところによるのを原則としたが、仏語又は英語も正文であるときは仏語又は英語で表示した。原文がそれ以外の言語であって、仏語訳又は英語訳によった場合は、そのいずれかで表示し、括弧内で正文の言語を示した。

3　作成年月日は条約の作成機関によって異なるところもあるので、ハーグ国際私法会議の諸条約はそれぞれの条約の最終条項に記載されている日とした。その他の条約は採択の日とした。

4　条約に対する追加議定書、改正議定書、改正条約が存在するものもあるが、とくに国際民事手続法に関する規定がないかぎり省略した。

5　手続法上の事項を示すためには、略号を用いた。管轄は裁判管轄権、送達は送達・告知、証拠は証拠収集・証拠調、救助は訴訟救助、費用は訴訟費用、重訴は重複訴訟(訴訟競合)、承認は外国判決の承認と執行、順位は担保権の順位、保全は保全処分をいう。略号の後の数字は条文の番号である。

6　この表は一九八五年六月三〇日の情況をもとにして作成した。

条約の分野，作成機関など	条約名	作成年月日	発効年月日	日本の批准，加入	手続法上の事項	備考
ハーグ国際私法会議	離婚及び別居に関する法律並びに裁判管轄権の抵触を規律するための条約	1902.6.12	1904.8.1	×	管轄 5，6，承認 7	Convention pour régler les conflits des lois et de jurisdictions en matière de divorce et de séparation de corps
	未成年者の後見を規律するための条約	1902.6.30	1904.8.1	×	管轄 2，3	Convention pour régler la tutelle desmineurs
	禁治産及び類似の保護手段に関する条約	1905.7.17	1912.8，23	×	管轄 2，3（仮の処分），6，11（取消）	Convention concernant l'interdictionet les mesures de protection analogues
	民事訴訟手続に関する条約	1905.7.17	1910.7.27	×	送達 1-7，証拠 8-16，費用 17-19，救助 20-24，民事拘留 25	Convention relative a la procedure civile
	破産に関する条約案	1925.11.7			破産宣告等の承認など（承認の要件としての管轄権 2）	Projet d'une convention cur la faillite
	外国司法判決の承認及び執行に関する条約案	1925.			承認 1-4	Projet d'une convention sur I a reconnaissance et l'exécution de décisions judiciaires
	相続及び遺言に関する法律並びに裁判管轄の抵触に関する条約案	1928.1.28			管轄 8，9，13，14，承認 10，保全措置 11，重訴 12	Projet de convention sur les conflits de lois et de jurisdiction en matière des successions et de testaments

ハーグ国際私法会議	民事訴訟手続に関する条約	1954.3.1	1957.4.12	1970.5.28	送達1-7，証拠8-16，費用17－19，救助20-24，身分証書の無償交付25，民事拘留26	Convention relative a la procédure civile
	有体動産の国際的売買における合意裁判管轄に関する条約	1958.4.15	×	×	管轄2，3，保全処分4，承認5，重訴6	Convention sur la compétence du fur contractuel en cas de vente a caractère international d'objets mobiliers corporels
	子に対する扶養義務についての判決の承認及び執行に関する条約	1958.4.15	1961.1.1	×	承認2-6，8(承認の要件としての管轄権3)，執行7，11，救助9	Convention concernant la reconnaissance et l'exécution des décisions en matière d'obligations alimentaires envers les enfants
	未成年者の保護に関する当局の管轄権及び準拠法に関する条約	1961.10.5	1969.2.4	×	管轄1(常居所)，4(本国)，承認3，5，7，執行6，保全措置8，9	Convention concernant la compétence des autorités et la loi applicable en matière de protection des mineurs
	養子縁組に関する裁判管轄準拠法及び裁判の承認に関する条約	1965.11.15	1978.10.23	×	管轄3，7(取消)，承認8	Convention on Jurisdiction, Applicable Law and Recognition of Decrees Relating to Adoptions
	民事又は商事に関する裁判上及び裁判外の文書の外国における送達及び告知に関する条約	1965.11.15	1969.2.10	1970.5.28	送達の嘱託及び実施	Convention on Service Abroad of Judicial and Extrajudicial Documents in Civil and Commercial Matters

ハーグ国際私法会議	管轄の合意に関する条約	1965.11.25	×	×	管轄1-6，承認8，9，重訴7	Convention on the Choice of Court
	外国における民事又は商事に関する証拠の収集に関する条約	1970.3.18	1973.10.7	×	証拠調の嘱託及び実施	Convention on the Taking of Evidence Abroad in Civil or Commercial Matters
	離婚及び別居の承認に関する条約	1970.6.1	1975.8.24	×	承認1-11（承認の要件としての管轄権2），重訴12	Convention on the Recognition of Divorces and Legal Separations
	民事及び商事に関する外国判決の承認及び執行に関する条約	1971.2.1	1979.8.20	×	承認1-12（承認の要件としての管轄権10-12），執行13-19，重訴20	Convention on the Recognition and Enforcement of Foreign Judgments in Civil and Commercial Matters
	同追加議定書	1971.2.1	1979.8.20	×	承認1-4（承認の要件としての管轄権4）	Supplementary Protocol to the Hague Convention on the Recognition and Enforcement of Foreign Judgments in Civil and Commercial Matters
	扶養義務に関する裁判の承認及び執行に関する条約	1973.10.2	1976.8.1	×	承認1-21（承認の要件としての管轄権7，8）	Convention on the Recognition and Enforcement of Decisions Relating to Maintenance Obligations
	遺産の国際的管理に関する条約	1973.10.2	×	×	管轄2，承認9-20	Convention Concerning the International Administration of the Estates of Deceased Persons
	裁判所を国際的に利用しやすくするための条約	1980.10.25	×	×	救助1-13，費用14-18，民事拘留19，20	Convention on International Access to Justice

ハーグ国際私法会議	国際的な子の奪取の民事上の問題に関する条約	1980.10.25	×	×	管轄 8，執行 10-20	Convention on the Civil Aspects of International Child Abduction
海事(海事法外交会議・IMCO 等)	海難の救援・救助に関する国際条約改正議定書	1967.5.27	1977.8.15	(1967.10.19 署名)	公用船の裁判権免除 1	Protocol to Amend the Convention for the Unification of Certain Rules of Law Relating to Assistance and Salvage at Sea signed at Brussels on 23rd September 1910
	海上航行船舶の所有者の責任制限に関するある規則の統一のための国際条約	1924.8.25	1931.6.2	×	保証の提供及び差押の解放等 8，9	Convention internationale pour l'unification de certaines règles concernant la limitation de la responsabilité des proprietaires de navires de mer et protocole de signature
	海上先取特権及び抵当権に関するある規則の統一に関する国際条約	1926.4.10	1931.6.2	×	海上先取特権抵当権の順位 3-6，配当 7	Convention internationale pour l'unification de certaines règles relatives aux privileges et hypotheques maritimes et protocole de signature
	国有船舶の裁判権免除に関する国際条約	1926.4.10	1937.1.8	×	公用船の裁判権免除	Convention internationale pour l'unification de certaines règles concernant les immunités des navires d'État
	衝突事件の民事裁判管轄権に関するある規則の統一のための国際条約	1952.5.10	1955.9.14	×	船舶の衝突事件の管轄 1-5，8	International Convention on Certain Rules concerning Civil Jurisdiction in the Matters of Collision

海事(海事法外交会議・IMCO等)	海上航行船舶の仮差押に関するある規則の統一のための国際条約	1952.5.10	1956.2.24	×	船舶の仮差押 1-6, 管轄 7	International Convention for the Unification of Certain Rules Relating to the Arrest of Sea-going Ships
	海上航行船舶の所有者の責任の制限に関する国際条約	1957.10.10	1968.5.31	1976.3.1 (1983.5.19 に廃棄通告)	責任制限基金の分配手続 4, 差押財産の解放等 5	International Convention Relating to the Limitation of the Liability of Owners of Sea-going ships and Protocol of signature
	原子力船の運航による責任に関する条約	1962.5.25	×	×	管轄 x, 承認 xi, 基金への集中 xi	Convention on the Liability of Operators of Nuclear Ships and Additional Protocol
	海上先取特権及び抵当権に関するある規則の統一のための国際条約	1967.4.10	×	×	海上先取特権, 抵当権の順位 2, 5-9, 実行手続 2, 10, 11	International Convention for the Unification of Certain Rules Relating to Maritime Liens and Mortgages
	建造中の船舶に関する権利の登録に関する条約	1967.5.27	×	×	抵当権の順位 6-9	Convention Relating to Registration of Rights in Respect of Vessels under Construction
	油による汚染損害についての民事責任に関する国際条約	1969.11.29	1975.6.19	1976.6.3	管轄 9, 承認 10, 裁判権免除 11	International Convention on Civil Liability for Oil Pollution Damage
	油濁損害の補償のための国際的基金の形成に関する国際的条約	1971.12.18	1978.10.16	1976.7.7	責任制限及び基金の分配手続	International Convention on the Establishment of an International Fund for Compensation for Oil Damage

海事（海事法外交会議・IMCO 等）	旅客及び手荷物運送に関するアテネ条約	1974.12.13	×	×	管轄 17	Athens Convention Relating to the Carriage of Passengers and their Luggage by Sea, 1974
	海事債権に対する責任制限に関する条約	1976.11.19	×	1982.6.4	責任制限及び基金の分配手続	Convention on Limitation of Liability for Maritime Claims, 1976
	衝突事件の民事裁判管轄権，法の選択及び判決の承認・執行に関する若干の規則の統一のための条約案	1977.9.30			管轄 2，3，承認 7，8，重訴 2	International Convention for the Unification of Certain Rules Concerning Civil Jurisdiction, Choice of Law, and Recognition and Enforcement of Judgments in Matters of Collision (CMI Draft)
	海難救助に関する条約案	(1981.5.)			管轄 4(5)	The Draft Convention on Salvage at Sea (CMI Draft)
	1969 年油濁民事責任の改正に関する 1984 年議定書	1984.5.25	×	×	管轄 9	Protocol of 1984 to Amend the International Convention on Civil Liability for Oil Pollution Damage of 1969
	海上航行船舶の仮差押に関するある規則の統一のための条約を改正する条約案	1985.5.25			船舶の仮差押 1-6，管轄 7	Draft Revision of the International Convention for the Unification of Certain Rules Relating to the Arrest of Sea-Going Ships (CMI)
航空運送	国際航空運送についてのある規則の統一に関する条約	1929.10.12	1933.2.13	1958.8.18	管轄 28	Convention for the Unification of Certain Rules Relating to International Carriage by Air (ワルソー条約)

航空運送	契約運送人以外の者によって行われる国際航空運送についてのある規則を統一するためにワルソー条約を補充する条約	1961.9.18	1964.5.1	×	管轄 8，仲裁契約 9	Convention Supplementary to the Warsaw Convention for the Unification of Certain Rules Relating to International Carriage by Air Performed by a Person other than the Contracting Carrier（グアダラハラ条約）
	グアテマラ議定書	1971.3.8	×	×	管轄 12	Guatemara Protocol to Amend the Warsaw Convention
	航空機の仮差押に関する条約	1933.5.29	1937.1.12	×	航空機の仮差押	Convention for the Unification of Certain Rules Relating to the Precautionary Attachment of Aircraft
	海上における航空機の又は航空機による救援及び救助に関する条約	1938.9.28	×	×	管轄 13	Convention pour l'unification de certaines règles relative a l'assistance et au sauvetage des aéronefs ou par les aéronefs en mer
	航空機における権利の国際的承認に関する条約	1948.6.19	1953.9.17	×	順位 IV，V，差押 VI，執行 VII	Convention on International Recognition of Rights in Aircraft
	外国航空機が地上第三者に与えた損害に関する条約	1952.10.7	1958.2.4	×	管轄 20，承認 20	Convention for Unification of Certain Rules Relating to Damages Caused by Aircraft to Third Parties on the Surface
	空中衝突に関する条約案	1964.9.19	／	／	管轄 14	Draft Convention on Aerial Collision

道路・鉄道運送	道路による貨物の国際的運送に関する条約(CMR)	1956.5.19	1961.7.2	×	管轄 31	Convention relative au contrat de transport international des marchandises par route (CMR)
	道路による旅客及び手荷物の国際的運送に関する条約	1973.3.1	×	×	管轄 23	Convention relative au contrat de transport international des voyageurs par route
	鉄道による貨物の国際的運送に関する条約	1961.2.25	1975.1.1	×	当事者 42，43，管轄 44，52，差押の費用の担保 56，仲裁 61(立証 28-30)	Convention internationale concernant le transport des marchandises par chemins de fer (CIM)
	鉄道による旅客の国際的運送に関する条約	1961.2.25	1975.1.1	×	当事者 42，43，管轄 44，52，差押の費用の担保 56，仲裁 61(立証 31, 32)	Convention internationale concernant le transport des voyageurs et des bagages par chemins de fer (CIV)
	鉄道における旅客の死亡及び傷害に対する責任に関する CIV 条約の追加条約	1966.2.26	1973.1.1	×	当事者 14，管轄 15，手続一般 19，執行の費用の担保 20	Convention additionnelle a la CIV relative a la responsabilite du chemin de fer pour is mort et les blessures de voyageurs
	国際鉄道運送条約	1980.5.9	×	×	仲裁 12-16，判決 18，仮差押 18，費用 18，当事者適格 CIV 50，51，CIM 54，55，管轄 CIV 53，CIM 56	Convention concerning International Carriage by Rail (COTIF) (CIV，CIM は uniform rules)

中南米・米州議会・汎米会議等	国際私法に関する統一規則を定める条約	1878.11.9	×		国外でなされた法律行為に関する管轄 25-33，国外でなされた不法行為の管轄 34-39, 判決等の執行 40-50, 公文書の認証不要 51，52	Trattato per instablire regle uniformi in materia di diritto internazionale privato（正文はスペイン語）（いわゆるリマ条約）
	民事手続に関する南アメリカ諸国間条約	1889.1.11	とくに一定の数の国の批准を必要とせず(13条)		文書の認証 3，4，判決及び仲裁判断の承認 5-7，司法共助の嘱託 8-12	Traité concernant l'union des etats sud-américains en matière du droit de procédure（正文はスペイン語）（いわゆるモンテビデオ条約の一つ）
	国際私法に関する条約	1928.2.20	1928.11.25		一般 314-317, 管轄 318-343，承認 423-437，重訴 394，送達 388-393，証拠 398-411，破産 414-422	Convention on Private International Law（この条約の Annex がブスタマンテ法典〔Codigo Bustamante〕と呼ばれている）（正文はスペイン語，フランス語，ポルトガル語及び英語）
	国際海商法条約	1940.3.19	とくに一定の数の批准を必要とせず(44条)		管轄（仮差押・売却 4，衝突 5，6，海難救助 13, 共同海損の精算 18，海員 22-24，傭船 25，海上保険 30，主権免除 36，37，41，42）	Treaty on International Commercial Navigation（正文はスペイン語）（1940 年のモンテビデオ条約の一つ）

中南米・米州議会・汎米会議等	民事訴訟法に関する条約条)	1940.3.19	とくに一定の数の国の批准を必要とせず(26		手続一般1，2，判決及び仲裁判断の承認5-9，司法共助の嘱託10-15，破産16-25	Treaty on Civil Procedural Law（正文はスペイン語）
	司法共助の嘱託書に関する米州国間条約	1975.1.30	1976.1.16		送達，証拠調の要請の転達，実施	Inter-American Convention on Letters Rogatory（正文はスペイン語，ポルトガル語，フランス語及び英語）
	外国における証拠の収集に関する米州国間条約	1975.1.30	1976.1.16		証拠調の嘱託及び実施	Inter-American Convention on the Taking of Evidence Abroad（正文は上に同じ）
	国際商事仲裁に関する米州国間条約	1975.1.30	1976.1.16		仲裁契約の承認，仲裁判断の承認・執行	Inter-American Convention on International Commercial Arbitration（正文は上に同じ）
	外国法の証明及びその情報に関する米州国間条約	1979.5.8	1980.6.14		自国法の教示のための協力	Inter-American Convention on Proof of and Information on Foreign Law（正文は上に同じ）
	保全措置に関する米州国間条約	1979.5，8	1980.6.14		外国の裁判所の保全処分の実施(未成年者の人身保護，財産の保全)とそれに関連する手続	Inter-American Convention on Execution of Preventive Measures（正文は上に同じ）
	判決及び仲裁判断の外国における効力に関する米州国間条約	1979.5.8	1980.6.14		外国判決・外国仲裁判断の承認・執行	Inter-American Convention on Extraterritorial Validity of Foreign Judgments and Arbitral Awards（正文は上に同じ）

西欧(欧州評議会・欧州共同体等)	司法共助の嘱託書に関する米州国間条約の追加議定書	1979.5.8	1980.6.14		1975年条約の補充	Additional Protocol to the InterAmerican Convention on Letters Rogatory（正文は上に同じ）
	ベルギー，ルクセンブルク，オランダにおける国際私法の統一に関する条約	1951.5.11	×		証拠24（挙証責任，推定，証書・証言の許容性と証拠力等の準拠法）	Traite du 11 mai 1951 concernant l'introduction aux Pays-Bas, en Belgique, et au Luxembourg d'une loi uni forme sur le Droit international prive（ベネルックス国際私法条約）
	国際商事仲裁に関する欧州条約	1961.4.21	1964.1.7		仲裁人，仲裁手続，仲裁裁判所の管轄権，裁判所の権限，仲裁判断の準拠法，仲裁判断の取消	European Convention on International Commercial Arbitration（ジュネーヴ条約）
	仲裁に関する統一法を定める欧州条約	1966.1.20	×		仲裁手続一般(統一法の形式による。ただし，外国仲裁判断の承認・執行を除く)	European Convention Providing a Uniform Law on Arbitration（ストラスブール条約）
	ベルギー，ルクセンブルク，オランダにおける国際私法の統一に関する条約	1969.7.3	×		証拠20（挙証責任，推定，証書・証言の許容性と証拠力等の準拠法）	Traite Benelux portant loi uniforme relative au droit international prive

西欧（欧州評議会・欧州共同体等）	婚姻関係の判決の承認に関する条約	1967.9.8	1977.12.10	／	承認 1-4，重訴 10	Convention de la Commission Internationale de l'État Civil sur la reconnaissance des decision relatives au lien conjugal
	外国法についての情報に関する欧州条約	1968.6.7	1969.12.17	／	締約国間において自国法及び手続を教示するための協力	European Convention on Information on Foreign Law
	民事及び商事に関する裁判管轄権及び判決の執行に関する条約	1968.9.27	1973.2.1		管轄 2-20，重訴 21-23，保全 24，承認 25-49	Convention of 27th September 1968 on Jurisdiction and the Enforcement of Judgments in Civil and Commercial Matters
	出訴期限の計算に関する欧州条約	1972.5.16	1983.4.28		出訴期限の計算	European Convention on the Calculation of Time Limits
	法律扶助に関する欧州条約	1977.1.27	19772.28		訴訟救助の申立の転達	European Agreement on the Transmission of Applications for Legal Aid
	破産・和議及び類似の手続に関する条約案	（1980.6.）	／	／	管轄 3-17，破産手続の準拠法 18, 19，外国の破産宣告の効力 20-48，外国破産の承認 49-69	Draft Convention on Bankruptcy, Winding-up, Arrangements, Compositions and Similar Proceedings（1968 年草案を改良したもの）

北欧	婚姻・養子縁組及び後見に関する若干の国際私法規定を含む条約	1931.2.6	1932.1.1		管轄5(財産分離)，7，8(離婚・別居による扶養)，11，12(養子縁組の申立)，13(養子縁組の取消)，14(後見の申立)，19(禁治産の取消)，承認22	Convention between Denmark, Finland, Iceland, Norway and Sweden Regarding Marriage, Adoption and Guardianship（正文はスウェーデン語，デンマーク語，フィンランド語、アイスランド語及びノルウェー語）
	扶養料の取立に関する条約	1931.2.10	1932.1.1		承認 1	Convention between Denmark, Finland, Iceland, Norway and Sweden Regarding Collection on Maintenance Claims（正文は上に同じ）
	外国判決の承認及び執行に関する条約	1931.3.16	1933.71		外国判決の承認 2-4，執行 5-9	Convention between Denmark, Fin-land, Iceland, Norway and Sweden Regarding Recognition and Enforcement of Foreign Judgments（正文は上に同じ）
	破産に関する条約	1933.11.7	1935.1.1		外国の破産宣告の効力の承認と破産手続における協力等	Convention between Denmark, Finland, Iceland, Norway and Sweden Regarding Bankruptcy（正文は上に同じ）
	相続及び相続財産の清算に関する条約	1934.11.19	1936.1.1		管轄 19，21，22-26（相続財産の溶算手続），承認 27，28	Convention between Denmark, Finland, Iceland, Norway and Sweden Regarding Succession and Administration of Estates（正文は上に同じ）

東欧	鉄道及び水上運送による貨物の運送に関する協定	1960.3.1	1961.8.1	／	管轄 27	Agreement concerning International Direct Goods Traffic by Rail and Water（正文はロシア語）（規則に具体的な規定がある）
	経済・科学及び技術協力から生ずる民事紛争を仲裁により解決する条約	1972.5.26	1973.8.13	／	仲裁手続の付託，外国仲裁判断の承認及び執行	Convention on Settlement by Arbitration of Civil Law Disputes Resulting from Economic Scientific and Technical Co-operation（正文はロシア語）
国際連盟・国際連合	仲裁条項に関する議定書	1923.9.24	1924.7.28	1928.6.4	仲裁契約の効力の承認，仲裁手続の準拠法，外国仲裁判断の執行	Protocol on Arbitration Clauses（ジュネーブ議定書）（正文は仏語及び英語）
	外国仲裁判断の執行に関する条約	1927.9.26	1929.7.25	1952.7.11	外国仲裁判断の承認・執行	Convention for the Execution of Foreign Arbitral Awards（ジュネーブ条約）（正文は英語及び仏語）
	外国における扶養料の取立に関する条約	1956.6.20	1957.5.25	×	扶養料の取立のための手続における協力	Convention on Recovery Abroad of Claims for Maintenance
	外国仲裁判断の承認及び執行に関する条約	1958.6.10	1959.6.7	1961.6.20	外国仲裁判断の承認執行 1，3-6，仲裁契約の承認 2	Convention on the Recognition and Enforcement of Foreign Arbitral Awards（ニューヨーク条約）（正文は英語，仏語，ロシア語）
	国家と他の国家の国民との間の投資紛争の解決に関する条約	1965.3.18	1966.10.14	1967.8.17	仲裁判断の承認執行 54，55（投資紛争解決国際センターの仲裁手続 36-52）	Convention on the Settlement of Investment Disputes between States and Nationals of Other States

国際連盟・国際連合	海上物品運送に関する1978年国際連合条約	1978.3.30	×	×	管轄21，重訴21，仲裁22	United Nations Convention on the Carriage of Goods by Sea, 1978(ハンブルク・ルールズ)
	国際連合国際複合運送条約	1980.5.24	×	×	管轄26，承認27，仲裁28	United Nations Convention on International Multimodal Transport of Goods
	国連海洋法条約	1982.12.10	×	×	紛争の解決XV(279-299)付属書V(調停)，VI(裁判所)，VII, VIII(仲裁)	United Nations Convention on the Law of the Sea, 1982
	仲裁に関する模範法	1985.6.21	1		仲裁手続全般	UNCITRAL Model Law on International Commercial Arbitration

第九章　国際裁判管轄権に関する条約の立法論的考察

一　序説

渉外的要素を含む民事又は商事の訴訟事件において、いずれの国の裁判所が裁判管轄権を有するかについては、各国の考え方は同じではない。しかし、事柄の性質上、この問題については多くの国に共通する法原則が形成されることが望ましい。そして、これまでそのような法原則を形成するための努力もいくつかなされてきた。これらは、いずれも国家間の取極すなわち条約の形をとっている。

この小論は、国際裁判管轄権の基準の統一の必要性について述べ、国際裁判管轄権に関する規定を有する条約について検討し、これにもとづいて、今後、条約の作成に際して留意すべき点について筆者の見解を述べることにある。それには二つの理由がある。一はわが国における国際裁判管轄権に関する議論は、昭和五六年一〇月一六日のマレーシア航空事件での最高裁判所判決以来大いに盛んになったとはいえ、それは主としてわが国における国際裁判管轄権に関する法則をどのようにすべきかに関する議論であって、国際的な規模での裁判管轄権の統一の問題はほとんどとり上げられていないことである。他は、裁判手続以外に関する条約においても国際裁判管轄権に関する規定のおかれる例もあるが、国際裁判管轄権に関する規定の統一の問題について必ずしも十分な検討を経たうえで、それらの立案作業がなされているとはいえず、また、このような観点からこの問題について論じた文献も多くないように思われるからである。したがって、裁判管轄権に関する共通の原則の形成のための方法及びその内容に関する立法論的な考察もあながち無意味ではないであろう。

それとともに、一般的な形で国際裁判管轄権の問題を取り扱っている条約として、一九六八年のブリュッセル条約をもとにした一九八八年のルガーノ条約の簡単な紹介を試みることとする。これは、現在(一九九〇年当時－著者)、ヨーロッパ地域の十数カ国における国際裁判管轄権についての共通の規定となっていること、その内容はわが国の裁判に際しても、また国際立法に際しても、参考になると思われるからである。

二　国際裁判管轄権とその規準の統一の必要性

一　国際裁判管轄権

(一)渉外的要素を含む民事、商事の訴訟事件において国際裁判管轄権の問題は、いくかの国に関係のある生活関係から生ずる紛争の公権的(強行的)解決をいずれかの国の裁判所に委ねることによって生ずる。いいかえれば、この問題は、主権国家の境を越えて行われる私人の生活関係から生ずる紛争を解決するための裁判機関が未だ存在せず、そのような紛争の解決を各国の国内裁判所に委ねざるをえないことによって生ずる。超国家的或は脱国家的な裁判機関[1]が近い将来に出現する見込みに乏しいので、このような情況はしばらく続くであろう。また、現在のような主権国家が存続している限り、そのような超国家的或は脱国家的な裁判機関が実際に作られるかどうかも疑わしい[2]。そうすると、当事者としてはいずれの国のいかなる裁判所に訴を提起したらよいか、また、訴を提起された裁判所はそれについて審理し、判断することができるかという問題は当分の間なくなることはない。そして、各国における国内の裁判管轄の分配はその国の法令で定まる。そうすると、当面の問題はいずれの国が裁判をする権限を有するかということになる。これがこれまで一般に国際裁判管轄権といわれている問題であって、わが国の判例も学説もこのように理解している。

これまで、一般に、国際裁判管轄権はいずれの国が裁判することができるかという問題として議論され、取り扱われてきた。このような考え方は一応妥当なものとして承認してよいであろう。しかし、後にも述べるように、渉外的要素を含む訴訟事件の管轄裁判所の決定について、国家間の裁判管轄権の分配を問題としないで、管轄裁判所を直接決定することができることもないわけではない。

(二)このような国際裁判管轄権の概念には二つの面がある。一は当事者はいかなる国の裁判所に訴を提起すべきか、また、訴訟事件の係属している国の裁判所がその事件について判断できるかということであり、他は外国でなされた裁判の承認、執行を求められたときに、その外国に裁判の権限を認めるかということである。通常、前者を直接管轄権といい、後者を間接管轄権という。わが国の学説では一般にこの両者は同一の基準に従うといわれている[3]。しかし、これまでの各国の実例をみる限り、両者が常に同一の基準によっているといえるかという疑問はあろう[4]。現に係属している訴について裁判することができるかという場合に考慮に入れる事柄と既に外国でなされた裁判を承認すべきかという場合に考慮に入れる事項とでは、その内容、性質が多少異なることもあるからである。一概に前者が緩やかで後者が厳しいとは必ずしもいえない。自国の裁判管轄権の基準よりも緩やかな規準によってなされた外国の裁判（例えば、原告の住所地である外国でなされた裁判所の離婚判決）の効果をすべて否定することが妥当でないことも少なくないからである。

二　国際裁判管轄権の基準の統一の必要性

（一）国際裁判管轄権に関して、国家を超えて妥当する規範又は国家間の取極がないとすれば、それぞれの国の裁判所の判断に委ねざるをえない。各国の裁判所ではその国の法令又は裁判所によって、自国の裁判所が裁判することのできる場合、他国の裁判所の裁判を承認してよい場合の基準を形成してきた。もっとも、各国とも国際裁判管轄権についての基準について定めた法令は少なく、裁判例でも十分に明らかとはいい難いところもある。各国の判断基準には共通するところもあるが、異なることも少なくない。そして、渉外的訴訟事件について、各国がそれぞれの規則を有していることが原因となって、国際裁判管轄権の競合、それが原因となって国際訴訟競合、内国判決と外国判決の抵触というような問題が生じてくることになる。このような観点からすると、国際裁判管轄権の問題は、その後に生ずる手続上の問題を左右することになり、国内における裁判所の土地管轄の分配とは異なり、はなはだ重要な役割をしているというべきであろう。

（二）それとともに、国際裁判管轄権の決定は国内における管轄の分配とは異なり、単なる場所的便宜の問題とは別の要素も存在する。すなわち、当事者にとっては、紛争の実体に適用される法律（準拠法の決定）、裁判手続（例えば、公判前の証拠開示、司法共助の便宜、陪審制の有無、外国での判決の承認、執行の可能性など）をも考慮に入れて訴を提起するであろうし、裁判所も自国（州）の法律の適用、自国（州）民の利益の保護を考慮に入れるであろう[5]。このような要素は、具体的な訴訟事件における裁判管轄権に関する判断に影響がないとはいえないであろう。国際裁判管轄権が国内の管轄の問題よりも激しく争われ[6]、また、ある国における裁判管轄権の有無が訴訟の方向を左右する—例えば、当事者として判決を求めるか和解に応ずるかの選択に迫られる7──こともあるのは、こうした理由によると思われる。

(三)このような情況において、国境を越えた生活関係から生ずる紛争についていずれの裁判所によるべきかは、各国における法則に委ねるよりも、国家を超えた観点から裁判管轄権の分配の基準を定め、それを各国が採用することが望ましいということになろう。それによって、当事者にとっては訴を提起すべき国が明らかになり、裁判所もその管轄権の有無についての判断が容易になるからである。このような考慮にもとづいて、従来から、国際裁判管轄権について各国に共通な基準を作る努力がなされてきた。それは二国間又は多数国間条約という形であらわれている。もっとも、実際の情況をみると、これまで多くの国がこのような作業に積極的であったとは思われない。事柄の性質上困難なことが多いこともその理由の一つであろう。しかし、このことによって、国際裁判管轄権に関する基準について統一の必要性がなくなるわけではない。

注

1　超国家的或は脱国家的な裁判機関とみられるものは、国家と他の国民との間の投資紛争の解決に関する条約(Convention on the Settlement of Investment Disputes between States and Nationals of Other States, 1965, Washington)によって設置された「投資紛争解決国際センター (International Centre for Settlement of Investment Disputes)」があるが、そこでの紛争解決方法は訴訟ではなく、調停と仲裁である。

2　地域的な共通市場の形成、経済共同体などの形成にともなって近時、各地域で国家の枠を越えた裁判所も作られてはいるが、それは各条約で定める一定の事項について扱うものであって(例えば、欧州共同裁判所)、一般的な渉外的民事事件のための裁判所ではない。

3　江川英文「国際私法における裁判管轄権」法協五九巻一一号一七六七頁以下(一九四一年)、六〇巻一号一頁以下、三号三六七頁

以下(一九四二年)、池原季雄「国際的裁判管轄権」新・実務民事訴訟講座7三頁(日本評論社、一九八二年)、山田鐐一・国際私法三九二頁(筑摩書房、一九八二年)など、おそらく近時の多数説であろう。これに対して、間接裁判管轄権を直接裁判管轄権よりも緩やかに解すべきであるとの見解(川上太郎「外国裁判所の国際的裁判管轄権―とくに外国離婚判決の承認に関連して―」民商六六巻六号六二頁[一九七二年]、本浪章市「管轄規則と承認規則の関係―インディカ事件と外国離婚判決の承認―」関法二五巻四・五・六合併号二六五頁[一九七五年]、松岡博「外国離婚判決の承認について」阪法八六号四〇頁[一九七三頁])も有力であるが、これは主として外国離婚判決に関して主張されているところであって、その目的は外国と内国で生ずる跛行婚の防止にある。

4　筆者は従来わが国の多数説に従っていたが、それに疑問を感じていなかったわけではない。筆者は従来の見解を本文で述べたように改める。後に述べるように、直接的管轄権と間接的管轄権とが同一の基準に従うのは、全世界が国際裁判管轄権に関して同一の規則に服し或は相当に広い地域にわたって裁判管轄権に関する同一の規則が形成された場合、又は一定の国家間で裁判管轄権についての基準をとりきめた場合であろう。

5　アメリカ合衆国の国内訴訟でいずれの州が管轄権を有するかという問題で争われるのは単なる場所的な便利さの問題だけではない。アメリカ合衆国での渉外的訴訟事件についても事態は同様である。ことにアメリカ合衆国諸州のいわゆるロング・アーム法は自州の管轄権を過剰に認める傾向にある。アメリカ合衆国における裁判管轄権については小林秀之・アメリカ民事訴訟法一七頁以下(一九八五年)、野村美明「アメリカにおける国際事件の裁判管轄権問題(一)～(四)」阪法一二六号九一頁、一二七号六七頁(一九八三～八四年)、一三一号五五頁、一三二号六五頁(一九八四年)、江泉芳信「アメリカ合衆国における新しい裁判管轄規則」青山法学論集二三巻二号七五頁(一九八一年)、二六巻一号二三頁、二号八九頁(一九八四年)などを参照されたい。

6　わが国における国際裁判管轄権に関する裁判例は一九七〇年代から増加しているが、当事者が本案前の主張としてわが国の裁判管轄権を争うことが非常に多く、裁判所はわが国の国際裁判管轄権の有無について中間判決によってその判断を示すことが通例のごとくになっている。中間判決によって早い段階で裁判所の判断が示されることは当事者にとって必要なことであろうが、裁判所にとっては負担となろう。とくに、マレーシア航空事件の最高裁判所判決以後多くの下級審判決が、原則として民事訴訟法の定める土地管轄の規定に依拠しながら、具体的に妥当な結果を得るために、それぞれの事件における「特別の事情」によってこれを修正するという考え方をとっているために、多くの事件で当事者から中間判決によって裁判所の判断が求められることになってきている。そして、そこでの争点の多くは「特別の事情」の有無ということになろう。なお、マレーシア航空事件では、最高裁判決が原審へ差戻しした後、当事者間で和解が成立したとのことである。

7　いかなる国(州)の裁判所が管轄権を有するかによって、訴訟当事者は大きな影響を受けることがある。法定の訴訟費用のほか、訴訟の準備、遂行のために支出せざるをえない費用、訴訟手続(例えば、公判前の証拠の開示)、適用される法律、損害額の算定などを考慮すると、原告、被告とも、適当なところで妥協せざるをえないことが少なくないであろう。これが現在の情況である。

三　国際裁判管轄権に関する条約の情況とルガーノ条約

一　概要

国際裁判管轄権について定めた条約は直接的管轄権に限らず、間接管轄権に関するものをも含めるとかなりの数にのぼる。どのような条約があるかは、筆者が既に発表した「民事手続法に関する多数国間条約」（澤木敬郎＝青山善充編・国際民事訴訟法の理論五二〇頁以下（有斐閣、一九八七年）。本書第八章）をもとに述べることとしたい[8]。それらはいくつかの観点から整理、分類することができよう。例えば、二国間条約と多数国間条約、直接管轄権についての条約、裁判管轄権のみを定めた条約、抵触規則と裁判管轄権とを定めた条約、実体法の規定と裁判管轄権とを定めた条約などが考えられる。ここでは訴訟事件、非訟事件をとくに区別せず、その主なものを述べることとする。

（一）二国間条約

二国間条約は裁判管轄権について一般的な規準を立てるというよりも当該二カ国間における裁判管轄権についての調整という性格が強いと考えられる（わが国にはそのような条約を締結していない）。国際裁判管轄権に関する二国間条約を十分に調査することはかなり困難な作業であり、筆者はこれまでこれを試みる余裕がなかった。しかし、一九六八年の民事及び商事に関する裁判管轄権及び執行に関する条約（ブリュッセル条約）第五五条及びこれをもとにして一九八八年九月一六日にルガーノで欧州共同体諸国と欧州自由貿易連合諸国との間で締結された民事及び商事に関する裁判管轄権及び判決の執行に関する条約（ルガーノ条約）第五五条に列挙されているところからも二国間条約の様子をうかがうことはできる。これらの二国間条約のほとんどは相手国の判決の承認及び執行に関する条約である。直接管轄権に関する規定を設けている条約は少ない。なお、ここに掲げられた二国間条約は、一九六八年のブリュッセル条約及び一九八八年のルガーノ条約の締結によってその意味の大半は失われた。

(二)　直接管轄権について定めた多数国間条約

ハーグ国際私法会議で採択した条約のうち、離婚及び別居に関する法律並びに裁判管轄権の抵触を規律するための条約(一九〇二年)は訴訟事件の管轄権を定めているが、未成年者の後見を規律するための条約(一九〇二年)、禁治産及び類似の保護手続に関する条約(一九〇五年)、未成年者の保護に関する当局の管轄権及び準拠法に関する条約(一九六一年)、養子縁組に関する裁判管轄権、準拠法及び裁判の承認に関する条約(一九六五年)など、親族関係についての非訟事件の裁判管轄権を定めたものが多い。海事条約には直接管轄権を定めたものが少なく、その例として衝突事件の民事裁判管轄権に関するある規則の統一のための国際条約(一九五二年)、油による汚損損害についての民事責任に関する国際条約(一九六九年)、旅客及び手荷物運送に関わるアテネ条約(一九七四年)、海上物品運送に関する国際連合条約(一九七八年)、国際連合国際複合運送条約(一九九〇年)などがある。航空運送条約では国際航空運送についてのある規則の統一に関する条約(一九二九年)、契約運送人以外の者によって行われる国際航空運送についてのある規則を統一するためにワルソー条約を補充する条約(一九六一年グアダラハラ条約)、グアテマラ議定書(一九七一年)、外国航空機が地上の第三者に与えた損害に関する条約(一九五二年)など、直接的管轄権について規定した条約が多い。地域的条約としては、中南米諸国の国際私法統一条約(一八七八年リマ条約)、国際私法に関する条約(一九二八年ブスタマンテ法典)がある。西欧諸国の間では民事及び商事に関する裁判管轄権及び判決の執行に関する条約(一九六八年ブリュッセル条約)があり、この条約に若干の修正を加えたものは欧州自由貿易連合(ＥＦＴＡ)諸国も採用するに至った。これが一九八八年のルガーノ条約である。

(三)　間接管轄権について定めた多数国間条約

ハーグ国際私法会議で採択した条約としては、例えば、子に対する扶養義務についての判決の承認及び執行に関する条約(一九五八年)、扶養義務に関する裁判の承認及び執行に関する条約(一九七三年)、離婚及び別居の承認に関する条約(一九七〇年)など、訴訟事件、非訟事件のいずれについても存在する。ハーグ国際私法会議の採択した間接管轄権に関する条約の代表的なものは、民事及び商事に関する外国判決の承認及び執行に関する条約(一九七一年)である。これは財産関係の訴訟事件の判決一般について、その承認の要件を定めた条約であるが、未だ多くの国が採用するには至っていない。海事、航空運送、陸上運送、道路運送の条約のなかには、間接管轄権を定めたものは見当たらない。中南米諸国では早くから外国判決の承認、執行に関する規定を設けているものが多い。それらはリマ条約(一八七八年)、モンテビデオ条約(一八八九年)、ブスタマンテ法典(一九二八年)、モンテビデオ条約(一九四〇年)、判決及び仲裁判断の域外における効力に関する条約(一九七九年)などである。西欧諸国ではブリュッセル条約(一九六八年)が外国判決の承認、執行についても取り扱っている。北欧五カ国の間でも外国判決の承認及び執行に関する条約(一九七七年)が締結されていたが、ルガーノ条約の締結によって、ルガーノ条約がこれに優先することとなった。なお、学説では直接管轄権も間接管轄権も同一の基準に従うべきであると説かれることがあるが、間接管轄権の条約を採用した国において、その規定が直接管轄権に関する基準として機能しているかどうかは必ずしも明らかでない。

(四)　裁判管轄権について一般的な形で定めた多数国間条約

裁判管轄権を一般的な形で定めた条約は少ない。直接管轄権については、中南米諸国におけるリマ条約、ブスタマンテ法典、西欧諸国におけるブリュッセル条約、ルガーノ条約がある。間接管轄権については、モンテビデオ条約(一九四〇年)、ハーグ国際私法会議で採択した民事及び商事に関する外国判決の承認及び執行に関する条約(一九七一年)がある。

(五)　一定の事件類型ごとに裁判管轄権を定めた多数国間条約

この種の条約は多い。それには直接管轄権に関する条約も間接管轄権に関する条約もある。既に(二)及び(三)で述べたところであるが、離婚・別居、未成年者保護、扶養義務、養子縁組、遺産管理などの抵触規則に関する条約では間接管轄権に関する規定が多い。これに対して海上における船舶の衝突、油濁損害、旅客手荷物運送、航空運送、道路運送、鉄道運送など実体法を統一するための条約では、すべて直接管轄権に関する規定である。

(六)　抵触規則(国際私法)に関する条約と裁判管轄権条項

抵触規則に関する条約のなかの裁判管轄権の規定は間接管轄権に関するものが多いが、直接管轄権を定めたものもある。例えば、未成年者の保護に関する当局の管轄権及び準拠法に関する条約(一九六一年)、養子縁組に関する裁判管轄権、準拠法及び裁判の承認に関する条約(一九六五年)がこれである。いずれもハーグ国際私法会議で採択された条約であって、非訟事件の管轄権に関するものである。なお、一九〇二年の離婚及び別居に関する法律並びに裁判管轄権の抵触を規律するための条約は訴訟事件の管轄権を定めている。

(七)　実体法に関する条約と裁判管轄権条項

実体法の統一のための条約のなかで定めている裁判管轄権はいずれも直接管轄権である。その代表的なものは国際航空運送についてのある規則の統一に関する条約(一九二九年のワルソー条約)であるが、海上、航空、道路、鉄道の各運送に関する条約には直接管轄権のある条約は珍しくない。最近の傾向としては実体法の規定の統一を目的とする条約のなかに裁判管轄権の規定をも設けるようになってきている。その例としては、海上物品運送に関する国際連合条約、国際連合国際複合運送条約をあげることができる。

このほかにも地域的条約か普遍的条約か、条約を作成した機関などいくつかの観点から整理することもできよう。これらの条約のなかで、裁判管轄権についての解釈、今後の立法作業との関係で検討に値すると思われるものは、一九八二年当時のブリュッセル条約に付加、修正を加えたルガーノ条約であろう。次にこの条約を簡単に紹介する。

二　民事及び商事に関する裁判管轄権及び判決の執行に関する条約（一九八八年）（ルガーノ条約）

裁判管轄権に関するこれまでの条約で画期的ともいうべき条約は一九六八年の民事及び商事に関する裁判管轄権及び判決の執行に関する条約である。この条約は民事及び商事の訴訟事件の裁判管轄権と外国判決の承認、執行について定めている。それは一九六八年九月二七日にブリュッセルで採択され、ベルギー、西ドイツ、フランス、イタリー、ルクセンブルグ及びオランダの六カ国が締約国となり、その後デンマーク、アイルランド、連合王国（英国）、ついで、ギリシア、さらにスペイン、ポルトガルが欧州共同体に加わるとともに、これらの国もこの条約の締約国となった。そして、そのたびにあらたな締約国との関係で若干の付加、修正をしている[9]。それとは別に、一九八八年九月一六日スイスのルガーノにおいて、欧州共同体（ＥＣ）諸国と欧州自由貿易連合（ＦＥＴＡ）諸国との間で、その当時のブリュッセル条約に若干の条項の追加、修正をした条約が締結された[10]。これによって、あらたに、スイス、オーストリア、フィンランド、スエーデン、アイスランド、ノルウェーもこの条約を採用することができるようになった。これをルガーノ条約という。

ルガーノ条約では、締約国が既に締結している二国間条約でそれぞれの条約と競合する事項については、それぞれの条約の規定が二国間条約の規定に優先すると定めた（五五条）。この結果、これらの二国間条約はその役割が後退したことになるが、この条約に規定のない事項については二国間条約はなお存在意義を有する(五六条)。一般に、多数国間条約と二国間条約の関係については、多数国間条約において既に締約国が締結し又は将来締結する二国間条約の規定に影響を及ぼさないとするのが通常であって、この条約にもその旨の規定(五七条)もあるが、明文をもって既存の二国間条約に優越することを定めたことは注目すべきであろう。

(一)　条約の適用外の事項

人の能力、地位、破産、社会保障及び仲裁に関する裁判には適用されない(一条)。

(二)　裁判管轄権に関する原則

(1)管轄権を決定する一般的な基準は被告の住所であって、締約国に居住する者を被告とするときは、国籍のいかんを問わず、その住所のある国が管轄権を有する(二条一項)。被告が現に居住する締約国の国民でないときであっても、その国の国民と同じ規則を適用する(同条二項)。

(2)この条約の締約国に居住する被告については、一般に過剰管轄(exorbitant jurisdiction, Exorbitante Gerichtsstande)といわれる規定、例えばフランス民法第一四条(フランスに居住していない外国人であっても、フランス又は外国でフランス人と契約した債務の履行のためのフランスでの訴訟で被告とされる)、第一五条(フランス人は外国で契約した債務について、フランスの訴訟で被告とされる)、ドイツ民事訴訟法第二三条(被告の財産がドイツにあれば、その所在地の裁判所の管轄権に服する)、イギリス法上の訴状送達による管轄権の発生、財産所在地の管轄権、財産差押による管轄権など、各国の法則で過剰管轄権を認めている規定は適用されない(三条)。これによって訴を提起された締約国の裁判所は他の締約国に居住する被告について、自国におけるこのような管轄規定にもとづいて管轄権を認めることはできないことになる。

(3)この条約の締約国に居住していない者を被告とするときは、この条約で専属管轄権とされている場合を除き、各締約国における国際裁判管轄権に関する法則による(四条一項)。そして、締約国に居住する原告から締約国に居住していない被告に対する訴では、原告が訴を提起した締約国の国籍を有していないときであっても、その国の国民と同様に、第三条で排除された規定をも援用することができるとされている(四条二項)。

(三)　個別的法律関係についての裁判管轄権

この条約では一般的な規定のほかに、一定の法律関係について、管轄原因を定めている(五条一号〜七号)。(1)契約関係については義務履行地の裁判所、とくに雇傭契約については被用者の常居所地又は労務供給地の裁判所、(2)扶養については扶養権利者の住所地又は常居所地の裁判所、人の地位に関する訴訟が係属中のときはその裁判所(但し、当事者の国籍のみを管轄原因とする場合を除く)、(3)不法行為については加害行為地の裁判所、(4)刑事手続に附帯する損害賠償等については当該手続の係属している地の裁判所(但し、その地の法律によって民事事件についての管轄権を有する場合に限る)、(5)支店、代理店等の行為に関する紛争については、その支店、代理店等の所在地の裁判所、(6)信託の信託者、受託者、受益者等については信託の所在する(信託のドミサイルを有する)締約国の裁判所、(7)海難救助の報酬に関する紛争については、貨物若しくは運賃の差押のなされた地又は差押を免れるための担保の提供された地が締約国にある場合には、これらの地を管轄する裁判所に訴を提起しうるとしている。

また、締約国に居住する者については、その者が被告の一人であるときは他の被告の居住する地の他の裁判所に訴えることができる(六条(1))、その者に対する本来の管轄裁判所以外に訴えることを目的としたものでない限り、既に手続の係属する裁判所に第三当事者として参加させることができる(同(2))、本訴と同一の契約又は事実関係にもとづく反訴を本訴の係属する裁判所に訴を提起できるとしている(同(3))。

(四)　保険及び消費者契約に関する裁判管轄権

保険及び消費者契約に関する訴訟については特別に詳細な規定を設けているが、第四条及び第五条第五項の規定を利用することもできる(七条)。

(1)保険　(イ)保険者が締約国に居住しているときは、保険者の居住している締約国(共同して保険を引受けたときは主たる保険者の居住する締約国)又は保険証券を所持する者の居住する締約国の裁判所が管轄権を有する(八条一項)。保険者が締約国に居住していない場合であっても、支店、代理店の事務から生じた紛争については、保険者は締約国に居住するものとみなす(同条二項)。(ロ)責任保険又は不動産に関する保険については、加害行為のなされた地の裁判所も管轄権を有する(九条)。責任保険の保険者は、裁判所の許可を得て、被害者の被保険者に対する訴訟に参加することができる(一〇条一項)。(ハ)被害者の保険者に対する直接請求が認められているときも、第七条、第八条及び第九条が適用される(一〇条二項)。保険証券の所持人、被保険者はこの訴訟に参加することができる(一〇条二項・三項)。(ニ)保険者が訴を提起する場合には、被告のいかんを問わず、被告の居住する締約国が裁判管轄権を有する(一一条一項)。(ホ)反訴は本訴の係属する裁判所に提起することができる(一一条二項)。(ヘ)裁判管轄権の合意は一定の限定のもとで認められる(一二条・一二条A)(例えば、紛争発生後の合意であること、買主又は借主に本節に定める裁判所以外を選択することが認められていること、同じ締約国に居住する売主と買主、貸主と借主の間において、その締約国の裁判所を合意していること(但し、その締約国の法律に反してはならない)など)。

(2)消費者契約(イ)消費者は自己または相手方の居住する締約国の裁判所に訴訟を提起することができる(一四条一項)。(ロ)消費者に対する訴はその者の居住する締約国の裁判所に提起することができる(同二項)。(ハ)反訴は本訴の係属する裁判所に提起することができる(同三項)。(ニ)裁判管轄権の合意は、紛争の生じたのちの合意又は消費者にこのほかの裁判所に訴の提起を許す合意、契約当時両当事者が居住し又は常居所を有していた国の裁判所についての合意であれば認められる(一五条)。これらは物品若しくは役務の供給に適用されるが、運送契約には適用されない(一三条)。

(五)　専属管轄権

(1)不動産物件に関する訴訟では当該不動産の所在する締約国の裁判所、(2)会社の組織に関する訴訟ではその本拠地のある締約国の裁判所、(3)公簿の記録の効力に関する訴訟では、その公簿の保管されている締約国の裁判所、(4)工業所有権の登録・有効性に関する訴訟では、それらの登録等のなされている締約国の裁判所、(5)判決の執行に関する訴訟では判決の執行に当たる締約国の裁判所である(一六条)。

(六)　合意による裁判管轄権

締約国に居住する当事者が、一定の方式(書面、当事者間の慣行、国際的商慣習)によって締約国の裁判所の管轄に服することを合意したときは、その裁判所が専属管轄権を有する(一七条一項)。

(七)　応訴による裁判管轄権

被告が裁判に服するために出頭したときも、その応訴によって管轄権が生ずるものとしている(一八条)。

(八)　国際訴訟競合

いくつかの締約国の裁判所に同じ訴訟が提起されたときは、最初に訴の提起された裁判所が優先して管轄権を有するとされ、他の裁判所は後の訴を却下しなければならない(二一条)。他の締約国における関連訴訟(別の手続で矛盾する判決がなされることを避けるために手続を併合することが適当な訴訟)については裁判所は手続を停止することができ、当事者の申立により訴を却下することができる(二二条)。専属管轄権を有する裁判所に訴訟が競合した場合も、最初に訴の提起された裁判所が管轄権を有する(二三条)。

(九)　仮の措置についての管轄権

仮の措置又は当事者の利益を保全するための措置については、他の締約国が本案の手続について管轄権を有している場合であっても、締約国の裁判所にその国の法律にもとづいて、これを申立てることができる(二四条)。

(一〇)　外国判決の承認及び執行

この条約における「判決」とは、名称のいかんを問わず、締約国においてなされた裁判(裁判所書記による訴訟費用の決定を含む。)をいう(二五条)。

(1)締約国でなされた判決は他の締約国で承認される(二六条)。この判決は、この条約の管轄権の規定にもとづくと否とを問わず、締約国でなされた判決であればよい。

(2)外国判決の承認の拒否事由は、(イ)承認国の公序に反すること、(ロ)缺席判決の場合に被告が適法に呼出を受けていないこと、(ハ)承認国において既になされた判決に抵触すること、(ニ)判決国の裁判所が人の能力、地位、夫婦財産制による財産権、遺言、相続について、承認国の国際私法の規則と抵触する判断をしたこと(但し、結果が同じ場合を除く)、(ホ)同一の事案について非締約国で先になされた判決と抵触し、その判決が承認国での承認の要件をみたしていることである(二七条)。なお、保険契約又は消費者契約に関する訴の裁判管轄権及び専属管轄権の規定に反している外国判決も承認されない(二八条一項)。

このことからすると、判決国が自国の国際裁判管轄権に関する法則にもとづいた判決は、承認国がその法則を採用しているか否かにかかわらず、これを承認しなければならないことになる。

(3)承認の対象となる外国判決は確定していなくてもよいが、判決国で控訴されたときは、承認国の裁判所は承認の手続を停止することができる(三〇条)。

(一一)　外国判決の執行

外国判決の執行の手続については詳細な規定がある(三一〜四九条)。その規定の紹介はここでは省略する。

注

8 高桑昭「民事手続法に関する多数国間条約」(澤木敬郎＝青山善充編・国際民事訴訟法の理論五二〇頁以下(有斐閣、一九八七年))(本書第八章)は一九八五年六月三〇日現在で作成した。その後、ルガーノ条約を除いて、これを大幅に補わなければならない事態は生じていない。以下に掲げる条約名、管轄に関する規定などはこの表を参照いただければ幸いである。

9 一九六八年九月二七日の民事及び商事に関する裁判管轄権及び判決の執行に関する条約には、欧州共同体裁判所の管轄権に関する一九七一年六月三日の議定書、一九七八年一〇月九日のデンマーク、アイルランド及び連合王国の加入のための条約及び一九八二年一〇月二五日のギリシア加入のための条約により修正が加えられた。これをもとにして、一九八八年九月一六日のルガーノ条約が採択された。一九八九年五月二六日のスペイン及びポルトガルの加入のための条約により、若干の修正がなされた。一九八九年に修正された同条約の規定は同条約の締約国間で適用されるものではあるが、その前文で「欧州共同体加盟国と欧州自由貿易連合加盟国との間で一九八八年九月一六日のルガーノ条約が締結され、そこでは「ブリュッセル条約の原則をルガーノ条約の締約国となる国にも及ぼすことに留意し」と記されている。一九六八年ブリュッセルで採択された民事及び商事に関する裁判管轄権及び判決の執行に関する条約及びその後の改正条約については、多くの文献がある。最近の解説書として、Jan Kropholler, Europaisches Zivilprozessrecht, 1989 をあげるにとどめる。主な文献については、Gerhard Kegel, Internationales Privatrecht, 4. Aufl. (Munchen, 1977) S. 486 f., 6. Aufl. (Munchen, 1987) S. 691 f. 6. Aufl., Munchen, 1987 の国際民事訴訟法における裁判管轄権、判決の承認・執行の項目を参照されたい。わが国で一九六八年条約の紹介したものとして、川上太郎「裁判管轄および判決の承認執行に関するヨーロッパ共同体条約」(西南学院大学法学論集五巻二号七五頁[一九七二年])、岡本善八「わが国際私法事件におけるＥＥＣ裁判管轄条約一二」(同法一四九号一頁[一九七七年]、一五〇号一五頁[一九七八年])がある。また、連合王国、アイルランド及びデンマークの欧州共同体への加入にともなって締結された一九七八年一〇月九日の条約(いわゆる加盟条約)によって改正された条約を紹介したものとして、岡本善八「一九七九年『拡大ＥＥＣ判決執行条約』一、二」(同法一五八号八一頁[一九七九年]、一五九号一二九頁[一九七九年])がある。

10　一九八八年のルガーノ条約の英文は International Legal Materials vol. XXVIII no.3, p.623 (1989) で見ることができる。

四　国際裁判管轄権に関する規定の統一についての若干の考察

国際裁判管轄権に関して各国がそれぞれの法則を有することは、現状ではやむをえないことではあるが、それによって生ずる不都合を取り除くためには、各国が共通の法則を採用することが望ましい。このような観点から、そのためにはどのような方法が適当か、また、どのようなことを考慮すべきか、さらには、どのような規定をおくべきかなどについて、立法論的な考察を加えることとしたい。ここでは、まず、国際裁判管轄権に関する規定の統一についての一般的問題を検討し、そののちに抵触規則の統一に関する条約のなかの国際裁判管轄権に関する規定、実体法の統一に関する条約のなかの国際裁判管轄権に関する規定について検討を加えることとする。

一　国際裁判管轄権に関する規定の統一の方法

これまでのところ、国際裁判管轄権の統一をはかるために用いられてきた方法は多数国間条約の作成である。条約は国家間の合意であり締約国はそこに定められたところに拘束されるから、これによって多くの国の間の法の統一がなされることにある。このような理由で、従来から、裁判管轄権に関する規定の統一についても多数国間条約による方法が用いられてきた。しかし、多数国間条約はその作成の過程で多大の時間と労力と費用がかかるだけでなく、通常の外交手続による条約採択会議は専門的、技術的内容の条約の作成には適していないことも少なくない。また、各国で批准等の手続を経なければならないため、それを採用するにはその内容が妥当かどうかとは別に、国際的にも国内的にもさまざまな支障がありうる。すなわち、その時の国際情勢、各国の国内法則と政治的、社会的事情に左右されることが少なくなく、期待されたように多くの国によって条約が採用されるとの保証はない。

裁判管轄権に関する規定の統一は多数国間条約によることが望ましいとはいえ、それが必ずしも容易ではないとするならば、二国間条約を利用することも考えられる。二国間条約は特定の二国間で実際に生ずる問題を解決するに適しているからである。例えば、ある二国の国民又は居住民の間において経済活動が活発に行われて、その間で訴の提起、判決の執行が数多く行われているような場合には、多数国間条約によるまでもなく、二国間でそのような事案に関する裁判管轄権について取極をしておくことで足りる。そうすることによって二国間に存在する問題は解決されることになろう。二国間条約では、その締約国ごとにその内容が異なっていてさしつかえない。しかし、相手国ごとに裁判管轄権に関する規定が異なっていることは、当事者にとっても裁判所にとってもわずらわしいことであろうし、国家間の関係からみても好ましいとはいえないであろう。このように考えると、二国間条約が多数国間条約に比べて便利な面があるにしても、それには限界がある。

そこで多数国間条約と二国間条約を併用する方法も考えられる。すなわち、多数国間条約によって裁判管轄権に関する一般的な規定又は主要な規定をおき、二国間の合意によってこれをさらに補足し、或は修正する余地を認めるという方法をとることである。この方法は既に一九六九年にハーグ国際私法会議で採択された民事及び商事に関する外国判決の承認及び執行に関する条約で採用されている。それによれば、二国間における補足的合意(Supplementary Agreement)を認めるとともに(二一条)、締約国がそれによって合意しうる事項を二二項目にわたって定めている(二三条。例えば、常居所の定義(一号)、住所を有するかどうかの基準(九号)、金銭債務以外の債務の執行(一五号)など)。

これに対して、一九六八年の欧州共同体諸国間の民事及び商事に関する裁判管轄権及び判決の執行に関する条約

(ブリュッセル条約)はこのような方法をとっていない。ルガーノ条約も同様である。これらの条約では同条約の規定が締約国間の二国間条約の規定に優先することを定め[11](五五条)、条約にともなう第一議定書で若干の留保(I条)と特則(V条)を設けているにとどまる。これらのいずれのやり方が適当かは一概にいうことはできない。

また、多数国間条約によるとしても、それは普遍的(世界的)条約によるか地域的条約によるかという問題もある。広く法の統一を目的とする場合に普遍的条約が好ましいことは、あえていうまでもない。しかし、多くの国が条約の作成に参加することはその作成の過程においても、またその内容においても困難なことが生ずる可能性があり、そのことによってかえって多くの国を満足させないものとなるおそれがある。むしろ、相互に取極を必要とし、類似の裁判制度をもつ国の間[12]で条約を作成することのほうが適切な結果を得やすいこともあろう。これまで、裁判管轄権に関する条約が中南米諸国と西欧諸国で作成されているのはこのような理由にもよると思われる。

条約以外の方法としては国際的なモデル法(model law)が考えられる[13]。モデル法は適宜の方法、例えば国際機関だけでなく、国際的団体或は適宜の専門家集団によって作成することも可能であるから、条約よりは簡単に作成することができよう。もっとも、多くの国の意見をもとに新たな案を作り、それが広く採用されることを目指すことになれば、多くの国が参加する国際機関により、また、そのための国際会議によってその作業を行うことが適当ということになろう。しかし、そのような過程を経たからといって、各国が必ずモデル法を採用するとの保証はない。また、各国がモデル法を採用するに当たって、それをそのまま採用するとは限らず、それに修正を加えることもあるので、モデル法によって法の統一を目指したとしても、必ずしも期待したように統一が実現するとは限らない。しかし、モデル法が各国の立法当局によって直ちに採用されないとしても、各国の裁判所が自らの判断のなかでこれを参考とすることがありうるから、国際裁判管轄権について明文の規定のない国では、モデル法の内容を裁判所がとり入れて、判例が形成されるということも考えられる。また、各国の立法に、若干の差異があっても、それは実際の問題の解決に支障をきたさないこともある。それ故、多くの国で裁判管轄権に関する規定の統一を必要とする度合いが大きく、かなりの程度にまでその実現の可能性があるとすれば、これらの国の間でまずもってモデル法を作成することを試みることも一つの方法であろう。これを行う国際機関、作業方法などは、その時の国際的な情況による。

二　条約又はモデル法で規定すべき事項

裁判管轄権に関してのみ規定する条約又はモデル法が作成されたならば、それはそれとして有意義であろう。しかし、裁判管轄権に関する規定に加えて、国際訴訟競合(国際二重起訴)が生じたときの裁判所の措置、外国判決の承認及び執行における要件及び手続についても定めておくことが望ましい。いくつかの管轄原因が存在するときには、同一当事者間の同じ紛争にもとづく訴訟がいくつかの異なる国の裁判所に係属する可能性があり、そのような訴訟が国際的に競合した場合の措置を講じておかなければ、裁判管轄権について各国の規定を統一しても、それが十分な効果を発揮しないおそれがあるからである。また、外国判決の承認についても、裁判管轄権以外の要件についでは定めていないとすれば、締約国ごとに外国判決の承認、執行のための要件、手続が異なることもありうる。そうすると当事者は裁判を執行する必要のある国に訴を提起するようになるであろう。それでは裁判管轄権の国際的配分を定めた目的が十分に達成されないことになる。ブリュッセル条約及びルガーノ条約が裁判管轄権の規定(二～二〇条)とともに国際訴訟競合の場合の措置(二一条・二二条)、外国判決の承認及び執行の要件及び手続(二五～四九条)について規定したのはこのような理由によるものであろう。なお、これらの条約では締約国の判決と非締約国の判決との抵触がある場合についても規定をおいている。これも妥当な配慮というべきであろう。

抵触規則の統一のための条約及び実体法の統一のための条約では、国際訴訟競合及び外国判決の承認、執行に関する規定は見当たらない。

三　国際裁判管轄権に関する条約の適用

国際裁判管轄権に関する条約は、締約国間における国際裁判管轄権に関する共通の法則を定めたものである。締約国の裁判所はその条約の適用さるべき場合には、その法則によって管轄権の有無を判断することになる。したがって、このような条約は立法を目的とする条約（立法的性格の条約）である。締約国の裁判所が条約の規定を直接適用するか或はその国の国内法としてとり入れてこれを適用するかは、各締約国における国内法制上の問題である。そして、そのいずれの方法によるにかかわらず、その条約の規定が適用されるかどうかは、その条約でどのような場合に条約の規定が適用さるべきかを定めているかによる。例えば、一九〇二年の離婚及び別居に関する法律並びに裁判管轄権の抵触を規律するための条約第七条では「この条約は締約国において提起せられ、かつ、少なくとも当事者の一方が締約国に属する場合における離婚及び別居の訴についてのみ適用さる」としている。一九六八年のブリュッセル条約及び一九八八年のルガーノ条約では、とくに条約の適用範囲を限定していないようにみえる。また、一九七八年の国際海上物品運送条約（ハンブルグ・ルールズ）第二一条の裁判管轄権の規定は、同条約第二条で定める場合に適用されることになる。このように立法を目的とする条約の規定が適用されるのは、まさに個別の条約が具体的に定めるところによるのである。当事者の一方又は双方が一定の締約国に属しているからといって、当然にその条約の規定が適用されるとは限らない。すなわち、国際法上、締約国は他の締約国との間で条約を遵守し、これを誠実に実施すべき義務はあるにしても、具体的な条約の規定の適用に当たっては、当該条約で定めている以外のことに配慮をする必要はない。したがって、例えば、同じ条約の他の締約国の国民が当事者であり或はその国に属する船舶に関する事件であっても、必ずしも当然にその条約が適用されるとは限らない。要するに、個別の条約の適用はその条約の定めるところによる。

四　条約の規定による管轄裁判所の決定

国際裁判管轄権に関する条約の目的は裁判管轄権を決定することにあるが、条約の規定は裁判管轄権を有する国を指定することができるにとどまるか、さらにすすんでその国における具体的な管轄裁判所を決定する規定を設けることができるかという問題がある。これまでの条約の規定にはこの二つの型が存在する。一つは「……国の裁判所」という表現であり、他は「……の地を管轄する裁判所」という表現である。前者は裁判所という言葉を用いてはいるが、特定の裁判所を指定しているわけではないから、一定の国に裁判管轄権のあることを意味する。後者はそれと異なり、特定の裁判所の管轄に服することを意味する。ワルソー条約及び国際連合国際海上物品運送条約は後者の表現をとっている。

現実に提起された事件について、ある国の特定の裁判所が管轄権を有するかの問題は一国の国内の裁判制度に関する事項であるから、一般に、条約では国家の管轄権を定めることで足りうるように理解されている。しかし、国の領域が広く、しかも各地域が独立の裁判権を有しているような場合(例えば、米国の諸州)とか、事案によっては、その国で定めている管轄原因が存在しない場合のように、国を単位として裁判管轄権をきめるだけでは、具体的な管轄裁判所について妥当な結果が得られるとは限らないことがある。ワルソー条約第二八条(1)では、訴を提起すべき裁判所を明示しているので、多くの国では、この規定は国の裁判管轄権ではなく、具体的な管轄裁判所を定めた規定であるとの解釈をとっているといわれている[14]。このような規定はこれまで多いとはいえないが、これによってとくに不都合が生ずるとは思われない。むしろ、ワルソー条約などにみられるような方法によると、国際航空運送から生ずる紛争を管轄する裁判所が直接決定されることになるのであって、当事者にとっても、裁判所にとっても好ましいのではなかろうか。もっとも、このことによって条約の規定による管轄裁判所が国内法の規定による管轄裁判所とは異なることもありうる。そこで、一九七八年の国際連合国際海上物品運送条約[15]はワルソー条約にならってはいるが、条約の規定によって定まる裁判所が、その国の国内法の規定によって管轄権を有するものでなければならないとして、国内法との調和をはかっている。この規定はワルソー条約の規定を改善したものということができよう。従来、国際私法における一般的な考え方は国際裁判管轄権の分配とはいずれの国家の裁判権に服せしめるかという問題として捉えてきた。そうすると、具体的な裁判所の決定は各国の国内における裁判管轄の分配の規則によることとなる。それによって、各国の国内法上の土地管轄、職分管轄を尊重するということになり、各国による条約の採用を容易にすることにはなろう。しかし、条約で管轄裁判所を直接に決定できるようにすることを妨げる理由はないように思われる。もっとも、条約で定めた地にある裁判所とは、条約の規定の解釈として、その国内の裁判所の組織のうえで、権限を有する裁判所でなければならないことはいうまでもない。一九六八年のブリュッセル条約では、締約国に被告が居住しているときはその国に裁判管轄権があるという規定をおいているが(二条)、一定の法律関係にもとづく管轄権については、契約上の義務履行地の裁判所、扶養権利者の住所・常居所の裁判所、不法行為における加害行為地の裁判所(五条)というように、特定の裁判所を指定している。このような場合に、あえてこれらの裁判所の属する国が裁判管轄権を有するにとどまり、具体的な管轄裁判所はその国の法制によって決定されると解する必要はないであろう。この条約は管轄裁判所の決定について、二つの方法を併用している例である。

なお、一九七八年のブリュッセル条約も一九八八年のルガーノ条約も、一般的な規準のほかに、契約、扶養、不法行為、信託、海難救助、保険、消費契約等の類型ごとに裁判管轄権の決定基準を定めている。これによれば、裁判管轄権の決定の段階で、そのために法律関係の性質決定をしなければならないが、これは必ずしも準拠法の決定のための法律関係の性質決定と同じに解する必要はないとみてよいであろう。

このことに関連して、個別の事件における「特別の事情」を考慮して裁判管轄権の有無を決定することのできる規定を設けることの当否を検討する。このような規定は具体的に妥当な結果を得るためには意味がある[16]とはいえよう。しかし、個別の訴訟事件において妥当な結果を得やすくするためには「特別の事情」というような概括的表現によらざるをえないから、その内容は具体的な事件ごとに裁判所の判断に委ねるほかはない。このことは、結局は、裁判管轄権を有する国又は裁判所が当然には明らかではないことを意味する。そうすると、条約で管轄権に関する規定を設けた意味がうすれてくるし、裁判管轄権に関する争いがかえって増加することとなろう。要するに、国際裁判管轄権についても、管轄裁判所は形式的、画一的に決定されることが望ましいのである。まして、裁判管轄権の有無の問題が実際の訴訟における当事者の利害に大きく影響し、実質的な争点の判断にとって代わるようになることは適当ではない。当事者間の公平、裁判の迅速、適正というような諸々の利益の比較考量は条約又は国内法における管轄原因を決定する段階でなされていなければならない。したがって、条約に、個別の事件において「特別の事情」を考慮して裁判管轄権を決定することができるような余地のある条項を設けることは好ましくないというべきであろう。

五　抵触規則の統一条約中の裁判管轄権条項

裁判管轄権に関する規定が抵触規則の統一のための条約のなかにある例は少なくない。その条約の適用範囲に該当する場合には、締約国の裁判所は裁判管轄権に関する規定によって自国に裁判管轄権があるか否かを判断し、裁判管轄権があると判断したときは、条約中の抵触規則に関する規定に従って準拠法を決定し、それを適用することになる。このことは、いいかえると、一つの条約の形はとっているが、実質的には一定の事項について、裁判管轄権に関する条約と抵触規則に関する条約の二つがある場合と異ならない。そして、抵触規則の統一の規定と裁判管轄権に関する規定が一つの条約にあることは格別の問題を生ずるとは思われない。

六　実体法の統一条約中の裁判管轄権条項

実体法の統一を目的とする条約のなかに裁判管轄権に関する規定がある場合はどうか。この場合も抵触規則の統一に関する規定と裁判管轄権に関する規定とが一つの条約にある場合と同じように考えてよいように思われる。ところが、そのようにいうことができるかどうか明らかでない条約がある。それは、条約のなかに、条約の実体規定にもとづく請求は条約の定める裁判所にのみ訴えることができるという規定がある場合である。

一九二九年の国際航空運送についてのある規則の統一に関する条約(ワルソー条約)第二四条では、同条約の第一七条、第一八条及び第一九条に定める場合(旅客の死亡・負傷、手荷物・貨物の滅失・損傷、旅客・手荷物・貨物の延着)には、責任に関する訴は、この条約の定める条件及び制限の下にのみ提起することができるとし、これをうけて第二八条(1)では管轄裁判所を定めている。この規定をめぐっていくつかの解釈が考えられる[17]。まず、第二八条(1)は単純に管轄裁判所を定めたものであって、第二四条でいう「この条約で定める条件及び制限」には該当しないと解釈する説である。この説によれば特に問題は生じない。同条約第一条により、同条約の規定の適用される国際航空運送に該当する場合には、締約国の裁判所は第二八条(1)の規定によって裁判管轄権の有無を判断し、その後に適用さるべき実体法の問題、すなわち同条約に定める運送人の責任の有無について判断すればよく、そして、運送人の責任については条約の規定以外の根拠にもとづく主張がなされてもよいということになろう。これは既に述べたところと同じ結論となる。これに対して、この規定は同条約の実体規定を請求原因とする訴についてのみ適用されると解釈する説がある[18]。これによれば、同条約の実体規定が適用されるときに、はじめて第二八条(1)の規定が意味をもつことになろう。

ワルソー条約の規定も法廷地の抵触規則(国際私法)によってそれが準拠法とされたときに適用されるとの見解をとると、まずこの点を判断するための裁判所をきめなければならないことになるので、第二八条(1)の規定の適用について合理的な説明を加えることは極めて困難となるであろう。そこでワルソー条約の規定は法廷地の抵触規則を介しないで直接に適用されると解さざるをえないことになる。そのうえで、同条約の実体規定を請求原因とする訴は第二八条(1)に定める裁判所に提起しなければならないとともに、それ以外の請求原因については第二八条(1)の規定とは別な法則によって、その管轄裁判所を決定しなければならないと解する説がある。このことは請求原因が条約の実体規定であるか否かによって、訴を提起すべき管轄裁判所を決定する法則が異なることを意味する。しかも、まず条約の実体規定にもとづく請求原因があるかどうかについて審理しなければならないから、本案の審理が管轄の審理に先行するということになる。これは条文の文言には合うように思われるかもしれないが、請求原因が条約の規定によるか否かで、裁判管轄権を決定する基準が異なることになるから、一つの紛争で二つ以上の訴を提起しなければならない場合が生じ、実際上の問題を解決するには適当とはいえないであろう。遡って考えれば、請求原因の根拠が異なることによって、このように管轄裁判所を区別しなければならない合理的な理由があるかどうかも疑問である。

類似の規定は一九七八年の国際連合国際海上物品運送条約第二一条及び一九八〇年の国際連合国際複合運送条約第二六条にも存在[19]する。それは「この条約の適用される(Under this Convention)物品の運送又は複合運送に関する訴の管轄裁判所を定めた規定である。これらはワルソー条約にならった条約ではあるが、注目すべきことは、これらの条約ではそれぞれの実体規定にもとづく責任に関する訴の管轄裁判所とは表現していないところにある。そこで、これらの条約の規定をワルソー条約と同様の規定とみるかどうかも問題である。しかし、これらの条約中の裁判管轄権に関する条項を機能させるためには、少なくともその部分は法廷地の抵触規則を介さないで適用されるといわざるをえない[20]。そうすると、これらの条約のなかの実体規定と裁判管轄権に関する規定とでは異なる条約として扱うこととになる。そうだとすれば、これらの条約は、一定の事項に関する実体法を統一する条約と裁判管轄権に関する条約との二つの条約を合わせて、一つの条約の形にしたという性格のものというべきであろう。このようにみてくると、ワルソー条約の規定がいささか不適当或は不用意な文言となっているということではなかろうか。同条約の規定を単純に文理的に意味が通るように解するならば、同条約の実体規定を請求原因とする訴は同条約の定める裁判所に提起しなければならないということになろう。これを国際社会における新たな訴権という説明をすることも不可能ではない[21]が、そのような説明をしたからといって、現実の問題が合理的に解決されることにはならない。一つの法律関係を請求原因ごとに分けて訴を提起することは好ましいことではないし、まして本案の審理が管轄の審理に先行することが妥当であるかは疑問である。しかも、そう解したからといって当事者にとっても裁判所にとっても、手続的に得るところは特にないからである。したがって、ワルソー条約第二四条は特にそのような重要な意味を有する規定と解する理由はない。現に存在するワルソー条約の規定の文言についての解釈論はともかく、一般的にいえば、実体法の統一の規定と裁判管轄権に関する規定とが同じ条約にある場合には、その条約の適用されるべき場合について、実体法の条約と裁判管轄権に関する条約の二つの条約がある場合と同様に考えてよい。

ところで、一定の場合に適用される条約のなかに裁判管轄権に関する条項を設けると、その条約の適用範囲にある法律関係とそうでない法律関係とで、裁判管轄権を決定する法則が異なってくることになる。例えば、国際連合国際海上物品運送条約(一九七八年)についていえば、船積地、陸揚地、選択的陸揚地、船荷証券発行地又は船荷証券で合意した地のいずれかが締約国にある場合に条約の規定が適用されることになり(二条一項)、第二一条の裁判管轄権の規定はこの場合に限って適用されることになる。それ以外の場合には別の法則によって裁判管轄権を決定することになる。これは一定の場合に限って適用される条約に裁判管轄権に関する規定を設けることによって生ずる現象であって、それはやむをえないといわなければならない。

七 国際裁判管轄権の不明確と仲裁の利用

裁判管轄権が形式的、画一的な基準によって明確に定まらず、しかも、いずれの国が裁判管轄権を有するかによって、訴訟の進行と訴訟の結果に影響があるとすれば、当事者は予想される紛争の解決のためには、このような不安定な状態を避けようとするであろう。その方法としては、管轄裁判所を合意することが考えられる。これらによって裁判管轄権の不明確にともなう不便は一応解消するようにも思われる。しかし、いつも管轄の合意がなされるとは限らない。管轄の合意がなされたとしても、実際に訴訟が提起されたときにその合意の有効性、妥当性をめぐって争われる可能性はある。そうすると、当事者間において紛争を仲裁によって解決することを合意し、仲裁人、仲裁機関、仲裁地等を予め指定しておくことが適当であるということになろう。しかも、仲裁は必ずしも国家法の適用を要せず、手続も簡便に行われるとすれば、国際的な経済活動から生ずる紛争の解決には、当事者にとって訴訟よりも仲裁のほうが便利ということになろう。その結果、国際的な経済活動から生ずる紛争の解決の多くは訴訟ではなく仲裁によることとなり、訴訟は当事者間の契約で紛争解決方法について合意していない場合及びその他偶発的な紛争について用いられるということにもなろう。このようなことは必ずしも好ましいとはいえない。仲裁が訴訟よりも適正、迅速かつ低廉な費用で行われるという保証はないし、仲裁には通常は不服申立の方法もない。これらのことを考慮すると、私人間の紛争の解決は私的な紛争解決方法に委ねておけば足りるとすることは適当ではない。

社会における正義、公平を実現するという観点から、最終的には公権力によって法を適用して解決する方法が存在していることを必要とするからである[22]。法規範の有する客観性、予測可能性にもとづいて紛争の解決がなされていないとすれば、社会の経済的秩序が存立しなくなるおそれがある。各国の実定法は一般的にいえば、判断基準としてはかなりの程度において合理的なものであって、国境を超える経済活動から生ずる紛争であるからといって、常に国家法の適用を回避することが好ましいわけではない。渉外的な紛争の解決において国家法の適用を回避する方向にすすむならば、国際私法の統一、実体法の統一もその意味を失うことになろう。裁判手続についても同じことがいいうるのであって、訴訟の遅延をはじめとする欠陥はあるものの、一つの社会において正統とされる権力による紛争の強制的な解決の方法がないとすれば、現実の力関係や利害と打算が優先し、正しいことが実現されないことになるであろう。それでは私人間の経済的秩序であっても保たれないのではなかろうか。また、渉外的な紛争を専ら仲裁で解決するのであれば、膨大な数の仲裁事件が生じ、それに見合った人的、物的な設備を必要とすることになろう。それとともに、仲裁判断の基準も明確でなければならなくなる。そうでないと、当事者は仲裁の結果を予測できないし、何が正しいか、公平かの問題を個々の紛争における力関係や利害と打算、金銭的便宜主義に委ねることになるからである。そうなると、かえって仲裁は人々に利用されなくなるであろう。ここに、法によらない仲裁を紛争解決の手段とする場合の限界があるといえよう。このように、渉外的な紛争においても、訴訟の存在理由はあるのであって、これを活用するためには国際裁判管轄権に関する統一的な基準の作成が必要であるといえよう。

八　今後の見通し

国際裁判管轄権の統一が必要であることは、これまでも十分に認識されていた。このことは既存の多くの条約で裁判管轄権に関する規定のあることからも明らかである。しかし、そのための試みは組織的になされたとはいい難いし、それが成果をあげたともいい難い。今後、これまでのような情況に著しい変化が生ずるかどうかは明らかではない。しばらくの間は、これまでと同じように、適宜の機会に、既に述べた三つの類型の条約のいずれかの方法によることとなろう。しかし、いかなる国の間で、どのような機会に、いかなる機関を通じてこのような条約を作成するかについては、今のところ不透明というほかはない。実際には新たな条約をつくることは実際にはむずかしいと思われるので、むしろ既に存在する地域的多数国間条約を修正しながら、その締約国をふやすということのほうが実際的なように思われる。

わが国については、これまでのところ、近い将来にわが国の近隣諸国との間で二国間条約、多数国間条約を締結するような情況にはない。わが国と経済的に密接な関係にある米国において、日本人又は日本企業が訴訟の当事者となることが少なくないとはいっても、米国における裁判管轄権についての考え方とわが国のそれとが大きく異なっていること、また、裁判制度と手続に大きな相違のあることとからみて、近い将来、容易に裁判管轄権に関する取極が可能とは思われない。わが国と欧州諸国との間にルガーノ条約のような内容の条約を締結することも考えられるが、両者の地理的関係、結びつきなどからみて、それが可能か、また、それが妥当かどうかは明らかではない。わが国としては各国の動向に注目しながら、機会があれば世界的な統一に協力し、できるだけ各国に共通な、明確な基準を作るよう努力することが望ましい。

注

11　一般論としていうならば、後に締結した多数国間条約の規定が先に締結した二国間条約の規定に優先することは、その多数国間条約の採択に特定の二国が参加している場合に限って可能であるというべきであろう。

12　裁判制度の大きく異なる国の間では、裁判管轄権の有無はそれぞれの国の国民、居住地の利害に影響を及ぼすので、裁判管轄権に関する取極を作ることは困難がともなうであろう。このような場合には、場所的な要素のみによって決定するほかはないであろう。このようなことからすると、多くの国にとって裁判管轄権についての取極のむずかしい国の一つとして、米国をあげることができよう。米国では裁判管轄権が州と連邦とに分かれているうえ、訴訟手続が大陸法系の諸国と大きく異なるところがあるからである。

13　私法に関する法の統一の方法を検討したものとして、曾野和明「変容した国際社会と条約至上主義への疑問―新モデルを求めるＵＮＣＩＴＲＡＬ―」国際法外交雑誌八四巻六号一頁以下(一九八六年)。

14　一九二九年のワルソー条約の裁判管轄権については、原茂太一「ワルソー条約における管轄権について」空法二六号五一頁以下(一九八五年)及びそれに引用された文献参照。

15　一九七八年の国際連合国際海上物品運送条約の裁判管轄権条項については、谷川久「海上物品運送人の責任の強化」ジュリ五七七号一四四頁(一九七四年)、高桑昭「海上物品運送条約における裁判管轄条項」海法会誌復刊二三号九一頁以下(一九七九年)参照。

16　わが国の裁判所が「特別の事情」を考慮するのは、民事訴訟法の定める国内裁判管轄権の分配に関する規定を国際裁判管轄権の決定に用いたときに生ずるかも知れない不当な結果を回避する余地を残すためである。ところが、このことによって、当事者は特別の事情の有無を争い、結局、そのなかに利益の較量をもち込むことになろう。裁判所が裁判管轄権に関する判断を中間判決の形で示すことが多いのは、このことにもよると思われる。裁判管轄権は一定の基準によって形式的、画一的に決定されることが望ましく、また、それ故に逆推知説の存在理由があるわけであるが、下級審の裁判例のように具体的事案ごとに特別の事情を考慮することは、かえって逆推知説の存在理由と相容れないことになりはしないであろうか。

17　ワルソー条約第二八条(1)の裁判管轄権の規定の適用が注目されるに至ったのは、イタリアのミラノ空港から日本の新東京国際空港(千葉県成田市)まで航空運送すべき貨物の滅失に関する事件の判決(東京地判昭和六〇年七月一五日判時一一二一号一二〇頁)を契機とする。この事案の実質的な争点は、航空運送契約のもとで、航空運送に代えて陸上運送中の貨物の滅失が、ワルソー条約第一八条にいう航空運送中に生じた場合に該当するかどうかにあった。そして裁判管轄権については、同条約第二八条(1)にもとづいて、貨物の到着地である日本の裁判所に裁判管轄権を認めてよいかが争われた。この事案については、道内垣正人・ジュリ八〇八号一〇八頁(一九八四年)、水野紀子「国際裁判管轄の一断面―国際裁判管轄規定をもつ条約の適用問題―」山田鐐一教授退官記念論文集・国際取引と法二四五頁以下(名古屋大学出版会、一九八八年)、高桑昭「国際航空貨物運送人に対する損害賠償請求の裁判管轄権と準拠法―KLM事件の判決について」空法三〇号四三頁以下(一九八九年)参照。

18　水野・前掲注**17**二五六～五七頁。

19　前掲注**15**の文献参照。

20　統一法と国際私法の関係について、条約の実体規定は法廷地の国際私法を介して適用されるとの立場をとれば、条約の管轄規定も、条約の実体法規定が準拠法として適用される場合に適用されるとしなければならない。しかし、このような解釈は合理的とは思われないし、条約立案の趣旨にも合致しないであろう。

21　水野・前掲注**17**二五六～五七頁。曾野和明教授は書評(国際法外交雑誌八八号一号一七〇頁〔一九八九年〕)で、国際社会における訴権という説明を新しい考え方として注目しているようであるが、その趣旨は明らかではない。国際社会における「訴権」という考え方は新しい考え方ではあろうが、それが合理的であるか、問題を解決するに適当であるかは別の問題であろう。

22　国際社会から生ずる紛争の解決は訴訟でなく仲裁によるべしとの説は少なくないが(例えば、喜多川篤典「国際商事仲裁の基本問題」実務民事訴訟講座6〔日本評論社、一九七一年〕、同「仲裁」岩波講座・現代法5〔岩波書店、一九六五年〕)、それは仲裁の一面をとらえての主張であって、国際取引から生ずる紛争の解決については常に仲裁が訴訟に代替しうるとはいえないであろう。

第二部　国際私法

第一〇章　法例修正案に関する参考書と理由書

一　法例立法当時の二つの説明書

一　法例(明治三一年法律第一〇号)は明治二三年一〇月七日に公布された法例(明治二三年法律第九七号。旧法例)を修正したものであって、民法中修正案とともに明治三一年六月二一日に公布され、同年七月一六日に施行された。その成立の過程についてはすでに先学の労作により明らかにされているので[1]、それについてここで再び述べることはしない。

これまで、法例について、立法者の手による説明書として「法例修正案理由書」があることは広く知られていた。例えば、山田三良博士は「国際私法第一分冊」(昭和七年、有斐閣)のなかで、法例制定の事情の説明に際して法例修正案理由書を引用している[2]。そして、久保岩太郎博士は「法例議事速記録」を紹介されながら現行法例の成立について述べられたときに、「われわれの入手することができる資料としては、法例修正案理由書ただ一つであった。」と述べておられるように、昭和三〇年代の前半までは法例の制定の経過についてわれわれが入手しうる資料は法例修正案理由書のみであると思われていたらしいのである。法例議事速記録が注目されるようになったのは、昭和三六年に久保博士によって紹介されたからのことである3。もっとも、法例議事速記録はこのときはじめて世に出たのではなく、限られた範囲であるけれども、既に知られてはいたのである4。

その後に公表された川上太郎博士による法例の成立過程の研究のなかには法例修正案理由書のほかに法例修正案参考書が存在するとの記述がある5。しかし、法例修正案理由書と法例修正案参考書がそれぞれいかなる性質の文書であり、いかなる関係にあるかは説明されていない6。また、これらについてはその後に公にされたいくつかの国際私法の概説書のなかでもとくに説明されてはいない。そこで、法例修正案理由書と法例修正案参考書とを確かめて、これらがいかなる性質の文書であるかについて調査し、究明する必要があろう。

注

1　法例の成立についてとくに研究したものとして、久保岩太郎「現行法例の成立について(財産の部)—法典調査会議事速記録を中心として—」青山法学論集第三巻二号二一頁以下(昭和三六年)、同「現行法例の成立について(身分と総則の部)」青山法学論集四巻三号一五頁以下(昭和三七年)、川上太郎・日本国における国際私法の生成発展(有信堂、昭和四二年)(以下「生成発展」として引用する。)。概説書で法例の成立の由来について説明しているものは山田三良『国際私法第一分冊』(有斐閣、昭和七年)九二頁と池原季雄『国際私法(総論)』三一頁(有斐閣、昭和四八年)である。

なお、江川英文「わが国国際私法の沿革並に特色」東京帝国大学学術大観法学部経済学部(東京帝国大学、昭和一七年)が法例の成立に関し、法例修正案の法典調査会通過を明治三〇年一〇月、帝国議会通過を明治三一年三月としているのは誤りである。これはおそらく山田三良・国際私法(現代法学全集)(日本評論社、昭和五年)六二頁及び同・国際私法第一分冊九三頁の記載をそのまま引用したことによると考えられる。山田博士は「回顧録」(山田三良博士米寿祝賀会、昭和三二年)では、これら二つの著書の記述については何ら触れていない。

2　山田三良・国際私法第一分冊九三頁、江川・前掲注1二七三頁も山田三良が法例修正案理由書を起草したと述べている。山田三良・回顧録でも、自ら法例修正案理由書の原稿を執筆したと述べている(同書三四頁)。

3 久保岩太郎「現行法例の成立について(財産の部)」青山法学論集三巻二号二五頁(昭和三六年)、同・国際私法概論(巌松堂、昭和二〇年)の巻末の文献目録には法例修正案理由書(博文館、明治三一年)を引用している。その後に法例議事速記録を用いた論文としては、矢ヶ崎武勝「起草者の意図をめぐる法例の解釈についての二、三の考察」久保岩太郎先生還暦記念論文集(有信堂、昭和三七年)一六三頁以下があるが、法例議事速記録のほか、法例修正案理由書を引用している(同書一六六頁)。しかし、これがいかなるものかについては説明がない。

4 昭和一二年に日本学術振興会で写した法典議事速記録は司法省と東京、京都、東北、九州の各帝国大学、慶應義塾大学及び早稲田大学に配布されていたとのことであるが、限られた人しか知らなかったようである。それ故、久保博士が紹介されたのであり、そのなかで「入手することができる資料」と述べているのは、おそらく、発行部数も多く、市販され、古書として入手することができる資料という趣旨であろう。法例議事速記録は東京商科大学図書館にも存在し、これをもとに久保博士が紹介の労をとられたことは同博士の前掲論文に述べられている。

5 川上太郎『生成発展』八六頁及び九七頁では、議会における法例修正案提出に際して参考書をも配布したことについて、穂積陳重の説明を引用して、「この立言はきわめて重要である」としているが、そこで述べている『参考書』がいかなるものか、「参考書」がこれまで引用してきた「理由書」とどのような関係にあるかは説明していない。なお、同書には、「当時参考書として議院内で配布された『法例修正案理由書』」と述べているところもある(同書六五頁)。また、川上太郎「日本における国際私法学説の系譜(一)」民商法雑誌七四巻三号三九一頁(昭和五一年)では「理由書」と述べているが、その三九二頁及び五五二頁では「参考書」は山田三良の筆になるとし、山田「回顧録」五〇頁及び三六頁を引用している。しかし、これらの関係については特に説明はしていない。

6 池原季雄・国際私法(総論)三四頁は「法例の立法趣旨を説明したものとして、山田三良博士によって執筆された法例改正案理由書(民法修正案参考書、親族編相続編(一八九八年)所収)は、重要な文献である。」と述べている。山田鐐一・国際私法(筑摩書房、昭和五七年)二七頁は「また、法例の立法趣旨を説明したものとして、法例修正案理由書がある」と述べるにとどまる。

二　これまで掲げた資料からいいうることは、法例修正案理由書と題する文書と法例修正案参考書と題する文書とがあること、前者のほうが広く知られ、これを引用するものが多いこと、そしてそれは明治三一年博文館発行であることである[7]。そこで、法例修正案理由書と題する文書と法例修正案参考書と題する文書そのものを探し出す作業をしなければならない。そして、その結果、「法例修正案理由書」も「法例修正案参考書」も現に存在することが判明した[8]。

筆者の知るところでは、法例修正案理由書には少なくとも二つの版がある。一は博文館蔵版のものである。これにも、二種類があるようである。一つは『民法商法修正案理由書』と題する書物の中にあり、法例修正案理由書のほかに商法施行法案、船舶法案、船員法案、戸籍法案、人事訴訟手続法案、非訟事件手続法案等もあわせて掲載されている。編著名はなく、博文館明治三一年六月一五日発行、定価は金壱円拾五銭である。この本は同年七月一〇日に第二版《（ママ）》が発行されている。他は同年六月一二日発行の『民法修正案理由書』と題する書籍である。これも、編者名はなく、民法中修正案理由書、法例修正案理由書、国籍法案理由書、不動産登記法案理由書を収め、定価金六拾銭である。これは同年七月二日に第三版《（ママ）》が発行されている。他の版は小久江成一編、東京専門学校出版部明治三一年六月四日発行の「法典修正案理由書」と題する書物のなかにあるものである。このなかには民法中修正案理由書を収めており、定価は金七拾五銭である。

それとともに法例修正案参考書も存在する。私の知るところでは、これにも少なくとも二つの版がある。一は「法典修正案参考書」と題する書物のなかにある。これには編者名はなく、明治三一年六月一〇日法典質疑会発行、売捌所明法堂となっており、法例修正案参考書、民法中修正案参考書、民法施行法案、国籍法案参考書、不動産登記法案参考書を収めており、定価は金七拾銭である。他は東京八尾書店明治三一年六月七日発行のものであり、法典調査会副総裁曽禰司法大臣題字とあり、民法中修正案参考書、法例修正案参考書、国籍法案参考書、不動産登記法案参考書を収め、右に述べた三種よりやや大判のものであって、定価は金八拾銭である。この本は同年七月四日に再版が出ている。

これらを比較してみると、法例修正案理由書と法例修正案参考書とは書籍としての体裁は多少異なるが、本文において両者は全く同じである。したがって、一つの文書が法例修正案理由書と法例修正案参考書との異なった題名のもとにいくつかの出版社によって印刷され、広く販売されたということであろう。

注

7　久保岩太郎・国際私法概論（昭和二〇年）巻末六〇頁（附録第二の国際私法文献目録）参照。川上太郎・生成発展巻末文献目録五頁。

8　あえて述べることが許されるならば、私は法例修正案理由書と法例修正案参考書を偶々発見したのではなく、ある推論にもとづいて探し出したのである。その調査の方法と過程について興味のある点もないではないが、ここではそのことを問題としているわけではないから、省略する。いくつかの図書館に照会しても容易に探し出せなかった理由は、いかなる理由かは明らかではないが、図書目録索引カードに記載されていないことにある（秌場準一教授によると戦前の司法省図書館の蔵書目録には記載されているとのことである）。なお、国会図書館の図書目録には東京専門学校出版部の『民法中修正案参考書』が記載され、法例、民法、国籍法、不動産登記法参考書の記載がある。

二　参考書と理由書の存在理由

一　法例修正案理由書と法例修正案参考書とが同文であることは明らかとなったが、さらに、これらは何人の執筆にかかるものであるか、また、何故に「理由書」と「参考書」とが存在するかについて、追求する必要があろう。

まず、これらの執筆者が何人かを明らかにすることは、比較的容易になしうる。それは「法例修正案理由書」が山田三良博士の執筆になることはつとに知られていたからである[1]。その根拠の一つは山田博士の『国際私法』（現代法学全集及び有斐閣版）の記述及び『回顧録』である。山田博士の『回顧録』によれば「この法律は我が裁判所が二年の後自主独立の法権を回復したる暁に内外私法を適用する準則を定めたる全然新規なる立法であるので、なるべく詳細に立法理由を説明することが必要であった。先生は特にこの点を注意せられ、帝国議会に提出する「法例」制定の理由は普通の場合と異なり、参考の資料たる立法例及び学説をも挙示せんことを要望せられたので、私は立法条文の進行するに従いその理由書を起草することに努力した。併し先生が全文を起草し終わられたのは十一月末であったので、これを完成するためには、少なくとも尚一ヶ月半位を必要としたのであった。……そこで神戸から上海に寄港するまでの数日間は昼夜兼行で執筆することとした」とあることによる。ここにいう「先生」とは穂積陳重博士であり、「十一月末」とは明治三〇年一一月末のことである。これに従えば、法例修正案理由書は山田博士が執筆したとすることもできよう。もっとも、経験則上、常に「本人の供述」が正しいとはかぎらないし、法例修正案が帝国議会に提出される以前の明治三〇年一二月下旬に山田博士は欧州へ旅立たれ、香港から原稿を送ったにすぎないので、この記述からは草稿を作成したということはできるが、法例修正案参考書そのものを山田博士が執筆したということには直ちにはならない[3]。山田博士の著書には、法例修正案参考書という文字は全く見当らないからである。しかし、法例修正案参考書と法例修正案理由書とが内容的に同一であるとすれば、法例修正案参考書も山田博士の筆になるものという推定は成立するといってよいであろう。

ところが、明治三一年五月二一日帝国議会衆議院において政府委員穂積陳重は法例修正案の提案理由説明のなかで、立案の基本方針を説明したのちに、「尚ホ各条ニ就テハ、此参考書ヲ御覧ヲ願ヒタイノデゴザイマス」「此法例始メ民法其他参考書ナルモノヲ添ヘマシテ修正ノ要領ヲ之ニ載セ、諸君ニ御配布ニナッテ居ルモノガアリマス、是ハ素ヨリ題号ニモアリマスル如ク、……諸君ノ御便宜ノタメニ法典調査会ニ於テ、補助員ガ筆記致シマシタモノデアッテ、是ガ此法案ノ理由書ト称スベキモノデアッテ、是ニ依ッテ、其規定ノ本文ノ解釈適用マデモ将来ニ覊束スルヤウナコトガアッテハ、誠ニ不本意ナコトデアリマス、……此参考書ハホンノ修正ノ趣旨ノ大体一般ヲ知ルノ御便宜ノタメニ御配布ニナツテ居ルノデゴザイマス、此事ハ此処デ発表シテオクコトガ将来ノタメニ必要ト思ヒマスカラ、一言附加ヘテ置キマス」(傍点は筆者)と述べている[4]。この説明からさまざまなことを汲みとることができるであろうが、少なくとも当面の疑問との関係でいえば、これによって何人が執筆者であるか、本来の題名は何かの二つの問題は解決することになる。すなわち、まず、法典調査会で作成した法例修正案の立法趣旨を説明するために帝国議会に配布された文書の題名は「法例修正案参考書」であったことが知られる。そして、その執筆者は法典調査会の「補助員」であり、山田三良が法典調査会において法例に関する起草委員補助を命ぜられたことは、われわれにとって周知の事実であるから、これによって、法例修正案参考書の当初の原稿の執筆者は山田博士であるといってよい。山田博士の「回顧録」の記述は執筆者については正しいといってよいであろう。しかし、その題名についてはは正確でないといわざるをえない。

一般に法案の説明のために政府が提出した文書を参考書というのはやや奇異に思われないでもないが、明治三一年の衆議院議事速記録と昭和になって書かれた著書、回顧録の史料としての価値を比較するならば、当時政府委員としての衆議院において法例修正案の提案趣旨説明に当たった穂積陳重博士の言を採るべきであろう。時を経てなされた「本人の供述」は常に正しいとはかぎらないのである。したがって、法例修正案の立法趣旨の説明の文書の題名は「法例修正案参考書」であるといわなければならない。穂積博士がこの参考書について将来のために一言付け加えておかれたことは、まことに先見の明であったというべきであろう。

それでは、いかなる理由で「法例修正案理由書」が出現したか。それは、簡単にいえば、前述の各出版者がそのような題名を付したためである。すなわち、博文館版では、凡例において「一　本書には民法修正案理由書、法例案理由書、国籍法案理由書、不動産登記法案理由書の四種を収めたり、此等の理由書たる、此法典調査会の起草に成り、法案の起草若くは修正を為したる理由を記述せるものにして、政府が此等諸法案を今期議会に提出するに当り、起草理由の説明を助けんが為に両院に廻付したる所のものなり、原名は民法修正案参考書乃至不動産登記法案参考書と謂へしも、今其下尾を改めて理由書と為したり、蓋し内容の如何なるものかを言表して能く其実に賓たるに於ては、此名称に優るあるを覚ふればなり」(傍点は筆者)と述べている。この記述からも本来の題名は法例修正案参考書であったことが理解されよう。東京専門学校出版部版ではこのような説明はなく、鳩山和夫は序文において「法典調査会の手に成れる理由書」と述べている[5]。

以上述べたところからすれば、法例修正案参考書と法例修正案理由書とは同じ内容のものであり、それは山田三良の起草にかかることが判明したといってよいであろう。そして、正確にいえば、現行法例(平成元年改正前の法例)の立法趣旨を知るための直接的な資料としては法例修正案参考書と法典調査会法例議事速記録の二つであるということになる。われわれが法例の立法趣旨を説明するに際して法例修正案参考書と法例修正案理由書のいずれを引用してもさしつかえはないが、本来の題名は法例修正案参考書であることを知っておくべきであろう。

注

1　江川英文「わが国国際私法の沿革並に特色」東京帝国大学学術大観法学部経済学部(東京帝国大学、昭和一七年)二七三頁。
2　山田三良「回顧録」(山田三良先生米寿祝賀会、昭和三二年)三四-六頁。
3　久保岩太郎「現行法例の成立について(財産の部)」青山法学論集三巻二号二二頁の注3では、穂積文書によれば、山田三良博士の原稿に穂積陳重博士の朱筆による添削が加えられたところがあるとのことである。したがって、起草委員たる穂積博士の手が加えられたとみてよいであろう。

4　明治三一年五月二三日官報号外所載の第十二回帝国議会衆議院議事速記録第三号(一九―二〇頁)。

5　山田三良・国際私法及び同・国際私法第一分冊並びに回顧録で「理由書」と述べているが、それがいかなる理由にもとづくかは明らかにしえない。その後の文献が「理由書」と表現しているのは、ここにも原因の一つがあると思われるし、また博文館版の凡例にもいうように、「理由書」というほうがわかりやすいこと、そして「理由書」と題した書物のほうが「参考書」と題した書物よりも広く流布したことにあるためではなかろうか。桜田嘉章「渉外家族法における本国法主義」現代家族法体系1二〇二頁(有斐閣、昭和五五年)は、法例の立法趣旨について法例修正案理由書を引用してはいるが、「理由書」は「参考書」の改題であると述べている(同書二一〇頁の注10)。しかし、その理由には触れていない。私の知るかぎりにおいて、これが両者の関係を説明したはじめての文献である。

6　私は政府が帝国議会に提出した法例修正参考書そのものは見たことがない。「民法中修正案参考書」の形態から推定すると、ほぼB5判の大きさで、編者、執筆者、発行年月日、発行者の記載のない、白い表紙の、独立した冊子であって、本文の上欄にはかなりの余白があり、本文の印刷も市販のものよりは余裕をとっているものと思われる。

三　わが国の国際私法学における立法資料の取扱

この法例修正案参考書又は法例修正案理由書は、従来、わが国の国際私法学者によってどのように取扱われてきたであろうか。このような疑問が生ずるのは、既に述べたように、これまで著書、論文のなかで法例修正案参考書と法例修正案理由書とが示されてはいたが、両者の異同も十分に明らかにされていなかったこと、そして法例修正案参考書はわが国の国際私法の文献において引用されることが多いとはいえず、しかも本来の題名による引用がほとんどされていないことにある。これを知るためには、法例施行以後のわが国における国際私法の概説書、法例に関する論文を逐一検討することが必要であろう。しかし、それは不可能に近い。そこで、国際私法に関する詳しい概説書について検討することとする。詳しい概説書に限定した理由は、そのような概説書は国際私法に関する一般的な解説にとどまらず、その分野における研究の成果を要約して示すことを目的としているからである[1]。そこにおいて立法担当者の手になる趣旨説明をどのように取扱っているかを知ることは、わが国において法例の解釈について、どのような態度がとられてきたかをうかがうための一つの材料となりうるであろう[2]。

まず、現行法例の成立の由来を述べた部分で法例修正案理由書の存在について触れているものは、山田三良、池原季雄、山田鐐一の各教授の著書[3]である。また、そのほかの文献で法例修正案の立法資料を引用するものも見られるが、法例修正案参考書を引用するものは山口弘一博士の『日本国際私法論』のみのごとくであり[4]、他は法例修正案理由書を引用している[5]。また、本文外の参考文献の中に掲げるものは、久保岩太郎博士の『国際私法概論』のみである[6]。

このように、法例修正案参考書又は法例修正案理由書は立法趣旨を明らかにする重要な文書であるにもかかわらず、それについて言及、引用されることが少なく、しかも本来の題名も忘れられかけているのはいかなる理由によるものであろうか。法例が内外人の交通往来の頻繁、外国人の権利保護の必要、内外法律の差異の解決のため法典整備の一環として民法とともに起草されたことはいうまでもないが、単にそれだけではなく、実際上の必要に迫られたことにも留意すべきであろう。それは明治三二年七月から実施される、いわゆる改正条約によって領事裁判権が撤廃され、従来わが国の裁判権の及ばなかった外国人についてもわが国の裁判所が裁判権を行使することにあった[7]。すなわち、山田博士も述べているように、「恩師穂積先生から四五年の後には改正条約が実施せられ、領事裁判権が撤廃せられるので、我が裁判所が独立自主の法権を行ふに当り必要なる法律は所謂国際私法である」ことにあったのである[8]。そして、「併してこの法律は我が裁判所が二年の後自主独立の法権を回復したる暁に内外私法を適用する準則を定めたる全然新規なる立法であるので、なるべく詳細に立法理由を説明することが必要であった。先生は特にこの点を注意せられ、帝国議会に提出する「法例」制定の理由は普通の場合と異り、参考の資料たる立法例及び学説をも挙示せんことを要望せられた[9]」(傍点は筆者)。さらに、「現行法例は旧法例の修正というよりもむしろ全然之を改造したるものである。而して此の修正法案が帝国議会に提出せらるるに当り、政府よりすこぶる詳細な法例修正案理由書を発表したる一事は我邦立法史上に特筆せらるべき異例であった。蓋し法例は成立匆々即明治三十二年七月より多年我国権の屈辱であった領事裁判権が撤廃せらるると共に、我が裁判所が初めて渉外事件を判決するに当って拠るべき準則を定めたる法律であるから、裁判所に対して将た我が国民に対しても此の新なる法律の精神目的を知足するに足るべき参考資料を供給する必要があった為めである[10]」(傍点は筆者)。と述べている。そうであるならば、法例修正案参考書及びこれをもとに市販された法例修正案理由書は、国際私法の研究者によって当初からもっと注目されてよい筈のものであろう。

それまではいかなる理由によって、法例修正案参考書に言及し、或はこれを引用することが少なかったのであろうか。いま、それについておおよその理由を考えてみると、(イ)法例修正案参考書又は理由書を利用する便宜に恵まれなかったこと、(ロ)これらの資料は引用するに値しないと考えたこと、(ハ)内外の学説、外国の立法、判例を重要と考え、それらを引用するに忙しかったこと、(ニ)立法者意思にこだわるべきではないと考えたことなどが挙げられよう。或はこれらの理由の組合せであることも考えられる。また、このほかの理由もあるかもしれない。このうちいずれの理由によるかは、それぞれの著者ごとに異なるとも考えられる。

まず、(イ)の理由は実際にはありえないように思われる。既に述べたところからも明らかなように、「参考書」も「理由書」も広く販売されていたのであって、大学図書館などにあれば、研究者として参照できないわけではないからである。また、前述の政府委員穂積博士の説明を考えあわせると、(ロ)の理由も当を得たものとはいい難いであろう。民法、商法の立法を述べたもののなかにはその記述が適当ではないものもあったようであるが[11]、法例については前述のごとき経緯で作成され、「我邦立法史上に特筆せらるべき異例であった」のであり、その内容が必ずしも適切でない部分もあるというような批判があったとは聞いていないからである。

（ハ）の理由の可能性はかなり濃いといえよう。山田博士は国際私法の研究方法について、「わが国においては欧米諸国よりも詳細なる成文国際私法を有するのであるから、斯学の研究はまずこれらの規定の意義精神を闡明するをもって第一の急務とすべきである。しかもこれらの規定はおおむねただ重大なる原則を掲げるのみであって、細目にいたっては何ら規定するところなきのみならず、法例実施以来なお浅く先例とすべき判例もまたきわめてすくなきが故に、法例の規定の適合せざる新事件を解決するにあたっては広く欧米諸国の立法、判例または学説を参酌してわが法文の精神を推究し、その欠陥を補充することを期せざるべからず。曾てフランツ・カーンが国際私法は国内法であって、将来に於いても亦、しかるべしといへども、一国立法者の国際私的立法の精神目的を闡明するにあたっては、唯その一国の法律を研究するをもって足れりとせず、広く世界各国の法律を比較研究し、もって内外立法の目的を調和することを期せねばならぬ。すなわち、国際私法は国内法なるも、その研究方法は国際的研究方法でなければならぬと言ったのはまことに適切であると言はねばならぬ」と述べている[12]（傍点は筆者）。しかし、わが国では、その後、世界各国の法律と学説の紹介、研究のほうに重点をおいたようである。田中耕太郎博士は、国際私法は本質的に学説法であるとされ、学説と条理は分かちがたく、国際私法の統一は学説の任務であると主張された[13]。このような傾向は現在でも続いているといえよう[14]。

また、（ニ）の理由の可能性も考えられる。すなわち、明治の末頃から大正中期にかけて、わが国の民法学者の研究態度や方法に変化がみられるが、とくに法律の解釈について、いわゆる立法者意思を排し法律意思を明らかにすることが解釈に当たる者のとるべき態度であるとする見解が有力に主張されたのである。その代表的なものとして、例えば、石坂音四郎博士はその「法律解釈論」において「然レトモ法律ノ解釈ハ法律ノ内容ヲ明カニスルコトヲ目的トシ立法者ノ意思ヲ明カニスルコトヲ目的トセス故ニ法律ニハレタル所ニ依リテ法律ヲ解釈スルコトヲ要シ法律以外ノ材料ニ依リテ法律ヲ解スルコトヲ得ス且立法材料（草案、理由書、委員会の記録、議会の筆記等—筆者註）ハ他ノ立法例、学説等ト同一価値ヲ有スルニ止マリ単ニ解釈ノ参考ニ供スルコトヲ得ヘシト雖モ何等拘束力ナシ」とし、また「立法者意思カ法律意思カ」においても、立法者意思説と法律意思説とを比較し、種々の理由をもって立法者意思説は「理論上法律解釈ノ性質ニ合セルノミナラス事実ニ合セス」とし、「上述スルカ如ク立法者ノ意思ヲ知ルハ事実上不能ナルカ又ハ困難ナリ故ニ立法者ノ意思ヲ明ラカニスルヲ以テ法律解釈ノ目的トナスヲ得ス法律ノ意思ヲ明ラカニスルヲ以テ其目的トナスコトヲ要ス而シテ法律意思説ハ立法者意思説ニ比シ遙ニ法律ノ適用上優レリ……若シ法律ノ意義ハ立法者ノ定メタル意義ノミニ解スヘキモノトナストキハ法律ノ適用ハ狭隘ナル範囲ニ限定セラルル結果トナルヘシ然ルニ実際ノ生活現象ハ日ニ新ニシテ立法者カ将来生スヘキ新ナル現象ヲ予想スルハ不能ナリ……而モ法律ニ根拠ヲ有スル範囲に於テハ立法者ノ意思ニ拘泥セス自由ナル解釈ヲ許スニ於テ始メテ法律カ実際生活ノ必要ニ応スルヲ得ヘシ……法律ハ必、一定不変ノ意義ヲ有スヘキモノトナスヘキ必要ナシ……法律ノ解釈ハ法律学ノ進歩ニ伴フコトヲ要ス」（傍点は原著者）と述べている[15]。また、これは民法にかぎらなかったらしく、民法以外の分野の代表的な例として、牧野英一博士は「法律の理由書又は編纂議事録の類が参考資料として屢不適当なものであることは一般に認められている」とし、「（富井）先生が論理解釈の資料を論じて『法律ノ一部ト為ラサル其理由書又ハ編纂議事録ノ如キハ直接ニ解釈ノ根拠タルコトヲ得サルモ之ヲ参考シテ意見ヲ定ムル助具ト為スコトヲ妨ゲス』（富井政章・民法原論第一五版第一巻九五頁）とせらるるのは、寧ろ是等の資料に重きを置かれざる趣旨の説明としてみるべく、」「されば、法律を解釈するに当っては、立法者の意思という考は全然避ける方が妥当だと思はれる」と述べている[16]。このような見解は同時代の国際私法学者にも影響したのではないかと思われる。しかしながら、従来わが国の国際私法学者が国際私法の解釈として論じてきたのは、いわゆる法律関係性質決定の問題であって、法例の条文の解釈の方法にはとくに触れていないのである[17]。そうしてみると、(ハ)の理由と(ニ)の理由とをあわせたものが、その理由ということになろうか。いいかえるならば、わが国の国際私法学者は外国の立法、判例、学説を引用するに忙しく、しかも法律解釈に関する一般の風潮に従い、我が国の立法者の考え方に注意を払わなかったということであろう[18]。

私は、法律の解釈に当たって必ずしも立法者の意思にとらわれず、適切な解釈を見出すことが後学のなすべきことと考えてはいるけれども、立法趣旨[19]に意を用いないでよいとは思わない。それによって、条文の解釈の可能性とその限界を知り、新たな立法の参考になるからである。実体私法であっても国際私法であっても、立法は一定の事実関係をどのように規律するかという実際的観点からなされるのであって、それは広い意味での政策である。これは学者が「理論」を考究することとは別のことである。法例修正案参考書の記述は、後の世代からみて、頻繁に引用するほどの豊富な内容ともいえないし、詳しい議論を述べているものでもない。しかし、従来の学説において、立法資料にもう少し注意が払われるべきではなかったかとの感なしとしない。

注

1　詳しい体系的概説書としては山口弘一、跡部定次郎、山田三良、久保岩太郎、江川英文、川上太郎、実方正雄、折茂豊、池原季雄、山田鐐一の諸教授の著者があげられよう。このほかにも、大正中期から昭和一〇年へかけて、また昭和四五年以降いくつかの概説書が公にされている。これらについても検討したが、結果だけを述べれば、本文で述べている結論に全く影響を及ぼすものではない。

2　川上太郎「日本における国際私法学説の系譜(一)—(四)」民商法雑誌七四巻三号三六三頁、七四巻四号五四四頁、七四巻六号八八九頁、七五巻二号二四一頁(昭和五一年)。川上博士の論文は、わが国の国際私法学者の国際私法観、研究対象、業績を総合的にまとめた労作であるが、法例の「解釈」についてはとり上げていない。川上博士の関心と本稿における私の関心とは異なるのである。わが国の国際私法学説の発展を述べたものとしては、このほかに早田芳郎＝澤木敬郎・ジュリスト四〇〇号(学説百年史)二二八頁(昭和四三年)がある。

3　山田三良・国際私法九頁、六六頁、同・国際私法第一分冊六頁、九八頁、池原季雄・国際私法(総論)三一頁、山田鐐一・国際私法二七頁など。

4　山口弘一・日本国際私法論上巻(巌松堂、昭和二年改訂増補第五版。初版は三書楼、明治四三年)八一頁、二五七頁、二五九頁、下巻(昭和四年)三五二頁など。なお、注目すべきことは、山口博士は法例修正案参考書を引用しており、法例修正案理由書は全く引用していない。

5　跡部定次郎・国際私法論上巻第二、三七四頁(弘文堂、大正一四年)、池原季雄・国際私法(総論)一二七頁、一八六頁、二一六頁、山田鐐一・国際私法六七頁など。跡部博士は法例第二七条第三項の解釈に関して、法例修正案理由書を引用している。池原教授の引用には「参考書」と「理由書」のいずれもあるが、前者が多い。

6　久保岩太郎・国際私法概論(巌松堂、昭和二〇年)では博文館蔵版の「法例修正案理由書」が掲げられている。なお、川上太郎・日本国における国際私法の生成発展(有斐閣、昭和四二年)の文献目録も、博文館蔵版の「理由書」のみを掲げている。

7　領事裁判権の撤廃と関税自主権の一部回復を内容とする日英通商航海条約は明治二七年七月一六日にロンドンの英国外務省において調印された(当時の駐英大使は青木周蔵)。次いで米国、イタリア、ロシア、ドイツ等と同様の内容の条約を結び、それらの条約(いわゆる改正条約)の実施は、英米を含む一五ヶ国との間では明治三二年七月一七日から、フランスおよびオーストリアとの間では同年八月四日からとされた。

8　山田三良・回顧録一三頁。法例の成立の由来の説明として条約改正にともなう領事裁判権の撤廃に触れているものとしては、山田三良・国際私法九頁及び六六頁、同・国際私法第一分冊六頁、九八頁、池原季雄・国際私法(総論)三一頁である。多くの概説書は、明治初年から政府にとって懸案の外交上の大問題であった領事裁判権の撤廃に何ら触れるところがない。

9　山田三良・回顧録三五頁。

10　山田三良・国際私法六六頁、同・国際私法第一分冊九八頁。

11　商法修正案参考書(日付はないが明治三二年頃のもので、政府の印刷物と思われる)には、凡例で、同書は起草委員補助の起案にかかり、起草委員の校閲を経たるものに非らずとの記載があるが、民法、法例等の修正案参考書にはこのような記載はない。また、川名兼四郎＝中島玉吉・民法釈義巻之一（金剌芳流堂、明治四四年）では、民法修正案理由書について「近時法典ヲ編纂スルニ当リテハ、諸国大抵之レト共ニ理由書ヲ公ニス、我国ニ於テハ其ノ前に三編ヲ交付スルニ当リテハ理由書ヲ公ニセス、「以活版換謄写」ト題セル修正理由書アリ、之レ恐クハ委員間に頒チタルモノナル可シ、後ニ二編付キテハ博文館ヨリ出版セル民法修正案理由書ナルモノアリ広ク坊間ニ行ハル、之レ法典調査会ノ起草ニ成レルハ疑ナキ処ナリト誰モ、同会ヨリ公然出版セルモノニハ非ス、此ノ二者ハ民法解釈ノ参考トナス可シ、然レドモ杜撰ナル点少カラス、殊ニ外国法律ノ参照条文ノ如キハ当ラサルモノ多シ、梅博士カ政府カ民法修正案参考書トシテ議会ニ提出シタルモノハ、主トシテ起草委員補助ヲシテ立案セシメタルモノニシテ（中略）中ニ往々杜撰タルヲ免レサルモノアリ、（梅博士民法要義凡例）ト云ヒタルハ蓋シ真ナリ、之レヲ参考ニスルハ可ナリ、然レトモ重キヲ置クハ不可ナリ、余ハ法典調査会カ堂々タル理由書ヲ公然発表セサリシコトヲ遺憾トス」と述べている（同書七－八頁）。

12　山田三良・前掲国際私法一三二頁。

13　田中耕太郎・世界法の理論第二巻（岩波書店、昭和九年）三四四頁、三三七頁以下。

14　折茂豊・国際私法講和（昭和五三年）一七四頁以下でも、国際私法は「学究法」あるいは「学説法」であるという趣旨を述べておられる。しかし、私は国際私法も実定法の一つであって、それが本質的に「学説法」或は「学究法」であるという考え方には疑問を感ずる。もちろん、国際私法は民法、商法などのごとき、いわゆる「民衆法」ではない。国際私法は法律学者、法律実務家の法律技術的考慮の産物であるから、いわば「法曹法」ともいうべきものであろう（この点は民事訴訟法などの手続法とも共通する）。しかし、立法に当たっては、いかなる事態をどのように解決することが望ましいかを考慮するのであって、当然のことではあるが、そこに政策的配慮又は合目的的考慮が働くのである。このことは実質法の場合と本質的に異なるものではないであろう（国際私法の国際的統一は、私の経験からいえば、学説によってなされるものではない）。したがって、国際私法においても、学説は法の解釈及び法の欠陥を補うための条理を見出すに際して、その存在意義があるというべきであろう。

15　石坂音四郎「法律解釈論」（改纂民法研究上巻（有斐閣、大正八年）二九頁、同「立法者意思カ法律意思カ」（同書八三－九一頁）。なお、石坂博士は法律、とくに民法の解釈論について力を入れ、法律意思説を唱道されたが、「立法材料」を一つの参考とすることまでも否定してはいない。

16　牧野英一・民法の基本問題（有斐閣、大正一三年）六八頁。しかし、牧野博士による富井博士著「民法原論」のなかの文章についての牧野博士の解釈が妥当かどうかは疑問であろう。なるほど、牧野博士が自ら実践されたように、それは自由なる解釈ではあるかもしれないが、著者富井博士の意図に沿うとはいい難いのではなかろうか。

17　田中耕太郎・前掲三五二頁では、国際私法の解釈について、立法者意思か法律意思かの争には立ち入らないと述べている。しかし、その後に「立法者の心理的意思に拘泥せずして其合理的意思を探究すべきこと、……立法者の合理的意思の探究は即ち法の目的論的解釈（teleogische Interpretation）に外ならぬ」と述べているから（同書三五五頁）、いわゆる法律意思説をとるという趣旨であろう。

18　民法の解釈の方法については、星野英一「民法の解釈の方法について」民法論集第四巻（有斐閣、昭和五三年）六三頁以下、同「日本の民法解釈学」民法論集第五巻（有斐閣、昭和六一年）二一五頁以下参照。星野教授は、従来の日本における民法解釈の特色として、「あまり条文の文字を尊重しない」、「立法者の考え方をあまり尊重しない」の二つのほか、「条文に書いていない、ある特殊な理論をもってきて条文を説明する」ことをあげている（民法論集第四巻六七頁）。わが国における国際私法学にも若干似通ったところはなかったであろうか、また、現今の我が国の研究者の論述はこのような弊を免れていないであろうか。なお、一々掲げることは止めるが、個々の問題について法例修正案理由書を引用した論文がなかったわけではない（例えば、斎藤武生「不統一法国に属する外国人の本国法の適用」法学論叢四〇巻三七三頁、溜池良夫「嫡出決定の準拠法について」久保岩太郎先生還暦記念論文集。その後理由書を引用するものがふえてはきている（例えば桜田嘉章「渉外家族法における本国法主義」現代家族法体系1二〇二頁（有斐閣、昭和五五年））。

19　これまで概説書では法例第二七条、第二九条の説明のために法例修正案理由書を引用することはあったが、それ以外の事項についてはほとんど言及していないといってよい。例えば、船舶に関する事項即ち船舶の所在地法、海損、衝突及び救助に関する国際私法的特別規定、破産に関する国際私法的特別規定、外国裁判所の宣告した判決の執行力に関する規定は特別法に譲ったこと（博文館版法例修正案理由書四頁）、禁治産宣告の裁判管轄権が禁治産者の本国に専属するか住所地に属するかは未定の問題ではあるが（同書一四頁）、実際の必要上より内国に居住する外国人について内国裁判所が禁治産を宣告することを得るものとしたこと（同書十五頁）、不法行為より生ずる債権はその原因たる事実が発生生法（即ち行為地法）及び我国法律（即ち法廷地法）によりともに不法行為たることを要するとしていること（同書三十一頁）、公序則によって外国法の適用を排除した場合には内国法を強行すべきであると考えていたこと（同書五十二、三頁）、訴訟手続及び執行方法は所謂法廷地法に属することは普く認められている原則であるので、あえてその旨の規定を削除したこと（同書三頁）などに触れたものは見当らない。

第一一章　海事法律関係と法例の適用

一　序説

一　海商法の不統一

海商法上の諸法則の多くは国際的慣習に起源を有し、技術的であり、各国の政治的、社会的事債の影響を受けることが少ないところから、一般に私法のなかで最も統一的傾向を有するといわれてきた。一九世紀前半のフランスの商法学者ジャン＝マリー・パルドシュは、海商法の特色としてその統一性と不動性を挙げ、とくに「統一性は海法の本質である……最悪の民法典は、疑う余地なく、すべての国民に無差別に適用される民法典である。……しかし、これに対して、最悪の海法典は一国民の特別な利益もしくはその習俗の特殊な影響のみによって制定された海法典である1。……」と述べている。これは当時の西ヨーロッパにおける海商法の状況にもとづくものであって、この文章は海商法の統一的傾向を述べた言葉としてしばしば引用されている。

一九世紀における貿易と海上運送の発展にともない、一九世紀後半から海商法の統一のための努力が組織的になされてきた[2]。それ以来百年以上が経過し、海商法上のいくつかの分野(例えば、共同海損、船荷証券)では相当程度に統一がなされたところもあるが、多くは、パルドシュの言のごとくにはならず、未だ統一がなされているとはいい難い。その原因として、およそ二つのことが考えられる。その一つは一九世紀における船舶の発達と経済の発展によって、海商法の対象となる事柄が以前とは変ったことである。貿易業と海上運送業の分化、箇品運送の増加、船荷証券の発達、定期傭船による海上運送などはいずれも一九世紀以後の現象であって、パルドシュの当時の海商法とその後の海商法では対象となることがかなり異なるのである。他は各国の法制の相違と経済的利害或は海運政策にあると考えられる。海商法は民法、陸商法と無関係に発達したところが少なくないとはいえ、各国の一般私法とつながっている部分(例えば、船舶担保物権)の統一は法技術的にも容易ではないであろう。また、それぞれの国の経済的利害或は海運政策に関連のある事項については、その統一は困難であろう[3]。

海商法の統一は国家間の条約(多数国間条約)の締結によるのが通例である。それは各国で同じ法を適用するための方法である。二十世紀はじめからベルギーのブリュッセルにおける海事法外交会議において、また、近年は国際連合の専門機関である国際海事機構(ＩＭＯ)或は国際連合国際商取引委員会などによって、海商法に関する条約が作成され、この百年間で数においても必ずしも少ないとはいえないが[4]、多くの国が批准、加入していない条約も少なくなく、全体としてみると、統一されているとは言い難い。海商法に関する条約で、現在わが国が締約国となっている条約は、一九一〇年の「海難ニ於ケル救援救助ニ付テノ規定ノ統一ニ関スル条約」(海難救助条約)、同年の「船舶衝突ニ於テノ規定ノ統一ニ関スル条約」(船舶衝突条約)、一九六九年の「一九六九年二月二三日の議定書によって改正された一九二四年八月二五日の船荷証券に関する若干の規則の統一のための条約を改正する議定書」(改正船荷証券条約)、一九七六年の「一九五七年一〇月一〇日の海上航行船舶の所有者の責任の制限に関する国際条約を改正する議定書」(改正船主責任制限条約)である。このような状況のもとでは、二以上の国または地域にかかわる海事法律関係について、国際私法によってこれを規律する法規範を決定しなければならない場合が少なくないことになる。

二　海事国際私法

海事国際私法とは海商法及びこれに附随する私法の場所的抵触を解決するための法則をいう。その対象するところは海上運送及び船舶に関する私法上の法律関係(海事法律関係)である。すなわち、傭船契約、運送契約、船荷証券、船舶先取特権、船舶抵当権、運送品上の担保物権、共同海損、海難救助、船舶の衝突、船舶所有者の責任制限などがこれである。それでは、わが国に海事国際私法の法則とはどのようになっているか。

法例はわが国における国際私法の一般法であり、そこではとくに海事法律関係への適用を除外した規定はなく、他に海事法律関係を適用の対象とした国際私法の規定はない。法例起草者は法例修正案参考書のなかで[5]、船舶に関する事項、すなわち船舶の所在地法、海損、衝突及び救助に関する規定は船舶及び航海に関する特別法に譲ったと述べているけれども、その特別法は未だに存在しない。

このような情況のもとで、多くの学説は、わが国の国際私法の解説において立法担当者による、このような説明にとくに言及せず、海商について独立の項目をたて、そこで海事法律関係の準拠法について説明するものと、商事、海商等についてとくに項目を設けることなく、法例の条文の解釈、適用の問題として扱うものとに分かれている[6]。しかし、いずれにおいても、船舶に関する物権関係については法例第一〇条の定める所在地法主義の当否を問題とし、共同海損、海難救助、船舶衝突については、第一一条の解釈、適用の問題としている[7]。このようなことからみると、わが国の学説の多くは、法例の起草者の説明にもかかわらず、船舶に関する事項についても当然に法例の規定があると解していると思われる。これに対して、法例中に海事国際私法の規定はなく、国際条約による実質的統一海商法中の若干の規定を除けば、そのほかに海事国際私法についての成文の規定のないことから、いわゆる国際民法的規定に還元する前に海事国際私法上の慣習乃至条理に基き特殊な準拠法を発見することに努力すべく、その努力が功を奏しなかったときに、はじめて国際民法たる法例の規定を適用すべきであると主張する説[8]がある。この説は海商法の特色にもとづく海事国際私法の独自性を主張し[9]、契約債権関係においても通説と若干異なる解釈をとるが、とくに物権関係と法定債権関係において、旗国法を重視する立場である[10]。

　法例の解釈に当って、起草者の脱明から、直ちに、海事法律関係が全て法例の適用の外にあるとすることには疑問がある。まず、法例修正案参考書では法例修正案に規定する事項と同一の性質の事項であっても、「船舶ニ関スル事項即チ船舶ノ所在地法、海損、衝突及ヒ救助ニ関スル国際私法的特別規定」を特別法に譲ったと述べているのであって[11]、それ以外の事項(例えば、契約債権関係)については法例が適用されると解すべきであろう。次に、法例の制定後も右のような船舶に関する事項について特別の国際私法の規定を制定する動きもなく今日に至っていることからすれば、破産宣告、外国判決の内国での効力に関する規定とは異り、海事についても法例の規定を適用すべしとするの見解にも理由があるからである。したがって、その後の多くの学説の説くところは、形の上では、必ずしも不当ではない。しかし、一般法としての法例の規定が適用されるとしても、それによって適切な解決が得られるかという問題はある。法例の適用に関して、一般に条理による解決が主張されるところは、明文の規定で予定していない法律関係についての場合か、明文の規定における連結点が相当でない結果を導くと考えられる場合であろう。前者については条理によるほかはないし、後者については、明文の規定の適用の結果が相当でなく、他に適切な連結点を見出すべき必要のあるときには、条理によることを否定すべき理由はない。海事法律関係についても法例の規定が適用されると解しても、このような観点からの検討の余地はあると思われる。

海事国際私法についても各国の規定が統一されていることが望ましい。かつて前世紀の末に商法国際会議、国際法学会、萬国海法会において、海事国際私法の抵触を解決するための統一原則あるいは国際規則の作成のための検討[12]がなされ、中南米諸国間の一八八八年のモンテビデオ条約、汎米会議による一九二八年の国際私法に関する条約(ブスタマンテ法典)には海事に関する抵触規則(主として船舶の旗国法主義による規定)があるが、その後そのような試みはなされていない。また、一八九三年に設立されたハーグ国際私法会議では、これまで海事法律関係についてとりあげたことはない。萬国海法会では、近時、各国の海事国際私法について調査したことはあったが、海事国際私法の統一についての動きはない。このように、海事国際私法の統一が容易に行なわれないのは、国際私法の統一においても、実質法の統一におけると同様に、各国の法制の相違が障碍となっていることと、海商法の相違は、国際私法によって解決するよりも、実質法の統一によって解決することが好ましいと考えられていることにあると思われる[13]。しかし、前述のごとく、これまで海商法の統一も相当になされているとはいい難い。

三　本章の目的

このように海商法の統一も海事国際私法の統一もなされていないのであるから、海事法律関係については法廷地の国際私法によって準拠法を決定しなければならない場合が少なくない。本章では、わが国において海事法律関係の準拠法を決定するについて、法例の規定の適用が問題となるところをとりあげて検討し、次に、統一法を定めた条約がある場合に、その規定がどのようにして適用されるかについて検討する。

注

1 Jean-Marie Pardessus, Us et coutumes de la mer, ou collection des usages martimes des peuples de l'antiquité et du moyan age、tome premiér, p.2 (Paris,1847)。この文言は海商法の統一性を表現したものとして著名であるが、多くの者は民法典と海法典の対比の部分のみを掲げ、その前後の文章を省略していることが多い(G.Ripert, Droit maritime, 2e ed., 1p, 83 (1922), J.Bonnecase' Traité de droit maritime, p.190, 1923)。

2 一九世紀後半から二〇世紀前半にかけての海商法の統一の動きについては、田中耕太郎・世界法の理論第三巻四九頁–五七頁、六九頁–七四頁(参考の便宜上、岩波書店版によらず、昭和二九年の春秋社版による)。

3 田中・前掲書七四頁では、「海商法の統一が容易に期待できない最も根本的な原因として、第一に、船主国と荷主国とに分れ、統一法が各国の重要なる国策の一つである海運政策に甚大なる影響を及ぼすこと、第二に、共同海損制度、救援救助、衝突、船荷証券等の純技術的でまとまった完了体をなし、一般私法との密接なる関係が少ない部分は別問題として、船主責任の制限、船舶先取特権、船舶抵当権等の諸制度のごとく、或は深く一般私法に根を下しているもの、或は一国の訴訟手続及び強制執行上の制度と密接に関係しているものについては、法律技術的困難が存在することが考えられる」と述べている。なお、田中耕太郎「海商法の統一性と其の理論的基礎」加藤先生還暦祝賀論文集二二五頁(有斐閣、昭和七年)参照。

4 海商法条約をみるにはComité Maritime International, International Conventions on Maritime Law, 1987が便利である。この条約集が出版されたのちに採択された条約としては、海難救助に関するInternational Convention on Salvage (1989)'ターミナル・オペレイターの責任に関するUnited Nations Convention on the Liability of Operators of Transport Terminals in the International Trade (1991)'船舶先取特権・抵当権に関するInternational Convention on Martime Liens and Mortgages (1993)である。これらの条約の批准、加入などの状況については万国海法会の年報(Annuaire, Yearbook)に記載されている。

5 法例修正案理由書(明治三一年六月、博文館発行)四頁。明治三一年法例の帝国議会での審議の資料とされたのは「法例修正案参考書」であるが、これは一般に「法例修正案理由書」と題して出版、市販された。この「理由書」という名称は編集者、出版者が付した題名である(高桑昭「法例修正に関する参考書と理由書」国際法外交雑誌八六巻二号三〇頁。本書第一〇章に収録)。本稿では一般に流布しており、参照しやすい博文館版「法例修正理由書」で引用した。なお、最近の研究によれば、法例修正案に関する『穂積文書』第九号の表紙には「法例修正案理由書」と墨書して、後に朱書で「理由」を「参考」と訂正した跡があり、それはおそらく穂積自身によるものであり、したがって穂積陳重が山田三良に起草を命じたのは「理由書」であるから、山田「回顧録」に「法例修正案参考書」の文字が見当たらないことにも十分な理由があるように思われるとのことである(北沢安紀「反致論序説—明治三一年法例二九条成立史—」法学政治学論究第一五号(一九九二年冬季号)三三一頁)。

6 明治以来の国際私法に関する概算書では、船舶あるいは海商について説明をしているもののほうが多いと思われる(山口弘一・日本国際私法論(三書楼、明治四三年)をはじめとし、大正から昭和初期にかけての概説書)。ところが、近年、江川英文「国際私法」(有斐閣、昭和二五年)及びその改訂版を除き、船舶、海商に関する問題についてとくに一項を建てることなく、これに関する問題を法例第一〇条及び第一一条の解釈、適用の問題として扱っている。折茂豊・国際私法（各論）［新版］（有斐閣、昭和四七年）は国際商法上の問題は原則としてとりあげていない。

7　江川英文「国際海商法に於ける旗国法の地位」国際法外交雑誌二八巻九号八七三頁以下（昭和四年）は、旗国法主統は単一、安定、簡易、第三者の信用保護等において実際上の利益はあるが、これを重視するときには国際間の衡平を維持しえないので、国際海商法中旗国法が原則として適用されるべきは唯物権関係についてのみであって、その他の法律関係については国際私法の普通の原則によるべく、旗国法は一般原則の補充として適用されるべきであるとする（九〇三―四頁）。現在のわが国の学説はこの見解に従っていると思われる。なお、これは船主責任制度についての準拠法に関する論文である。

8　山戸嘉一・海事国際私法論（有斐閣、昭和一八年）四七―五〇頁。

9　山戸・海事国際私法論七頁以下では、海事国際私法の独自性の根拠として、一　事項規定たる海商法が独自性を有すること、二　渉外海商法関係が極めて国際性を有すること、三　渉外的法律関係は海洋において発生すること、四　渉外的海商法律関係が船舶を中心として成立することをあげている（前掲書七頁以下）。

10　山戸・海事国際私法論五〇三―四頁。

11　法例修正案参考書では、「本案ハ法律適用ノ通則ニ間スル規定ノ普通法ナルカ故ニ本案ニ規定セル事項ト同一ノ性質ヲ有スル事項ニテモ特別ノ規定ヲ要スヘキモノハ之ヲ特別法ニ譲リタリ……今其主要ノ事項ヲ左ニ列挙セン　（イ）船舶ニ関スル事項即チ船舶ノ所在地法、海損、衝突及ヒ救助ニ関スル国際私法的特別規定ハ之ヲ船舶及ヒ航海ニ関スル特別法ニ譲ルコトトセリ　（ロ）破産ニ関スル国際私法的特別規定モ……破産法ノ修正未夕完成サセルカ為メ之ヲ破産法ニ譲ルコトトセリ　（ハ）外国裁判所ノ宣告シタル判決ノ執行ニ関スル規定モ……現行民事訴訟法ハ既ニ外国裁判所ノ判決ノ執行ニ関スル規定ヲ設ケタルカ故ニ之カ修正ハ民事訴訟法ノ修正ニ譲ルコトトセリ」と述べている（博文館版「理由書」四頁）。その後、破産については破産法に若干の規定が設けられ（大正一一年破産法第二条、第三条、第一〇五条）、外国裁判所の判決の承認、執行については大正一五年民事訴訟法で改正が行われた（同法第二〇〇条、第五一四条、第五一五条）。

12　山戸・海事国際私法論四〇頁以下。

13　山戸・海事国際私法論四三頁は、海事国際私法の統一が困難な理由として、各国の国際私法における自国法独自主義なるものが存在し、これを除去しようとするに当り極めて強い抵抗があること、国際私法の発達に従い、かえって各国の自国利益本位による異った解決方法が発生したことを挙げている。

二　海事法律関係と法例の規定

一　船舶に関する物権

法例第一〇条(法適用通則法一三条)は物権に関する法律関係の準拠法を目的物の所在地法とし(第一項)、それらの権利の得喪を規律する準拠法をその原因となる事実の完成した当時の目的物の所在地法としてる(第二項)。ここにいう目的物は、それが動産か不動産かを問わない。これは国際私法上は動産と不動産を、同じ法則に従わしめることではあるが(動産不動産同則主義)、この法則の適用の結果は動産と不動産とでは異なってくる。不動産には所在地の変更は生じないが、動産では所在地の変更によって準拠法が変ることになるからである。それでは船舶の物権関係についても法例第一〇条と同様の法則を適用すべきか。通説は船舶の物権関係をその時々の所在地法によらしめるとすると、寄航地を異にするごとに物権関係について異る法律の支配を受けることになり、種々の困難をひきおこすので、単一の法律によらしめるべきであるとし、船舶の所属国(船籍港のある国。旗国)は明確であるから、船舶の物権関係は旗国法によるべきであるとする[14]。この点について、実質的理由は同じであるが、船舶の旗国法を法例第一〇条にいう所在地法と解する説もある[15]。いずれの説も法例起草者の説明には言及していない。もっとも、法例起草者の説明は船舶の所在地法について法例第一〇条の適用を排除するとまでは述べていないから、少数説の存立の余地がないわけではない。また、近時、船舶の旗国と登録地国とが異なる事態も生じてきている。このような場合には、当該船舶の物権関係を公示している登録地国の法律によらしめるべきであろう[16]。

それでは船舶の物権関係のすべてについて旗国法によらしめることが適当か。船舶の物権関係を旗国法によらしめるのは、そこに船舶が登録され、それにもとづいて物権関係が公示されており、しかも外部から識別するための基準として明確であるという理由による。そうすると、船舶の所有権、抵当権のごとくそれを登録し、公示する物権については旗国法によらしめることが相当であろう。しかし、占有権については、その性質上、旗国法ではなく、現実の所在地法によるべきである。

これまで船舶の物権関係のなかで裁判例が多く、また裁判例、学説ともに分れているのは船舶先取特権の準拠法についてであろう[17]。船舶先取特権の成立、効力の準拠法について考え方の分れるところは、船舶先取特権の成立について被担保債権の準拠法を考慮すべきか、いかなる問題について考慮すべきかということと、船舶の物権関係を旗国法によらしめるか、現実の所在地法によらしめるかということにある。先取特権は一定の債権の保護のために法律が認めた権利であって、担保の目的物を売却し、その売得金をもってその債権の弁済に充てることのできる権利であり、しかもそれは公示されていない権利であるから、その物権関係を目的物の所在地法以外の法によらしめるとすれば、その物の所在地における物権関係とは異なる法規範を持ち込むことになる。物権関係を物の所在地法によらしめたのは、その物についての社会一般の利害を考慮したためであるから、物に対する先取特権の存否、その効力についてその物の所在地法以外の法によらしめることは適当とは思われない。このことは担保の目的物が船舶であっても変わらない。船舶先取特権の存否について旗国法によるとすれば、船舶の現実の所在地法では先取特権が存在しない場合に船舶の売却が行われたり、船舶の現実の所在地法で先取特権が生ずる場合でもその売却をなしえないこととなろう。このようなことからみて、先取特権の成否については旗国法よりも船舶の現実の所在地法のほうが適当と思われる。もちろん、先取特権は一定の債権の保護のために法律によって認められた権利であるから、被担保債権の準拠法が与える以上の保護を与える必要はない。このことは被担保債権の準拠法によって船舶先取特権の成立すること、その対象となる物の範囲もそれによることを意味する。したがって、船舶先取特権の成立は被担保債権の準拠法とその船舶の現実の所在地法の累積適用により、先取特権の効力、すなわち、先取特権間の順位、抵当権との関係、実行手続、配当の順位等はその船舶の現在地法による。船舶の滅失(船舶としての価値、機能の喪失を含む)、損傷による物上代位についてもその船舶の現在地(沈没の場合はその直前に存在した地)の法によると解すべきであろう。

二　船荷証券

船荷証券については、法例のなかにはとくにそれを対象とした規定が見当らないが、法例の規定によることができる事項はその定めるところにより、それが相当でないときは条理によって準拠法を見出すことになろう。

船荷証券は運送契約にもとづいて作成・交付される証券であるから、その作成及び交付の義務、有効性については運送契約の準拠法による。その方式については法例第八条(法適用通則法一〇条)による。運送人と船荷証券の所待人との関係、すなわち船荷証券の債権的効力は運送契約によって生ずる運送人と荷送人、荷受人及び船荷証券の所持人との間の法律関係であるから、運送契約の準拠法による。

船荷証券の物権的効力、すなわち船荷証券の譲渡がそこに記載された運送品の譲渡又は占有の移転と同じ効力を有するかどうかは何によって判断すべきか。この問題については、運送品の所在地法(運送中の物については仕向地法)とする説があるが、これは運送品それ自体についての物権の問題ではなく、船荷証券の譲渡によりその所持人にいかなる権利が生ずるかの問題であるから、船荷証券の所在地法によることが相当であろう[18]。しかし、運送品それ自体の物権関係が船荷証券の所在地法によることは適当ではない[19]。船荷証券は物または物権を表章した証券ではなく、物それ自体についての物権関係が存在するからである。したがって、運送品それ自体の物権関係は、船荷証券の所在地にかかわらず、運送品の所在地法（運送中の物については仕向地法）によるというべきである[20]。

三　共同海損

共同海損とは、船舶、積荷が共同の危険にさらされた場合に、この危険を免れるためになされた措置によって生じた非常の損害及び費用を、船舶、積荷、運賃の利害関係人によって分担することをいう。共同海損については、一般に、傭船契約書、船荷証券、保険証券において共同海損についてはヨーク・アントワープ規則（The York-Antwerp Rules）によるべき旨の条項がおかれている。ヨーク・アントワープ規則は関係者が必要に応じて援用することを目的とした統一規則（普通取引約款）であるから、その援用はこれらの当事者間において同規則が契約条項として取込まれたことを意味する。しかし、同規則に定めのない事項について、また、積荷の所有者間には契約関係が存在しないので、同規則があるからといって、準拠法の問題が生じないわけではない。

共同海損について、現在の多数説はこれを国際私法上、不当利得または正義・公平の観念にもとづく公益的制度であるとして、法例第一一条（法適用通則法一四条－一六条）が適用されると解している。それによれば、共同海損が一定の国の領海内で生じたときはその国の法律により、公海上で生じたときには不当利得地がないから、当該船舶の旗国法によることになる[21]。しかし、世界的にみれば当該航海の終了した地の法（終航地法）と実務によって精算が行われるのが通常であるといわれている[22]。その理由は、分担額の評価は航海の終りに確定し、精算は航海の終了した地で行われるから、すべての利害の関連する法は航海が終了した地の法律であると説明されている。

共同海損の根拠は、船舶を中心とする危険共同体における負担の公平にあるが、多くの場合に利害関係人の間で精算方法について合意し、それによって負担金額をきめていることを考えると、これを不当利得に類似する法律関係とみるべきかは疑問であり、共同海損の生じた場所によって当事者の負担が異なることが妥当とは思われない。むしろ、共同海損は法例の規定していない法律関係とみるべきであろう。当事者にとって準拠法が予め明確であり、いずれの地で共同海損が生じても同一の結果となることが望ましいとすれば、領海内であると公海上であるとを問わず、当該船舶の旗国法によらしめるとの考え方がありうる[23]。しかし、共同海損は専ら船舶、積荷、運賃についての利害関係人間の問題であり、当事者がヨーク・アントワープ規則によることを合意していることからみて、当事者がその合意によって準拠法を選択することを認めて差支えないと考えられる[24]。利害関係人の間において準拠法の指定が認められないときは、航海の終了した地で精算を行っている実務からみて、終航地法によることを是認せざるをえないであろう。

四　船舶の衝突

船舶の衝突は法例第一一条の不法行為に該当する(法適用通則法一七条、二〇条—二二条)。ここでの問題は、法例が不法行為の準拠法について不法行為地法主義(通則法第一七条では結果発生地主義)をとっていることから、公海上の衝突の場合の準拠法をどのようにして決定するかにある。通説は衝突した船舶の旗国が同じであればその国の法律により、両者が異なるときはこれらの旗国法を累積的に適用し、これらの法がともに認める範囲においてその責任を認むべきであるとする[25]。しかし、衝突した船舶の旗国の累積的適用では、実際に不法行為の成否と損害賠償額の算定とをどのように判断するかという点で困難な問題が生ずる。むしろ、公海上の衝突についてはもはや不法行為地法主義が機能しない場合ではなかろうか。また、船舶の衝突はそれぞれの旗国と密接な関連があるとも思われない。そこでやむなく法廷地法による[26]ということが考えられる。このような場合に被告の住所地以外の地に裁判管轄権を認めないことにすれば、法廷地法によることがとくに不都合とも思われないし、法例第一一条第二項及び第三項(法適用通則法二二条第一項及び二項)が日本法によっても不法行為が成立すること、日本法の認める救済方法に限定していることからみて、これは法例の解釈上理由のない考え方とは思われない。そうすると、わが国においては、公海での衝突については法廷地法すなわち日本法を原則として適用することとし、例外として、船舶の旗国が同じときもしくは当事者全員が同一の国籍を有するときはその国の法律により、また、当事者が事後に準拠法について合意したときはそれによるという解決も考えられるのではなかろうか[27]。

なお、一九一〇年の船舶衝突条約により、衝突した船舶がいずれも同条約の締約国に属する場合には法例の規定は適用されず、同条約の規定による(同条約第一二条本文前段)。

五　海難救助

救助者と被救助者の契約にもとづいて行われる海難救助については、当該救助契約の準拠法による。その準拠法は法例第七条によって決定される。

契約によらない海難救助については、それを正義衡平の観念にもとづく公益的制度であり、それは事務管理に類似する法律関係であるとして、法例第一一条(法適用通則法一四条–一六条)を準用するとするのが通説である[28]。それによれば、海難救助が一国の領海内で行われたときはその国の法律による。公海上の海難救助については、救助船と被救助船が同じ旗国のときはその旗国法、それ以外のときは救助船の旗国法と被救助船の旗国法とをの累積的に適用すべきであるとする。これに対して領海内であると公海上であるとを問わず、救助船の旗国法とする説[29]、公海上の救助については被救助船の旗国法とする説[30]、両者が同一の旗国のときは領海内であっても共通旗国法を適用する説[31]などに分れている。

海難救助は、これを事務管理またはそれに準ずる性質の行為とみるよりも、海事に特有の法律関係とみるべきであろう。海難救助はその義務がないにもかかわらず救助をした者に法律によって救助料や請求権を与えて救助行為を奨励する制度であるから、行為等の行われた地に密接な関係を有する。このような理由で領海内の海難救助については救助行為等の行われた地の法律を準拠法とすべきである。しかし、公海上の海難救助については、通説のごとく救助船と被救助船の双方の旗国法の累積的適用によるとすることは、海難救助の奨励の趣旨にそわない嫌いがある。あえて国際私法による解決をはかるとすれば、問題の中心は海難救助の成否と救助料の金鎖にあるから、救助料を請求する者が救助船と被救助船それぞれの旗国法のいずれかを準拠法として選択できるとすることも考えられる。

一九一〇年の海難救助条約では、救助行為のなされた地が領海内であると公海上であるとにかかわらず、救助船又は被救助船が締約国に属する場合には、同条約の規定が直接適用されることになる(第一五条本文前段)[32]。なお、一九八九年の海難救助条約では法廷地法を適用することとしている(第二条)。

六　船舶所有者等の責任制限

船舶所有者、運送人等の荷主または第三者に対する責任制限には、個別的な債権関係における責任制限と、契約債権、不法行為債権を問わず、いくつかの債権関係についての一般的な責任制限とがある。前者はそれぞれの債権の準拠法による。ここでの問題は一般的な責任制限の問題である。

船舶所有者等の責任制限については、法例に規定はない。かつては船舶の旗国法によると説が多数であった33。その理由は、責任制限の対象となる債権の発生原因はさまざまであること、旗国は連結点として明らかであって、一定していることにある。これに対して、船主責任制限は法廷地国の政策的考慮によるものであり、実体と手続とを分けることは不可能であるとして、法廷地法を準拠法とすべきであるとの説もある34。責任制限の主な問題は、債務者のいかなる財産をどのような手続によって、いかなる限度まで債権の弁済に充てるかということである。これについて近時多くの国の海商法では金額責任主義をとるようになってきているが、未だに統一されてはいない。金額責任主義をとったとしても、責任限度額、責任制限の及ぶ範囲、制度手続等の問題がある。したがって、責任制限について旗国法によるとするならば、法廷地と異る責任制限手続を行わなければならないので、旗国法説は適当とは思われず、法廷地法によるほかはないであろう。わが国で責任制限の申立がなされた場合には条約の規定を適用することとし、債務者または船舶が条約の締約国に属する否かで区別はしていない。

注

14　通説。例えば、山田鐐一・国際私法(一九九二年版)二七九–二八〇頁。

15　折茂豊・国際私法(各論)〔新版〕九六頁。

16　船舶の登録国と旗国が異る両国間でそれについての二国間協定があり、船舶の登録国に属する所有者が他国に属する者に船舶を賃貸した場合に、船舶の賃借人の属する薗の国旗を掲げることがある。一九八六年一一月に国際連合貿易開発会議(UNCTAD)で採択された「船舶の登録要件に関する条約」(United Nations Convention on Condition for Registration of Ships)の第一二条では、船舶貸借人の属する国がその国の旗を掲げる権利を与えることができるとしている。なお、便宜置籍船が多くなったことによって、旗国は公法、労働法等の面で意味があるが、そこに物権が登録、公示されていることを除けば、多くの場合、私法関係の連結点としての意味は少なくなっていると考えられる。そして、右のような登録国と旗国とが異る場合が生ずるようになると、国際私法上の旗国の意味はさらに少くなるであろう。そのような場合には、登録と公示を必要とする物権関係については登録国法によるべきこととなろう(折茂・前掲書九六頁、山田(鐐)・前掲書二八〇頁も、旗国と登録国が異なる場合には、船舶の物権関係について登録国地法よるべきであるとする)。

17　船舶先取特権の成立と効力の準拠法については、山戸嘉一「海商」国際私法講座第三巻(有斐閣、昭和三九年)七四六頁以下、谷川久「船舶担保物権」渉外判例百撰(第二版)六四頁、池原季雄＝高桑昭＝道垣内正人「わが国における海事国際私法の現況」海法会誌復刊三〇号一二―三頁、高桑昭「船舶先取特権の成立及び効力の準拠法が法廷地法(日本法)であるとされた事例」判例評論四〇二号五二頁等参照。なお、木棚照一・松岡博(編)・基本法コンメンタール国際私法(日本評論社、平成六年)五七―六六頁の法例第一〇条の解説[執筆者高桑昭]参照。

18　船荷証券の譲渡の効力について船荷証券の所在地法によるとするのが多数説である。山戸「海商」七七四頁、折茂・前掲書九二頁、池原季雄・国際私法〈経営法学全集〉(ダイヤモンド社、昭和四二年)三七九頁、山田(鐐)・国際私法(一九九二年版)二七九頁、浜田一男「商業信用状取引の準拠法」国際私法の基本問題(有信堂、昭和三七年)四〇九頁、石黒一憲・金融取引と国際訴訟(有斐閣、昭和五七年)三三五頁など。江川・国際私法(改訂版)二二〇頁、平塚真「船荷証券」渉外諸例百選(第二版)七八頁は運送品の仕向地法によるとする。

19　船荷証券の所在地法によるのは、折茂・(各論)〔新版〕九二頁、池原・国際私法(経営法学全集)三七九頁、山田(鐐)・国際私法(一九九二年版)二七九頁、秋場準一「物権」国際私法演習(有斐閣、昭和四八年)四九頁など。山田＝澤木編。

20　運送品の所在地(仕向地)法とするのは、江川・国際私法(改訂版)二二〇頁、山戸「海商」国際私法講座第三巻(有斐閣、一九六四年)七七二頁、久保「物権」国際私法講座第二巻(有斐閣、昭和三〇年)四〇三頁、谷川「荷為替決済と物権変動」国際私法の争点九二頁、平塚真「船荷証券」渉外判例百選(第二版)七八頁、石黒一憲・国際私法二五八頁等。

21　正義・公平の観念にもとづくとするのは、江川、国際私法(改訂版)三一六頁、山田(鐐)・国際私法(一九九二年版)三一七頁、斎藤武生「事務管理・不当利得・不法行為」国際私法講座第二巻(有斐閣、一九五五年)四七一頁など。

22　小町谷操三・海商法要義(下一)(岩波書店、昭和一八年)二五頁以下、山戸「海商」国際私法講座第三巻七八四頁参照、石津連「共同海損の準拠法に就いて」山口商学雑誌第一二巻一七一頁以下。

23　山戸「海商」国際私法講座第三巻七八六頁参照。

24　山戸「海商」国際私法講座第三巻七八二頁以下は、共同海損について当事者自治が許されるとしている。なお、法の適用に関する通則法では、事務管理及び不当利得について、原因事実発生地法の適用のほかに、密接関係地法の適用及び事後の準拠法の合意を認めている(一四条―一六条)。しかし、いずれにも適合しないことはありうる。

25　江川・国際私法(改訂版)三一三頁、斎藤「事務管理・不当利得・不法行為」国際私法講座第二巻四八三頁、山田(鐐)・国際私法

(一九九二年版)三二五頁など。しかし、衝突した船舶の旗国法を累積的に適用した事例はこれまでのところ見当らない。東京地判昭和四九年六月一七日判例時報七四八号七七頁(いわゆるフル・ムーン号事件の判決)は、リベリア船籍の貨物船(フル・ムーン号)と日本漁船との公海上での衝突について、フルームーン号は日本の会社(被告)に定期傭船されており、日本漁船の乗組員及び遺族(原告)は日本人であるところ、公海上の衝突については法例第一一条にいう原因たる事実の発生地の法律によるとの原則は適用されず、訴訟の当事者がすべて日本人であるとの理由で、日本法を適用した。しかし、この判決は一九一〇年の船舶衝突条約には言及していない。法の適用に関する通則法では、不法行為の準拠法について密接関係地法の適用及び事後の準拠法の合意を認めている(第二〇条、第二一条)。しかし、いずれにも適合しないことはありうる。

26 松波仁一郎・日本海商法(有斐閣、大正二年)九九七頁は訴訟地法主義をとる。三浦正人「公海における船舶衝突の準拠法」法学雑誌一二巻二号五七-八頁が、不法行為の成否、過失の認定については法廷地法をとりながら、不法行為の効力については衝突船舶の旗国法の累積的適用とみとめるのは、多額の損害賠償を得るための法廷地漁りを防ぐとともに、当事者間の公平をはかることを考慮したためであろう。これに対して、法例第一一条第三項が損害賠償の方法だけでなく、その額をも制限していると解する立場をとるならば、不法行為の効力についても法廷地法によらしめることも考えられる。

27 一九七七年の万国海法第三一回国際会議で作成された「衝突事件の民事裁判管轄、法の選択並びに判決の承認及び執行に関するある規制の統一のための国際条約案」はこのような考え方をとる(海法会誌復刊二一号一七頁参照)。

28 江川・国際私法(改訂版)三一六頁、斎藤「事務管理・不当利得・不法行為」国際私法講座第二巻四六六頁、山田(鐐)・(一九九二年版)三〇六頁など。海難救助に法の適用に関する通則法(第一四条)の適用があるとしても、公海上の救助については、注**24**及び注**25**に示したようなことは生ずるであろう。

29 山戸・海事国際私法論三七-九頁、同「海商」国際私法講座第三巻七九四-六頁。これは海事国際私法の独自性の根拠の一つである。

30 川上太郎・国際私法講義要綱(有信堂、昭和二七年)一〇九頁。

31 本棚照一・昭和四七年重要判例解説二一六頁。

32 最判昭和四九年九月二六日民集二八巻六号一三三一頁の事案は、日本人である曳船業者と日本人である船舶所有者の間の曳船契約にもとづいて船舶を曳船中に、曳船が海難救助をしたとの理由で、曳船の船長及び海員が救助料を請求した事案であるが、判決では一九一〇年海難救助条約が適用されるとした。

33 加藤正治・海法研究二巻(有斐閣、大正一一年)一八五頁、江川(改訂版)三一四頁、山戸・「海商」国際私法講座第三巻七九八頁など。ただし、江川説は債権の準拠法によらしめるのでは解決できないことがあるため旗国法によるとするが、山戸説ではまさに海商法独自の制度として旗国法によらしめることになる。

34 奥田安弘「船主責任制度の準拠法」香川法学四巻二号一八九頁。

三　海商法条約の適用

一般的な問題として、各国の国際私法と実体法に関する条約による統一法の適用についてどのように考えるかという問題がある。それは国際私法あるいは国際私法的解決はいかなる場合に必要かという問題にもつながってくる。一般の理解では、これまでのところ統一法が作成されても、その定めている事項も網羅的でなく、しかもすべての国がそれ採用しているわけではないから、依然として法の場所的抵触は存在し、したがって、このような状況のもとでは、まず国際私法によって準拠法が決定され、準拠法の属する国が統一法条約の締約国であるときに統一法が適用されるとするようである。これに対して、その条約の締約国では当然に統一法か適用されるという考え方もあろう。

しかし、いずれの考え方にも賛成できない。この問題は、統一法を定める条約で、統一法がどのような場合にどのようにして適用されたものとし作成されたかによるというべきである。単に国内法の規定を統一するにすぎない条約ならば、国際私法によって準拠法を決定し、準拠法国で統一法が採用されているときに、統一法の適用されることがあるにすぎない。したがって、国際私法的解決によらずに統一法が適用されるかどうかは、統一法を定める条約でどのように定めているか、あるいはどのような意図で作成されたかによる[35]。一定の場合に統一法が国際私法を介することなく適用されるとの規定は、各国の国際私法の規定の適用を排除することになる。すなわち、それは抵触規則と同じ次元の規定である。しかし、統一法で定めている以外の事項については、法の場所的抵触が解消したわけではないから、それについては国際私法的解決によらなければならない。このような立場から、わが国が締結している海商法条約の適用を検討する[補注]。

一　船舶衝突条約

船舶衝突条約第一二条では、「本条約ノ規定ハ訴訟ニ於ケル総テノ船舶カ締約国ニ属スル場合及内国法ノ規定シタル其ノ他ノ場合ニ於テ総テノ利害関係人ニ之ヲ適用ス　仍左[36]ノ如ク協定ス　一　非締約国ニ属スル利害関係人ニ付イテハ本条約ノ規定ハ各締約国ニ於テ之ヲ相互ノ条件ニ繋ラシムルヲ得ヘキコト　二　総テノ利害関係人カ受訴裁判所所属国ニ属スルトキハ本条約ヲ適用スルコトナク内国法ヲ適用スヘキコト」と定めている。本条はわかりやすい規定とはいえない。多くの概説書はこの条約文を引用し、本条約の適用があるときは法例の適用は排除されると述べるにとどまる。

ここにいう「訴訟ニ於ケル総テノ船舶」とは衝突したすべての船舶の趣旨であり、「利害関係人」とは訴訟当事者の趣旨であろう。「相互の条件にかかる」とは非締約国の国内法も条約の規定とほぼ同じ内容であるというと解されている[37]。そのような理解で本条を読むと、その趣旨は、衝突した船舶すべてが本条約の締約国に属する場合に本条約の規定を適用し（本文前段）、さらに締約国はその適用範囲を拡張することができるが（本文後段）、非締約国の国民たる利害関係人については相互の条件にかからしめられているときに適用され（但書一）、利害関係人のすべてが内国民であるときは本条約の規定は適用されない（但書二）というものと解される。但書一の趣旨は、要するに、非締約国の国民が利害関係人であるときは、相互の条件からしめていないかぎり、本条約の規定は適用されないということである（但書一は本文前段との整合性に欠け、また当事者によって適用される法令が異ることは適当とは考えられないから、妥当な規定とはいい難い）。本条の趣旨が右に述べたようなものであるとすれば、本条は条約の規定を直接適用する場合を定めた規定と解すべきであろう。そうすると、本条約の適用される場合には、衝突した船舶の旗国のいかんを問わず、衝突が領海内で生じたか公海上で生じたかにかかわらず、本条約の規定が適用されることになる。このように、準拠法の決定が船舶の旗国、衝突場所にかかわらないことは一つの合理的な解決である。しかし、本条約の適用範囲に関する定め方が適当かどうかについては疑問であるし、領海内での衝突については衝突の生じた国の法律を準拠法としてよいと思われる。

二　海難救助条約

海難救助条約第一五条では、「本条約ノ規定ハ援助船又ハ被援助船カ締約国ニ属スル場合及内国法ノ規定シタル其ノ他ノ場合ニ於テ総テノ利害関係人ニ之ヲ適用ス　仍左ノ如ク協定ス　非締約国ニ属スル利害関係人ニ付テハ本条約ノ規定ハ各締約国ニ於テ之ヲ相互ノ条件ニ繋ラシムルヲ得ヘキコト　二　総テノ利害関係人カ受訴裁判所所属国ニ属スルトキハ本条ヲ適用スルコトナク内国法ヲ適用スヘキコト　三　第十一条ハ締約国ニ属スル船舶相互ノ間ニノミ之ヲ適用スヘキコト但内国法ニ於テ之ヨリ広キ規定ヲ爲スコトヲ妨ケス」と定めている。これは船舶衝突条約第一二条に類似する規定であって、異なるところは本文における「援助船又ハ被援助船カ締約国ニ属スル場合」とした規定(本文前段)と、但書における、敵国人に対する救助義務に関する同条約第一一条の適用は締約国に属する船舶の間に限定する旨の規定(但書三)である。

本条については前項で船舶衝突条約第一二条について述べたところがそのままあてはまる。本条も、国際私法を介することなく、法廷地において統一法を直ちに適用する趣旨と解される。異なるところは、援助船、被援助船のいずれかが締約国に属することで足りるとしているところである。この点について多くの説は援助船と被援助船のいずれも締約国に属する場合と解すべしと主張している[38]。要するに、本文前段の「又ハ」を「及ヒ」と読みかえるのである。その理由は非締約国の船舶には条約の規定を適用すべきではないということにある。しかし、その解釈は明らかに条約の文言と異なるし、法廷地が締約国にあれば非締約国の船舶に条約を適用できない理由はなく、このような適用範囲によってとくに不都合な結論が生ずるとも思われない。この点は一九六七年の本条約を改正する議定書(日本は未批准)においても変っていない。

一九八九年の海難救助に関する国際条約(日本は未批准)の第二条では、同条約の規定は裁判又は仲裁手続が締約国に提起されたときは、いかなる場合にもこれを適用すると定めている。これは、同条約の規定は、国際私法の規定を介さず、適用されるとの趣旨と解される。このように条約の適用範囲をとくに限定しないで、すべての場合に統一法を適用する規定はこれまであまり例をみないが、条約の適用範囲についての争いを避けることができるので、不適当とはいえないであろう。このような規定によって、条約の規定は渉外性の有無にかかわりなく適用されることになる。いいかえると、同条約の規定はいわゆる渉外的実質法であるにとどまらず、純然たる国内関係にも適用されることを意味する。もっとも、同条約の第三〇条では、救助が内水で行われ、かつ、関係船舶のすべてが内水航行の船舶である場合、救助が内水で行われ、かつ、いかなる船舶もかかわっていない場合、すべての利害関係人が自国民である場合には、締約国は条約の規定を適用しないことができるとしているので(第一項(a)—(c))、各国が自国の国内法を適用する余地は残されている。

三　船荷証券条約

一九二四年の船荷証券条約(ヘイグ・ルールズ)は、その第一〇条で、「この条約の規定は、締約国で作成されるすべての船荷証券に適用される」と定めていた。しかし、この条約の採択後に、いずれの締約国も、この規定があるにもかかわらず、条約の規定をとり入れた国内法の適用範囲を独自に定め、当事者による準拠法の指定を認めていた。わが国においても同様である。これについては、条約の締結後に、締約国間で条約の適用に関する規定の解釈が変ったという説明をするほかない[39]。

一九六八年議定書（ヘイグ＝ウィスビー・ルールズ）の第五条によって改められた第一〇条は「1　この条約の規定は、船舶、運送人、荷送人、荷受人その他の利害関係者の国籍を問わず、次のいずれかのことを条件として、相異なる二国にある港の間の物品運送に関するすべての船荷証券に適用する。（a）船荷証券が締約国で作成されていること、（b）運送が締約国にある港からのものであること、（c）船荷証券に含まれている契約又は船荷証券によって証明されている契約により、この条約の規定又はこの条約の規定を実施しているいずれかの国の法令が当該契約を規律すべきことを定めていること」と定めている。この規定は、作成の経緯からみても、その内容からみても、国内法の適用範囲を画するための規定ではなく、条約の規定を直ちに適用すべき場合を定めた規定であることは明らかであろう。この点については、かつて詳しく述べたことがあるので、ここではそれに譲り、あえてくり返すことはしない[40]。

なお、一九二四年条約では、締約国で作成された船荷証券には条約の規定が適用されるとしているから、条約の規定は締約国では純然たる国内運送にも適用されることになる。しかし、署名議定書の留保条項第一項によって国内運送、すなわち、船積地、陸揚地とも同一国内にある運送に対する適用を留保した場合には、国内運送には条約の規定は適用されない。わが国の国際海上物品運送法第一条はこのことを定めた規定である。したがって、わが国では船積地及び陸揚地が本邦の領域内にある場合に商法の規定が適用されることになる。

四　船主責任制限条約・海事債権責任制限条約

一九五七年の船主責任制限条約第七条によれば、同条約の規定は、この契約は船舶の所有者等が、いずれかの締約国の裁判所において、その責任を制限し、又は船舶その他の財産の差押、提供された保証その他の担保の取消を求める場合に適用されるが（第一項）、締約国は、非締約国または責任を制限しようとする者に対し、これらの者がその請求時にいずれの締約国にも住所（résidence habituelle）又は主たる営業所を有しない場合、責任制限を主張する船舶、もしくは差押えられた船舶がその時にいずれの締約国の国旗をも掲げていない場合に、この条約の利益又は一部を与えない権利を有すると定めている（第二項）。一九七六年の海事債権についての責任の制限に関する条約第一五条第一項も、文言に若干の相違はあるが同趣旨の規定である（一九五七年条約第七条第一項、第二項がそれぞれ一九七六年条約第一五条第一項前段、後段に対応する）。

これらの条約の適用範囲に関する規定の文言からは、条約の規定が直接適用されるか或は締約国の国際私法を介して適用されるかは直ちには明らかでない。しかし、これらの条約は各国における海事債権の責任限度の統一を目的としていること、五七年条約第七条第一項も七六年条約第一五条第一項前後も責任制限等の申立があれば当然に適用されると表現し、かつ、両条約とも適用すべき渉外的法律関係についての定めをおいていないこと、一九五七年条約の署名議定書及び一九七六年条約第一五条第二項以下の規定において、締約国が国内的立法措置で一定の船舶、債権に条約の規定を適用しないことを認めていることなどからみて、この条約の規定は国際私法を介しないで適用されると解すべきである[41]。締約国における国内的立法措置によって条約の適用から除かれた船舶（例えば、三〇〇トン未満の船舶）については、その国の国内法を適用することになる、これに対して、一九五七年条約第七条第二項又は一九七六年条約第一五条第一項後段により、締約国に住所または主たる営業所を有しない者について、または締約国に属しない船舶について、条約の全部又は一部の適用を排除した場合には、各締約国の国際私法によって決定される準拠法によるべきこととなる。この点について、条約の適用が排除された場合には、法廷地法で責任制限制度が設けられない限り、一切の責任制限が認められないという解釈[42]、あるいは、締約国に常居所、主たる営業所を有しない者であるとの理由によるときは、それぞれの住所法、主たる営業所在地法により、締約国に属しない船舶であるとの理由によるときは、船舶の旗国法によるとする解釈[43]になるとの説もあるが、一九五七年条約にも一九七六年条約にもそのような規定はなく、また、そのように解釈すべき根拠は見出し難い。わが国は一九五七年条約、一九七六年条約のいずれについても、このような理由による条約の適用の排除をしていないので、海事債権の責任制限については一九七六年条約の規定が直接適用される[44](同条約第一七条第四項によって、一九七六年条約の締約国では同条約が一九五七年条約に代ることになる)。

なお、これらの条約も、船荷証券に関する一九二四年条約、海難救助に関する一九八九年条約などとともに、原則として渉外関係と国内関係とを区別しない統一法条約である。

注

35　高桑昭「船荷証券に関する一九六八年議定書と統一法の適用」国際法外交雑誌九〇巻五号四頁。山田鐐一・国際私法(一九九二年版)六–七頁も、統一私法によって一般的に法廷地の国際私法規定が排除されるとすることには疑問があるとしながら、統一私法の目的も多様であり、一律に統一私法の適用について論ずることは困難であるとし、統一私法と国際私法の関係は個別的な統一性ごとに検討せざるを得ないと述べている。

36　「仍」は「重ねて」の意であるが、それ以下の部分は本文に対する例外を定めていると解されるので、あえて「但書」と表現した(正文(仏文)では Il est entendu toutefois と表現され、その英訳は provided that となっている)。

37　山戸嘉一「海商条約法の適用範囲」国際法外交雑誌五五巻一号一四頁。

38　原文では“lorsque soit le navire assistant ou sauveteur, soit le navire assisté ou sauvé appartient à un Etat de l'une des Hautes Parties”となっている。「又は」と解する説は、小町操三・海難救助法論(海商法要義下巻三)(岩波書店、昭和二五年)二七–八頁、原茂太一・金融商事判例四六一号三頁、中田明・ジュリスト七五三号一一四頁など。「及び」と解する説は、山戸「海商」国際私法講座第三巻七七四頁、斎藤「事務管理・不当利得・不法行為」講座第二巻四六七頁、澤木・海事判例百選（増補版）二五七頁など。後説の理由とするところは、非締約国に属する船舶に条約の適用されることはありえないということにあると思われる（山戸「海商条約法の適用範囲」国際法外交雑誌五五巻一号一一頁参照）。

39　高桑昭「船荷証券に関する一九二四年条約にもとづく統一法の適用」立教法学三六号四八頁以下。なお、山戸「海商条約法の適用範囲」国際法外交雑誌五五巻二号前掲論文二〇頁では、ニボワイエの説にならい、渉外関係が存するか否かは船荷証券が連結する地的関係又は人的関係に外国的要素が含まれているか否かにあるとし、海商条約の適用の前提として国際運送主義と当事者国籍主義という二つの要件をあげ、条約は国際運送であって、締約国民たる外国人間または締約国民たる外国人と日本人との間の運送に適用さるべきであると述べている。しかし、そのような前提そのものが問題であって、このような見解をとるべき理由を見だし難い。

40　高桑昭「船荷証券に関する一九六八年議定書と統一法の適用」国際法外交雑誌九〇巻五号一頁以下。高桑昭・国際取引における私法の統一と国際私法（有斐閣、平成一七年）二〇頁‐五三頁。

41　同旨、奥田安弘・国際取引法の理論八三頁。立法担当者も一九五七年条約について、わが国は非締約国につき特段の規定をおいていないから、船舶所有者等が締約国にその住所又は本店を有する限り、事故を起した船が非締約の国籍を有する場合でも、また、住所又は本店を締約国に有しない船舶所有者等が締約国の船舶を利用した場合でも、当該船舶による事故について、責任制限を求めうると解されると述べ（時岡泰＝谷川久＝相良朋紀・逐条船主責任制限法・油濁損害賠償法九三頁以下）、一九七六年条約について、改正法も現行法同様、対象となる者及び船舶について、締約国、非締約国との区別をしないこととしている（寺田逸郎「海事債権責任制限条約への加入と船主責任制限法の改正」海法会誌復刊第二六号五〇頁）と述べている。

42　奥田・前掲書八二頁。

43　奥田・前掲書八二頁。

44　奥田・前掲書八三頁では、これを法廷地法主義と述べている。

（補注）条約による統一私法と国際私法の関係については、拙著『国際取引における私法の統一と国際私法』（有斐閣、二〇〇五年）の「Ⅰ統一私法と国際私法」参照されたい。

結び

海商法が早くから発達し、一般の民法、商法とは異なる法体系を形成してきたことから、海事国際私法についても海事国際私法の独自性を主張する立場がある。その根拠は、対象となる法律関係が他の分野の法律関係とくらべて特殊であること、それが船舶を中心として形成されることにある。そして、その主張は海事法律関係の準拠法の決定にあたっては一般の国際私法の規則の妥当するところは少く、原則として旗国法を適用すべきであるとする。これに対して、現在のわが国の多数説は海事国際私法の独自性を否定し、或はとくに意識せずに、海事法律関係についても一般法たる法例の規定が原則として適用されるとし、海事関係の特殊な性質のために、旗国法による場合或は旗国法によって補充される場合があるにすぎないとしている。

筆者はこの問題について次のように考えている。まず、少数説のように船舶の旗国法を重視することには疑問がある。船舶の旗国(船籍港所属国)に船舶の実質的な本籍地があり、そこに船舶所有者の本拠地がある場合には旗国を連結点とすることに意味がないわけではない。そのような場合であっても、上の法律関係一般が旗国と密接な関係があるわけではないから、旗国法を原則的な準拠法とすることには問題がある。しかも、第二次大戦後、租税負担の軽減、船員配乗の便宜等から便宜置籍船が著しく増加し、船籍港は船舶の実質的本拠地ではなく、船舶所有者の本拠地でもなく、また、船舶所有者と船舶を運航させる実質的な海上企業者とが異るような状況のもとでは、旗国が船舶をめぐる私法上の法律関係についての原則的な連結点として適当であるかはさらに疑わしいからである。また、船舶所有者、海上運送人などの本拠地あるいは営業所がそれに代るべき連結点として適当であるともいえない。それらは一見して明白ではなく、それを知ることは必ずしも容易ではないのみならず、物権関係についてはもちろん、それ以外の法律関係についてもとくに関連性があるとはいえず、当事者間の公平などからみて、連結点として必ずしも適当ではないからである。もっとも、旗国の実質的意味が国際法上の国家管轄権とその国の公法の適用にあるとしても、登録・登記を要する物権関係は別として、公海上の衝突、海難救助など、他に適当な連終点のない場合には、補充的にこれを連総点とすることも考えられないではない。しかし、旗国法の累積的適用は、準拠法決定の困難を回避したにすぎず、現実の適用に際して困難があり、結果においても適当とは思われない。

次に、通説が海難救助、共同海損をそれぞれ事務管理、不当利得にあてはめることにも疑問がある。これらは船舶所有者等の責任制限とともに、法例の規定の存在しない法律関係と考え、適切な連結点を考究すべきであろう。

筆者は、あえて海事国際私法の独自性を認める理由はないと考えるが、それだからといって、すべての海事法律関係について法例の規定の解釈、適用で足りるとは思わない。法例に定めのない事項については、それぞれについて、条理により、適切な準拠法を見出す必要があろう。それとともに、今後の実質法の統一に際して、統一法の適用についてどのような規定を設けるべきかについても、具体的に検討する必要があると考える。

第一二章　新たな仲裁法と渉外的仲裁

まえがき

平成一五年（二〇〇三年）七月二五日に「仲裁法」が第一五六回国会で成立し、同年八月一日に公布され（平成十五年法律第一三八号）、平成一六年（二〇〇四年）三月一日から施行された（同法附則第一条、平成一五年政令第五四四号）[1]。同法の成立にともない、公示催告手続及ヒ仲裁手続ニ関スル法律（明治二三年法律第二九号）の題名の一部とその第八編が削除された。これを承けて、平成一五年一一月二六日に仲裁関係事件手続規則（最高裁判所規則第二七号）が制定され、仲裁法とともに施行されることとなった。もっとも、経過措置に関する規定によって、旧法の適用されることも全くありえないわけではないが[2]、今後は新たに制定された仲裁法がわが国における仲裁手続に関する基本法ということになる。

わが国における近代的な仲裁制度は明治二三年（一八三〇年）に制定された民事訴訟法第八編仲裁手続にもとづくものであった。これは当時のドイツ民事訴訟法第一〇編に若干の修正を加えたものであったが、法律の題名の変更を除き、制定以来何らの改正も行われなかった。

二十世紀の後半に企業活動の国際化が著しく進んだこと、各国における民事訴訟の遅滞、また、一九五八年に採択された外国仲裁判断の承認及び執行に関する条約（通称ニューヨーク条約）が画期的な成功を収めたことなどによって、仲裁判断の利用が広く行われるようになり、国を異にする企業間の紛争解決方法として仲裁手続が利用されるようになった。他方、国内における通常の民事、商事の紛争についても簡易、迅速な手続が求められ、仲裁手続を活用するために、仲裁に関する法令（一般的な意味での仲裁法）の改正、整備の必要が主張された[3]。しかし、往時のわが国の立法作業は必要に応じた迅速なものとはいい難く、とくに仲裁法の改正はまさに「百年河清を待つ」の感があった。

ところが、近時の司法制度改革の一つとして仲裁者の改革があり、短時日の立法作業で新たな仲裁法が制定された。仲裁法の改正には民事訴訟法制定以来百年以上を要し[4]、民事手続法の改革としてほぼ最後に近いといってよいが（そのあとは、おそらく、非訟事件手続法であろう）、国際連合国際商取引委員会の国際商事仲裁に関するモデル法（UNCITRAL MODEL LAW International Commercial Arbitration as Adopted by the United Nations Commission on International Trade Law on 21 June, 1985）を大幅にとり入れ、また、近時の諸外国での仲裁立法も参照して作成されたものであり（一九八〇年代後半から多くの国で仲裁立法の改正、新たな立法が行われたが、それはモデル法の作成を契機とするものである）、時宜に適したものといえよう。筆者が裁判所、法務省で裁判実務、立法事務に関わっていたころを思うと、まことに隔世の感がある。

新たな仲裁法はわが国の国内における紛争解決方法としての仲裁手続を規律する法律であるが、わが国に仲裁地があれば（同法第一条）、当事者の国籍・住所にかかわらず、法律関係が複数の国に関係する仲裁（渉外的仲裁）にも適用されることになる。今後、わが国での渉外的仲裁も増加すると思われるので、この際に新たな仲裁法のもとでの渉外的法律問題について検討しておくことも意味がないわけではないであろう。筆者はかつて渉外的仲裁に関するいくつかの基本的な問題について論じ、国際商取引委員会作成の仲裁規則及びモデル法についての説明において、渉外的仲裁一般に関する事項についても見解を述べたこともあるが[5]、そこでとり上げていない問題もあり、筆者の論旨に不十分なところもあるので、新たな仲裁法の施行を機会に、それを補う意味も含めて、法選択の問題を中心に渉外的仲裁の問題について新法の規定を検討することとしたい。事柄の性質上、既に述べたところと重複するところもあろうが、御海容をお願いする。

注

1　仲裁法(平成一五年法律第一三八号)の制定の経緯については、近藤昌昭・後藤健・内堀宏達・前田洋・片岡智美『仲裁法コンメンタール』(商事法務、二〇〇三年)その他の文献として、小島武司・高桑昭『注釈と論点　仲裁法』(青林書院、二〇〇七年)がある。

2　仲裁法施行前に成立した仲裁合意の方式並びに同法施行前に開始した仲裁手続及び仲裁手続に関して裁判所が行う手続は、従前の例によるとされる(附則第二条及び第五条)。新法の施行前に仲裁判断があった場合で、仲裁判断の預置き、仲裁判断の効力、仲裁判断の取消、承認又は執行が同法施行後になったときは、新法の規定によることとなろう。

3　わが国において従来仲裁があまり利用されなかった原因の一つとして、民事訴訟法第八編の規定の古さをあげることもあるが、それには多少疑問がある。それらは使えない規定ではなかったし、使われていれば法の改正もありえたのである。仲裁不振の原因はわが国では仲裁制度が一般に広く知られていなかったこと、仲裁人など仲裁を支える社会的仕組みが発達していなかったこと、社会的な必要の度合いが少ないことにあったと思われる。

4　オランダでは一八三四年仲裁法を一九八六年に改めた。立法措置が遅れたのはわが国だけではない。

5　高桑昭『国際商事仲裁法の研究』(信山社、二〇〇〇年)。

一　仲裁法の適用

一　仲裁と国家法

私人間の紛争の解決方法として現在行われている仲裁は、当事者が合意により一定の紛争の解決を、公権力以外の第三者(私人)の判断に委ね、当事者はその判断に従う手続をいう。このような仲裁は西欧中世の商人間の紛争解決方法(同業者団体の構成員間の争い、定期市・開港都市での商事裁判)から発達したものであり、本来は狭い範囲の者の間の紛争解決手続であった。これは公権力(社会において正当性を有するとされる政治権力)の関与していない紛争解決方法であるから、私人間での紛争解決のための強制力を公権力が独占している近代国家では、公権力が仲裁による解決(仲裁判断)を承認し、それに効力を与え、その内容を強制的に実現することによって法的に意味をもつことになる。すなわち、仲裁が紛争解決方法として法的に意味をもつのは、国家による仲裁判断の承認によるのである。これが仲裁に関する法制度の核心であり、仲裁に関する法律問題は仲裁判断の承認の要件に収斂する(集約される)ということができよう。したがって、仲裁に関する法としては、仲裁判断の承認に関する規定があれば足りるということもできる。国際的な立法作業において、仲裁手続一般に関する統一法の作成よりも、外国仲裁判断の承認と執行に関する規定の統一が先に行われたことは[6]、まさにこのような理由によるものといえよう。

仲裁判断の承認に当って重要なことは、まず、仲裁によるべき旨の合意(仲裁契約)が存在し、それが法的な効力を認められていることである。そして、仲裁判断が内国の法秩序からみて許容できないものではないことであろう。

そのなかには仲裁判断の内容(紛争についての価値判断)の妥当性問題と、手続における公正及び公平の問題とがある。多くの国では、一定の範囲で私的自治を認めて仲裁判断の成立の要件とその効力について定めるとともに、仲裁契約が存在しないか或は有効でないとき、仲裁手続が公正、公平を欠いているとき、仲裁判断の内容が公の秩序に反するときに仲裁判断の承認を拒否することとしている(わが国の仲裁法では、第四四条及び第四五条第二項のそれぞれ一号から三号までは仲裁契約の成立と有効性に関する規定、第四四条四号から六号まで及び第四十五条第二項の四号から七号までは仲裁手続に関する規定である)。そして、仲裁判断の効力を認めるに当っては国家の裁判所が承認事由または承認の障碍となる事由の有無を審査することになる。これが仲裁判断の承認、執行の制度であり、これに対して、仲裁判断の効力を失わしめるための手続が仲裁判断の取消の制度であり、両者は表裏の関係にある。

仲裁が当事者の合意に基づく自治的な紛争解決方法であることから、国家法の枠外における紛争解決手続であり、国家法からの解放であるとする見解がわが国においても外国においても少なくないが7、このように、仲裁は仲裁判断の承認と取消という方法を通じて国家法によって規律されているのであって、そのような見解は手続的な面でも実体的な面でも妥当とはいい難い。主権国家の並存する現在の国際的秩序のもとでは、仲裁は、その渉外的性格の有無を問わず、国家法によって仲裁判断に法的効力が認められなければ、紛争解決方法として実効性がないからである。仲裁に関する法律問題は仲裁判断の承認の問題に集約されるとは、このことをいうのである。そこで、仲裁判断の承認に当って、仲裁契約の成立と有効性、仲裁による解決の可否、仲裁手続の適正、仲裁判断の内国法秩序との関係が問題とされることになる。

注

6 「仲裁ニ関スル議定書」(一九二三年)(ジュネーヴ議定書)、「外国仲裁判断の執行に関する条約」(一九二七年)(ジュネーヴ条約)、「外国仲裁判断の承認及び執行に関する条約」(一九五八年)(ニューヨーク条約)はいずれも、仲裁判断の承認に関するものである。仲裁手続について定めた国際商事仲裁に関する欧州条約(一九六一年)など、欧州、南北米州における仲裁手続に関する条約はこれに遅れており、その成果も大きいとはいえない。そのこともあって、国際商取引委員会で仲裁規則(一九七六年)と仲裁モデル法(一九八五年)が作成されたのである。これは二〇一〇年に改訂された。

7 このような主張は、当事者の合意を根拠に、仲裁手続は各国の仲裁法の定めるところによることなく、当事者の合意、仲裁機関の規則、仲裁人の裁量によって行うことができ、その判断の規準についても特定の国家法、実定法による必要はないとする。わが国ではこのような仲裁観が伝統的であったと考えられる。

二　仲裁法における仲裁地の意味

仲裁法は、仲裁地が日本国内にある仲裁手続及び仲裁手続に関して裁判所が行う手続に適用される(第一条)。この規定は必ずしもわかりやすいとはいえないが、仲裁法は仲裁手続と仲裁に関して裁判所が行う手続に適用されること、その適用の対象となる仲裁手続は仲裁地が日本国内にある場合に限られないという趣旨と解される。

本法では、当事者が合意により仲裁地と定めた地があるときはそれが仲裁地であり(第二八条第一項)、この合意のないときは仲裁人が仲裁地として定めた地とされている(同条第二項)。また、仲裁判断においては、仲裁判断書に仲裁地と記載された地が仲裁地とされることとなる(同法第三九条第三項)。仲裁地とは通常は仲裁手続の行われる地をいう。仲裁地では仲裁の申立または仲裁付託の通知がなされ、仲裁手続の重要な部分が行われ、仲裁判断もそこで成立することが多いであろうが[8]、本法のもとでは、実際の仲裁手続がほとんど行われず、当事者の合意または仲裁人の指定のほか何ら関連性を有しない場合であっても仲裁地となる[9]と解される余地がある。

日本法の適用の有無に関しては、仲裁地が日本国内にある場合には、仲裁手続には本法の第三章から第六章まで及び第九章が適用され、仲裁判断の取消手続については国際管轄権が日本になるので、本法の第七章が適用されることになる（第一条及び第三条第一項）。これは日本法の適用される場合のみを定めた一方的な規定であるから、双方的な規定の形に改めると、仲裁手続は仲裁地のある国の法によること及び仲裁判断の取消の管轄権は仲裁地が有することを意味する。しかし、第八章の仲裁判断の承認と執行については、内国仲裁判断と外国仲裁判断の区別をしていないので、そこでの仲裁地の意味はなくなった。

仲裁手続の重要な部分が行われた地または行われる地を仲裁地とするのであれば、仲裁地を当事者あるいは仲介人が指定した場合であっても、仲裁地と仲裁手続の準拠法との関連性があるということはできよう。しかし、実際の仲裁手続とさして関連性を有しない地を仲裁地として選択することができるという解釈をとることは、仲裁地との関連性の有無にかかわらず、仲裁手続の準拠法と仲裁判断の取消手続の行われる国を当事者が選択しうることを認めたことにならないであろうか。さらに、日本国内で実際に仲裁手続が行われる場合にも、外国にある地を仲裁地と指定することによって本法の適用を回避することも可能となろう10。しかし、そのようなことによって本法の適用の有無が左右されることは妥当ではない。したがって、第一条及び第三条の仲裁地とは仲裁手続の重要な部分が行われる地をいうと解すべきである。ともかく、本法第一条の規定によって、仲裁手続の準拠法については仲裁地法によることを宣言したことになり、正面から当事者が仲裁手続の準拠法を指定する余地はなくなった。当事者が合意によって仲裁手続の準拠法を指定したとしても、そのような指定は、わが国に仲裁地がある場合は、準拠法の指定として認めることはできず、わが国の仲裁法の許容する範囲内での仲裁手続に関する当事者の合意としての効力をもちうるにすぎない。

このように仲裁地が重要な意味をもつとすれば、仲裁地は単に名目的な地ではなく、仲裁手続の重要な部分が行われる地またはそれが行われた地[11]とすべきであろう。仲裁地法が仲裁手続の準拠法となるだけでなく、仲裁契約についても仲裁地法が準拠法とされることが多いからである。したがって、仲裁法第二八条は、仲裁地で仲裁手続の重要な部分が行われることを前提としていると解すべきであって、仲裁手続と実質的な関連性のない地を仲裁地として指定できるとするのは適当とはいえないであろう。

注

8　近藤ほか・一五二頁は、仲裁地は、一般に、仲裁事件の審理を行い、仲裁判断を行う地又は行うことを予定する地をいうとしている。

9　「仲裁地」の概念が抽象的なものであることについては、中村達也「国際仲裁における「仲裁地」について」JCAジャーナル四二巻六号三六頁(一九九五年)同「国際仲裁における「仲裁地」の虚構性について」JCAジャーナル四七巻三号二八頁(二〇〇〇年)を参照されたい。なお、長野オリンピックの際に現地で行われたスポーツ仲裁における仲裁地は、スイスのローザンヌとのことである。このような仲裁では、わが国の仲裁法は適用されないことになろう。

10　出井直樹・宮岡孝之『Q＆A新仲裁法解説』一九頁(三省堂、二〇〇四年)では、仲裁地を日本以外とすれば仲裁法附則第三条、第四条の適用がなくなり、消費者、労働者のための保護規定の適用がなくなると解釈される可能性を指摘しながら、このような消費者、労働者の権利保護規定は、仲裁地にかかわらず、仲裁法第二章の仲裁合意の内容になるとして附則の内容を活かすことが考えられるとする。しかし、附則第三条及び第四条は仲裁契約の効力に関する内国強行規定であり、日本国内で行われる仲裁及び実体的法律関係が日本と密接な関連のある仲裁の場合には、附則第三条又は第四条に反することとなる仲裁契約の効力は日本では公序に反するとして承認されず、そのような仲裁契約にもとづく仲裁判断も日本では承認されないというべきであろう(仲裁法第四五条第二項第九号)

11　中村達也『仲裁法なるほどQ＆A』四二頁(中央経済社、二〇〇〇年)によれば、仲裁地を定義した仲裁法はないとのことである。

二　仲裁契約と準拠法

一　仲裁契約の成立と効力及び有効性

(一)　抵触法と仲裁契約の独立性

民事訴訟では当事者の一方の訴の提起により当然に手続が行われるのに対して、仲裁では当事者間に仲裁によって紛争を解決するについての合意[12](「仲裁合意」。以下では筆者は「仲裁契約」の表現を用いる)がなければ、手続を行うことができない。有効な仲裁契約が存在しなければ、仲裁申立は不適法であり、仲裁人は仲裁判断の権限を有しない。当事者は仲裁手続に応ずる必要はなく、仲裁判断に従う必要もない。したがって、仲裁手続では常に仲裁契約の成否、方式、有効性と、仲裁によって紛争を解決しうるかということ(仲裁可能性あるいは仲裁適格性)が問題となるのであり、それは法によって判断すべきである。仲裁契約に渉外的要素のある場合には、いずれかの国の法によることとなる。

まず、仲裁契約はその対象となる契約(主たる契約)といかなる関係にあるかという問題がある。それは、主たる契約に無効、取消事由があり、主たる契約が解除されたときに仲裁契約もその影響を受けるか、また、仲裁人は主たる契約の成否、有効性、失効を判断することができるかという問題であり、これをなしうるとするのが仲裁契約の独立性[13](分離可能性)を認める立場である。わが国の判例も、仲裁契約は主たる契約に付随して締結されても、その効力は主たる契約から分離して別個独立に判断さるべきものであり、主たる契約に瑕疵があっても仲裁契約の効力に直ちに影響を及ぼすものではない[14]として、仲裁契約の独立性を認めている。仲裁法もこのことを第一三条六項で定めている。これらは実質法の次元での問題の処理である。

抵触法の次元における仲裁契約の独立性の問題は、仲裁契約それ自体の準拠法を認めるか、仲裁契約を主たる契約の準拠法によらしめるかということにある。主たる契約は当事者の実体法上の権利義務を定めるものであり、仲裁契約は紛争解決法についての合意であるから、両者は性質を異にする。従来から、わが国では当然のように仲裁契約と異なる法律関係とし、判例もそれを認めている[15]。それならばどのようにして準拠法を決定すべきか。

(二)　仲裁契約の準拠法

仲裁契約の準拠法については、旧法には明文の規定がなく、判例は法例第七条第一項を適用し、多数説は法例第七条または条理により、当事者の意思に従うとした。これに対して、当事者自治によるのではなく、仲裁地法によるべきであるとする説もあった[16]。ニューヨーク条約では、仲裁判断の拒否の要件の一つとして、仲裁契約は当事者が準拠法として指定した法令により、若しくはその指定がなかったときは、仲裁判断がされた国の法令によるとしている(第五条(1)(a))。

仲裁法には、仲裁契約の準拠法についての明示の規定はないが、仲裁判断の承認の要件として、ニューヨーク条約の規定にならって、「当事者が合意により仲裁合意に適用すべきものとして指定した法令(当該指定がないときは仲裁地が属する国の法令)」との規定がある(第四五条第二項第二号)ので、仲裁判断以前の仲裁手続においても、訴訟においても、仲裁契約の承認の要件については、仲裁判断の承認の規定によって判断すべきであろう。ただし、当事者による指定は明示の指定に限るのか、黙示の指定も含むのかという解釈上の問題はある。

仲裁判断の承認の準拠法について当事者による準拠法の指定を認めるとすれば、外国法の準拠法に指定することによって、消費者契約における仲裁に関する規定(附則第三条)と個別労働関係における仲裁に関する規定(同第四条)の適用を回避することができよう。さらに仲裁契約の効力は、当事者は一定の紛争を仲裁手続で解決しなければならないということであり、紛争解決方法を定めるものであって、私法上の権利義務を定めることを目的とするものではない。したがって、その準拠法の決定をあえて当事者自治に委ねる実質的理由はないというべきである。

立法論としても、仲裁契約の準拠法について当事者による準拠法の指定を認めるべきかには疑問がないわけではない。また、仲裁法の規定の適用との関係でも疑問がある[17]。これについては既に私見を示したことがあるのでここに再び述べることはしないが、結論をいえば、仲裁契約と最も密接な関係にあるのは仲裁地であるから、仲裁地法によることを原則とし、仲裁地が定まっていないときは主たる契約の準拠法によることが適当と考える。その理由は、仲裁契約の準拠法について当事者による指定を認めることにどのような意味があるのか、いかなる実益があるのかということにある。すなわち、仲裁地と異なる国の法を仲裁契約の準拠法とすることによっていかなる意味あるいは実益があるのかということである。それについて当事者自治を必要とする積極的理由は何ら示されていない。そして、仲裁条項そのものについて準拠法を明示した例は全くといってよいほど存在していない(これに対して、多くの場合には仲裁の対象となる契約(主たる契約)では明示の準拠法の指定のあることが多い)。

仲裁契約の内容は一定の紛争を仲裁によって解決する旨[18]の合意の成立と仲裁利用の可否であるから、まさに仲裁地法、具体的にいえば仲裁地の手続法の問題ではなかろうか。当事者間の合意であることをもって仲裁契約の準拠法を当事者の指定に委ねることは相当とはいえないであろう[19]。

これに関連して、仲裁契約では当事者は互に相手方の住所地で仲裁を申立てることとした場合に、仲裁契約の準拠法は何かという問題が生ずる。この場合においても仲裁地法(相手方の住所のある地の法)によると解することになる（主たる契約は一つでも、それに関して二つの仲裁契約があるとみることができよう）。もっとも、仲裁地が定まっていない場合に準じて、主たる契約の準拠法と解することもありえよう。一つの仲裁地で仲裁契約の効力が認められないときは当事者間の均衡を欠くことにはなるが、仲裁の申立ができない当事者にとっては仲裁契約は拘束力を有しないのであるから、訴訟を提起することが可能であろう。また、相互に二つの仲裁の申立てがあったときは、二つの仲裁手続を認めることもありえよう。これは当事者にとってわずらわしいことではあるが、そのような合意をした当事者としてはやむをえないであろう。

二　仲裁契約の方式

仲裁契約の方式とは仲裁契約の外部的形式をいう。この仲裁契約の方式の準拠法についても仲裁法の明示の規定はない。判例のように仲裁契約の成立及び効力の準拠法の決定について法例第七条の規定によるというのであれば、仲裁契約の方法についても法例第八条によらないことには首尾一貫しないであろう。契約の方式についても法例第八条の規定に従うというのであれば、仲裁契約の方式はその効力の準拠法または行為地法（仲裁契約の締結地法）によることとなる。

仲裁契約の方式とは、具体的にいえば、書面（書面及びそれと同様の機能を有するもの）によるべきか否かということであり[20]、書面によることを要求している国も多いが、そうでもない国[21]もある。問題は方式について書面によることを要しない国でなされた仲裁契約をわが国でも認めるべきかということになる。仲裁契約をできるだけ認めるというためにはそれでもよいのかもしれないが、それによって仲裁契約の存否についての争いは生ずるであろう。それは仲裁契約の方式の準拠法によってきまることとなる。仲裁契約の方式が最も大きな意味を有するのは仲裁地においてであるから、仲裁契約の成立及び効力の準拠法を仲裁地法であるとすると、方式についても仲裁地法によることが適当であろう。そうすると、書面によらない仲裁契約の場合には、わが国では仲裁手続をなしえないことになる（第一三条第二項）。もっとも、仲裁法第一三条が仲裁地が日本にある仲裁手続に適用されることからみて、同条を抵触法による処理を経ずに直接適用される規定（直接適用法）と解しても同じ結果となる。

なお、仲裁契約の締結能力については、ニューヨーク条約は「当事者に適用される法令により無能力者であったこと」とあるのに対して、仲裁法では単に「当事者の能力の制限により」とあるにすぎない。大同小異ともいえるが、条約の規定では人の能力に関する準拠法によることが明らかである。

注

12 本法では旧法の「仲裁契約」に代って「仲裁合意」という言葉を用いているが、合意は意思表示の合致をあらわす一般的な表現でしかなく、それが当事者を拘束する趣旨を示すためには、契約と表現することが適当であろう。また、本法の仲裁合意と旧法の仲裁契約とで概念が異なるとは思われず、同じ概念には同じ表現を用いるべきであろう。

13 仲裁契約の独立性については、小山昇『仲裁法』〔新版〕九四頁以下（有斐閣、一九八三年）、小島武司『仲裁法』一四七-八頁（青林書院、二〇〇〇年）参照。

14 最判昭和五〇年七月一五日民集二九巻六号一〇六一頁。これは米国ニューヨーク州で設立手続中の会社の発起人との間でなされた独占的販売代理店契約における仲裁契約の効力が争われた事案である。また、傭船契約の解除をめぐる紛争において、そのためにこそ仲裁契約が必要であるとして、その効力を認めたものとして、東京地判昭和四七年一〇月一七日下民二四巻九＝一二号七三八頁がある。

15 最判平成九年九月四日民集五一巻八号三六五七頁（リング・リング・サーカス事件）。

16 これについては、小島・前掲四〇六頁以下、高桑・前掲九七頁参照。

17 仲裁地に日本以外の国にある地を指定することによって、本法の適用を回避することになるので、消費者契約、労働契約について本法の附則第三条、第四条の適用を免れることができる。もっとも、そのような仲裁契約はわが国では公序に反するとしてその効力を否定されることにはなろう。

18　仲裁契約の効力の内容については、小山・前掲六七頁、七六頁以下参照。当事者が仲裁契約があるにもかかわらず、訴訟を提起した場合には、それが不法行為(不当訴訟)を構成する場合であればともかく、訴を提起しない債務についての不履行による損害賠償を求めることを目的とした概念の入る余地がないとする。

19　高桑・前掲一〇一頁以下。

20　仲裁契約の方式の問題は、かつてはいかなるものに書面性を認めるかということであったが、近時の国際商取引法委員会では書面性を広く認めるようにモデル法第七条を改正する作業が行われている。

21　わが国の旧法ではとくに書面によるべきことを定めた規定はなく、口頭による仲裁契約でも有効と解されていた。

三　仲裁可能性の規準

一　仲裁可能性の法的性質

仲裁判断が国家法によって承認されるためには、仲裁に付託された紛争が仲裁によって解決しうるものとされていなければならない。仲裁によって解決しうる紛争か否かはいかなる法によって判断すべきか、これが仲裁可能性の規準の問題である。

仲裁可能性をどのように理解するのかについては学説が分かれている[22]。仲裁契約の対象となるのは現在の争いに限るのか、将来において生ずる紛争も可能かという仲裁制度それ自体に関するもの(仲裁契約の許容性)と、親子関係の確認、特許権の権利範囲、競争法上の不当な取引制限に該当するかなど、対象となる紛争に関するもの(紛争の仲裁適格性)とを区別する立場と、とくにそのような区別はしない立場とがある。

仲裁法では将来において生ずる紛争も仲裁契約の対象とし（第二条第一項）、当事者が和解することができる紛争を仲裁契約の対象となしうるとしている（第一三条第一項）。これはもとより国内実質法上の規定であって、渉外的仲裁における仲裁可能性の準拠法を定める規定ではない。

そこで問題は、仲裁可能性の準拠法は何か[23]にある。従来から仲裁可能性の問題は仲裁契約の有効性の問題であるとされ、仲裁契約の準拠法によらしめていた。しかし、仲裁可能性の問題は仲裁契約よりも仲裁手続利用の可否と仲裁の対象となる紛争の性質と関係が深いとみるべきであろう。そうすると、この問題を当然に仲裁契約の準拠法によらしめるのは適当でないように思われる。さらに、仲裁契約の準拠法の決定に当事者自治を認めるとすれば、仲裁手続利用の可否という問題の性質から離れることになる。したがって、抵触法上の仲裁可能性の問題は仲裁契約とは別の法律関係であって、当事者の意思にかかわらず、一定の準拠法によることとすべきであろう。

二　仲裁可能性の規準

仲裁手続による紛争解決が可能かという狭義の仲裁可能性については、仲裁と仲裁地の法制度との結びつきが強いとみる立場では、仲裁地法によるべきであろう。これに対して、この問題を内国における仲裁手続利用の可否の問題と考えるならば、仲裁付託から仲裁判断に至るまでは仲裁地法により、仲裁判断の承認においては承認地法によるということになろう。

ニューヨーク条約の第二条(一)では「各締結国は、契約に基づくものであるかどうかを問わず、仲裁による解決が可能である事項に関する一定の法律関係につき」、仲裁契約を承認するものとするとして、準拠法には言及していないが、外国仲裁判断の承認拒否の事由の一つとして、第五条(二)(a)で「紛争の対象である事項がその国の法令により仲裁による解決が不可能なものであること」を揚げており、仲裁判断の承認に当っては仲裁可能性を承認地国法によるとしている。仲裁地で仲裁手続を行う場合に、その国で承認されず、執行しえない仲裁判断をすることは合理的ではないから、第二条(二)についても、仲裁地法により「仲裁による解決が可能である」と解すべきことになろう[24](モデル法第三六条(一)(b)(i)にも同様の規定がある)。

仲裁法も、仲裁判断の取消については第四四条第一項第七号で、仲裁判断の承認については第四五条第二項第八号で、「仲裁手続における申立が、日本の法令によれば、仲裁合意の対象となることができない紛争に関するものであること」としているので、ニューヨーク条約にならって、仲裁手続においては仲裁地法、仲裁判断の承認においては承認地国法とする立場をとっているということができよう。したがって、わが国での訴訟において外国を仲裁地とする仲裁契約の存在が主張されたときに、仲裁可能性については仲裁地のある国の法律によることとなる。そして、仲裁判断の承認及び執行に際しては、承認国である日本の法律によって判断することとなる。

しかし、対象となる紛争について仲裁手続を利用しうるか否かは、紛争の実体的法律関係にも関係する問題ではなかろうか。実体的法律関係の準拠法で仲裁による解決が可能とされていない場合に仲裁手続を行っても、結局は意味がないと思われるからである[25]。

注

22　仲裁可能性にはさまざまなものがある。これについては、小島・前掲九〇―一〇一参照。

23　仲裁可能性の準拠法についてはかなりの文献がある。その状況については、小島・前掲四一四―六頁、澤木敬郎・中野俊一郎「仲裁契約及び仲裁可能性の準拠法」松浦馨・青山善充(編)『現代仲裁法の論点』三七六―八頁(有斐閣、一九九八年)参照。

24 道垣内正人「国際商事仲裁」国際法学会編『日本と国際法の一〇〇年』九三–四頁(三省堂、二〇〇一年)。

25 紛争の対象となる実体的法律関係の準拠法で仲裁で解決しえない場合に(例えば、特許権の権利範囲、私的独占の成否)、仲裁地法で仲裁が可能とされていても、そこでなされた仲裁判断は、実体的法律関係の準拠法においては意味がないことになるのではなかろうか。

四　仲裁判断の規準

一　仲裁判断における価値規準

仲裁の目的は、当事者間の紛争の解決を仲裁人の判断に委ねることにある。仲裁判断は一定の事実に価値判断を加えて得られる結論であり、その価値判断のもととなる規範または価値の内容(価値規準)が仲裁判断の規準(基準)である。仲裁判断はいかなる規準によるべきかについては、従来からさまざまな考え方が主張されており、未だ定説をみるまでには至っていない[26]。

その論点は、大別すると、いかなる価値規準を仲裁判断の規準とすべきかという問題と、仲裁人はどのようにして判断の規準を選択するか、その根拠は何かという問題である。前者は実体的価値基準の問題であり、判例、慣習を含む各国の法令、国家法の体系の外にある統一法、統一規則、標準契約条件、国際的慣習、国際公法上の条約、憲章、宣言、文明国で認められている法の一般原則、善と衡平など、その内容、形式において多様ではあるが、大きくは国家法、自治的法規範、その他の法規範と、善と衡平とに分けることができよう。しかし、そのいずれかのみによるべしとする立場は少なく、法による仲裁を主張する者も必ずしも善と衡平による仲裁(友誼的仲裁)を排斥せず、また、善と衡平による仲裁を主張する者も当事者の合意にもとづく実定法の適用を否定するものではない。後者は価値基準の選択の仕方の問題であり、適用される基準はいかなる者がどのような方法で決定するか、当事者による選択（価値基準の指定）にはいかなる意味があるか、仲裁人が善と衡平によって判断をなしうるのはいかなる場合かについて見解が分かれている[27]。とくに渉外的性格を有する仲裁の場合には、適用すべき法規範の選択について抵触法的処理を有するか否か、抵触法的処理を要するとすればいかなる法則に依るべきかという問題がある。そして前者の問題と後者の問題とを結びつけて論じられていることが多い。これらのうち、商人間の渉外的取引から生ずる紛争ないし法律関係については、国境を越えた実体的法規範が存在するとし、国家法秩序の選択の方法によらないでそのような法規範を当然に適用すべしとするのが「商人法」（lex mercatoria）の適用を主張する学説[28]である。

各国の仲裁法では仲裁判断の規準に関する定めのないものが多かったが、多くの国の仲裁では法令の規定を適用することを原則とし、善と衡平による仲裁は当事者による授権のある場合に認めるとしていたといわれて[29]いる。さらに、二〇世紀後半における各国の立法、条約、仲裁規則では、仲裁人は、当事者の合意によって権限を与えられている場合に限り、善と衡平による仲裁をなしうること、法による仲裁の場合には当事者の選択した法によること、当事者がそれを定めていない場合には、仲裁人は適当と思われる法の抵触に関する規則によって、或はそのような規則を解することなく、直接に紛争の実体に最も密接な関係のある法を適用すべきであるという定めをおくようになった[30]。とくに、一九八五年の国際商取引法委員会のモデル法以後の各国の仲裁立法にはそのような規定が多い。わが国の仲裁法もモデル法にならったものである。

二　仲裁法の規定

モデル法第二八条では、仲裁人は、当事者が紛争の実体に適用すべきもの(準拠法)として選択した法の規定に従って紛争を解決しなければならないこと(第一項前段)、当事者が一定の国の法を指定したときは、明示の合意のある場合を除き、その国の実質法を指定したと解釈すべきこと(同項後段)、この指定のないときは、仲裁人が適当と認める抵触規則によって決定される法によること(第二項)、当事者の明示の授権がある場合に限って善と衡平によって判断しうること(第三項)、契約の文言に従い、商慣習を考慮すべきこと(第四項)としている。

仲裁法第三六条では、当事者による法の選択のない場合には、当該紛争に最も密接な関係のある国の法令を適用するという部分がモデル法と異なるが、仲裁人による法の選択についての規定であり、最も密接な関係がある国の法令の選択に際して仲裁人が抵触法的処理をしていると考えれば、両者に実質的な差異はないといえよう。

そこで問題は法による仲裁の場合における仲裁判断の規準の決定すなわち、仲裁法第三六条とくに第一項と第二項はいかなる規定かにある。第三六条第一項及び第二項の趣旨は、立法関係者によれば、次のとおりである[31]。まず、仲裁判断の規準は、それが実定法にあると否とにかかわらず、当事者が仲裁判断の規準として指定した法規範によるべきこと(第一項前段。特定の規準の指定)、一定の法令を指定したときは、その国の抵触法は含まれず、その国の実質法を適用すべきこと(同項後段。準拠法の指定)、当事者が具体的な法規範の指定も準拠法の指定もしていない場合には、仲裁人が最も密接な関係がある国を指定して、その国の実質法を適用することになる(第二項、仲裁人による準拠法の決定)。

仲裁法第三六条第一項と第二項には少なくとも三つの読み方がありうる。一つの読み方は第一項と第二項を分けて読むものである。それによると、第一項は当事者が実体的法規範を合意したときはそれにより、その規範にはとくに制限はない(前段)。一定の国の法を準拠法として指定したときは、反対の意思が表明されていないかぎり、事案に直接適用されるその国の法令が適用される(後段)。要するに、第一項は当事者が適用すべき法規範を具体的に指定しているときについての規定である。次に、適用すべき法規範について当事者間に合意がないときは、仲裁廷が当該紛争に最も密接な関係のある国の法令を適用することになる(第二項)。二つ目の読み方は、第一項前段は仲裁事件一般に適用され、同項後段及び第二項は渉外的性格を有する仲裁事件に適用されると解するものである。この相違は、抵触法的処理は渉外的事案に限るとするか、全ての事案に及ぶとするかにある。二つ目の読み方では国内的事案についての抵触法的処理の要否は明確ではないが、一つ目の読み方では第一項は国内的事案にも適用されることになる。三つ目の読み方は、第三六条は渉外的事案に関する規定であり[33]、国内的事案に関する規定ではないとするものである。

なお、契約の文言に従うこと及び慣習を考慮すべきことは、法による仲裁であっても、善と衡平による仲裁であっても同じであり、これは当然のことである。

三　仲裁法第三六条の問題点

一つ目及び二つ目の読み方によると、国内的事案では国内の強行法規の適用を免れることも可能になり、また、渉外的事案では当事者の意思のいかんで、必ずしも抵触法的処理を要しないことになり、抵触法的処理をする場合でもわが国の抵触法の規定を適用する必要もないことになる。三つ目の読み方は、国内的事案については何らの規準を示さず、渉外的事案については一つ目の読み方または二つ目の読み方と同じことになる。いずれにおいても、国内的事案では内国法の適用の有無が問題となる。そして渉外的事案では、当事者は法例等の規定にかかわらず、当事者が具体的な規定を合意しているときは抵触法的処理を必要としないのか、また、抵触法を含む一定の外国法全体を指定することが適当か、当事者間で準拠法の合意とは明示の合意に限るか、黙示の合意をも含むかというような問題がある。

（二）　当事者による判断基準の指定（第一項前段）

当事者が判断の規準として実定法以外の規準を指定できること38には疑問がある。また、国際公法の条約、憲章、宣言など、本来私法上の紛争の解決のための規範とはなりえないもの、未発効の条約、廃止された法令など拘束力や強制力の裏づけのないものは規範的性格を有しないというべきであろう（ただし、モデル法は当事者間の合意の内容と同様の扱いとなろう）。また、それが実定法規範であっても、なお疑問がある。例えば渉外性のない紛争において物権関係、不法行為等の法定債権関係、法人の代表権などについて当事者の指定する基準或は外国法によることが適当か、借地、借家の紛争で内国強行法規の適用を回避することとなる規準を適用することが適当かというような疑問がある。そのような規準による仲裁判断に確定判決と同一の効力を与えるとすれば、それは国家法からの離脱を容認することになるからである。仲裁においては具体的事情を考慮した解決をする場合にも、その前提として実定法秩序に反しないことが必要であり、これを欠く仲裁判断は「日本における公の秩序又は善良の風俗に反する」として承認されず、或は取消されることとなろう（第四四条第八号、第四五条第二項第九号）。それならば、当事者による無制限な指定を認めることは適当ではないことになろう。

そうすると、当事者が仲裁判断の規律を指定しうるのは、多くの国で当事者自治の認められている契約法の分野に限り、かつ、強行法規に反しない場合に限るというべきであろう。そして、契約についての当事者自治の範囲も強行法規も国によって同じではないから、それは当該法律関係を規律すべき準拠法によるということになる。したがって、仲裁判断の基準について国家法からの離脱を認めることは適当とは思われず、当事者による特定の規準の指定は準拠法における強行法規に反しない限度で認められるということではなかろうか。

一定の準拠法によるべきこととしたとしても、統一規則、標準契約条件などの国際商取引法上の自治的規範を当事者が援用しているならば、その適用は、訴訟におけると同様に、仲裁においても可能である。また、統一法の規定でも、国際商取引契約についての一般的準則を示したユニドロワ原則(UNIDROIT Principles of International Commercial Contract 1994, 2004)であっても、その規定に従うことを当事者が合意しておくならば、契約中の特段の定めとして、準拠法の許容する範囲で適用されることとなり、実際上の不都合はないであろう。第三六条第三項で、当事者双方が明示して求めているときは善と衡平によって判断することを認めていることからすると、渉外的事案であるか否かにかかわらず、国家法の適用を前提としていると解すべきである。仮に当事者による規準の指定を制限なく認めるとすれば、仲裁法第三六条第一項前段は仲裁の国家的秩序からの離脱を意味することになり、この規定は画期的な規定といわなければならない。しかし、既に述べた理由により、この規定は、抵触法においても実体法においても当事者自治が認められている範囲において、当事者が判断規準を指定した場合について定めたものと解すべきであろう。

(二)　準拠法の決定(第一項後段及び第二項)

法による仲裁にあっては、渉外性のある事案では、抵触法によって準拠法を決定しなければならない。抵触法は強行法規[34]であるからである。

第三六条第一項後段と第二項は一国の法令の全体を仲裁判断の規準として指定した場合の規定である。これは準拠法の指定である。多くの国で当事者が準拠法を指定することのできるのは契約関係であるが、この規定は何の制限も定めていないので、契約以外の法律関係、例えば、物権関係、不法行為等の法定債権関係にも適用があるように解されなくもない[35]。しかし、物権関係、法定債権関係の準拠法を当事者の指定に委ねることは妥当ではない。わが国の法例も含めて、ほとんどの国ではそれらについて当事者による準拠法の指定を認めていない。したがって、当事者が準拠法を指定しうるのは契約関係に限ると解さざるをえない。また、明示されていない限り準拠法所属国の抵触規定の運用はないとされてはいるが、抵触規定をも含めて当事者が指定することができると解される余地があるので、これによって反致、転致の生ずる可能性を残していることになる。何のためにそのようなことが必要となるかは明らかではない。

さらに、当事者による準拠法の指定のない場合には、仲裁人が最も密接な関係のある国の法令を選択することになる。しかし、仲裁人がどのようにして密接な関連の有無を決めるかは明らかではない。仲裁人が最も密接な関連のある国の法令を選択する前に、当事者の黙示の意思の探究を必要とするかという問題もあるが、これも本条の文言からは不明というほかはない。また「事案に直接適用されるべき法令」(傍点は筆者)という表現も、その意味するところは明らかではない。渉外関係に直接適用される実質法(とくに実体法)をいうようにも読めるが、そのような法令のある場合ばかりではないので、この文言は適用されるべき法令を直接指定したものとする趣旨と解すべきであろう。

(三)　わが国における仲裁判断の規準

第三六条第一項及び第二項は次のいずれかの解釈によるべき[36]である。一つの解釈は第一項の「仲裁判断において準拠すべき法」(傍点は筆者)を法選択における準拠法の趣旨と解するならば、同条は渉外性のない事案における仲裁判断の規準については何ら定めてないこととなる。したがって、渉外性のない事案については、国内法の規定によって判断すべきこととなる。これに対して、渉外性のある事案における準拠法の決定については、当事者による指定を認めること、当事者による指定のないときは、事案に最も密接な関連を有する国の法によることとなる。これは法例第七条の特則である。ただし、当事者が指定しうるのは契約関係の準拠法に限るということになる。

他の解釈は、第一項前段の「準拠すべき法」を準拠法に限定せず、広く仲裁判断の規準の意味に解するものである。これによっても、渉外性のない事案については国内法規の許容する範囲に限られることとなる。このように解しないと、仲裁判断における国家法からの離脱が生じ、ひいては仲裁制度への信頼を損なうおそれがあろう。

注

26 仲裁における実体的法律関係の判断規準に関する議論を整理したものとして、Julian D M Lew, Applicable Law in International Commercial Arbitration, 1978, Dobbs Ferry, New-York, Oceana。この後も文献は著しく増加した。重要な文献については、Loukas A Mistelis and Stefan M Kroll, Comparative International Commercial Arbitration, 2003, Kluwer Law International, The Hague, の第一七章及び第一八章の脚注参照。

27 わが国においても、かつては、仲裁判断にあたって国家法とくに実定法を適用しなければならない理由はなく、具体的事情に即し、衡平の見地から適宜判断すればよいとする説が有力であった(池田寅二郎「仲裁」岩波法律学辞典(岩波書店、一九三六年)一八八六頁、中田淳一『訴訟及び仲裁の法理』(有信堂、一九五三年)一四七―八頁。もっとも、中田教授は強行法規を全く無視することは許されず、その内容が公序良俗に反する仲裁判断は無効であるとする)。

28 「商人法」(lex mercatoria)に関する文献も実に多い。利用しやすいものとしては、Filip De Ly, International Business Law and Lex Mercatoria (North-Holland, 一九九二), Klaus Peter Berger (ed.), The Practice of Transnational Law (Kluwer, 2000)。

29 高桑・前掲一三一―二頁。

30 最近の各国の仲裁法の規定については、仲裁法制研究会『世界の仲裁法規』(商事法務、二〇〇三年)参照。

31 近藤ほか・一九九―二〇一頁。

32 モデル法はその題目及び第一条(選択範囲)からもわかるように国際商事仲裁に関するモデル法である。

33 近藤ほか・一九九頁。中村・前掲一七〇頁も、当事者は国家法以外の法規範を指定することができ、その場合には仲裁人は国家法ではなく指定され法規範を適用しなければならないとする。しかし、そこで引用したところによれば、国際商業会議所の仲裁裁判所に申立てられた五四一件の仲裁事件のうち、当事者により国家法の指定のあったものが全体の七五パーセントであり、国家法以外の規範を指定したものは二パーセントであったとのことである。

34　当事者は抵触法を指定することができない。少なくともわが国ではそうであって、法例その他抵触規則は強行法規である(溜池良夫『国際私法講義』第二版一八頁(有斐閣、一九九九年)。このことを強調するのは、道垣内正人「国際商事仲裁―国家法秩序との関係」国際法学会『日本と国際法の一〇〇年九紛争の解決』(三省堂、二〇〇一年)八六―九一頁。したがって、当事者が抵触法を選択しうるかのごとき第三六条の規定は適当ではない。
なお、いわゆる任意的抵触法とは、当事者の申立がある場合に限り準拠外国法を適用すべきであるという学説であり、当事者が任意に準拠法を選択し、或は抵触法を選択することができるという主張ではない。

35　中村・前掲一七三頁は、契約以外の法律関係についても当事者は準拠法の指定ができるとする。

36　筆者はかつて仲裁判断の規準についてその立場を述べたことがあり(高桑・前掲『国際商事仲裁法の研究』の「第八章仲裁判断の規準」一一九頁以下、その結果については一四二―三頁)、そこでの趣旨は本稿と基本的には同じであるが、法による仲裁の場合に、仲裁地の抵触法が当然には適用されることにはならないので、仲裁人が適当と認める抵触法よって準拠法を決定すべきであるとした(同書一四〇頁、一四五頁)。この点について、本文で述べたように、仲裁人は仲裁地の抵触法に従って準拠法を決定すべきであるとの立場に改める。
国際商取引委員会仲裁規則第三三条及び国際商取引委員会モデル法第二八条の解釈についても述べたことがある(同書二六〇頁以下及び三七〇頁以下)。それには、「当事者がいかなる指定もしていないときは、仲裁裁判所は、仲裁裁判所が適当と認める抵触規則によって決定される法律を適用しなければならない」(仲裁規則第三三条第一項後段、モデル法第二八条第二項)との明文の規定があるので、そのようにいわざるをえないが、仲裁人が仲裁地の抵触法によらず、自ら適当と認める抵触法によるとの立法には疑問がある。仲裁人の恣意につながるおそれがあるからである。

筆者は一九七六年のUNCITRAL仲裁規則作成の作業部会に参加したが、そこではこの点について十分に議論がなされたようには思わない。この作業に参加した者として、この点について大方の注意を喚起し、必要な検討しておくべきであったと考えている。

結び

新たな仲裁法は仲裁地が日本国内にある仲裁手続に適用されるとした。これによって、内国仲裁手続と外国仲裁手続の区別は仲裁地によることとなり、仲裁手続の準拠法は仲裁地法となった（仲裁手続の準拠法について当事者による選択は認められない）。内国仲裁判断と外国仲裁判断の区別も仲裁地が内国にあるか否かによることとなったが、仲裁判断の承認の要件については日本国内に仲裁地がある場合とそれ以外の場合とで区別しないこととし、仲裁法における仲裁判断の承認の要件をニューヨーク条約と合わせたため、これを区別する実質的な意味はなくなった。新たな仲裁法には仲裁契約の成立及び効力、その有効性、仲裁可能性について正面から定めた規定はないが、仲裁判断の内外を区別せず、仲裁法における仲裁判断の承認の要件を一律に定めたため、仲裁判断の承認の要件から、逆にこれを判断することになる。また、仲裁判断の規準については、モデル法にならった規定を設けた。

しかし、仲裁契約の準拠法と仲裁可能性の準拠法に関するニューヨーク条約第五条(一)(a)と(二)(a)の規定が十分に合理的であるかについては疑問なしとせず、仲裁判断の規準に関するモデル法の規定が批判に耐えうるかも疑問である。新たな仲裁法の規定の多くはモデル法に由来するものであるが、モデル法の規定がすべて適切とはいえないところもあり、立法の際にもう少し検討されて然るべきであったと思われる。ともかく、いずれについても、合理的な解釈をすべきである。とくに仲裁判断の規準については、当事者が規準を選択しうるのは債権契約に関する法律関係であること、強行法規の適用の回避は認むべきでないこと、準拠法の指定についてもわが国の抵触法の適用のあることを前提として解釈すべきである。

付記

本章の記述中の法例七条は法適用通則法（平成一八年法律第七八号）の七条、八条一項及び九条に、法例八条は同法の一〇条一項及び二項となっている。

第一三章　国際物品売買契約に関する国際連合条約の適用

一　序説

一　わが国の国際物品売買条約への加入

一九八〇年四月一一日にウィーンで採択された「国際物品売買条約[1]」(United Nations Convention on Contracts for the International Sale of Goods (1980). 略称はＣＩＳＧ。以下「本条約」という)はアメリカ合衆国(米国)、中華人民共和国(中国)等一一カ国の批准等により、一九八八年一月一日に発効した(発行要件は一〇カ国の批准、受諾、承認又は加入)。その後、本条約の締約国は増加し、二〇〇九年四月三〇日現在で七三ヶ国である。わが国の国会は第一六九回常会で二〇〇八年六月一八日にわが国が本条約に加入することを承認し(憲法第六一条による承認。平成二〇年条約第八号)、同年七月一日に加入書を国際連合事務総長に寄託したので[2]、二〇〇九年八月一日からわが国について効力が生ずることとなった(本条約第九一条(三)(四)、第九九条(一)(二))。

本条約の目的は異なる国に営業所を有する当事者間の物品売買契約の成立及び効力に関する規定（以下「実体法規定」という）の統一であり、これらの規定は、その内容と性質からみて、そのままで国内裁判所で適用しうるものである（いわゆる自動執行条約 self-executing treaty。ただし、自動執行性の有無は条約全体ではなく、個別の規定の内容による）。わが国ではこのような私人間の権利義務を定める条約であって、条約の規定をそのまま適用しうる条約については、あえて国内の立法措置を必要とせず、条約が自国について効力が生ずることによって当然に国内において法的効力が生ずるとの立場（一般的受容方式）をとっているので、わが国は本条約への加入に際してその内容を実施するための国内法を制定していない。

わが国が現時点で本条約に加入することによって、わが国に営業所を有する者と他の締約国に営業所を有する者、とくに貿易量の多い中国、米国に営業所を有する者との間の売買には本条約の実体法規定が適用されることになる（第一条(一)(a)）。また、わが国は本条約第九五条の宣言をしていないので、日本法が準拠法とされる場合には本条約の実体法規定が適用されることが多くなろう（同(b)）。その場合には、わが国が本条約に加入したことによって、外国裁判所による日本法調査の負担は著しく軽減されることとなろう。

二　国際物品売買条約の適用に関する問題

本条約は、その第一条(一)で「営業所が異なる国にある当事者間の物品売買契約であって、(a)これらの国がいずれも締約国である場合と、(b)国際私法の準則によれば締約国の法の適用が導かれる場合とに適用される」と定めている（第一条(一)）。ただし、一定の種類の物品（第二条(d)、(e)、(f)）と一定の類型の契約（第二条(a)、(b)、(c)、第三条(一)、(二)）には本条約は適用されない3。

しかし、第一条(一)(a)又は(b)に該当する場合であっても、当該物品売買契約の規律は本条約の実体法規定のみで足りるとは限らない。本条約は売買契約の成立並びに売買契約から生ずる売主及び買主の権利及び義務について相当に広い範囲の事項について実体法規定を定めているが(第四条前段)、契約若しくはその条項又は慣習の有効性、売買の目的物の所有権について契約が有しうる効果(同条後段(a)、(b))並びに売買の目的物によって生じた人の死亡又は身体の傷害に関する売主の責任については適用されないとしている(第五条)。このほかに、売買契約の効力に関して本条約の実体法規定の定めていない事項もあろう。

したがって、本条約の適用の対象となる物品売買契約であり、第一条(一)(a)又は(b)の場合に該当するときであっても、本条約の実体法規定が定めていない事項については、当該物品売買契約の準拠法となる、いずれかの国の法によらざるをえないことになる。本条約の適用の対象となる物品売買契約についても、本条約の規定のほかに、準拠法の適用の可能性はある。

また、各国で国内的に効力を有する本条約の実体法規定は、本条約の締約国の全てにおいて必ずしも同じではない。それは、締約国は本条約の第二部(売買契約の成立)と第三部(売買契約の効力)のいずれかに拘束されないことを宣言することができ(第九二条)、また、第二部についても、売買契約、合意による変更若しくは終了、または申込、承諾その他の意思表示を書面による方法以外の方法で行うことをみとめる第一一条、第二九条の規定(いずれも方式の自由を定める規定)に拘束されないことを宣言することができるからである(第九六条)。第二部に拘束されないことを宣言した国はデンマーク、フィンランド、ノルウエイ、スウェーデンである。方式の自由の規定について留保の宣言をした国はアルゼンチン、チリ、中国、ハンガリー、ラトビア、リトアニア、パラグアイ、ロシア、ウクライナである。このように各締約国が拘束される本条約の規定も、それにもとづいて各国で国内的に効力を有する実体法規定も必ずしも同じではない。

以下においては、本条約の作成過程について簡単に説明し、次いで本条約の第一条(一)(a)と同(b)の規定の意味、第九五条の宣言の効果について検討し、それにもとづいて結論を述べることとする。

二　国際物品売買条約第一条(一)作成の経緯

一　一九六四年ハーグ統一売買法の適用

一九六四年七月一日にハーグでの外交会議において採択された「有体動産の国際的売買に関する条約」(Convention Relating to a Uniform on the International Sale of Goods, The Hague, 1964. 正文はフランス語[5])は発効したものの、締約国の数は少なく、実際にはほとんど用いられなかったことにはいくつかの理由が考えられるが、その一つは統一売買法(Uniform Law on the International Sale of Goods. 略称はＵＬＩＳ)の適用に関する同法第一条一と第二条にあった。それは次のとおりである[6]。

Article 1

1. The present Law shall apply to contracts of sale of goods entered into by parties whose places of business are in the territories of different States, in each of the following cases:

(a) where the contract involves the sale of goods which are at the time of the conclusion of the contract in the course of carriage or will be carried from the territory of one State to the territory of another;

(b) where the acts constituting the offer and the acceptance have been effected in the territories of different States;

(c) where delivery of the goods is to be made in the territory of a State other than that within whose territory the acts constituting the offer and the acceptance have been effected.

2.-5. (omitted)

Article2

Rules of private international law shall be excluded for the purposes of the application of the present Law, subject to any provision to the contrary in the said Law.

(訳文)

第一条　一　本法は以下の各場合に、営業所が異なった国の領域に存在する当事者によって締結された有体動産売買契約につき適用される。

(ａ)一国の領域から他の国の領域へ、契約締結の時において、現に輸送中であるか、又は将来輸送されることが予定されている物品の売買を含む契約の場合

(ｂ)申込及び承諾を構成する行為が、異なった国の領域内でなされたものである場合

(ｃ)物品の引渡が、申込及び承諾を構成する行為のなされた国の領域以外の領域でなさるべき場合

二－五(省略)

第二条　国際私法の規範は、本法に反対の規定がない限り、本法の適用に関しては排除される。

このＵＬＩＳの規定に関する批判は、第一条については適用の対象となる国際売買の定義が複雑なことであり、第二条については、法廷地がその条約の締約国であるときに、国際私法によって決定される準拠法のいかんにかかわらず、この統一売買法の規定が直接適用されることにであった。加えて、この第一条と第二条によると、当事者の営業所が締約国になくとも、申込又は承諾が締約国でなされなくとも、目的物の引渡地が締約国になくとも、法廷地が締約国にあることによって、第一条に該当する売買に統一売買法が当然に適用されることになる。そのため、条約本体において、附属書に定める統一売買法の適用を制限する宣言をおくことにした。

その宣言とは、締約国は異なる締約国の領域に営業所を有する当事者間の売買にのみ統一売買法を適用する旨の宣言(条約第Ⅲ条)、締約国は国際的売買に関する国際私法の条約によって統一売買法を適用すべきこととしているときのみに統一売買法を適用する旨の宣言(条約第Ⅳ条)、締約国は当事者が統一売買法を当該契約の法として選択したときのみに統一売買法を適用する旨の宣言(条約第Ⅴ条)である。したがって、締約国がこれらの宣言を全くしていないときに、統一売買法第一条に該当する売買契約に統一売買法の実体法規定が適用されることになる。このような条約上の締約国の宣言と統一売買法の適用に関する規定によって、ハーグ統一売買法の適用はわかりにくいものとなった[7]。これはハーグ統一売買法の不評の原因の一つであった。

二　一九八〇年ウィーン統一売買法の適用

(一)国際連合国際商取引法委員会(ＵＮＣＩＴＲＡＬ)は一九七〇年から売買法作業部会において、「有体動産の国際的売買に関する条約」(ＵＬＩＳ)と「有体動産の国際的売買の成立に関する条約」(Convention Relating to a Uniform Law on the Formation of Contracts for the International Sale of Goods, The Hague, 1964・略称はＵＬＦＩＳ)を見直す作業をはじめた[8]。事務局が当初準備した統一法の適用に関する案は次の四案である[9]。

第一案　法廷地が条約の締約国にあれば、売買契約が締約国にとくに関係がなくとも、統一法を適用する。

これは、ハーグ統一売買法第一条、第二条と同様の考え方である。

第二案　統一法の中に一九五五年のハーグ売買準拠法条約と同様の法選択規則を設けることとし、それによって、売買契約が締約国に関係があるときは統一法を適用するとする。

これは、法選択規則を統一し、条約の締約国の法が準拠法となるときに、統一法を適用するという趣旨であろう。

第三案　当事者の営業所が異なる締約国にある売買契約に統一法の適用を限定する。

これはハーグ売買条約第Ⅲ条の宣言をした場合と同じ考え方である。

第四案　統一法条約では法選択規則は設けないで、統一法の適用は法廷地の法選択規則に委ねるとする。これによると統一法の適用は締約国における適宜の定めに委ねられることにある。

第一回作業部会では作業部会を構成する各国の代表からひととおり意見が述べられた後、四名から成る起草委員(ガーナ、ハンガリー、ノルウェー、英国)から次のような案文が提出され、さらに議論がなされ、第二回作業部会において再度議論することとなった[10]。

1. The Law shall apply where the places of business of the contracting parties are in the territory of States that are parties to the Convention and the law of both of these States makes the Uniform Law applicable to the Contract.
2. The Law shall also apply where the rules of private international law indicate that the applicable law is the law of a Contracting State and the Uniform Law is applicable to the contract according to this law.

(訳文)

一．契約の当事者がこの条約の締約国の領域に営業所を有し、かつ、そのいずれの締約国の法によってもこの統一法が契約に適用される場合に、本法は適用される。

二．国際私法の規則によってこの条約の締約国法が準拠法とされ、その法によればこの統一法が適用される場合に、本法は適用される。

(二)一九七〇年一二月の第二回作業部会では、条約の適用に関する案文は次のようになった[11]。この第二回作業部会でどのような議論がなされたかは作業部会報告書からは明らかでない。

1. The present law shall apply to contracts of sale of goods entered into by parties whose places of business are in different States:

(a) when the States are both Contracting States; or

(b) when the rules of private international law lead to the application of the law of a Contracting State.

2. The present Law shall apply where it has been chosen as the law of the contract by the parties.

(訳文)

一．本法は、異なる国に営業所を有する当事者間の物品売買契約であって、

(a)これらの国がいずれもこの条約の締約国である場合、又は

(b)国際私法の規則によってこの条約の締約国の法が準拠法とされる場合に適用される。

二　本法は当事者が契約の法として選択した場合に適用される。

(三)その後の作業部会の報告書でこの問題について述べているものは見当たらず、一九七五年一月の第六回作業部会では、統一法(実体法規定)を条約の附属書の形式とするか、条約の中に実体法規定を組込む形式とするかについて検討し、後者をとることとした。そして適用範囲に関する次の規定が審議された[12]。

Article 1

1. The present law shall apply to contracts of sale of goods entered into by parties whose places of business are in different States:

(a) when the States are both Contracting States; or

(b) when the rules of private international law lead to the application of the law of a Contracting State.

2. [The fact that the parties have their places of business in different States shall be disregarded…]

3. The present Law shall also apply where it has been chosen as the law of the contract by the parties.

(訳文)

一　本法は、異なる国に営業所を有する当事者間の物品売買契約であって、

(a)これらの国がいずれもこの条約の締約国である場合、又は

(b)国際私法の規則によってこの条約の締約国の法が準拠法とされる場合に適用される。

二　[当事者が異なる国に営業所を有する事実は考慮に入れない…]

三．本法は当事者が契約の法として選択した場合に適用される。

第一項(a)についてはとくに異論がなかったようであるが、同項(b)については、国によっては売主の義務と買主の義務の準拠法が異なる法であることもあること[13]、また、法廷地の国内法の適用、一方の当事者の国内法の適用及び条約の規定の適用の三つがありうるので疑問が生ずること、法廷地が非締約国にあり、そこで締約国の法が準拠法とされるときに、具体的に適用される法令は締約国の国内法か条約の規定かという疑問のあること、「動産の国際的売買における債権の期間制限条約」[14]にはこのような規定のないことを理由に削除案が提出された。しかし、この規定は一九六四年統一売買法第一条の修正についての、本作業部会における長い議論の末の妥協の結果であり、議論を蒸しかえすことは適当ではないとの理由で、この案文について実質的な議論をしないまま、結局削除しないこととなった。

(四)一九七六年一月の第七回作業部会でまとめた条約案では、前回のときの条文のうち第一条は第一項の(a)と(b)のみになり、第二項と第三項は削除された[15]。

(五)売買契約の成立に関する規定の統一について審議した一九七七年一月の第八回及び同年九月の第九回の作業部会においても、売買の効力に関する規定と同様の適用範囲とすることとされた。このときも第一条(二)(b)の削除案が提出されたが、採用されなかった[16]。

(六)本条約の適用に関する第一条(二)の規定については、一九八〇年三月から四月のウィーンにおける条約採択のための外交会議においても、再び同項(b)の削除案が提出されたが(チェコスロヴァキアの提案)、それは否決された。そこで、この規定を制限するための規定が、第九五条として加えられた[17]。第九五条は「いずれの国も、批准書、受託書、承認書又は加入書の寄託の時に、この条約第一条(一)(b)の規定に拘束されないことを宣言することができる。」という規定である。

三　国際物品売買条約第一条及び第九五条

一　国際物品売買条約第一条(一)(a)

(一)　条約の実体法規定の直接適用

本条約第一条(一)(a)では、営業所が異なる国にある当事者間の物品売買契約であって、これらの国がいずれも締約国である場合に本条約の規定が適用されるとしている。そして、同項(b)で国際私法の準則によって準拠法を決定する場合についての規定を設けているので、同項(a)の場合には、本条約の実体法規定が法廷地(ここでは法廷地とは裁判管轄権のある地だけでなく、裁判以外で法の適用の行われる地をも含めていうことにする[18])の国際私法を介することなく、直接適用されると解釈されている。

しかし、このような解釈はしばらく前までは必ずしも当然のこととはされていなかったのである。問題は実体法を統一する法(統一私法又は統一法という)と国際私法の関係をいかに理解するかにある[19]。伝統的な考え方は、各国の実質法に相違、抵触がなくならないかぎり、国際私法の存在理由があるのであり、統一法は各国において渉外関係に適用される国内法を統一するものであるから、国際私法の法則によって統一法を採択した国(締約国)の法が準拠法とされる場合に統一法が適用されるというのが、従来からの多数説であったように思われる。ところが、一九六四年のハーグ統一売買法第二条の規定はこのような考え方には従わず、統一売買法で国際私法の適用を排除する規定を設けた。したがって、これが当時批判されたのである。しかし、その後に統一法と国際私法との関係についての国際的立法作業の場で改めて十分に議論がされたとはいい難い。

紙数の都合上、結論だけを述べるならば、統一法が国際私法を介して準拠法中の渉外関係に適用される法として適用されるか、或は統一法が法廷地の国際私法を介することなく直接また適用されるかについては、関係国の間でその統一法を制定する際に取極めておくことを妨げる理由はないであろう[20]。したがって、明文で統一法を直接適用すべきものと解される場合には、そのように取扱うべきこととなろう。ハーグ統一売買法は前者の例であり、本条約はその作成の経緯、趣旨、目的などからみて、後者の例である[21]。しかし、このことは、個別の売買契約についての準拠法の存在を否定するものではない。既に述べたように、本条約の実体法規定に定めのない事項については準拠法の定めるところによることとなる。したがって、統一法の直接適用とは、締約国たる法廷地において統一法は国際私法を介さないで適用され、しかもその定める事項については準拠法の規定に優先して統一法の規定が適用されることを意味し、準拠法はそれを補完する役割となる。第一条(一)(a)の場合には、そこで適用される条約の規定は、締約国たる法廷地が採用した本条約の実体法規定であって、その締約国が留保した規定は適用されない。

(二)　条約の実体法規定の適用排除

当事者は本条約のすべての実体法規定の全部又は一部の適用を排除することができる(第六条)。これは当該物品売買契約に本条約の適用があることを前提とした規定であり、当事者が排除できるのはその実体法規定であって、本条約それ自体ではない。ただし、契約の方式に関する第一一条及び第二九条を適用しない旨の宣言をした締約国については、当事者は方式に関する規定の適用を制限し、効力の変更をすることができない(第一二条)。

当事者による条約の適用排除が可能であるならば、準拠法を指定した場合について本条約の実体法規定の適用が排除されるか、すなわち、当事者による条約適用の排除は明示のみならず黙示でもよいかという問題がある。契約条項において本条約の実体法規定と異なる内容を定め、準拠法を指定している場合についてこれを肯定する見解も多いが[22]、上に述べたような統一法と国際私法の関係からみると、明示の準拠法の指定があっても、そのことによって直ちに条約の実体法規定の全部の適用を排除すると解することは必ずしも適当でないであろう。準拠法は統一法の適用されない事項について適用されるにすぎないからである。また、当事者が標準契約条件や統一規則(例えば、インコタームズ)を援用していても、それによって本条約の実体法規定の全てを排除することにはならず、それらは当該事項について任意規定たる本条約の実体法規定に優先して適用されるに過ぎない。したがって、当事者が本条約の実体法規定の適用を排除するためには、その排除を明示しておくことが必要であろう。黙示の排除を認める立場をとると、その後に排除の有無の争いを生じたときに、いずれかの当事者がそれについての危険を負うこととなろう。

二　国際物品売買条約第一条(一)(b)とその留保宣言

(一)　第一条(一)(b)

わが国を含めて、多くの国の法則では、法廷地で統一法が直接適用されない場合には、法廷地のある国又は地域の国際私法の法則によって当該売買契約の準拠法を決定し、その準拠法国における法令適用に関する法則に従い、具体的な規定を適用することになる(なお、従来「準拠法所属国」という表現が多く用いられてきたが、この表現では準拠法とは特定の法令というものと誤解されるおそれがあるので、ここでは「準拠法国」ということにする)。

法廷地が本条約の締約国にあるが、当該物品売買契約が第一条(一)(a)に該当しない場合、すなわち、当事者の一方又は双方の営業所が締約国にない場合には、法廷地ではその国際私法によって準拠法を決定し、具体的に適用すべき法令については準拠法国での法令適用の法則による。ところが、準拠法国が本条約の締約国であるときには、第一条(一)(b)の規定があるため、法廷地では準拠法国たる当該締約国の法令適用の法則によるのではなく、準拠法国で国内的に効力を有する本条約を適用しなければならないことになる。本条約では、既に述べたように、第九二条及び第九六条によって締約国は実体法規定の一部の適用を留保しうるのであるから、ここでいう本条約の規定とは当該準拠法国で国内的に効力を有する実体法規定ということになる。しかし、わが国を含めて広く各国で行われている国際私法の法則によれば、これは準拠法国における法令適用に関する法則に反することになる。そのため、この規定の目的は、締約国法が準拠法となるときに、その国で制定した国内法の規定ではなく、できるだけ本条約の実体法規定を適用することが好ましいということにあるという説明がなされている[23]。そのようなことは国際私法の法則に反することになるが、この条約であえてそのように定めてあるため、条約の締約国としてはそれに従わざるをえない。このような規定の性格は準拠法国の法令適用の法則に介入する規定或は法廷地の国際私法の法則に介入する規定ということになるが、この規定は本条約の締約国間において、準拠法国における法令適用の法則によらず、本条約の実体法規定の適用を優先させることを合意した条項と説明するほかない[24]。これが最も無理の少ない解釈であろう。もとより、そのような規定が必要か、それは合理的かについては別に検討を要することはいうまでもない。

ところで、第一条(一)(b)にもとづく本条約の適用は国際私法の準則によって指定された国の法として本条約の適用(外国法としての適用)ではなく、第一条(一)(b)の要件が満たされる場合には本条約を適用しなければならないという締約国の義務としての本条約の適用であり（自国法としての適用）、国際私法の準則は参照されるにすぎず、その意味でこれは第一条(一)(a)による本条約の適用と同様に、国際私法を介さず法廷地国である条約（日本法）の実体法規定が直接適用されるとの見解がある[25]。この見解では、日本の国際私法によって準拠法を決定するのは、参考までにそのようにしてみるのであり、それによって締約国法が準拠法となるときは、法廷地法たる本条約の実体法規定が直接適用されると説明している。

しかし、この説明にはいくつかの疑問がある。まず、それは、既に述べたように、国際私法の法則に反するからである。すなわち、統一法が直接適用されない場合には、法廷地の国際私法によって準拠法を決定しなければならない。自国の強行法規たる抵触法規によって準拠法を決定し、他国の法が準拠法となるときに、あえて自国法を適用するのは、多くの国の国際私法においては、反致、公序による外国法適用の結果の排除、法廷地強行法規の特別連結などの場合であって、ウィーン売買条約第一条(一)(b)の文言はそのいずれにも該当しない。また、統一法の適用の有無を決定するために、法廷地の国際私法を参考までに適用するという考え方も、しかも条約の締約国たる法廷地の国内法となった統一法の規定を適用するという考え方もこれまでは全く存在しなかった。仮にこの条項がそのような考え方をとるというのであれば、それは統一法と国際私法の関係についての重要なことであるから、条約の文言又は立法作業記録[26](travaux préparatoires)からそのことが示されていなければならない。しかし、そのことは作業部会、条約採択会議での記録、発言には見出し難い。したがって、このような解釈には疑問なきを得ない。

さらに、この解釈をとると、法廷地が締約国であり、その国の抵触法規によっていずれかの締約国の法が準拠法となるときは、法廷地において国内的効力を有する本条約の実体法規定が適用されることになるので、結局、法廷地が締約国であるか否かが大きな意味をもつことになる。このことは第一条(一)(a)で両当事者の営業所が締約国にあることを限定したこととの整合性がないことになろう。すなわち、第一条(一)(a)は売買契約の当事者双方に共通する法を適用する趣旨であるからである。これに対して、前述の解釈をとると、第一条(一)(b)では、法廷地が締約国であるかぎり、当事者の一方又は双方が締約国に営業所を有しない場合であっても、法廷地の国際私法の適用によって準拠法が締約国法となる場合には[27]、その締約国で国内法として効力を有する本条約の実体法規定ではなく、法廷地国において国内法として効力を有する本条約の実体法規定が適用されることになるからである。これはハーグ統一売買法で、締約国に裁判管轄権があれば、当事者と統一売買法の関係いかんにかかわらず、統一売買法を適用することと同様の結果になる。それだからこそ、ウィーン統一売買法条約では、条約の実体法規定の適用は締約国に営業所を有する当事者間の売買に限定することを第一の原則とした。これが第一条(一)(a)である。ところが、この条約が採択されて日の浅い間は第一条(一)(a)に該当する場合が少ないことから、条約の規定の適用される場合を拡げるためであろう、法廷地抵触法によって準拠法が締約国法とされる場合にも条約の規定を適用するといういささか強引な規定を設けたのである。これが第一条(一)(b)の規定である。あえて「強引」というのは、準拠法国における具体的な法令の適用はその国の国内法令の適用の法則に従うことが一般に承認された考え方であるにもかかわらず、あえてそれによることなく、本条約が適用されるとしたからである。

しかも、この解釈をとるときは、法廷地で具体的事案について黙示的に締約国法を準拠法として指定したと解釈されるか否かによって本条約の適用が左右されることになる。このことは法廷地の国際私法によって準拠法を決定してみるまでは本条約の適用の有無が分明でないということになり、それは、各国の国際私法の規定が同じではないことによって、結局、この条約の適用の有無は客観的には定まっていないということになろう。これは当事者にとって予測可能性と法的安定性を欠くことになる。

ところで、第一条(一)(b)の規定の解釈において、第一条(一)(a)と同項(b)のいずれにも該当する場合があるとの見解もある[28]。これは(a)と(b)いずれかの要件に該当すれば本条約の実体法規定が適用されるとする解釈である。この解釈は(a)の場合と(b)の場合とに適用の先後優劣をつけない解釈である。実際には、(a)にも(b)にも該当することはあろう。しかし、既に述べたハーグ統一売買法とその後の本条約の立法作業記録からみて、そのような解釈をとることは適当ではない。第一条(一)(a)の要件に該当しない場合には国際私法によって準拠法を定めるのであり、その場合の特則が第一条(一)(b)と解釈すべきである。そして、第一条(一)(a)の場合に該当すれば、国際私法を介しないで本条約の実体法規定が適用されるのであるから、そのような場合に第一条(一)(b)の適用の余地はない。

第一条(一)(b)には条約作成の段階から異論があった。準拠法国は自国における法令適用の法則に介入されることになるからである。とくに、法廷地が締約国にあり、第一条(一)(a)に該当しないので、法廷地の国際私法によって準拠法を決定したところ、自国が準拠法となった場合に、自国における法令適用の法則にかかわらず、本条約の実体法規定を当然に適用しなければならない結果となるからである。そのため、第一条(一)(b)を削除する提案がなされた。しかし、理由は明らかでないが、それは実現しなかった。

(二)　第九五条の宣言の効果

本条約第一条(一)(b)の規定から生ずるこのような結果を避けるための規定が第九五条である。第九五条は、第一条(一)(b)の削除提案が賛成を得られなくなったので、締約国法が準拠法とされるときに、本条約の実体法規定ではなく、その国において適用される法令の規定(例えば、米国では統一商事法典(Uniform Commercial Code)にもとづく各州の制定法)の適用を可能とするために加えられたものである。すなわち本条約の実体法規定を適用しないこととする規定を設けることであった。

国際私法による処理ということからすれば、第一条(二)(b)が例外であり、第九五条はそれによって生じた結果を原則に戻す規定である。したがって、第九五条の宣言をした国(米国、チェコ、スロヴァキア、シンガポール、中国、セント・ヴィンセント、グレナダ諸島)の法が準拠法となるときは、本条約の実体法規定が当然に適用されるのではなく、準拠法国の法令適用の法則に従うこととなる[29]。

もっとも、準拠法国が第九五条の宣言をしていたとしても、法廷地が第九五条の宣言をしていない締約国にある場合には、法廷地では本条約の締約国として、第一条(二)(b)によって、準拠法国による第九五条の宣言の有無にかかわらず、本条約の実体法規定を適用しなければならないという解釈がある[30]。しかし、立法作業記録から明らかなように、第九五条の宣言はそれを避けるために提案されたのである。したがって、第九五条の宣言をした国が準拠法国である場合には、法廷地が第九五条の宣言をしていると否とにかかわらず、本条約の実体法規定は適用されないというべきである[31]。

法廷地が第九五条の宣言をした締約国にある場合には、第九五条の宣言の効果は準拠法が自国法になる場合に限られない。法廷地がこの宣言をした国にある場合には、準拠法が自国法であるときに条約の実体法規定の適用の義務がないだけでなく、条約第一条(二)(b)そのものに拘束されないことを意味する。したがって、その場合には、非締約国が法廷地である場合と同様に、第九五条の宣言をした国では第一条(二)(a)以外の場合は、自国の国際私法によって準拠法を決定し、準拠法国の法令適用の法則に従って、具体的な実体法規定を適用することになる。それは準拠法国が第九五条の宣言をしていると否とにかかわらない[32]。もっとも、この場合でも、準拠法国が他の締約国のときであって、その国が第九五条の宣言をしていないならば、その国では本条約第一条(二)(b)に従うことになると解して、準拠法国で国内的効力を有する本条約の実体法規定が適用されるとの解釈もありえよう[33]。それはまさに、準拠法国での国内法令の適用についての法則による。わが国は本条約への加入に際して、国内における本条約の実体法規定の適用について明示する規定をおかなかったため、準拠法が日本法とされた場合に、本条約の実体法規定がいかなるときに適用されるかについては必ずしも明らかではない。法廷地が第九五条の宣言をしていない国にある場合には、日本がこの宣言をしていないので、第一条(一)(b)によって、日本の民、商法等の規定ではなく、日本について効力を有する本条約の規定が適用されることになり、この問題は生じない。この問題が生ずるのは法廷地が第九五条の宣言をした国又は非締約国にある場合である。わが国での統一法の適用については、両当事者の営業所が異なる締約国にあるときとする解釈と、単に異なる国にあるときとする解釈とがありうる[34]。本条約の趣旨、目的及びわが国が第九五条の宣言をしていないことからみると後者が適当であろう[35]。

四　結論：国際物品売買条約の適用

本条約の第一条(一)(b)は十分に練られた規定とはいい難い。しかし、実定法であるから、できるだけ合理的な解釈をしておく必要はあり、それは前節で述べたとおりである。これによれば、本条約の実体法規定の適用は次のようになる。

一　法廷地が本条約の締約国である場合

(一)　第一条(一)(a)の場合　売買契約の当事者の営業所が異なる国にあり、それぞれの国が本条約の締約国である場合には、法廷地では国際私法を介することなく、法廷地国が採用している本条約の実体法規定を直接適用しなければならない。もっとも、当事者の営業所のある締約国において、同一の又は密接に関連する法規を有していることを理由に、本条約をそれらの国に営業所を有する当事者間の売買契約には適用しない旨の宣言を共同で又は一方的な宣言で行っている場合には（第九四条（一））、本条約の実体法規定には適用されない（北欧五ヶ国ではこの宣言をしている）。

なお、第一条（一）は異なる国に営業所を有する当事者間の売買に適用されるとしており、一国内の法域を連結点とはしていないので、多数法国内の異なる法域に営業所を有する当事者間の売買契約には適用されない。

（二）　第一条（一）（b）の場合　本条約第一条（一）（a）の要件に該当せず、法廷地の国際私法の準則によって本条約の締約国の法が準拠法とされる場合には、第九五条の宣言との関係で次のようになる。

（i）　法廷地国と準拠法国のいずれも第九五条の宣言をしていないならば、本条第一条（一）（b）の定めがあるので、法廷地たる締約国ではそれに従わなければならない。すなわち、法廷地国では、準拠法国で国内的に効力を有する本条約の実体法規定を適用することになる。

（ii）　準拠法国がこの宣言をしているときは、法廷地国がこの宣言をしていないときであっても、準拠法国における法令適用の法則によるべきであって、準拠法国で国内的効力を有する本条約の実体法規定を直ちに適用することはできない。

（iii）　法廷地国がこの宣言をしているときは、法廷地の国際私法によって準拠法を決定し、準拠法国の国内法令の適用の法則に従って処理することとなる。この場合には、法廷地が非締約国にある場合と同様に、準拠法国における国内法令の適用の法則に従うことにはなるが、準拠法国の国内法令の適用の法則の定め方によっては、、準拠法国において国内的に効力を有する本条約の実体法規定が適用されることはありえよう。

(三)　わが国に法廷地がある場合とわが国が準拠法国となる場合とについて整理して述べると、次のようになる。

(ⅰ)　わが国が法廷地のときに、第一条(一)(a)に該当する場合は、上記(一)に述べたように、本条約の実体法規定が適用される。第一条(一)(b)に該当する場合には、わが国は第九五条の宣言をしていないので、前記(二)(ⅰ)及び(ⅱ)に述べたような処理をすることになる。

(ⅱ)　他の締約国が法廷地であって、その国際私法によって日本法が準拠法とされる場合には、わが国は第九五条の宣言をしていないので、日本において国内的に効力を有する本条約の実体法規定が適用されることがありえよう。

二　法廷地が非締約国にある場合

法廷地が非締約国にある場合には、非締約国は本条約に拘束されないから、本条約の締約国に法廷地がある場合の問題は生じない。しかし、法廷地が非締約国にあっても、本条約の締約国の法が準拠法とされることがないわけではなく、この場合には準拠法国における国内法令の適用の法則に従うこととなる。その場合に準拠法国が第九五条の宣言をしているならば、本条約の実体法規定の適用はないと解されるが、その宣言をしていないときにはその準拠法国で国内的に効力を有する本条約の実体法規定が適用されると解されることはありえよう。

三　日本法が準拠法となる場合の適用法令

準拠法が日本法とされた場合には、本条約の趣旨、目的からみて、異なる国に営業所を有する当事者間の物品売買契約には、民法、商法等の規定に対する特別法としての本条約の実体法規定が適用されると解すべきであろう。

四　当事者による本条約の実体法規定の適用の排除

当事者が条約の適用に関する問題を避けるためには、法廷地を非締約国又は第九五条の宣言をした国とするか、準拠法として非締約国法を選択するか、又は、準拠法のいかんにかかわらず、本条約の実体法規定の適用を予め明示的に排除しておくなどの方法によることとなろう。

注

国際物品売買に関する国際連合条約（一九八〇年）（ＣＩＳＧ）については内外ともに夥しい数の文献がある。本条約の適用に関して触れている文献に限ってみても、相当の量に上る。それらの文献にあらわれた言説をここで逐一紹介し或は引用する余裕はない。したがって、ここでは本文の論述に必要なもので、日本国内において参照しやすい極く少数のものにとどめた。このことは一九六四年のハーグ統一売買法（ＵＬＩＳ）についても同様である。多くの著者及び読者の御諒解をお願いする。

なお、数年前までの文献については次の書籍の巻末にある文献目録を参照されたい。

C. Bianca & M. Bonell (ed.), Commentary on the International Sales Law; The Vienna Sales Convention, Giuffré, Milan, 1987. (Bianca-Bonell として引用)

M. Torsello, Common Feature of Uniform Commercial Law Conventions: A Comparative Study beyond 1980 Uniform Sales Law, Sellier, München, 2004

P. Schlechtriem & I. Schwenzer, Kommentar zum Einheitlichen UN-Kaufrecht-CISG, 4te Aufl. C. H. Beck, München, 2004

P. Schlechtriem & I. Schwenzer, Commentary on the UN Convention on International Sale of Goods (CISG), 2nd (English) ed., Oxford University Press, Oxford, 2005. (Schlechtriem - Schwenzer として引用)

J. Fawcett, J. Harris & M. Bridge, International Sale of Goods in the Conflict of Laws, Oxford University Press, Oxford, 2005. (Fawcett-Harris-Bridge として引用)

P. Huber & A. Mullis, The CISG: a new text book for students and practitioners, Sellier, München, 2007 (Huber-Mullis として引用)

なお、注で引用する文献の末尾の括弧中の名称はその部分の執筆者の名称である。

1　本条約の全体については前注で揚げた文献参照。日本語の文献としては、道田信一郎「発効した国際動産売買国連条約（一）―（八）」ＮＢＬ三九二号-三九九号（一九八八年）、斎藤彰「国連国際動産売買統一法条約の意義と限界」国際商事法務二〇巻八号九一九頁以下及び九号一〇八七頁以下（一九九二年）、曾野和明＝山手正史『国際売買法』（現代法律学全集六〇）、（青林書院、一九九三年）、ペーター・シュレヒトリーム著（内田貴＝曾野裕夫訳）『国際統一売買法（成立過程からみたウィーン売買条約）』（一九九七年）参照。甲斐道太郎ほか（編）『注釈国際統一売買法（Ⅰ）（Ⅱ）』（法律文化社、（Ⅰ）二〇〇〇年、（Ⅱ）二〇〇三年）参照。

2　条約の正文はアラビア語、中国語、英語、フランス語、ロシア語及びスペイン語であるが、本稿では主として英語と日本語の訳文とで引用する。本条約のわが国における公布は平成二〇年七月七日である（平成二〇年七月七日付官報号外第一四七号四八頁）。日本の本条約への加入とそれに伴う立法措置については曾野裕夫＝中村光一＝船橋伸行「ウィーン売買条約（ＣＩＳＧ）の解説（一）―（五・完）」、ＮＢＬ八八七号、八八八号、八九〇号、八九五号（二〇〇八年）、とくに八八七号二二-二五頁参照。

3　本条約は貿易取引を主たる運用の対象として立法されたものであり、目的物の性質及び売買契約の性質上貿易取引と異なるものを適用除外としている。なお、第二条（ｆ）の日本語訳は「電気の売買」となっているが、「電力の売買」とすべきであろう。

4　すべての物品売買契約に適用されるのではなく、本条約の適用の対象とならない物品（第二条）（ｄ）、（ｅ）、（ｆ）。なお、「物品」（goods, merchandises）とあるので不動産は解釈上当然除かれる）、本条約の適用の対象とならない売買契約（第二条（ａ）、（ｂ）、（ｃ）、第三条（一）、（二））がある。

5　一九六四年条約についても非常に多くの文献がある。英語による簡単なものとしては、Graveson-Cohn-Graveson, The Uniform Law on International Sales Act, Butterworth, London, 1968。日本語で解説したものとしてアンドレ・タンク（星野英一訳）「有体動産の国際売買に関する一九六四年七月一日のヘーグ条約」海外商事法務四一号二頁-一二頁（一九六五年）、星野英一「売買法の国際的統一」判例評論八〇号（一九六五年）七二頁-八一頁、谷川久「有体動産の国際的売買契約の成立についての統一に関する条約」海外商事法務三六号二頁（一九六五年）、同「有体動産国際売買統一法」海外商事法務五九号二頁（一九六七年）参照。条文の日本語訳としては谷川教授の前記論文のほか、北川善太郎教授による翻訳が比較法研究三〇号八三-一〇九頁（一九六九年）にある。

6　訳文は谷川久「改訂（仮訳）有体動産の国際的売買についての統一法」（「有体動産国際売買統一法」国際商事法務二巻九号三頁-一三頁（一九七四年））による。

7　澤木敬郎「ヘーグ売買統一法条約に於ける国際私法の排除および一九五五年ヘーグ売買国際私法条約」比較法研究三〇号一一一頁以下（一九六九年）。一九五五年の売買準拠法条約の内容は次のとおりである。当事者が準拠法を指定しているならばそれにより（第二条）、準拠法の指定がない場合には売主が注文を受けた時の売主の常居所地法による。売主が買主の常居所地・営業所所在地で注文を受けた場合は、買主の常居所・営業所所在地法による（第三条）。準拠法の指定は明示又は文言から確実に導き出せるものでなければならない。

8　道田・前掲（注**1**）ＮＢＬ三九二号-三九九号、とくに三九二号五九頁。曾野（和）＝山手・前掲（注**1**）一三-二〇頁。John Honnold,

Uniform Law for International Sales under the 1980 United Nations Convention, Kluwer Law and Taxation Publishers, Deventer, 1982, pp. 37-43.

9 A/CN. 9/WG. 2/WP. 1.

10 国際商取引法研究会の第一回売買作業部会報告書(Report of the Working Group on the International Sale of Goods, first session, 5-15 January, 1970 (A/CN. 9/35) paras. 10-29. なお、売買作業部会報告書については、以下の注では簡単な記述とする。

11 第二回売買作業部会報告書(A/CN. 9/52) paras. 11-13, Annex I (Decision of the Working Group) Article 1.

12 第六回売買作業部会報告書(A/CN. 9/100) paras. 16-19.

13 第六回作業部会報告書(A/CN. 9/100) para 17. ただし、この記述の意味については理解が困難である。

14 一九七四年の「動産の国際的売買における債権の制限期間に関する国際連合条約」については、高桑昭「動産の国際的売買における債権の『期間制限』条約について」ジュリスト五七六号一〇九頁以下(一九七四年)、曾野和明「『国際的動産売買における時効に関する条約』(一九七四年)注釈—付一九八〇年同条約修正議定書—」国際外交雑誌八七巻三五—九一頁(一九八八年)。

15 第七回売買作業部会報告書(A/CN. 9/16, Annex I)

16 第八回売買作業部会報告書(A/CN. 9/128) para. 14。第九回売買作業部会報告書(A/CN. 9/142) paras. 95-102

17 United Nations Conference on Contracts for the International Sale of Goods, Vienna, 10 March-11 April, 1980, Official Records (A/CONF. 97/19), pp.170, 259-230. 曾野(和)=山手・前掲注**1**一六—一八、三五—三九頁。道田・前掲注**1**NBL三九二号—三九九号とくに三九五号六二頁。

18 ここでいう法廷地には、裁判が行われる地だけではなく、仲裁地など、法の適用が行われる地を含むものとする。仲裁においていかなる規範を適用すべきかは大きな問題であり、それについては立場は分かれているが、筆者はとくに仲裁地法で適用すべき法について明示していないかぎり、仲裁地における抵触法規によって決定される法規範が適用されるという立場をとる(高桑昭『国際商事仲裁法の研究』(信山社、二〇〇〇年)一四〇頁)。なお、Huber-Mullis, p.66 参照。

19 統一私法と国際私法の関係については澤木敬郎「国際私法と統一法」(松井芳郎ほか編『国際取引と法』(名古屋大学出版会、一九八八年))一二七頁以下。奥田安弘『国際取引法の理論』(有斐閣、一九九二年)二五—五一頁、高桑昭『国際取引における私法の統一と国際私法』(有斐閣、二〇〇五年)二頁—一九頁、山田鐐一『国際私法[第三版]』(有斐閣、二〇〇四年)六頁—一一頁、溜池良夫『国際私法講義[第三版]』(有斐閣、二〇〇五年)二八頁—三一頁参照。

20 高桑・前掲注**19**五、六、一〇、七五頁。しかし、論者によってその説明の仕方は異なる。姝場準一「渉外実質法・直接適用法」(澤木敬郎=姝場準一編『国際私法の争点(新版)』有斐閣、一九九六年)一九頁以下(とくに二〇頁)、奥田・前掲注**19**三〇—三二頁、四二—四三頁、高杉直「国際物品売買契約に関する適用法規決定と法例七条—ウィーン条約およびハーグ条約の相互関係—渉外実質法と国際私法との関係—」香川法学一三巻四号一三九頁以下(一九九四年)とくに一七九頁以下、斎藤・前掲注**1**九二〇頁、九二一頁、一〇八七頁。

21 第一条(一)(a)の場合について、ほとんどの解説は本条約の規定の直接適用(autonomous application)を当然のこととしている。例えば、前注で掲げたSchlechtriem-Schwenzer, Article 1, paras. 8, 9, (Schlechtriem), Fawcett-Harris-Bridge, para. 16. 23 (Bridge)。なお、Honnold, 前掲注**8** para. 45はこれを抵触法規の統一の効果を生ずる規定と説明している。

22 Schlechtriem-Schwenzer, Article 6, para. 6 (Schlechtriem)。曾野(和)＝山手・前掲注**1**六一-六二頁は、立法過程からみて契約の解釈によって本条約の適用排除の有無が決定されるとする。これに対してFawcett-Harris-Bridge, paras. 13. 77-13. 82 (Harris)は黙示の排除を疑問とし、多くの商品取引の書式のように排除の意思を明示しておくことがよいという。杉浦保友「ウィーン売買条約：実務的インパクトの検討」ジュリスト一三七五号三二頁(二〇〇九年)は、非締約国法を準拠法に指定した場合はどの国の裁判所でも本条約排除の黙示の意図と認定される可能性が高いとする(四〇頁)。なお、ハーグ統一売買法第三条では、当事者は本条約の全部又は一部の適用を黙示的に排除しうるとしている。

23 本条約第一条(一)(b)が起草された経緯について、国際商取引法委員会の作業部会の報告書からは明らかでない。同委員会での筆者の見聞によれば、第一条(一)(a)の規定のみでは本条約が広く適用されるためには時間がかかること、国際私法による処理をして準拠法が本条約の締約国の法となるのであれば、その国の在来の国内法よりも本条約のほうが適当な内容ではないかということであった。シュレヒトリーム教授は国際連合で作られ国際取引に合うように調整された現代的な本条約の方が、一方の当事者にとって全く馴染みのない他方の当事者の営業所のある国の国内法を適用するよりも確実に容易であることを強調している(シュレヒトリーム・前掲注**1**一二頁)。おそらく、これが立案の実質的な動機或は理由であろう。第一条(一)(b)の適用については、Schlechtriem-Schwenzer, Article 1, paras. 34-61 (Schlechtriem), Fawcett-Harris-Bridge, paras. 16. 28-14.31 (Bridge), Huber-Mullis, pp. 52-58. 参照。

24 このような解釈をとると、法廷地が本条約の締約国である場合に、国際私法によって定まる準拠法が適用されるのは、結局、準拠法が非締約国の法となる場合のみということになる。もっとも、非締約国との間ではこの条約は働かず、また、法廷地が締約国であっても第一条(一)(b)に拘束されず、自国法が準拠法となるときには、本条約の実体法規定を適用する必要はないとする見解もある(Bianca-Bonell, Article 95, para. 2. 5 (Evans))。

25 曾野(裕)＝中村＝船橋・前掲注**2**ＮＢＬ八八七号二六-二七頁。

26 "Travaux Préparatoires" の語は従来から「準備作業」と訳されているが、その実態は国際的立法過程で残された記録(従来は紙媒体)である。したがって、「準備作業」では訳語としての用をなさないので、差当り、「立法作業記録」ということにする。

27 準拠法の決定においては、準拠法についての明示の指定がある場合だけでなく、黙示の指定があると解釈される場合も、客観的連結による場合もありうる。したがって、当事者にとって予め明確であるとはいい難いこともある。

28 曾野(裕)＝中村＝船橋・前掲注**2**ＮＢＬ八八七号二七頁、Fawcett-Harris-Bridge, paras. 16. 20 (Bridge).

29 本条約全体の文言からみても、第一条(一)(b)によって法廷地法たる本条約の実体法規定が直接に適用されるという解釈の生ずる余地はない。仮に第一条(一)(b)の場合に、締約国たる法廷地において国内的効力を有する本条約の実体法規定が直接適用されるとの解釈をとると、第九五条による宣言の大半はその意味を失うこととなろう。すなわち、法廷地がこの宣言をした国にあって、自国法が準拠法となる場合には、本条約の実体法規定ではなく、自国の国内法が適用されるので、この宣言をした意味はある。しかし、法廷地がこの宣言をしていない締約国の場合には、この宣言をした国の法が準拠法とされたかどうかにかかわらず、法廷地では、準拠法国の法令ではなく、法廷地で国内的効力を有する本条約の実体法規定を当然に適用することになるからである。これは条約採択の際に第九五条を加えた趣旨に反することになる。要するに、第一条(一)(b)の場合に本条約の実体法規定を当然に適用するという見解は第九五条とも整合的ではないのである。

30 Heinrich Honsell, Kommentar zum UN-Kaufrecht Übereinkommen der Vereinten Nationen über Verträge über den Internationalen Warenkauf (CISG), Springer, Berlin, 1997, Article 1, para. 17 (Siehr), 曾野(裕)＝中村＝船橋・前掲注**2**ＮＢＬ八八七号二七頁。

31 Bianca-Bonell, Article 95, paras. 3. 1-3.5. (Evans)。Schlechtriem-Schwenzer, Article 1, para. 43 (Schlechtriem)もこれと同趣旨か。本文のような解釈として、曾野(和)＝山手・前掲注**1**三四頁以下、高桑・前掲注**19**一三三頁以下、森下哲朗「ウィーン売買条約：ＣＩＳＧの各国における利用の状況」ジュリスト一三七五号一五頁がある。なお、ドイツ連邦共和国が「第九五条の留保をした国は締約国とはみなさない」旨の解釈宣言をした意味は、第九五条の留保をした国は第一条(一)(b)における締約国ではないと解釈するという意味であるが、それはドイツは第九五条の宣言はしていないけれども、法廷地がドイツにある場合に、準拠法国が第九五条の宣言をしているときは、本条約の実体法規定が当然に適用するとは限らないという趣旨である。したがって、ドイツの裁判所では準拠法国が第九五条の宣言をしているときは、準拠法国における国内法適用の法則に従うこととなる。

32 高桑・前掲注**19**の文献の六三頁の本文及び七三頁の補注二の記述を本文のように改める。

33 これは準拠法国における国内法令の適用の法則に従うことである。その準拠法国が第九五条の宣言をしなかったことの意味をどのように解するかによって議論は分かれる。Honnold、前掲注**8** para. 47. 5は、この宣言をしなかった国の決定を尊重して本条約の規定を適用すべきであるとする。杉浦・前掲注**22**四〇頁は、本条約排除の黙示の意図があるとして本条約排除の可能性も否定できないとする。なお、斎藤彰「国連国際動産売買統一法条約の意義と限界」国際商事法務二〇巻九号一〇八七－一〇八九号(一九九二年)は、条約優先について疑問とし、わが国は第九五条の宣言をすべきであるとする。

34 統一法を採用した場合に、その適用については、わが国では次のような例がある。わが国は一九二四年船荷証券統一条約を批准した際に、国内法として国際海上物品運送法(昭和三二年法律第一七二号)を制定し、同法の規定は船舶による物品運送で「船積港又は陸揚港が本邦外にあるものに適用する」(平成四年改正前の同法第一条)となっていた。これは条約の適用に関する規定(一九二四年条約第一〇条)に合わせたものではない。これは日本法が適用される場合における同法と商法海商編との仕分けのための規定である。一九二四年条約第一〇条では「この条約の規定は、締約国で作成されるすべての船荷証券に適用する」と定めていた。これを修正した一九六八年議定書では、「この条約の規定は、船舶、運送人、荷送人、荷受人その他の利害関係人の国籍のいかんを問わず、(a)船荷証券が締約国で発効されたとき、又は(b)の締約国の港からの運送であるとき、又は(c)船荷証券中のもしくは船荷証券によって証明される契約において、この条約又はこの条約に効力を与えるための国内法が契約に適用されるべきことを定めているときは、異なる二国にある港の間の物品運送に関するすべての船荷証券に適用する」と改める規定を設けた。両者の意味は大きく異なる(高桑昭・前掲注**19**の文献二〇頁以下、とくに四二‐四六頁)。一九六八年議定書の規定では締約国における国内の海上運送には適用されないからである。しかし、この議定書の加入に際しても、わが国は国際海上物品運送法の適用に関する規定は改正しなかった。

35　日本法が準拠法とされる場合に本条約の規定と民商法等の規定のいずれかを定める立法措置はなされていないので、このような場合には解釈によるほかはない。本条約の規定が国内的に効力を有するのであれば、論理的には条約で定めた適用範囲に該当する場合となるので、第一条(一)(a)に限られることになる。しかし、同項(b)があり、かつ、日本が第九五条の宣言をしていないことからすれば、国内法となった本条約の規定ということになろう(因みに、国内法化された本条約の内容は、前述のごとく、各国で必ずしも同じとは限らない)。これからみても、第一条(一)(b)は奇妙な規定なのである。本条約第一条(一)(a)(b)と同様の規定は、一九九一年の「国際取引における運送ターミナルオペレーターの責任に関する国際連合条約」、一九九五年の「独立保証状及びスタンドバイ信用状に関する条約」にもあり、今後の統一法条約でも踏襲される可能性がある。

第一四章　ハーグ国際私法会議条約と国際私法の統一

一　ハーグ国際私法会議

国際私法あるいは私法の抵触に関する規則（抵触規則）は、その名称にもかかわらず、歴史的に各国、各地域の法すなわち国内法として発達してきたものであり、現在でもそのような形で存在する。しかし、各国の国内法の規定の内容は同じではない。国際私法の規定が国または地域によって異なるのであれば、問題の生じた場所により、あるいは訴訟の係属した国により、異る結果を生ずることになる。これでは国際私法の目的とする、渉外的生活関係の安定ははかり難い。したがって、各国の国際私法の内容は同じであることが望ましい。この点について折茂豊教授は次のように述べておられる。国際私法は「人間が国家や民族の枠を越えて営む社会生活の中に、ひとつの秩序を維持してゆくことを目的としている。だから、その立法は、本来ならば、国家や民族を超越した一層高次の社会そのものの法として、あたうれば、そうした高次の社会—世界社会ないし人類社会—に固有の立法機関によって制定せらるべき性質そのものであろう。ただ、現在の段階においては、人間の形づくる世界社会ないし人類社会は、まだそこまで組織立てられるにはいたっていないので、当面の立法は、それぞれの国家の国内的立法機関の手に委ねられているというのが実状なのである。このように、本来ならば国家を超えた社会そのものの法たるべきものが、実際には国家法としての形で行われているという、まさしくそこに、国際私法上のさまざまな難しい議論の生ずる種子が胚胎しているものといってよい」「反致論にせよ、法律関係性質決定論にせよ、公序法論にせよ、いずれも然りである。かようないわば混乱の状態から抜け出すためにさしあたって望まれるのは、諸国家が、その間に締結する条約によって、同一内容の国際私法規定の採用を約することである。すなわち、国際私法統一のための条約を成立せしめることである[1]」。これに対して、各国における法概念の相違、各国における公の秩序の抵触、各国の政治的、経済的利害の不一致などを理由に国際私法の統一の可能性に否定的な見解もあった。しかし、現在ではこのような見解の論拠は正当ではなく、国際私法の統一は可能であり、またその本質上統一されなければならないとするのが多くの学者の見解である[2]。この目的を達成するためには、現在の主権国家を基礎とする国際社会では、それぞれの国家に同一の規則を採用させる方法、すなわち、そのような規則の採用について法的に拘束力ある方法をとることが重要なこととなってくる[3]。

欧州における国際私法の統一のための会合は一八九三年九月にハーグで行われた。これがハーグ国際私法会議[4]の第一回会合である。これは一九世紀後半における国際私法の統一運動の成果である[5]。当初は西欧を主とする欧州諸国によって構成されていたが、一九〇四年に日本が加盟し[6]、第二次大戦後、一九五一年一〇月にハーグ国際私法会議規程が作成され（一九五五年七月発効）、常設事務局を有する国際機構となり[7]、その後に米国、そのほか欧州以外の国も参加し、一九九三年九月現在で、加盟国は四〇ヶ国である。第二次大戦前には第一回から第六回までの会議（五回目からは会期(Session)という）で、七個の条約といくつかの条約案を作り[8]、第二次大戦後は一九五一年の第七会期から一九九三年の第一七会期までの会期で、三一の条約が作られている9。

本稿では、この機会に、ハーグ国際私法会議の歴史においで国際私法の統一がどのようにして行われてきたかについて述べることをしたい10。その作業は、本来ならば、各条約の対象となった事項、それがとり上げられた理由、条約の規定の内容、国際私法からみた規定の特色とその意義などのように、各条約それぞれの観点からなさるべきことはいうまでもない。しかし、そのような実質に関する作業は尨大な時間と労力を要するので、それは別にそれに適した専門家による成果にまつほかはない。ここでは、国際私法の条約という、いわば形式的、一般的な観点から二、三のことについて記すこととしたい。

注

1　折茂豊・国際私法講話八三頁(有斐閣、一九七八年)。

2　折茂豊・国際私法の統一性二二九―三三八頁〈有斐閣、一九五五年〉参照。

3　牴触規則と実質法とでは、法の統一の方法がやや異るように思われる。民商法などの実体法の分野では条約により国家法を統一することのほかに、実質的に統一の実をあげるいくつかの方法があり(商慣習、援用可能統一規則、一般契約条件、標準契約書式の制定等)、それが実現しているものもある。しかし、牴触規則は、その性質上、当事者によって形成されることは考えにくいし、条約以外に国家間で慣習的法規範が形成されるかどうかも疑問である。差当って一般国際法(慣習国際法)として形成されている牴触規則は見当らない(池原季雄・国際私法総論(法律学全集)八三頁参照)。不動産物権の準拠法などについては、いずれの国でも物の所在地法によるべきものとしていることが多いのであろうが、それは事柄の性質上、たまたま同じように考えているにすぎない。

4　ハーグ国際私法会議についての日本語の文献としては、折茂豊・国際私法の統一性一五九頁以下(有斐閣一九五五年)、法務資料第三四〇号(法務大臣官房調査課、一九五一年)、川上太郎・国際私法の国際的法典化二〇頁以下(有信堂、一九六七年)、池原季雄・国際私法(総論)四〇頁以下(有斐閣、一九七三年)参照。これらのほかにハーグ国際私法会議の条約についての紹介、研究はあるものの、国際私法の統一の動向について組織的に研究し、記述したものは少ない。

5　一九世紀後半のイタリアの法学者にして政治家のマンチーニ(P. S.Mancini)は国際私法の統一を強く主張し、イタリア政府によって国際条約の作成を目的とする国際会議の開催のための外交交渉がなされたが、それは実を結ぶに至らなかった。他方、一八七三年に創立された国際法学会(Institut de droit international)は、民事及び刑事の立法の間の抵触の統一的解決を保証するための、国際条約によって承認されうる国際法の一般原則を探究する委員会を設けた。そしてオランダの国際私法学者アッセル(T. Asser)の努力により、一八九二年にオランダ政府が国際私法の統一法典を作成するための会議への参加を欧州の主要国に要請した。それに応じた一三ヶ国が一八九三年九月にハーグで会議をするに至った。ハーグ国際私法会議は一八九四年に第二回会合を開き、民事訴訟手続に関する条約案を作成し、一九〇〇年に第三回会合を開いて婚姻、離婚、未成年者後見、相続・遺言・死因贈与に関する条約案を作成し、それによって国際機構としての性格をもつようになった。第一次大戦後、一九二五年の第五会期で、同会議の永続性が確認された。このときから会期(Session)というようになった。

6　日本は一九〇四年(明治三七年)の第四回会合からハーグ国際私法会議に参加した。その直接の動機は、条約改正後にわが国の裁判所の扱う渉外事件が増加することを考慮し、一八九六年の民事訴訟手続に関する条約に加入することにあった。一九二五年の第五会期においてハーグ国際私法会議条約の適用地域が締約国のヨーロッパ地域から締約国の本国の領域へと改められたのは日本の同会議の採択した条約への加入を可能にするためでもあった。

7　ハーグ国際私法会議規程(Statut de Conference de la Haye de droit international privé)による。これは第七会期において(一九五一年一〇月三一日)作成され、一九五五年七月一五日に発効した。

8　第二次大戦前の条約及び条約案は次のとおりである。民事訴訟手続に関する条約(一八九六年)、婚姻に関する法の抵触を規律するための条約(一九〇二年)、離婚及び別居に関する法及び管轄権の抵触を規律するための条約(一九〇二年)、未成年者の後見に関する法及び管轄権の抵触を規律するための条約(一九〇二年)、民事訴訟手続に関する条約(一九〇五年)、夫婦の身分的権利義務及び夫婦の財産に対する婚姻の効力についての法の抵触に関する条約(一九〇五年)、禁治産及び類似の保護手段についての条約(一九〇五年)と、相続・遺言及び遺贈に関する法の抵触を規律するための条約案(一九〇〇年)、相続及び遺言についての法の抵触に関する条約案(一九〇四年)、破産に関する条約案(一九二五年)、判決の承認及び執行に関する条約案(一九二五年)、相続及び遺言に関する法の抵触及び管轄権の抵触に関する条約案(一九二八年)、無償の司法共助及び民事上の身分証書の無償交付に関する条約案(一九二八年)、民事訴訟手続に関する一九〇五年条約を補充する条約案(一九二八年)である。

9　第二次大戦後の条約は次のとおりである(補足—これらは一九九〇年頃までの条約である)。民事訴訟手続に関する条約(一九五四年、一九七〇年日本批准)、動産の国際的売買の準拠法に関する条約(一九五五年)、本国法と住所地法の抵触を解決するための条約(一九五五年、未発効)、外国の会社、社団及び財団の法人格の承認に関する条約(一九五五年、未発効)、子に対する扶養義務の準拠法に関する条約(一九五六年、一九七七年日本批准)、子に対する扶養義務に関する決定の承認及び執行に関する条約(一九五八年)、動産の国際的売買における所有権の移転の準拠法に関する条約(一九五八年、未発効)、動産の国際的売買における合意による裁判所の管轄に関する条約（一九五八年）、未成年者の保護に関する機関の管轄権並びに準拠法に関する条約（一九六一年）、遺言の方式の準拠法に関する条約（一九六一年、一九六四年日本批准）、外国公文書の承認を不要とする条約（一九六一年、一九七〇年日本批准）、養子縁組についての機関の管轄権、準拠法及び決定の承認に関する条約（一九六五年）、民事商事に関する裁判上裁判外の文書の外国における送達告知に関する条約（一九六五年、一九七〇年日本批准）、裁判所の選定の合意に関する条約（一九六五年、未発効）、離婚及び別居の承認に関する条約（一九七〇年）、外国における民事商事に関する証拠の収集に関する条約（一九七〇年）、民事商事に関する外国判決の承認及び執行に関する条約（一九七一年）、民事商事に関する外国判決の承認及び執行に関する条約についての追加議定書（一九七一年）、交通事故についての準拠法に関する条約（一九七一年）、死亡した者の財産の管理に関する条約（一九七三年、未発効）、扶養義務に関する決定の承認及び執行に関する条約（一九七三年）、扶養義務の準拠法に関する条約（一九七三年、一九八六年日本批准）、生産物責任の準拠法に関する条約（一九七三年）、夫婦財産制の準拠法に関する条約（一九七八年、未発効）、婚姻の挙行及び有効性の承認に関する条約（一九七八年、未発効）、代理の準拠法に関する条約（一九七八年、未発効）、国際的な子の奪取の民事的側面に関する条約（一九八〇年）、裁判の国際的な援助に関する条約（一九八〇年）、信託の準拠法及び承認に関する条約（一九八四年、未発効）、商品の国際的売買契約の準拠法に関する条約（一八九六年、未発効）、死亡した者の財産の相続に関する条約（一九八九年、未発効）。表Ⅰはこれらの条約について、その対象となった法律関係によって整理したものである。これらの条約の批准、加入の状況及び効力の発生については、表Ⅱ(1)(2)参照。

10　一九九三年以後の条約の批准、加入の状況及び効力の発生については、第一五章に付した表Ⅲ及びⅣ(1)(2)を参照されたい。

二　条約の作成作業

一　国際私法の統一の方法

ハーグ国際私法会議が採ってきた国際私法の統一の方法は、多数国間条約の作成である。一八九三年の第一回会議において、会議を招請したオランダ政府の準備した案は私法の抵触に関する一般的規定の予備草案というものであって、人の身分及び能力、動産及び不動産、相続及び遺言、契約上の義務、契約外の義務、行為の方式、裁判管轄権及び手続、内外人の取扱の平等についてであったが、会議ではこのような広い範囲にわたる案よりも、実際上重要な問題について個別に法の抵触を解決することが適当であるとし、婚姻、法律行為の方式、相続及び遺言、裁判管轄権及び手続の問題について委員会で審議することとした[11]。一八九四年に開かれた第二回会議はこの方針のもとにすすめられ、それ以来現在に至るまで個別の問題ごとに条約を作成するという方法は変っていない。ちなみに、一八九六年の民事訴訟手続に関する条約は、第二回会議で異論の少なかった民事訴訟手続に関する規定を、オランダ政府が条約の形にまとめ、これに参加国が個別に調印することによって成立した条約である[12]。このように、ハーグ国際私法会議では個別の問題ごとに、まとまりやすいものについて条約を作成する方法をとっている。これに対して、中南米諸国によるリマ会議(一八七七年)、モンテビデオ会議(一八八八年)、汎米会議(一九二八年)では、法の抵触の問題についての網羅的な条約あるいは法典を作成している[13]。

ここでハーグ国際私法会議における国際私法の統一の方法について簡単に触れておくこととする。ハーグ国際私法会議では、国際私法に関する一般的な原則を条文化し、或は法典を作成することはしないで、個々の法律関係、例えば婚姻の成立、未成年者の扶養、遺言の方式、売買契約、生産物責任、代理、外国判決の承認、執行というように、対象となる事柄ごとにハーグ国際私法会議の加盟国が巣まって、それぞれについて法の抵触を解決する条約を作成するという方法をとっている。ハーグ国際私法会議の条約は採択会議における実際の審議からみると、現実に生じている問題—とくに西欧諸国間の問題—の解決に役立つための規則の作成を目的としたものも少くないように見受けられる。そして、そのためには各国の法制(抵触法及び実質法)をふまえたうえで、比較的妥当な結果を得やすい規則を作成するという作業を行い、いわゆる「理論」にもとづいたり、或は「あるべき」規則を作るという立法ではなくて、参加国の主張の妥協の産物であるものも少くない。また、この意味で、慣習国際法を法典化するための国際法委員会(International Law Commission, Commission du droit international)の作業及びそれを受けた条約とも性質を異にし、国際的法典編纂事業或は理想を追った立法とは異る。

二　加盟国

一八九三年の第一回会議に参加した国はドイツ、オーストリア＝ハンガリー、ベルギー、デンマーク、スペイン、フランス、ルクセンブルク、オランダ、ポルトガル、ルーマニア、ロシア及びスイスの一三ヶ国であった[14]。スウェーデン、ノルウェーは代表を派遣せず、英国は招請を受けたが参加を断った(この三国は一九五一年のハーグ国際私法会議規程の作成には参加している)。その後、会議への参加国にはかなりの変動があった。日本は一九〇四年の第四回会議から参加した[15]。その参加には他の全ての加盟国の同意を要したのであるが、それにはオランダ政府の好意と努力に負うところが大きい。第二次世界大戦後、第七会期からは、ハーグ国際私法会議規程(一九五一年一〇月三一日作成、一九五五年七月一五日発効)によって、ハーグ国際私法会議の加盟国は既にこの会議の一または二以上の会期に参加し、かつ、その規程を受諾する国とし(規程第二条第一項)、それ以外の国であっても、一または二以上の加盟国の推薦により、加盟国の多数決によって承認されることによって加盟国となることができる(同第二条第二項後段)。一九九三年九月現在の加盟国は四〇ヶ国である。国際私法の統一の観点からは、第二次世界大戦後の英国及び米国の参加はとくに重要である。さらに、アルゼンチン、ブラジル、メキシコ、ヴェネズエラ等の中南米諸国、さらに遅れて中華人民共和国も参加している[16]。

このなかで留意すべきは米国の加盟である。それはいわゆるコモン・ローの国と大陸法系諸国との考え方の相違のみならず、国際私法条約の立案においても、連邦と各州とがそれぞれ立法権、司法権を有する国家を考慮しなければならないことと、米国における抵触規則の考え方がハーグ国際私法会議でも強く主張されるようになったこと、また、米国が条約を採用するかについても配慮しなければならなくなったことにある。しかし、その影響力は実体法の統一の場合ほど強くはない。

三　条約作成の作業方法

第六会期まではオランダ政府が会議で議題とする事項、それについての質問を各国に送付し、さらに各国の意見、回答と、場合によっては、それにもとづく条約試案を各国に送付し、そのうえで会議で審議するという方法をとっていた[17]。オランダ政府は一八九七年以来国際私法の統一の問題に対処するための国家委員会を設けている[18]。

第二次大戦後の第七会期以後においてもほぼ同様の作業方法がとられている（規程第一条では、会議の慣例はこの規程に反しないかぎりすべて引きつづき行われるものとするとしている）。もっとも、常設事務局が設けられたことによって、以前より条約作成のための準備には時間と労力をかけている。議題については、会議の運営はオランダ国家委員会が行うとの規定にもとづいて（規程第三条第一項）、同委員会が決定するが、次回または将来の議題については、各会期において検討するほか、会期間に事務局から加盟各国の意見を徴することもある。各国が意見を表明することにとくに制約はない。常設事務局は常時三、四名の国際私法の専門家で構成し（規程第四条第二項）、事務局において各議題について比較法的研究によって問題点と解決方法について調査し、各国に質問状を送付して各国の意見を徴する（規程第五条a－c）。そして適当な時期に各国からの専門家による二回の特別委員会を開催する（規程第七条）。第一回目はその問題についての一般的討議と意見のとりまとめであり、第二回目は次の会期に提出すべき条約の草案の作成である。特別委員会の結果は特別報告者の報告書として公にされる。これをもとにオランダ政府によって招集された通常会期または特別会期で審議し（規程第三条第六項、第七項）、そして全体会議での採決を経て条約の内容が確定することになる。特別の場合を除いて、条約採択のための外交会議は行われない。なお、条約作成のための会期における手続についてはそのための手続規則（Rules of Procedure）によることはいうまでもない。各会期の結果はその会期ごとのハーグ国際私法会議文書及び記録（Actes et documents de la Conférence de La Haye de droit international privé）として公刊されている。そこには事務局による調査、研究報告、各国の意見、特別報告書、条約草案、条約案、会期における委員会及び全体会議の議事録が収録されており、条約の解釈の資料となるべき文書（立法作業文書　travaux préparatoires）はすべてそのなかに収められている。

四　用語

ハーグ国際私法での用語及び条約正文は、当初からしばらくの間は、フランス語のみであった。第九会期における遺言の方式の準拠法に関する条約から英語の条約文も作成され（英仏両文で相違のあるときは仏文が優先する[19]）、第一〇会期からは英仏両文とも等しく正文とされるに至った。現在では会議における公の文書は英文と仏文の両方で作成されている。委員会及び全体会議での発言はそのいずれによってもよく、同時に通訳されている。ただし、会議において各国の提出する意見、提案等には訳文はない。

注

11　折茂豊・統一性一六〇頁、一六二頁。
12　折茂豊・統一性一六四頁。
13　折茂豊・統一性一九九頁–二一八頁。

14 折茂豊・統一性一五九頁。
15 山田三良「海牙国際私法会議の成果」法学協会雑誌第二三巻第一〇号一四三四頁以下(一九〇六年)。
16 別表Ⅰ参照。
17 法務資料第三四〇号二一―三五頁。
18 第七会期以降もオランダ国家委員会(la Commission d'État neerlandaise)が会議の運営を行うとされている(規程第三条)。
19 この方法による条約は遺言の方式の準拠法に関する条約(一九六一年)及び公文書認証不要条約(一九六一年)である。

三　条約の特色

一　条約による国際私法の統一

ハーグ国際私法会議では国際私法の統一の方法として多数国間条約を用いている。一般的に私法の差異の克服という観点からみると、条約は有力な方法ではあるが、必ずそれに限られるものではない。実体法の分野では、いずれの国にあたっても同様の法規範が適用されることで足りるという観点から、国家法については条約による統一性、モデル法(model law)の方法により、また、当事者が任意に定める事項については各種の団体等による統一規則、標準(一般)契約条件、標準契約書式などを作成するという方法によることもできる。もっとも、実体法の分野でも、各国で強行的に適用さるべき規定を統一するには条約によらなければならない。これに対して、国際私法は、その性質上当事者によって形成される法規範ではなく、裁判所によって当然に適用さるべきものであるから、その統一のためには各国の国際私法の規定そのものを統一しなければならない。したがって、国際私法の統一は多数国間条約によるべきことになる。これは条約の拘束力によって同じ内容の規定の適用を各国に義務づけることである。ところが、近時、条約の作成には多大の時間、労力及び費用がかかること、条約の採択は諸般の事情に左右されることなどから、条約採択会議の開催を必要とせず、各国の批准、加入の手続を要しないモデル法の方法を推奨する考え方もある[20]。それも一つの方法ではあるが、モデル法では各国が同じ規定を採用するとの保障はないから、各国の規定が同一であることを必要とする国際私法の統一のためには、モデル法の方法は適当ではないことになろう。

二　条約の性質

このような条約は締約国において条約で定めた規定の適用を義務づけるものであるから、立法的性質を有する条約に属する。これは多数の国に共通な国際法の原則を定立するという意味での条約ではないが、締約国が拘束される私法の抵触を解決する法規範を定め、その拘束力を国際法によらしめているからである[21]。そして、これらの条約の規定は、概ね、締約国が採用することによって直ちに効力を生ずる性格の(self-executing)規定である。締約国で条約の規定を適用するために国内立法を必要とするか否かは、それぞれの締約国の国内法制の問題である[22]。

三　条文の確定と条約の成立

既に述べたような作成作業を経て、各会期の全体会議の審議を経て条約を採択することになる。そこで確定した規定はその会期の最終文書(acte final)に掲げられる。ただし、条約採択の日附はない。出席した各国代表はこれに署名するのが例となっている。この署名は条約文の確定のための署名(条約法条約第一〇条(a))であって、条約に拘束されることについての同意の表明としての署名(同第一一条、第一二条1(a))ではなく、批准、加入を条件とする署名でもない。条約の批准、加入に際しては、あらためて、そのための署名をするのが慣例である。それでは、条約はいつ作成されたことになるのか、それは会期の最終文書の成立した日か或るいは他の日か。第七会期で採択された民事訴訟手続に関する条約を例にとると、その条文は一九五一年一〇月三一日に確定され、それ以来変っていないにもかかわらず、条約の跋文には「一九五四年三月一日にハーグで採択した」とある。そして民事訴訟手続に関する条約（一九五四年）と称するのが慣例となっている。これは近時の条約の多くが現実に条約が作成された日（多くはそのための会議の最終日）を条約の跋文に記すこととするることと異っている。その理由は、ハーグ国際私法会議では、各会期の最終文書への署名は条約文を認証するための署名であり、その後に条約文の変る余地がなくとも、ハーグ国際私法会議の加盟国によってそれに拘束される国家意思が表示されるまでは条約とならないとしていることにある。それ故、この段階では条約案（projet）があるにすぎないということになる。条約案が条約となるのは加盟国のうちの一国がそれに拘束されるとの意思を表明した時であるから、会期に代表を送った加盟国によって批准し、又は会期に代表を送らなかった加盟国によって加入するための手続がなされた日、すなわち批准又は加入のための署名をした日ということになる。これが条約の規定が作成された日と条約の跋文記載の日とが異る理由であり、ハーグ国際私法会議における慣例である[23]。

四　条約の批准と加入

条約への参加は批准（のちに受諾、承認も加えられた）と加入である。その要件及び手続についてはかなりの変遷がある。最近は一九七六年の第一三会期で定めたところに従っている。それは次のとおりである。批准、受諾、承認は、その条約を作成した会議当時に加盟国であった国がなしうる。それ以外の場合は加入の手続によらなければならない。したがって、ハーグ国際私法会議の加盟国であっても、その国の加盟以前に作成された条約については加入の手続をとるべきこととなる。すべての国に条約への加入の資格が認められているが、加入は条約が発効した後でなければならない。ただし、一九八六年の国際動産売買契約の準拠法に関する条約では、この条約はすべての国の署名に開放され、(同条約第二五条(1))、批准、受諾、承認は加盟国に限られるものの(同条(2))、批准、受諾、承認と加入とに実質的な差異はなく、五ヶ国がこれらのいずれかの手続をとることによって条約が発効するとしている(同条約第二七条(1))。それは、この条約が一九八〇年国際連合国際動産売買条約(United Nations Convention on Contracts for the International Sale of Goods, 1980)との関連で、ハーグ国際私法会議の加盟国以外の国にも参加を求めて作成された条約であることによる。

ハーグ国際私法会議の条約への加入については、条約の規定の性質に従って、手続的には二つの場合がある。一つは新たな国が加入しても他の締約国との間で特段の関係を生じない条約(例えば、遺言の方式の準拠法に関する条約)の場合であり、他は新たな国の加入によって既に締約国となっている国との間で一定の権利義務を生じ、あるいはその間で協力関係を生ずる条約(例えば、裁判上又は裁判外の文書の送達に関する条約)の場合である。前者に加入することについては、とくに問題はない。後者については、(イ)既に締約国となっている国のうち、一国でも反対があれば加入を認めない条約(例えば、民事訴訟手続に関する条約第三一条第一項但書)、(ロ)既に締約国となっている国が承認を表明した場合に、その国と加入国との間で加入の効力を生ずることにする条約(例えば、子の扶養義務に関する判決の承認、執行に関する条約第一七条第二項)、(ハ)既に締約国となっている国が一定期間内に異議を述べた場合には、その国と加入国との国で加入の効力を生じないとする条約(例えば、扶養義務に関する判決の承認、執行に関する条約第三一条第三項)とがある。一九七六年以降は(ロ)の方法をとる条約(一九八〇年の子の奪取に関する条約第三八条第四項)と(ハ)の方法をとる条約とがある。それは条約の内容上の相違による。(ハ)の方法による場合に、既に締約国となった国が異議を述べることのできる期間は、多くの条約では、加入の通知を受けた時から一二ヶ月である(例えば、一九八〇年の裁判の国際的な援助に関する条約第三二条第三項)。

五　条約の抵触の解決方法

ハーグ国際私法会議の条約では、締約国が同様の事項に関する他の条約を締結することを妨げないとの規定はない。それは、国際私法の条約の性質上、締約国が一の条約の締約国となりながら、それと異なる内容の他の条約の締約国となることは国際私法の統一の目的に反するからである。既に一の条約の締約国である国が、国際私法の規定について、内容を異にする他の条約の締約国となる場合には、それと抵触する条約を廃棄するほかはない。送達、証拠調、訴訟費用の担保、訴訟救助については一九〇五年及び一九五四年の民事訴訟手続に関する条約、一九六五年の送達条約、一九七〇年の証拠収集条約、一九八〇年の裁判の国際的な援助に関する条約のように、同じ事項について定める条約が存在することがある。これらについては、規定の内容が抵触する場合には後の条約の締約国間では後の条約の規定が前の条約の規定に代るものと定めている。それとは異なり、売買契約の準拠法に関する条約のように、二国間の関係が生じない場合には、後の条約の締約国においては従前の条約の規定は適用されないものとしている24。

六　発効要件

条約の発効要件は条約の性質、作成時の状況にもよるが、五ヶ国ないし三ヶ国の批准によって発効するものとされていた。最近では三ヶ国の批准、受諾または承認でよいとされている。これはなるべく条約を発効しやすくするための措置である。二ヶ国で足りるとする条約は外国判決の承認、執行に関する条約である。この条約では締約国間で二国間の補足協定を締結しなければ相手国の判決の承認、執行をすることはできないとされている。

注

20　第二次大戦後、米国は第八会期と第九会期にオブザーバーとして代表を出席させ、第一〇会期から加盟国となったのであるが、米国は自国の経験をもとにして、各国を拘束する条約の方法によるよりも、各国に裁量の余地を残すユニフォーム・ロー（uniform law）の方法が適当であり、非加盟国もそれを採用しやすいことを強調した。これは米国における立法権の連邦と州への分属、とくにハーグ国際私法会議条約に多い家族法の分野では連邦が立法権を有していないことにもよると思われる。しかし、米国の主張もハーグ国際私法の方向を変えるには至らなかった。

21　国際法における条約の内容は国家間の権利義務、法律関係について定めたものである。ところが、民商法等の実体法あるいは国際私法の統一を目的とする条約は、国内法たる民商法、国際私法の規定すべき内容を定めている点で通常の条約とは異っている。しかし、各国にはそこで定めた規定の適用を義務づけている根拠は国家間の合意であるからその点では通常の条約と異るところはない。

22　たとえば、日本は遺言の方式の準拠法に関する条約及び扶養義務の準拠法に関する条約の批准に際しては、条約の規定に相当する国内法を制定したが、これは条約の内容をわかりやすくすることと、法例の規定（いずれも平成元年の法例改正前）と一部異なる規定を設けたことによる。

23　この慣例は第二回会合の条約以来のものである。

24　子の扶養義務の準拠法に関する条約と扶養義務の準拠法に関する条約の関係については、後者（一般条約）の締約国の間では後者によるが、その国が前者（子条約）の締約国であるときは、子条約のみの締約国との間では子条約によるとされている（扶養義務の準拠法に関する条約第一八条第二項）。しかし、それでは両条約を採用している締約国では子の扶養について二つの抵触規則があることになり、いかなる場合に子についての条約を適用するかが問題となろう。扶養義務の準拠法を決定する規則を定めた条約では、手続法に関する条約と異り、条約の適用について相手国があるわけではないから、そのような規定が適当かどうか問題なしとしない。一般条約も採用した国では、子条約の適用範囲の法律関係については従前のとおりに子条約を適用し、一般条約の適用をしないことにするか、あるいは子条約を廃棄し、一般条約のみを適用するほうが適当であろう。一九八六年の動産の売買契約の準拠法に関する条約第二八条では、同条約が一九五五年条約に代ることを定めている。

四　ハーグ国際私法会議の活動の評価

ハーグ国際私法会議とそこで作成された条約について評価するには、それぞれの条約を詳しく検討する必要があろう。しかし、同会議の活動を全体として大把みに評価できないわけでもない。ハーグ国際私法会議の活動を現在の時点で評価するとすれば、それは第二次大戦後の活動に絞ることが適当であろう。それ以前の活動については、会議の開催は規則的ではなく、その当時の条約で現に効力を有しているものはないからである。

一　対象となる事項の選択

第二次大戦後のハーグ国際私法会議の条約をみて気付くことは、約四〇年間に三十余の条約が作成され（補足—一九五四年から一九九〇年頃まで）、それがさまざまな分野にわたっていることである。しかし、それは組織的、計画的な作業の結果とはいい難い。同会議はその加盟国の構成からみて欧州とくに西欧の国が多く、西欧諸国間において解決を迫られた問題から手をつけたという傾向が強い（例えば、扶養関係の条約は西欧における移住労働者の増加のためであり、未成年者保護条約は国際司法裁判所によるボル事件の判決の影響もある）。これは現実主義ともいうべきものであって、国際私法の統一の理念から遠いように思われようが、それぞれの条約の規定が当面の問題の解決のためだけではなく、それについての基本的な問題を含んでいるとすれば、それはむしろ積極的に評価すべきであろう。それに対して各国に共通する国際私法の法典を作成するとの考え方もあるが、国際私法の法典化を目指して、国際私法の統一を計画的、組織的に順次すすめたとしても、過去の歴史をふり返ってみるならば、その作業が順調に進捗したかは疑問であろう。ハーグ国際私法会議の目的が国際私法の漸進的統一をはかることであるならば、個別の事項ごとに法選択の規則をつくる方法がかえって適当であったといえよう。もっとも、加盟国の構成からみて西ヨーロッパ諸国の問題に偏っていたとの批判はありうる。ともかく、かなりの数の条約が既に存在するので、今後の作業の方向としては、これまでにとりあげていない事項についての条約の作成と、既存条約の改正条約の作成ということになろう。

二　統一方法としての条約の作成

統一の方法は、既に述べたように、条約による。そして、それぞれの事項ごとの条約を作成すると条約の規定が多くなり、条約が長いものになる。近時の条約では規定が多く、かつ、複雑になってきている。そうすると条約の規定を直ちに各国の法典にとり込み、あるいは単独の法律を制定することは技術的に困難になるであろう。

全体としてみるとハーグ国際私法会議条約の採用の度合は高いとはいえない。加盟国の多くが採用している条約としては、民事訴訟手続に関する条約、送達条約、証拠収集条約、公文書の認証を不要とする条約、子及び一般の扶養義務の判決の承認及び執行条約などの手続法に関する条約であるが、手続法に関する条約でも合意管轄権に関する条約、外国判決の承認及び執行に関する条約並びに裁判管轄権についての議定書などは僅かの国が採用しているにすぎない。準拠法についての条約のなかでは、遺言の方式の準拠法に関する条約、離婚の承認に関する条約は多くの国で採用されている。最近では、子の奪取に関する条約、裁判の国際的な援助に関する条約を採用する国が多い。財産法の分野では売買契約、売買による所有権移転、代理などについて条約があるが、いずれも採用している国は僅かである。遺産管理、夫婦財産に関する条約もあまり採用されていない。加盟国以外の国の加入している条約は遺言の方式の準拠法に関する条約と公文書の認証を不要とする条約が圧倒的であり、民事訴訟手続に関する条約、送達条約、証拠収集条約に若干の国が加入している程度である。ハーグ国際私法会議の条約を多く採用している国としては、ベルギー、フランス、イタリア、ルクセンブルク、オランダ、ポルトガル、スイスであり、オーストリア、ドイツがこれに次ぐ。日本は六個の条約を批准している。

ハーグ国際私法会議の条約の批准、加入との関連で注目すべきことは、第二次大戦後の各国における国際私法の改正、法典化の動きである。戦後の国際私法に関する立法として、チェコスロヴァキア(一九六三年)、ポーランド(一九六五年)、ポルトガル(一九六六年)、オーストリア(一九七八年)、ハンガリー(一九七九年)、ユーゴスラヴィア(一九八二年)、トルコ(一九八二年)、パラグアイ(一九八五年)、中華人民共和国(一九八六年)、ドイツ(一九八六年)、スイス(一九八七年)、メキシコ(一九八七年)、日本(一九八九年)などの国で国際私法の改正がなされている。これらのなかにはハーグ国際私法条約をとり入れ、あるいはそれを考慮に入れたものもあるが、そうでないものもある。これらの国内法の改正は自国における国際私法の規定の整備のためであって、ハーグ国際私法会議による国際私法の統一作業の欠缺をうめるためのものではない。このことからすれば、当分の間は各国の国内法としての国際私法の規定とハーグ条約とが併存する形がつづくこととなろう。そうすると、国内法と条約との間に整合性に欠ける場合もありえよう。このような情況のもとで、ハーグ国際私法会議の活動がその目的する国際私法の漸進的統一の成果をあげているとみるかについては、おそらく評価の分れるところであろう。

三　ハーグ条約と国際私法の統一性

既に述べたように、国際私法の統一は可能であり、それは性質上統一されるべきものであり、統一されてこそその目的を達成しうるというのが現在多くの学者のとる見解[25]である。その理由は国際私法の統一に当っては各国の政治的、経済的利害に影響されることが少ないとともに、国際私法は学究法、学説法であって、それは法学者、裁判官、弁護士などの法の専門家の「法的確信」によるということにある。

「国際私法」という抽象度の高い概念を用い、永い目でみるならば、そのことは否定しえないかもしれない。しかし、国際私法の統一のための条約作成の実際をみると、統一を要する事柄によって違いがないわけではなく、また、会議での発言、議論からみると、基本的な主義・主張、各国の立法、判例に相違があり、それを容易に克服できないように感ずることも少なくない。もちろん、外国人政策や産業政策が直ちに国際私法の統一の障害となるものではない。しかしながら、国際私法も現実の問題を解決するための法として存在するのであるから、実際上の問題、事情を考慮に入れて定立され、あるいはそれを考慮して法の抵触に関する条理が考究される。そこには広い意味での政策的な考慮、いわば司法政策ともいうべきものが入って来るのであって、諸国における法選択規則についての「法的確信」はそのようにして形成されているというべきであろう。しかも、各国の社会的、政治的諸条件、国益の考慮の相違とは無関係に、同一国内の学説、判例においても一致をみないことが少なからず存在している[27]。いいかえれば、このような法的確信の形成は一国内においてもそれほど容易に達せられるわけではない。国際間で共通の法選択規則を作る場合も、それほど容易とは思われない。

出発点に戻って考えると、国際私法は、各国の実質法(とくに実体法)の相違を前提としながら、そこから適切な法を選んで実際の生活関係に妥当な解決を与えることを目的とするものであるから、国際私法の統一においても現実の問題の処理から出発すべきであり、それぞれの問題について実際的な考慮をめぐらしながら、多くの国でとることができるような規則を作ることが適当であろう。その意味で、ハーグ国際私法会議のこれまでの作業は概して適当であったといえるが、そこで作られた条約が必ずしも多くの国で採用されていないことは、法技術上の理由と、それぞれの国における国際私法の規則についての「法的確信」の相違によるのではなかろうか。したがって、筆者は国際私法の統一は学説にまつべきであると考えにも、学説による国際私法の統一が可能であるという考えにも直ちには賛成できない。国際私法の統一が論理的には可能であるにしても[28]、現実にはそれを困難にしている事情も少なからず存在する。

一般に実質法の統一は困難であり、それにくらべて国際私法の統一は容易であるといわれることが多い。実質法といってもさまざまなものがあるが、婚姻、離婚、親子、相続などについて、一般的にはそのようにいうことができるであろう。しかし、実質法の分野によっては、必ずしもそうとはかぎらない。たとえば売買、海上運送などでは国際私法の統一よりも実質法の統一がとくに困難であるとは思われない。実際に、商取引の分野では実質法の統一がかなりの成果を収めているのに対して、国際私法の統一は相当に遅れている。たとえば、売買では統一規則、一般契約条件などが形成されているけれども、一九五五年の売買の準拠法に関する条約は全く使われていない。一九八六年の条約はそれを改訂する条約であるが、これも一九六四年のハーグ統一売買条約及び一九八〇年の国連売買条約の作成よりも遅れている。海上運送を中心とする海商法の分野では国際私法の統一はほとんどなされていない。これらの分野で法選択規則の定立が遅れているのは、一つには規則定立の技術的困難(例えば、連結点の選定の困難)であり、一つには法選択規則の必要性がそれほど強くないことにもあろう。

筆者は国際私法の統一が必要であり、またそれが可能であるとは考えている。そのためには、現実にある問題を解決することを意図して異なる考え方が妥協して、現実に存在する障碍をどのようにして克服するかを考えながら進める必要があろう。ハーグ国際私法会議の百年の歩みはこのことを示しているように思われる。このことは、結局、国際私法の統一も実質法の統一とさして変らないことを示しているのではなかろうか。

四　将来への展望

国際私法の統一が望ましいにしても、各国における「法的確信」ないし立法主義が容易に変るかどうかはわからない。国際会議で条約を作成すれば、それによって直ちに統一が達成されるとは限らない。条約作成の場面では妥協が成立しても、あらためて国家の方針としてその条約を採用するかどうかは別のことである。数にしてどのくらいの国が条約を採用すれば統一として成功であったとするかの問題はあるにしても、多くの国がそれを採用しなければ統一の実は上らない。そうすると、今後ともハーグ国際私法会議では新たな事項をとり上げるとともに既存の条約を改めるという作業をすすめることになろう。このような作業のくり返しが国際私法の漸進的統一(unification progressive)ということであろう。

これまでの国際私法の統一をめぐる議論は一九世紀から二〇世紀後半の国家と国際社会の状況を前提としている(補注)。しかし、次の世紀には国家と国際社会の在り方が変ってくるかもしれない。そのときは、国際私法の統一という問題も現在考えているところとちがったものになるかもしれない。

注

25　田中耕太郎・世界法の理論第二巻三二五頁(岩波書店、一九三三年)、折茂・統一性四三〇頁、池原・国際私法(総論)四二頁、山田鐐一・国際私法二七頁(一九九二年)、溜池良夫・国際私法講義六五頁(有斐閣、一九九三年)など。

26　田中・前掲三四五頁、折茂・統一性四三〇頁。

27　池原・前掲四三頁。

28　田中耕太郎・前掲三三〇頁は国際私法の統一は論理的必然であるとしている。そして、折茂、池原、溜池、山田の諸教授も同様の立場をとっている。

補注(一)　本章は一九九三年までの情況にもとづくものであるが、二〇一〇年末までの間にハーグ国際私法会議について、その規定(statute)の改正、加盟国の増加と新たな条約の作成とがあった。

(1)ハーグ国際私法会議規程は二〇〇五年に改正され、主権国家によって構成される地域的経済統合機構(Regional Economic Integration Organisation)も一定の手続を経て加盟することができるようになった。そのほかにいくつかの規定に多少の修正が加えられた。この改正は一九五一年当時の加盟国が行い、その後の加盟国はこれを受諾する(accept)との方法をとった。この規定は二〇〇七年一月一日から発効した。その正文は英語と仏語である。

(2)一九九三年以降に加盟国となった国はアルバニア、白ロシア、ボスニア＝ヘルツェゴビナ、ブラジル、ブルガリア、コスタ・リカ、クロアチア、チェコ、エクアドル、エストニア、グルジア、アイスランド、インド、ヨルダン、大韓民国、ラトヴィア、リトワニア、マレイシア、マルタ、モーリシャス、モナコ、モロッコ、モンテネグロ、ニュージーランド、パナマ、パラグアイ、ペルー、フィリピン、ロシア連邦、セルビア、スロバキア、スロベニア、南アフリカ、スリランカ、ウクライナの三五ヶ国である(名称は日本での慣用に従った)。このほかに欧州共同体が加盟し、これも加えると、加盟国はそれ以前の国(チェコ・スロバキア、ユーゴスラビアは消滅)とあわせて、合計七三ヶ国である。

(二)一九九三年以降に成立した条約は、国際的養子縁組についての未成年者の保護と司法共助に関する条約(一九九三年)、未成年者の保護のための親権の行使の裁判管轄権、準拠法、承認と執行及び司法共助に関する条約(一九九六年)、成年者の国際的保護に関する条約(二〇〇〇年)、口座管理機関の保管する証券についての権利の準拠法に関する条約(二〇〇六年)、合意による裁判管轄権に関する条約(二〇〇五年)、未成年者及び他の家族の扶養の国際的回復に関する条約(二〇〇七年)、及び扶養義務の準拠法に関する議定書(二〇〇七年)である。これらの条約について感ずることは、かつてよりも法選択の仕方(連結政策)が複雑になり、したがって条文の数が多くなり、条約の適用についても一般の法律家の扱いにくいものとなってきている。

これらについての諸国の批准等の情況は第一五章末尾の表Ⅳ(1)、(2)のとおりである。

表Ⅰ　1954年以後1993年までの条約について条約の対象となる法律関係による分類

1　抵触規則
　Ⅵ　本国法と住所地法の抵触を解決するための条約(1956)
2　法人格の承認
　Ⅶ　外国の会社、社団及び財団の法人格に承認に関する条約(1956)
3　財産上の行為(債権、物権)
　Ⅲ　動産の国際的売買の準拠法に関する条約(1955)
　Ⅳ　動産の国際的売買における所有権の移転に準拠法に関する条約(1958)
　XXⅦ　代理の準拠法に関する条約(1978)
　XXX　商品の国際的売買契約の準拠法に関する条約(1986)
4　不法行為等
　XIX　交通事故についての準拠法に関する条約(1971)
　XXⅡ　生産物責任の準拠法に関する条約(1973)
5　親族関係
　XXⅥ　婚姻の挙行及び有効性の承認に関する条約(1978)
　XXV　夫婦財産制の準拠法に関する条約(1978)
　XⅧ　離婚及び別居の承認に関する条約(1970)
　XⅢ　養子縁組についての機関の管轄権、準拠法及び決定の承認に関する条約(1965)
　X　未成年者の保護に関する機関の管轄権並びに準拠法に関する条約(1961)
　XXⅧ　国際的な子の奪取の民事面に関する条約(1980)
　Ⅷ　子に対する扶養義務の準拠法に関する条約(1956)
　IX　子に対する扶養義務に関する決定の承認及び執行に関する条約(1958)
　XXⅣ　扶養義務の準拠法に関する条約(1973)
　XXⅢ　扶養義務に関する決定の承認及び執行に関する条約(1973)
6　相続等
　XI　遺言の方式の準拠法に関する条約(1961)
　XXI　死亡した者の財産の管理に関する条約(1973)
　XXXⅡ　死亡した者の財産の相続に関する条約(1989)
7　訴訟手続
　Ⅱ　民事訴訟手続に関する条約(1954)
　XⅣ　民事商事に関する裁判上裁判外の文書の外国における送達告知に関する条約(1965)
　XⅡ　外国公文書の認証を不要とする条約(1961)
　XX　外国における民事商事に関する証拠の収集に関する条約(1970)
　XXⅣ　裁判の国際的な援助に関する条約(1980)
　V　動産の国際的売買における合意による裁判所の管轄に関する条約(1958)
　XV　裁判所の選定に合意に関する条約(1965)
　XⅥ　民事商事に関する外国判決の承認及び執行に関する条約(1971)
　XⅦ　民事商事に関する外国判決の承認及び執行に関する条約についての追加議定書(1971)

(注)前のローマ数字は表Ⅱの条約の番号である。

ギリシア	ハンガリー	アイルランド	イスラエル	イタリー	日本	ラトヴィア	ルクセンブルグ	メキシコ	オランダ	ノルウェー	ポーランド	ポルトガル	ルーマニア	スロヴェニア	スペイン	スリナム	スウェーデン	スイス	トルコ	連合王国	合衆国	ウルグアイ	ヴェネズエラ	ユーゴスラヴィア
	A		A	R	R		R		R	R	A	R	A	A	R	A	R	R	A					A
				R			S		S	R					S		R	R						
S				R																				
S																								
							S		R						S									
							S		R						S									
S				R	R		R		R	S		R			R			R	R					
S	A			R			S		R	R		R			R	A	R	R	R					
				S			R		R			R			R			R	A					S
R		A	A	S	R		R		R	R	A	S		R	R		R	R	A	R				R
R	A		A	R	R		R		R	R		R		R	R	A		R	R	R	A			R
																		R		R				
R		S	R	R	R		R		R	R		R			R		R	S	R	R	R			
			S																					
									R			R												
									R			R												
				R			R		R	R		R					R	R						
							R		R			S		R	R			R						R
			R	R			R		R	R		R			R		R	S		R	R			
				S			S	A	S			R							S	S				
				S			R		R	R		S		R	R									R
				R			R		R	R		R			R		R	R	R	R				
				R	R		R		R			R			R			R	R					
							R		R			S												
							R		R			S												
									R			R												
R	A	R	R	S			R	A	R	R	A	R	A		R		R	R		R	R			R
S				S			S		R		A			R	R		R	S						R
				R			S		S											R	S			
									S															
																		S						

（ハーグ国際私法会議事務局から 1993 年に入手した資料による）

（1）ユーゴスラヴィア社会主義共和国はもはや存在せず、現時点ではスロヴェニア共和国がⅡ、XI、XII、XIV、XXII及びXXIVの条約を承継している。

表Ⅱ（１）（加盟国）

加盟国 ハーグ会議規定	Ⅰ	アルゼンチン	オーストラリア	オーストリア	ベルギー	カナダ	チリ	中国	キプロス	チェコ共和国	デンマーク	エジプト	フィンランド	フランス	ドイツ
民事訴訟手続*	Ⅱ	A		R	R					A	R	A	R	R	R
動産売買準拠法*	Ⅲ				R						R		R	R	
動産所有権移転	Ⅳ														
動産売買合意管轄	Ⅴ			S	S										S
本国法と住所地法	Ⅵ				R									S	
法人の承認	Ⅶ				R									R	
子の扶養（準拠法）*	Ⅷ			R	R									R	R
子の扶養（承認・執行）*	Ⅸ			R	R					A	R		R	R	R
未成年者保護*	Ⅹ			R										R	R
遺言の方式*	XI		A	R	R						R		R	R	R
公文書認証不要*	XII	A		R	R				A				R	R	R
養子縁組*	XIII			R											
送達*	XIV				R	A		A	A	A	R	R	R	R	R
合意管轄	XV														
判決の承認・執行*	XVI								R						
判決の承認執行（議定書）*	XVII								R						
離婚・別居の承認*	XVIII		A						A	R	R	R	R		
交通事故*	XIX			R	R					R					
証拠収集	XX	A	A						A	R	R		R	R	R
遺産管理*	XXI									R					
製造物責任*	XXII				S								R	R	
扶養の裁判の承認・執行*	XXIII				S					R	R		R	R	R
扶養の準拠法*	XXIV				S									R	R
夫婦財産制*	XXV			S										R	
婚姻の承認*	XXVI		R									S	S		
代理*	XXVII	R												R	
子の奪取*	XXVIII	R	R	R	S	R				S	R			R	R
裁判所の利用*	XXIX												R	R	S
信託	XXX		R			R								S	
動産売買契約	XXXI	R								S					
相続（準拠法）	XXXII	S													

＊＝発行済。S＝署名。R＝批准。A＝加入

リヒテンシュタイン	マラウイ	マルタ	マーシャル諸島	モーリシャス	モナコ	モロッコ	ニュージーランド	ニジェール	パキスタン	パマナ	ロシア連邦	セイシェルズ	シンガポール	南アフリカ	スワジーランド	トンガ
						A					A					
								A								
A																
A																
				A										A	A	A
R	A	A	A	A						A	A	A			A	A
	A								A			A				
					A								A			
				A	A		A									
						S										

表Ⅱ（2）（非加盟国）

ハーグ会議規定＼非加盟国		アンティグア・バルブーダ	バハマ	バルバドス	ベラルーシ	ベリーズ	ボツワナ	ブルネイ・ダッサラム	ブルキナファソ	エクアドル	フィジー	グレナダ	ヴァチカン市国	レバノン	レソト
民事訴訟手続*	Ⅱ												A	A	
動産売買準拠法*	Ⅲ														
動産所有権移転	Ⅳ														
動産売買合意管轄	Ⅴ														
本国法と住所地法	Ⅵ														
法人の承認	Ⅶ														
子の扶養（準拠法）*	Ⅷ														
子の扶養（承認・執行）*	Ⅸ														
未成年者保護*	Ⅹ														
遺言の方式*	XI	A					A	A			A	A			A
公文書認証不要*	XII	A	A		A	A	A	A			A				A
養子縁組*	XIII														
送達*	XIV	A		A			A								
合意管轄	XV														
判決の承認・執行*	XVI														
判決の承認執行（議定書）*	XVII														
離婚・別居の承認*	XVIII														
交通事故*	XIX														
証拠収集	XX			A											
遺産管理*	XXI														
製造物責任*	XXII														
扶養の裁判の承認・執行*	XXIII														
扶養の準拠法*	XXIV														
夫婦財産制*	XXV														
婚姻の承認*	XXVI														
代理*	XXVII														
子の奪取*	XXVIII					A			A	A					
裁判所の利用*	XXIX														
信託	XXX														
動産売買契約	XXXI														
相続（準拠法）	XXXII														

＊＝発行済。S＝署名。R＝批准。A＝加入

第一五章　ハーグ国際私法会議条約における最終条項

一　ハーグ国際私法会議条約

ハーグ国際私法会議(Conférence de la Haye de Droit International Privé, The Hague Conference on Private International Law)は一八九三年(明治二六年)に第一回が開かれ、第二次世界大戦前は、一九二八年(昭和三年)までに合計六回(第一次大戦前に四回、その後に二回)開かれている[1]。当初は必ずしも条約の採択を目的としたものではなかったが、ハーグ国際私法会議では一八九四年の第二回から条約を採択するようになった。そして、一九二八年までに六箇の条約と改正議定書[2]を採択した。これらの条約のなかには発効していないもの、発効したもの、発効はしたが既に一部の国が廃棄したものもあるし、後に新たな条約を採択することによって実質的に改正されたものもある。

なお、一九三一年には国際私法に関するハーグ会議条約の解釈に関する疑義を解決するために、常設国際司法裁判所(Cour Permanente de Justice Internationale, Permanent Court of International Justice)の権限を承認するための議定書を採択し、九ケ国(ベルギー、デンマーク、エストニア、フィンランド、ハンガリー、ノルウェー、オランダ、ポルトガル、スウェーデン)によって批准された。この議定書は、国際司法裁判所規程(Statute of the International Court of Justice, Statut de la Cour Internationale de Justice)の当事国となった国の間では、国際司法裁判所の権限を認めるものとして現在でも効力を有している。

第二次世界大戦後は、一九五一年に第七会期が開かれ、ハーグ国際私法会議規程を定めるとともに若干の条約を採択し、それ以後一九五六年に第八会期、以後一九六六年の特別会期のほか、四年ごとに会議を開き、一九七六年の第一三会期までに合計二六の条約を採択した[3]。もちろんこれらの条約が全て発効しているわけではいない。

注

1　ハーグ国際私法会議の歴史と活動については、折茂豊・国際私法の統一性(有斐閣、一九五五年)、川上太郎・国際私法の国際的法典化(有信堂、一九六七年)、池原季雄・国際私法総論(有斐閣、一九七三年)五四頁以下、法務資料三四〇号等参照。

2　第二次世界大戦前の条約は次のとおりである。民事訴訟手続に関する条約(改正議定書を含む。)、婚姻に関する法の抵触を規律するための条約、離婚及び別居に関する法及び管轄権の抵触を規律するための条約、未成年者の後見に関する法及び管轄権の抵触を規律するための条約、夫婦の身分的権利及び夫婦財産に関する婚姻の効力に関する法の抵触についての条約、禁治産及びその種の保護手段についての条約。これらのほかにも、相続・遺言・遺贈(法の抵触及び管轄権)、破産、外国判決の承認及び執行、民訴条約の補充などについても各会期の最終議定書で条約案が作成されたが、遂に条約とはならなかった。なお、第二次大戦前の条約については、国際私法の伝統的用語にしたがって、「条約」と「条約案」とを区別した。

3　第二次大戦後のハーグ国際私法会議の活動を詳しく述べた文献は意外に少い。第一一会期までは各会期ごとの活動と成果をまとめて報告するということが組織的になされていたとはいい難い。第一二会期については、高桑昭・「ハーグ国際私法会議第一二会期の報告」(法曹時報二五巻一号三一頁以下)、第一三会期については池原季雄・千種秀夫・南新吾・高桑昭「ハーグ国際私法会議第一三会期」(ジュリスト六三五号一〇二頁)。

二　第一二会期までの条約の最終条項

ハーグ国際私法条約の最終条項には、批准、加入の資格、発効要件、留保、選択、廃棄、批准書及び加入書の寄託、受託者の義務等が規定されている。この点で、私法の統一条約や国際公法の条約と異なるところはない。

一　第二次大戦前

第二次大戦前の条約は、条約の作成のための会議に代表を派遣した国は批准することができるが、会議に参加しなかった国が加入するためには既に締約国となった国の同意を必要としたと解されている[1]。その後一九二三年一一月二八日の議定書によって、婚姻、離婚、未成年者後見、禁治産、夫婦財産制及び婚姻の効力に関する各条約について、条約作成のための会議に代表を送らなかった国でも加入できるようになった[2]。戦前の条約は、会議に代表を派遣した国のうち六ケ国の批准によって発効するものとされた。

それとともに、締約国のヨーロッパ地域にのみ適用されるという条項があったことも、第二次大戦前のハーグ国際私法条約の特色の一つである[3]。因みに、加盟国であってヨーロッパ地域にない国は日本のみであった。ハーグ国際私法会議のヨーロッパ中心の考え方は、一九六〇年代の半ば頃まで続いていたようである。第二次大戦後も条約の最終条項に関しては、従来の考え方を相当程度に踏襲していたのは、これらの理由によるとも考えられる。

二　第二次大戦後

第二次大戦後のハーグ国際私法会議は、国際私法の統一を目的とする国際機関(国際機構)としての規程を採択して出発した[4]。同会議の規程では、批准、加入の要件、資格、条約の発効要件などを一般的な形で規定はしていない。それらは各会期ごとの具体的な条約採択会議で決定することとされている。これらを整理すると次のとおりである。

(一)　批准

第一一会期までは、これらの会議で採択された条約は、原則として、ハーグ国際私法会議の加盟国のうち、その会期に代表を送った国が批准することができ[5]、その他の国はそれぞれの条約の定めるところに従い、一定の条件のもとに加入することが認められている。なお、特別会期で採択した、民事及び商事に関する外国判決の承認及び執行に関する条約では、加盟国以外でもキプロス、アイスランド及びマルタは批准することができるとされている(同条約第二七条)。

(二)　加入

第一〇会期(一九六四年)までは、原則として当該会期に代表を派遣した国以外の国は加入できるとされていた(文言上も「いかなる国も」(chacun état, any state)と表現されている)[6]。加入の資格は必ずしもハーグ国際私法会議の加盟国に限られることはなく、ソヴィエト連邦共和国やヴァティカン市国が民事訴訟手続に関する条約を批准した例もある。もちろん、すべての国が無条件で加入をみとめられるとは限らず、各条約の定める要件をみたしていなければならない。この要件は次のいくつかの類型にあらわれている。すなわち、(a)すべての締約国の同意を必要とするもの(例えば、第二次大戦前の条約)、(b)既に締約国となっている国のうち、一国でも異議があれば加入の効力を生じないとするもの(例えば、民事訴訟手続に関する条約)、(c)既に締約国となっている国が加入を承認することを表明した場合に限り、その国との間で加入の効力を生ずるとするもの(例えば、子の扶養についての判決の承認及び執行に関する条約)、(d)既に締約国となっている国が加入に異議を述べたときは、その国との間では加入の効力を生じないとするもの(例えば、扶養についての判決の承認及び執行に関する条約)及び(e)自由に加入が認められるもの(例えば、動産の国際的性質を有する売買の準拠法に関する条約)である。第二次大戦後は(a)に属するものはみられない。これはあまりにも閉鎖的であって加入を困難にすることと、第三国が加入によって、国際私法の統一が進みこそすれ、締約国に何らの影響も及ぼさない条約(e)に属するもの)については全く意味がないからである。しかし、(b)から(d)までは、締約国相互間で権利を有し義務を負う条約であり、第三国が加入することによって締約国が影響を受けるので、加入については何らかの制限を設けている。そして、加入の要件は各条約ごとに定めることとされ、既に述べたいくつかの類型に分れていた。ところが、第一一会期では、加入の資格をやや狭くし、いわゆる国際連合若くはその専門機関の加盟国、または国際司法裁判所規程の当事国に入っている国に加入の資格をみとめるように改めた[7]。第一三会期では、この種の条約について加入の資格と要件について検討がなされることとなった。(e)に属するものについてはとくに問題はない。

(三)　発効要件

発効要件も区々に分れている。これらは各条約の採択時の状況に応じてとられた措置であろうが、五ケ国ないし二ケ国の批准によって発効するものとされている[8]。最近は三ケ国の批准とされている条約が多い。批准の資格は第一二会期以来やや拡げられ、また狭義の批准だけでなく、受諾、承認でもよいとされた。しかし、加入によって効力を生ずるものとはされていなかった。この点は、条約の性質と関連して、第一三会期で検討されることとなった。

(四)　不統一法国に関する条項

ハーグ国際私法会議の加盟国には連邦制をとる国や地域により法を異にする国(不統一法国)が少くない。第一二会期では最終条項の作成の際に、不統一法国とくに連邦制をとる国での条約の実施を容易にする規定が検討された。しかし、各国の連邦制或は憲法の相違のため、具体的な解決には達しなかった。

注

1 池原季雄・国際私法総論六〇頁参照。ハーグ国際私法会議は西欧諸国中心の国際私法統一事業であって、条約は会議に参加した国の間の調和をはかったという面があるからであろう。戦前の条約が締約国のヨーロッパ領域にのみ適用されるとされたことも、これと関係するであろう。しかし、第二次世界大戦後は、ハーグ国際私法会議は、ヨーロッパに限らず、より一般的に加入されうる条約を作成することを志向している。この点で、戦前と大きく異る。

2 一九二三年一一月二八日の加入議定書が採択され、これにもとづいてポーランドその他第一次大戦後に独立した国がハーグ国際私法条約に加入した。しかし、このような議定書がないかぎり、締約国となることによって相互に義務を負う条約については、すべての締約国が事前に同意をしないかぎり、加入は認められなかった。

3 わが国がハーグ国際私法会議に参加した当時の事情については、山田三良・「海牙国際私法会議の成果」法学協会雑誌第二三巻四号一〇―一二号、折茂豊・国際私法の統一性一七〇―四頁、法務資料三四〇号六四―七〇頁参照。条約を締約国のヨーロッパにある領域にのみ適用するとの条項によれば、これらの条約は、わが国が締約国となっても、わが国には適用されないと解することが当然であろう。一九二五年に聞かれた第五会期では、ヨーロッパにある領域(territoires européens)を本国の領域(territoires métropolitains)と改めた。しかし、第五会期以降は条約として成立したものがなかったため、結果として、第二次世界大戦前の条約は、締約国のヨーロッパにある領域にのみ適用される条約となっている。(山田・前掲論文及び前掲法務資料七一―二頁参照。)

4 折茂豊・国際私法の統一性一八七頁以下、川上太郎・国際私法の法典化二一〇―二一一頁参照。

5 例えば第七会期に採択された、動産の国際的性質を有する売買の準拠法に関する条約第八条第一項(La présente Convention est ourverte à la signature des Etats représentés à la Septième Session de la Conférence de La Haye de Droit International Privé.)。第一一会期に採択された、証拠収集に関する条約第三七条第一項(The present Convention shall be open for signature by the States respresented at the Eleventh Session of the Hague Conference on Prevate International Law.)。

6 第七会期で採択された、動産の国際的性質を有する売買の準拠法に関する条約第一一条第一項(Tout État, non représenté a la Septième Session de la Conférence de La Haye de Droit International Privé pourra adhérer à la présente Convention.)。第一〇会期で採択された、いわゆる送達条約第二八条第一項(Any State not represented at the Tenth Session of the Hague Conference on Private International Law

may accede to the present Convention……)。

7　第一一会期で採択された、離婚及び別居の承認に関する条約第二八条第一項(Tout État non représenté à la Onzième Session de la Conférence de La Haye de droit International Privé qui est Membre de cette Conférence ou de l'Organisation des Nations Unies ou d'une institution spécialisée de Celle-ci ou Partie au Statut de la Cour internationale de Justice pourra adhérer à la présente Convention……)。

8　ハーグ国際私法条約の効力発生のために必要な批准をした国の数は、他の多国間条約の例と比較すると非常に少ない。これはなるべく条約の発効を容易にしようという配慮であろう。ハーグ国際私法条約うち二ケ国の批准で発効する条約は民事及び商事に関する外国判決の承認及び執行に関する条約である(同条約第二八条)。この条約では、この条約の締約国間であっても二国間で補足協定(Supplementary Agreement, l'accord complémentaire)を締結しなければ承認及び執行をすることはできないとされている(同第二一条)。これによれば二以上の国が条約を批准すれば形式的に条約は発効するが、それによって直ちに諸国で外国判決が承認され、執行されることにはならない。しかし、二国間で補足協定まで締結するのであれば、二国の批准で条約を発効させても何らさしつかえないであろう。これが bilateralization である。

三　第一三会期における最終条項の修正

一　審議の概要

一九七六年一〇月の第一三会期では、一般的問題を取扱う第四委員会を拡充して、従来からの、各国における条約の批准、加入の状況及び今後の予定、ハーグ国際私法会議で将来検討すべき事項のみならず、条約の最終条項等の技術的な規定についても検討した1。ハーグ国際私法条約に共通する技術的な規定としては、条約の批准及び非加盟国の加入(right of third states to accede, droit à l'adhésion des états tiers)、留保と選択(reservations and options, les réserves et les facultés)、不統一法国についての条約の適用、地域的適用(territorial extensions, extensions territoires)、国家承継(state succession, succession d'états)であった。このような問題は短時間で容易に結論をえられる性質のものではないので、第一三会期に先立って一九七六年一月に特別委員会を開き[2]、検討を加えた結果をもとにして審議が行われた[3]。これらの問題は、第一三会期において突如として、何らかの特別の理由で検討が必要とされたのではなく、これまでにそのような意見があったためである。その理由としては、第二次大戦後のハーグ国際私法条約をとってみても、その最終条項は、条約の実質的規定と関連するとはいえ、必ずしも一貫した考え方で作成されているとはいい難いこと、一九六九年五月にウィーンで採択された条約法条約(Vienna Convention on the Law of Treaties, Convention de Vienne sur le Droit des Traités)の影響にもよると思われる。少くともハーグ国際私法会議事務局では、これらの点について、以前から関心をもっていたものと思われる[4]。それとともに、国際私法の統一をできるだけ促進する必要という観点からも、ハーグ国際私法会議の条約の締約国を狭い範囲にとどめず、なるべく多くの国に加入してもらうことが望ましい。そのためには、条約の批准、加入の要件及び手続を容易にし、条約の適用関係が明確となる規定を設けておく必要がある。第一三会期では、とくに議論をくり返すことなく、特別委員会で検討した結果を事務局でまとめた文書が提出され、その結論にとくに異論は述べられなかった。そして最終条項に関する案文の作成について、少人数による起草委員会を設けた[5]。このようにして行われた審議の結果は次のとおりである。

二　最終条項

ここで最終条項とは、clauses finales, final clauses といわれている規定をいう。この中には、条約の批准、加入に関する手続、条約への加入の資格、地域的適用、発効要件などが含まれる。

(一)　批准

既に述べたように、第一一会期までは当該条約を採択した会期に代表を派遣した国のみが批准することができるとされていた。第一二会期ではこれを改め、第一二会期当時にハーグ国際私法会議の加盟国であればこれに署名し、批准(ratfication)、受諾(acceptation, acceptance)、または承認(approbation, approval)することによって締約国となることができるようにした[6]。第一三会期でも同様の考え方がとられた。ここで注意すべきことは、批准のほかに、受諾、承認をも加えたこと、その会期当時のハーグ国際私法会議の加盟国であればよいとしたことである[7]。しかし、ハーグ国際私法会議の加盟国であればすべての条約について批准、受諾または承認が可能なのではなく、その資格は会期ごとに決まるということである。

(二)　加入の資格及び要件

第一三会期において最終条項に関する最も重要な問題は、条約への加入(adhésion, accession)の資格及び要件であった。

(1)加入の資格

第一〇会期までは、当該会期に代表を派遣しなかったいかなる国(tout état, any state)も条約の発効後は加入することができるとされていた[8]。その趣旨は、条約採択会議に参加しなかった加盟国は加入の方法によって締約国となるが、ハーグ国際私法会議の非加盟国であっても、その条約で定める要件をみたし、手続を践むならば、条約に加入することができるというものである。第一一会期になって、条約への加入の資格を有する国は、その会期に代表を派遣しなかった加盟国のほか、国際連合の加盟国及びその専門機関の加盟国並びに国際司法裁判所規程の当事国に限られることとなった[9]。この修正は、形の上では、加入の資格を以前よりも制限したことになる。その趣旨は、当時の国際社会に受容れられた国に限定することにあったのであろうが、果して実質的な意味があったかどうか疑問である。しかし、多くの国に承認されていない国が加入することにより、国家承認をめぐって生ずる問題を避けるという意味はあったであろう[10]。第一二会期では、当該会期にハーグ国際私法会議の加盟国であった国は批准、受諾または承認ができることとされたが、実質的には第一一会期での方法を踏襲し、その後の加盟国、国際連合の加盟国及びその専門機関の加盟国並びに国際司法裁判所規程の当事国が条約に加入することができることとされた。第一三会期では、このような考え方を改め、ハーグ国際私法条約では、すべての国(tout état, any state)に加入の資格を認める旨の規定に改めることが相当であるとの結論に達した[11]。そうすると、加入しようとする国が、はたして国家として存在するかどうかという問題が生じてくるかもしれない。しかし、国際私法の採択を行う会議で予めそのような政治的な配慮をして、条約への加入資格を限定しておかなければならない必要はないし、とくにそれが加盟国にとって必ず妥当な結果を生ずるともいえない。したがって、この場合は、加入書の寄託を受ける国(オランダ王国)がハーグ国際私法会議の加盟国及び当該条約の締約国となっている非加盟国に通知するが、その加入を有効と認めるかどうかは、それぞれの国の判断に委ねることとした。この問題は、ハーグ国際私法条約の性質とも関連するが、未承認国家の多数国間条約への加入について、国際私法条約で具体的な制限を設けることなく、国際法の領域における解決に委ねることのほうが、合理的であり、賢明な態度であるということができよう。

(2)普遍的な性質を有しない条約への加入

ハーグ国際私法条約のうちのいくつかは、条約を批准し或はこれに加入することによって、既に締約国となった国との間に一定の権利義務、その他の法律上の関係を生ずる条約である。これらは、その性質上、相互主義の(reciprocal)条約である。これに対して、条約を批准し或はこれに加入してもその国が条約に拘束されるのみであって、他の締約国との間に特段の関係を生じない条約もある。ハーグ国際私法会議では前者を普遍的性質を有しない条約(Conventions n'ayant pas vocation universelle : Conventions which are not by their nature universal)と呼び、後者を普遍的性質を有する条約(Conventions à vocation universelle : Conventions which are by their nature universal)と呼んでいる。前者の典型的な例としては、司法共助に関する条約(例えば、民事訴訟に関する条約、民事または商事に関する裁判上及び裁判外の文書の送達に関する条約)、外国判決の承認、執行に関する条約(例えば、民事及び商事に関する外国判決の承認及び執行に関する条約、扶養義務に関する外国判決の承認及び執行に関する条約)などが挙げられる。第三国がこのような条約に加入することにより、その国は条約の与える権利を享受しうるとともに、他の締約国に対しては義務を負うことになる。他方、既に締約国となっている国は新たに加入する国に対して権利を有することにはなるが、同時に義務も負うことになる。したがって従来から第三国がこのような条約に加入するに当っては、既に締約国となっている国の利害を考慮して、一定の要件をみたす場合に限ることが適当であると考えられてきた。これまでのハーグ国際私法会議の条約で採ってきた方法は次のとおりである[12]。

(イ)既に批准した国のうち1ケ国でも異議を唱えれば加入がみとめらないとするもの——民事訴訟手続に関する条約(第三一条)、子の扶養義務の準拠法に関する条約(第一〇条)。

(ロ)既に締約国となっている国が承認することを表明した場合にかぎり、加入した国とその締約国との間で加入が効力を生ずるとするもの——売買契約の合意管轄権に関する条約(第一三条)、子の扶養義務に関する外国判決の承認及び執行に関する条約(第一七条)、未成年者の保護に関する条約(第二一条)、離婚及び別居の承認に関する条約(第二八条)、交通事故に関する条約(第一八条)、証拠収集に関する条約(第三九条)。

(ハ)既に締約国となっている国が異議を唱えたときはその国との間では加入の効力を生じないとするもの——会社等の法人格の承認に関する条約(第一三条)、外国公文書の認証を不要とする条約(第一二条)、養子縁組に関する条約(第二〇条)、民事または商事に関する裁判上及び裁判外の文書の送達に関する条約(第二八条)、合意管轄条約(第一八条)、民事及び商事に関する外国判決の承認及び執行に関する条約(第二九条)、遺産管理に関する条約(第四二条)、扶養義務に関する外国判決の承認及び執行に関する条約(第三一条)。

(イ)の方法は締約国が一国でも反対すれば加入できなくなる、いわば典型的な veto system である。このような方式は国際私法の統一を目的とするハーグ国際私法会議の条約には適当ではないので、第九会期以降はとられていない。(ロ)の方法は第三国の加入に消極的な場合のやり方であり、(ハ)の方法はとくに異論がなければ加入を認めようという場合のやり方である。(ハ)の方法のほうが加入を容易にし、これを促すように機能することはいうまでもないし、加入の効力発生時点の明確化という点でもすぐれている。したがって、特別委員会においても、また第一三会期においても、普遍的な性質を有しない条約への加入については、各締約国が一定期間内に異議を述べたときにかぎり、その国との間では効力を生じないとする方法が適当とされた。なお、異議を述べることのできる期間は、第一二会期以降、加入の通知を受けたのち一二ケ月とした。

(3)普遍的性質を有する条約への加入

普遍的な性質を有する条約とは、既に述べたように、その条約を批准し、或はこれに加入しても、そのことによって当然に他の締約国との間に特段の法律上の関係を生じない条約をいう。いいかえれば、実体法に関する準拠法を決定するのみであって、とくにその結果を他の国で承認し或は尊重する必要のない条約(前述(2)の(イ)、(ロ)、(ハ)で掲げた以外の条約、例えば売買契約の準拠法に関する条約、生産物責任に関する条約)である。すなわち、加入国は新たにその条約の定めるところに従うというにすぎず、他の締約国にとっては、国際私法の統一の実が上ったことにはなっても、法的には何らの影響も及ぼすものではない。従って、これらの条約には、相互主義に関する規定を設ける必要はなく、ハーグ国際私法会議の加盟国でない国が条約に加入することは何らの障害もないことを確認した。

加入については、(1)で述べたとおり、第一一会期及び一二会期の条約にみられるような限定はなく、文字どおりいかなる国(chacun état, any state)も加入することができる。

特別委員会では、このような条約については、各会期で非加盟国にも批准の手続をみとめることが望ましいとの意見であったが、第一三会期ではこの問題はそれぞれの条約採択に当る会期の全体会議で決定すべきこととした。第一三会期の条約では、第一三会期におけるハーグ国際私法会議の加盟国は批准、承認及び受諾により、非加盟国には加入により、締約国となることができるとの方法を維持している[13](夫婦財産制に関する条約第二二条及び第二三条、婚姻の挙行及び承認に関する条約第二四条及び第二五条、代理の準拠法に関する条約第二三条及び第二四条)。

(三)　発効要件

第一三会期では、とくに条約の発効要件を独立の問題としてはとりあげていない。したがって従来と同様、各会期において条約採択の際に決定するという原則に変りはない[14]。

しかし、普遍的性質を有する条約への加入の資格を当該会期におけるハーグ国際私法会議の加盟国以外のすべての国に認めたことに関連して、非加盟国の加入は批准、承認、受諾と同等の価値をもつものであるかどうかが問題とされた。すなわち普遍的性質を有する条約については、批准、受諾、承認と加入も実質的な差がないとも考えられるからである。この点に関しては、第一三会期では、批准、受諾、承認と加入とを同じに扱うことは認めず、各会期における条約採択の際に決定すべきものとした。しかし、第一三会期で採択した条約はいずれも普遍的性質を有する条約であったためか、条約の発効に関して批准、承認、受諾と加入との間に効力の差を設けていない(夫婦財産制に関する条約第二九条、婚姻の挙行及び承認に関する条約第二九条、代理の準拠法に関する条約第二六条)。

普遍的性質を有しない条約にあっては従来どおり、批准、承認、受諾によって効力を生ずることとなる。加入については前述の(ハ)の方法による。

第一三会期に採択された条約では、発効に必要な批准、承認、受諾または加入の数は、第一二会期にひきつづいて三ケ国とされている。この点についてとくに検討はされていないが、各国から異論が出ないところからみて、今後とも原則として、発効要件は三ケ国が標準となることが予想される。

(四)　地域的適用範囲

第一一会期までは、批准しまたは加入する国は、自国が国際関係について責任を有する領域の全部または一部について、この条約の適用を宣言することができること、この宣言は条約がその国について効力を生ずる時に効力を生ずることとされていた(例えば、証拠収集に関する条約第四〇条[15]。ただし、離婚及び別居の承認に関する条約第二九条は例外であって、地域的適用範囲の事後の拡大はこれを承認した国との間でのみ効力を生ずるとしている。)。第一二会期では普遍的性質を有する条約と普遍的性質を有しない条約とを区別し、前者についてはとくに制限を加えないが(例えば生産物責任に関する条約第一九条、扶養義務の準拠法に関する条約第二二条)、後者については各締約国で一定期間内に異議を述べないときは効力を生ずるものとした[16](遺産管理に関する条約第四三条、扶養義務に関する外国判決の承認及び執行に関する条約第三三条)。第一三会期においても、この考え方を変えてはいないが、第一三会期で採択した条約はいずれも普遍的性質を有する条約であるので、この問題に触れる必要はなかった。

(五)　国家承継

この問題は、ハーグ国際私法会議の加盟国に属していた地域の一部が独立して新たな国家となった場合或は併合されて別の国家が出来た場合に、従前のハーグ国際私法条約の効力が新たな国家に及ぶかどうか、或は効力を生ずるとするためにはどのような要件と手続を必要とするかということである[17]。とくに相互主義を建前とする条約の場合に問題が生ずる。特別委員会では、この問題は現に国際法委員会で永年にわたって検討中であることでもあり、差当ってハーグ国際私法会議でとり上げることはしないこととした。したがって、第一三会期でもこの問題をとくに審議はしていない。この問題が何故に特別委員会の議題とされたかは筆者の詳かにしえないところであるが、おそらくかつて英国領であったモーリシャス、フィジー、トンガ、レソトなどが独立後、遺言の方式に関する条約、外国公文書の認証を不要とする条約に拘束される旨を表明したことに起因すると思われる。しかし、最近とくにこの問題を検討する必要が生じたとは考えられない。国家承継の問題は国際法における条約一般に関する問題として扱うことが適当であろう。

三　留保と選択

この議題は、ハーグ国際私法会議で採択した条約における留保、選択に関する規定は批判の余地があったので、この機会に概念を明確にしておくためにとりあげられた[18]。条約上の留保(réserve, reservation)とは、締約国に条約の一部の適用を排除することを認める規定(例えば、証拠収集に関する条約第三三条、婚姻の挙行及び承認に関する条約第一六条)であり、選択(faculté, option)とは、予め定められた条項についてそれを修正(或は拡張する)ことを認める規定(例えば、遺産管理に関する条約第三〇条、夫婦財産制に関する条約第二一条)であることは、一般に異論がなかった。これを前提として、とくに目新しい議論をすることもなく、次のことを承認した。

(一)　留保

条約採択会議において定めた留保のほかはいかなる留保もみとめられない。また、留保は批准、受諾、承認または加入の時にのみ可能であるが、留保の撤回はいつでもなしうる。条約法に関するウイーン条約では、個々の条約で特に定めている場合のほか、その条約と矛盾しない留保であれば可能とされているが（同条約一九条）、ハーグ国際私法条約では条約に定める留保以外に一切の留保は許されない。それとともにハーグ国際私法条約では「留保の受諾」ということもない。

（二）　選択

選択についても、それが可能かどうかは実質的規定を定める時に決定する。選択は条約の批准、受諾、承認または加入時又はその後になしうる。

四　不統一法国に関する問題

ハーグ国際私法条約は、各国の私法の適用範囲を定めるものである。しかし国によっては国内に異法地域が存在し、或は私法について各州、各地域が立法権を留保している国も少くない。このことは、ハーグ国際私法条約が広く採用されることの障害となっている。これらの問題は、本来各国の法制度の問題であるから、直ちに国際私法条約の規定で解決することはできない。

この点について、その国の州又は地域の明示の同意がある場合に不統一法国が条約の締約国となることができるとの特別委員会の意見が報告された。この考え方によると、普遍的な性質を有しない条約については、各締約国は各州、または各地域ごとに異議を述べることもありうる。これに対して、連邦国家については、米国代表からいくつかの場合のあることが指摘され[19]、これらを考慮して第一三会期の各条約の条項を作成することとなった。

注

1 第一三会期における第四委員会は従来よりも広い範囲にわたり、しかも重要な問題を審議すること、日程の都合上他の委員会と同時に開催されることもあるので、事務局からそれが可能なような代表団の構成が要請された。第四委員会の議長はP・キャヴァン(スイス、連邦最高裁判所長官)、副議長はT・B・スミス(カナダ、連邦法務省審議官)、F・ショクヴァイラー（ルクセンブルグ、法務省審議官)であり、わが国からは池原季雄教授と筆者が出席し、条約の技術的な規定に関する部分は筆者が担当した。

2 条約の最終条項等の技術的な規定の検討のための特別委員会には、わが国からは出席しなかった(欠席は日本、イスラエル、ユーゴスラヴィア、トルコ)。しかし、このような技術的な問題にも意見を表明するとともに、それにふさわしい者を出席させて国際会議に寄与することが望ましい。Actes et documents de la Treizième Session, Tome I (Matieres deverses) pp. 79-85 (Note sur certaines question de technique de laboration des Conventions de La Haye), pp. 97-104 (Note sur les clauses protocolaires des Conventions de la Haye), pp. 102-104 (Note sur les réserves et les facultiés dans les Conventions de La Haye), pp. 105-110 (Note sur les problèmes provoques par les systemes non unifes) 参照

3 Actes et documents de la Treizième Session, Tome I pp. 146-153.

4 例えば、留保と選択についてはGeorges A. L. Droz, Les réserves et les facultés dans les Conventions de La Haye de droit international privé (Revue critique de droit international privé, 1969, p. 381 ff)ジョルジュ・ドローズ氏は当時事務局次長、一九七八年九月から事務局長である。

5 最終条項の起草委員会は、W・ホルトグラーフェ（ドイツ連邦共和国)、M・ヘテュ（カナダ)、O・デュエ(デンマーク)、R・ドールトン(アメリカ合衆国)、L・コパッチ(チェコスロバキア)、高桑(日本)が指名され、オランダ外務省条約局の担当課長もこれに加わった。事務局からはドローズ氏が出席した。

6 加盟国が、批准、承認、受諾のいずれの手続によるかは条約の問題ではなく、各国の憲法上の問題である。

7 第七会期の条約　売買契約の準拠法に関する条約第八条第一項(La présent Convention est ouverte à la signature des Etats représentés à la Septième Session de la Conférence de La Haye de Droit International Privé.)。第一一会期の条約　離婚及び別居の承認に関する条約第二六条第一項(The present Convention shall be open for signature by the States represented at the Eleventh Session of the Hague Conference on Private International Law.)。第一二会期の条約　生産物責任に関する条約第一七条第一項(This Convention shall be open for signature by the States which were Members at the Hague Conference on Private International Law.)。第一三会期の条約　婚姻の挙行及び承認に関する条約第二四条第一項(La Convention est ouverte à la signature des États qui étaient Membres de la Conférence de La Haye de droit International Privé lors de sa Treizième session.)。

8 第七会期の条約　民事訴訟手続に関する条約第三一条第一項(Tout État, non représente à la Septième Session de la Conférence, est admis à adhérer à la présent Convention, à moins qu'un État ou plusieurs États ayant ratifié la Covention ne s'y opposent, dans un délai de six mois à dater de la communication faite par la Gouvernement néerlandais, ……)。例えばソヴィエト連邦共和国はハーグ国際私法会議には

加盟してないが、民事訴訟手続に関する条約には加入している。認証不要条約には非加盟国でも多くの国が加入している。

第一〇会期の条約—裁判上または裁判外の文書の送達に関する条約第二八条第一項(Tout État non représenté à la Dixième session de la Conférence de La Haye de droit international privé pourra adhérer à la présente Convention.)。

9　第一一会期の条約—証拠収集に関する条約第三九条第一項(Any state not represented at the Eleventh Session of the Hague Conference on Private International Law which is a Member of this conference or of the United Nations or of a specialized agency of that Organization, or a Party to the Statute of the International Court of Justice may accede to the present Convention……)。第一二会期の条約　遺産管理に関する条約第四二条第一項(Tout État qui n'est devenue Membre de La Conférence qu'après la Douzième session, ou qui appartient à l'Organisation des Nations Unies ou à une institution specialisée de celle-ci, ou est Partie ou Statut de la Cour internationale de Justice, pourra adhérer à la présente Convention.)。

10　ハーグ国際私法条約でこの点が問題になったことはない。国家承認と多数国間条約への加入については、田畑茂二郎・国際法I〔新版〕二一九—二二二頁参照。

11　Actes et Documents, p. 152.　例えば、夫婦財産制に関する条約第二三条(Any other State may accede to the Convention. Tour État pourra adhérer à la Convention.)。

12　イに属するもの　民事訴訟手続に関する条約第三一条第一項(Tout État, non représente à la Septième Session de la Conférence, et admis à adhérer à la Convention, à moins qu'un État ou plusieurs État ayant ratifié la Convention ne s'y opposent, dans un délai de six mois……)。

ロに属するもの　子の扶養義務に関する外国判決の承認及び執行に関する条約第一七条第一項(Tout Etat, non représenté à la Huitième Session de la Conférence de La Haye de Droit International Privè, pourra adhérer à la présente Convention. L'État désirant adhérer notifiera son intention……. L'adhésion n'aura d'effet que dans le rapports entre l'Etat adhérant et les États contractants qui auront déclaré accepter cette adhésion.)。

ハに属するもの　外国公文書の認証を不要とする条約第一二条第二項(L'adhésion n'aura d'effet que dans les rapports entre l'État adhérant et les États contractants qui n'auront pas élevé d'objection à son encontre dans les six mois après……)。

13　例えば代理の準拠法に関する条約第二四条第一項(Any other State may aceed to the Convention.)。

14　第二次大戦後のハーグ国際私法条約では、発効要件としての批准した国の数は一定していない。三ヶ国ではない条約は次のとおりである。

五ヶ国—売買に関する三条約、本国法と住所地法の抵触を解決するための条約、会社等法人の承認条約

四ヶ国—民事訴訟手続に関する条約、子の扶養義務の準拠法条約、子の扶養義務に関する外国判決の承認及び執行に関する条約、外国公文書の認証を不要とする条約、養子縁組に関する条約、民事または商事に関する裁判上及び裁判外の文書の送達に関する条約、合意管轄に関する条約、離婚及び別居の承認に関する条約、交通事故に関する条約、証拠収集に関する条約

二ヶ国―民事及び商事に関する外国判決の承認及び執行に関する条約並びにこれに関する追加議定書

15　外国公文書の認証を不要とする条約第一三条第一項(Tout État, au moment de la signature, de la ratification ou de l'adhésion, pourra déclarer que la présent Convention s'étendra á l'ensemble des territoires qu'il représente sur le plan international, ……)。証拠収集に関する条約第四〇条第１項(Any State may, at the time of signature, ratification or accession, declare that the present Convention shall extend to all the territories for the international relations of which it is responsible, ……)。

16　離婚及び別居の承認に関する条約第二九条第三項(L'extension n'aura d'effet que dans les rapports avec les Etats contractants qui auront déclaré accepter cette extension.)。遺産の国際的管理に関する条約第四三条第三項(L'extension aura effet dans les rapports entre les Etats qui, douze mois après……, n'auront pas d'objection á son encontre, et le territoire ou les territoires dont les relations internationals……)。

17　国家承認と条約の関係については、田畑茂二郎・国際法Ⅰ〔新版〕二四五頁以下参照。

18　条約における留保と選択についてはG.Droz,《Les réserves et les facultés dans les Conventions de La Haye de droit international privé》(Revue critique de droit international privé, 1969, 381 et s.)、横田喜三郎・国際法Ⅱ〔新版〕四一七頁以下及びそこに掲げられている文献参照。ところで、条約法条約によれば、留保は、条約によって禁止されていないかぎり条約の目的に反しない範囲内で、署名または批准の際に可能とされている(第一九条)。そして条約で明示的に認められている留保以外は、他の締約国の受諾が必要であり、かつ受諾した国との間でのみ効力を有する。条約全体が締約国に適用さるべき条約にあっては、すべての締約国の同意がなければ留保は許されない(第二〇条)。

19　Actes et documents, de la Treizième Session, Tome I, p. 153.

〔補説〕

本章のもととなった国際法学会での報告から三二年が経過した。その間にハーグ国際私法会議では第一四会期から第二一会期があり、あわせて、一二の条約を採択した。第一四章で掲げた条約の表にさらに七条約が加わることになる。一九五五年以後の条約の発効、締約国の二〇一一年三月末現在の情況は本章の末尾に付した表のⅢとⅣ⑴、⑵のとおりである。

一　第一四会期以後の概要

ハーグ国際私法会議条約の最終条項については、第一二会期（一九七二年）と第一三会期（一九七六年）にあらためて検討されたことは本章の本文で述べた。その後に作成された条約の最終条項はおおむね第一三会期での条約の最終条約にならっている。しかし、第一三会期の特別委員会及び全体会議で、条約の最終条項はそれぞれの条約の採択に当る会期の全体会議で決定すべきこととされているので、条約の目的、内容と規定の性質、留保と宣言の内容などによって、必ずしも一様ではない。また、この間にハーグ国際私法会議の加盟国は著しく増加し(第一三会期当時のほぼ二倍)、今世紀になって地域的経済統合機構(Regional Economic Integration Organization)も加盟し、条約の締約国(当事国)となりうるようになった(現在欧州共同体が加盟している)。

条約の扱う事項も多くなり、裁判管轄権、準拠法、外国裁判の承認・執行、手続の共助などの広い範囲に及び、その内容も多岐にわたり、規定の仕方も複雑となった。これは抵触法的正義に意を用い、その面での利益の利益較量がなされていることを意味するが、その反面で、法律家であっても抵触法の専門家でなければ理解が困難になったともいいうる。

二〇〇五年の口座管理機関の保有する証券についての権利の準拠法に関する条約(証券保管条約)から条約の各条文にその内容を示す見出しがつけられるようになった。ただし、扶養準拠法議定書には条文の見出しはない。

さらに、これまでのハーグ国際私法会議条約の改訂・改正のための条約、他の多数国間条約と関係する条約が多くなった(例えば、訴訟救助等の条約、子に対する援助と家族の扶養の回復のための条約、扶養の準拠法議定書など)。このようなことは一般規定(dispositions générales, general provisions)で扱われるが、最終条項にも影響がないわけではない。次に第一四会期以降の条約の最終条項で筆者の気づいたところを略述する。

なお、第一一会期までは発効要件等を定めるところの、条約の最終条項は、条約の総則(或は雑則)ともいうべき規定とともに一般規定(Dispositions Generales, General Clauses)におかれていて、独立の章となっていなかったが、第一二会期から最終条項(Dispositions Finales, Final Clauses)の章として独立したのである。一般規定の内容は条約ごとに大きく異なる。

二　条約への参加手続20

多くの条約では、条約は各会期におけるハーグ国際私法会議の加盟国の署名に開放され、これらの国は批准・受諾・承認の手続をとり、その他の国(非加盟国)は加入することができるとされている(例えば、子の奪取条約三七条、三八条)。条約によっては、その会期当時の加盟国と、非加盟国であっても会議に招かれ若しくは参加した国の署名に開放するとしている条約(例えば、裁判上の援助条約三一条、子の援助条約五八条)、加盟国か否かにかかわらず、全ての国の署名に開放するとしている条約(例えば、売買準拠法条約二五条、証券保管条約一七条、合意管轄権条約二七条、扶養準拠法議定書二三条)もある。署名を一定の会期の加盟国に限定している場合には(成年者保護条約は一九九九年一〇月二日当時の加盟国としている)、非加盟国は条約の発効後に加入手続をとることができるとされている。

三　発効要件

発効要件となる締約国の数は三ヶ国とする条約が多く、批准・受諾・承認、加入のいずれの手続でもよい(二カ国で発効するものとして、合意管轄権条約三一条、子の援助条約六〇条、扶養準拠法議定書二五条、五ヶ国で発効するものとして売買準拠法条約二七条)。一般に、発効要件をみたす批准書等の寄託後三暦月を経過した時に条約として効力を生ずるとされている。ただし、条約への加入については、既に締約国となっている国がその加入を承認する宣言をした場合にその二国間で効力を生ずるとするもの(例えば、子の奪取条約三八条)、加入後一定期間内(六ヶ月又は一二ヶ月)に既に締約国となっている国が異議を述べない場合にその二国間で効力を生ずるとするもの(例えば、裁判上の援助条約三二条)がある。これらは本文で述べたように、普遍的な性質を有しない条約であって、従来から用いられてきた(ロ)と(ハ)の方法であり、条約の内容によって使い分けられている。

四　不統一法国に関する条項

地域的不統一法国において条約の適用される地域に関する規定は従来から変っていない。証券保管条約では多数法域国 multi-unit state と表現し、合意管轄権条約からは地域的不統一法制国 non-unified legal systems との表現を用いている。

五　加盟国の変動

この三十余年の間にいくつかの加盟国では二以上の新国家となり(例えば、ユーゴスラビア)、その領域も変ったが、これらはハーグ国際私法会議条約の条文には直接影響していない。新国家による条約の承継、条約への加入は国際法(条約法)によって処理することになる。

六　地域的経済統合機構の加盟

第二〇会期において、ハーグ国際私法会議規程が改正され、地域的経済統合機構もハーグ国際私法会議に加盟することができるようになった(二〇〇五年六月三〇日に改正がなされ、二〇〇六年九月三〇日に加盟国が承認し、二〇〇七年一月一日から発効)。この地域的経済統合機構とは主権国家のみから成る国際機構であり、加盟申請時にその構成国から移譲された一定の事項についての権限を示さなければならない。しかし、既にハーグ国際私法会議の加盟国となっている構成国の加盟国としての地位に変更はない。加盟国と地域的経済統合機構の権利行使は、択一的に行われるものとされる。機構は権利を移譲した国の数に相当する数の投票権を有する。証券保管条約、合意管轄権条約、子の援助条約、扶養準拠法条約のいずれにもこの条項がある。

注

20　ハーグ国際私法会議の非加盟国は同会議の一定の条約の発効後に条約に加入することができたところ、第一四会期(一九八〇年)では非加盟国であってもオランダ政府から招請された国は、オブサーヴァーとして条約作成会議に参加できるようになり、第一五会期(一九八五年)及びこれに続く特別会期(一九八六年)からは同会議の非加盟国であってもオランダ政府から招請を受けた国は条約作成会議に参加できることとなった。これは第一四会期に先立って行われた、条約作成会議の構成と運営に関する特別委員会の報告を第一四会期の最終文書で採択したことによる。その目的は同会議の条約作成に多くの関係国の参加と同会議の条約の締結(批准、加入)を促すことにあった(Actes et documents de la Quatorzieme Session, Tome I pp. 63-64, 183-186, 193-198.)。とくに、当時、近い将来に採り上げるテーマとして、売買契約準拠法条約(一九五五年)の改正のように、既存の条約の改正や多くの国に関係のある条約の作成が予想されたためでもある。そこで採択されたところによれば、とくにハーグ国際私法会議の規程を改正しないでも非加盟国の参加を認めて差支えないとされ、非加盟国の会議への参加の招請についてはオランダ政府は加盟国の意見を考慮すること、招請を受けた非加盟国は加盟国と同じ資格で条約作成会議及び条約改正会議に参加できるとすること、その会期は特別会期とすることとなった。なお、このことと条約の締結及び発効要件とは直ちに結びつかない(売買契約、証券保管、合意管轄権の各条約では、条約締結のための署名は全ての国がなしうるとされている)。

XXXIV　扶養義務の準拠法に関する議定書(2007)

6　相続等

XI　遺言の方式の準拠法に関する条約(1961)

XXI　死亡した者の財産の管理に関する条約(1973)

XXXII　死亡した者の財産の相続に関する条約(1989)

7　訴訟手続

II　民事訴訟手続に関する条約(1954)

XIV　民事商事に関する裁判上裁判外の文書の外国における送達告知に関する条約(1965)

XII　外国公文書の認証を不要とする条約(1961)

XX　外国における民事商事に関する証拠の収集に関する条約(1970)

XXIV　裁判の国際的な援助に関する条約(1980)

V　動産の国際的売買における合意による裁判所の管轄に関する条約(1958)

XV　裁判所の選定に合意に関する条約(1965)

XVI　民事商事に関する外国判決の承認及び執行に関する条約(1971)

XVII　民事商事に関する外国判決の承認及び執行に関する条約についての追加議定書(1971)

XXXVII　裁判所の選択についての合意に関する条約(2005)

表Ⅲ　1954年以後2007年までの条約について条約の対象となる法律関係による分類

ハーグ国際私法会議条約と国際私法の統一

1　抵触規則

　Ⅵ　本国法と住所地法の抵触を解決するための条約（1956）

2　法人格の承認

　Ⅶ　外国の会社、社団及び財団の法人格に承認に関する条約（1956）

3　財産上の行為（債権、物権）

　Ⅲ　動産の国際的売買の準拠法に関する条約（1955）

　Ⅳ　動産の国際的売買における所有権の移転に準拠法に関する条約（1958）

　XXⅦ　代理の準拠法に関する条約（1978）

　XXX　信託の準拠法に関する条約（1984）

　XXXI　商品の国際的売買契約の準拠法に関する条約（1986）

　XXXⅥ　口座管理機関の保管する証券についての権利の準拠法に関する条約（2006）

4　不法行為等

　XIX　交通事故についての準拠法に関する条約（1971）

　XXII　生産物責任の準拠法に関する条約（1973）

5　親族関係

　XXⅥ　婚姻の挙行及び有効性の承認に関する条約（1978）

　XXV　夫婦財産制の準拠法に関する条約（1978）

　XⅧ　離婚及び別居の承認に関する条約（1970）

　XⅢ　養子縁組についての機関の管轄権、準拠法及び決定の承認に関する条約（1965）

　X　未成年者の保護に関する機関の管轄権並びに準拠法に関する条約（1961）

　XXⅧ　国際的な子の奪取の民事面に関する条約（1980）

　Ⅷ　子に対する扶養義務の準拠法に関する条約（1956）

　IX　子に対する扶養義務に関する決定の承認及び執行に関する条約（1958）

　XXⅣ　扶養義務の準拠法に関する条約（1973）

　XXⅢ　扶養義務に関する決定の承認及び執行に関する条約（1973）

　XXXⅢ　国際的養子縁組における子の保護と司法共助に関する条約

　XXXⅣ　親の責任及び子の保護の措置についての管轄権、準拠法、承認、執行及び共助に関する条約（1996）

　XXXV　成年者の国際的保護に関する条約（2000）

　XXXⅧ　子及びその他の家族の扶養の国際的回復に関する条約（2007）

（注）前のローマ数字は別表Ⅱの条約の番号である。

インド	アイルランド	イスラエル	イタリー	日本	ヨルダン	大韓民国	ラトヴィア	リトアニア	ルクセンブルグ	マレイシア	マルタ	モーリシャス	メキシコ	モナコ	モンテネグロ	モロッコ	オランダ	ニュージーランド	ノルウェー	パナマ	パラグアイ	ペルー	フィリピン	ポーランド	ポルトガル	ルーマニア	ロシア連邦	セルヴィア	スロヴァキア	スロヴェニア	南アフリカ	スペイン	スリランカ	スリナム	スウェーデン	スイス	トルコ	ウクライナ	連合王国	アメリカ合衆国	ウルグアイ	ヴェネズエラ
		A	R	R			A	A	R						A	A	R		R					A	R	A	A	A	A	A		R		A	R	R	A	A				
			R						S								S		R													S			R	R						
			R*																																							
									S								R*															S										
									S								R*															S										
			R	R					R								R		S						R							R				R	R					
			R						S								R		R						R				A			R		A	R	R	R					
			R				A	A	R								R							A	R							R				R	A					
	A	A	S	R					R			A			R		R		R					A	S			R		R	A	R			R	R	A		R			
A	R	A	R	R		A	A	A	R		A	A	A	A	R		R	A	R	A		A		A	R	A	A	R	A	R	A	R		A	R	R	R	A	R	A		A
																																				D			D			
S	R	R	R	R		A	A	A	R		A*		A	A			R		R					A	R	A	A	A	A	A		R	A		R	R	R	A	R	R		A
		S																																								
																	R								R																	
																	R								R																	
			R						R								R		R					A	R				R						R	R			R			
							A	A	R						R	A	R							A	S			R	R	R		R				R						
A		R	R			A	A	A	R		A*		A	A			R		R					A	R	A	A	A	R	A	A	R	A		R	R	R	A	R	R		A
			S						S								S								R				R								S		S			
			S						R						R		R		R						S			R		R		R										
			R					A	R								R		R					A	R				R			R			R	R	R	A	R			
			R	R				A	R								R							A	R							R				R	R					
									R								R								S																	
									R								R								S																	
																	R								R																	
	R	R	R				A	A	R		A	A	A	A	R	A	R	A	R	A	A	A		A	R	A		R	R	A	A	R	A		R	R	R	A	R	R	A	R
			S				A	A	R		A*				R	S	R							A		A		R	R	R		R			R	R	S					
			R						R		A			A			R																			R			R	S		
																	S												S													
									S								R*																			S						
R	R	R	R				R	A	R		A	A	R	A			R	A	R	R	A	R	R	R	R	R	S		R	R	A	R	R		R	R	R		R	R	R	R
	R		S				R	A	R		A*			R		R	R*							R	S	R			R	R		R			S	R		A	S	S	R	
	S		S						S								S							S												R			R			
												R*																								R*				S		
	s		*s*				*s*	*s*	*s*		*s*		A*				*s*							*s*	*s*	*s*			*s*	*s*		*s*			*s*				*s*	S		
																			S																			S		S		
	r		*r*				*r*	*r*	*r*		*r*						*r*							*r*	*r*	*r*			*r*	*r*		*r*			*r*							

表Ⅳ(1)(加盟国)

加盟国 / ハーグ会議規定	I	アルバニア	アルゼンチン	オーストラリア	オーストリア	ベラルーシ	ベルギー	ボスニア・ヘルツゴヴィナ	ブラジル	ブルガリア	カナダ	チリ	中国	コスタリカ	クロアチア	キプラス(キプロス)	チェコ共和国	デンマーク	エクアドル	エジプト	エストニア	欧州共同体	フィンランド	マケドニア	フランス	グルジア	ドイツ	ギリシア	ハンガリー	アイスランド
民事訴訟手続*	II	A	A		R	A	R						2		A	A	A	R		A			R	A	R		R		A	A
動産売買準拠法*	III						D											R					R		R					
動産所有権移転	IV																											S		
動産売買合意管轄	V				S		S																				S	S		
本国法と住所地法	VI						R*																		S					
法人の承認	VII						R*																		R*					
子の扶養(準拠法)*	VIII				R		R						2												R		R	S		
子の扶養(承認・執行)*	IX				R		R						2				A	R					R		R		R	S	A	
未成年者保護*	X				R								2												R		R			
遺言の方式*	XI			A	R		R	R					1		R			R			A		R	R	R		R	R		
公文書認証不要*	XII	A	A	A	R	A	R	R		A			1,2		R	A	A	R	A			■	R	R	R	A	R	R	A	R
養子縁組*	XIII				D																									
送達*	XIV	A	A	A		A	R	A			A		A		A	A	A	R		R	A		R	A	R		R	R	A	A
合意管轄	XV																													
判決の承認・執行*	XVI	A														R														
判決の承認執行(議定書)*	XVII															R														
離婚・別居の承認*	XVIII			A									1			A	R	R		R	A		R							
交通事故*	XIX				R	A	R	R							R		R							R	R					
証拠収集	XX	A	A	A		A		A		A			A		A	A	R	R			A		R	A	R		R	R	A	A
遺産管理*	XXI																R													
製造物責任*	XXII						S								R								R	R	R					
扶養の裁判の承認・執行*	XXIII			A			S										R	R			A		R		R		R	R		
扶養の準拠法*	XXIV						S														A				R		R	R		
夫婦財産制*	XXV				S																				R					
婚姻の承認*	XXVI			R																S			S							
代理*	XXVII		R																						R					
子の奪取*	XXVIII	A	R	R	R	A	R	R	A	A	R	A	1,2	A	R	A	R	R	A		A	■	R	R	R	A	R	R	A	A
裁判所の利用*	XXIX	A				A		R		A					R	A	R				A		R	R	R		S	S		
信託	XXX			R							R		1			S									S					
動産売買契約	XXXI		R*														S													
相続(準拠法)	XXXII		S																											
養子縁組の共助	XXXIII	R		R	R	R	R		R	R	R	R	R	R		R	R	R	R		A	■	R	A	R	A	R	R	R	A
子の保護	XXXIV	A		R	R*		S			A					R	R	R	S	A		A		R		R		R	S	R	
成年者の保護	XXXV															S	S				A*		R		R		R	S		
証券保管*	XXXVI																													
合意管轄*	XXXVII				*s*		*s*			*s*						*s*	*s*				*s*	S	*s*		*s*		*s*	*s*	*s*	
扶養回復*	XXXVIII																													
扶養義務議定書*	XXXIX				*r*		*r*			*r*						*r*	*r*				*r*	R*	*r*		*r*		*r*	*r*	*r*	

＊＝発行済。S＝署名のみ。R＝批准。A＝加入。D＝廃棄。*s*＝欧州共同体による署名のみ。*r*＝欧州共同体による批准(ただし未発効)。
1＝本条約は香港特別行政地域のみに適用。 2＝本条約はマカオ特別行政地域のみに適用。
■ 欧州共同体の全ての構成国で効力を有する。
A*＝加入手続済、ただし当該条約の締約国の承認未了。

R*＝批准手続済、ただし当該条約の締約国の承認未了。

ハーグ国際私法会議の 2011 年 3 月 31 日現在のホームページ(http://www.hcch.net/)による。

	ホンジュラス	カザフスタン	ケニア	クウェート	キャザスタン	レバノン	レソト	ライベリア	リヒテンシュタイン	マダガスカル	マラウイ	マリ	マーシャル諸島	モルドヴァ共和国	モンゴル	ナミビア	ネパール	ニカラグア	ニジェール	ニウエ	パキスタン	セントクリストファー・ネヴィス	セントルシア	セントヴィンセント・グレナディン諸島	サモア	サンマリノ	サントメ	セイシェル諸島	シンガポール	スワジーランド	タイ	トーゴ	トンガ	トリニダード トバゴ	トルクメニスタン	ウズベキスタン	ヴァヌアツ	ヴェトナム	ジンバブエ
					A	A								A																						A			
																			A																				
									A																														
									A																														
							A																							A			A						
	A	A			A*		A	A	R		A		A	A	A	A				A		A	A	A	A	A	A	A		A			A	A			A		
				A							A										A			A		A		A											
				A																																			
				A																																			
				A					A																			A	A										
	A													A				A				A				A		A	A		A			A	A	A			A
									A																	A													
														A*																									
		A	A						A	R		A		A	A		S									A		A			R	A						S	

表Ⅳ（2）（非加盟国）

非加盟国 ＼ ハーグ会議規定		アンドラ	アンティグア・バルブーダ	アルメニア	アゼルバイジャン	バハマ	バルバドス	ベルズ	ボリビア	ボツワナ	ブルネイ・ダッサラム	ブルキナファソ	ブルンティ	カンボジア	カーボベルデ	コロンビア	クック諸島	キューバ	ドミニカ	ドミニカ共和国	エルサルバドル	フィジー	ガボン	グレナダ	グァテマラ	ギニア	ハイチ	ヴァチカン市国
民事訴訟手続*	II																											A
動産売買準拠法*	III																											
動産所有権移転	IV																											
動産売買合意管轄	V																											
本国法と住所地法	VI																											
法人の承認	VII																											
子の扶養（準拠法）*	VIII																											
子の扶養（承認・執行）*	IX																											
未成年者保護*	X																											
遺言の方式*	XI		A	A						A	A											A		A				
公文書認証不要*	XII	A	A	A	A	A	A	A		A	A				A	A	A		A	A	A	A		A				
養子縁組*	XIII																											
送達*	XIV		A			A	A	A		A																		
合意管轄	XV																											
判決の承認・執行*	XVI																											
判決の承認執行（議定書）*	XVII																											
離婚・別居の承認*	XVIII																											
交通事故*	XIX																											
証拠収集	XX						A																					
遺産管理*	XXI																											
製造物責任*	XXII																											
扶養の裁判の承認・執行*	XXIII																											
扶養の準拠法*	XXIV																											
夫婦財産制*	XXV																											
婚姻の承認*	XXVI																											
代理*	XXVII																											
子の奪取*	XXVIII			A		A		A				A				A				A	A	A	A		A			
裁判所の利用*	XXIX																											
信託	XXX																											
動産売買契約	XXXI																											
相続（準拠法）	XXXII																											
養子縁組の共助	XXXIII	A		A	A			A	R			R	A	A	A	R		A		A	R				A	A	S	
子の保護	XXXIV			A																A								
成年者の保護	XXXV																											
証券保管*	XXXVI																											
合意管轄*	XXXVII																											
扶養回復*	XXXVIII											S																
扶養義務議定書*	XXXIX																											

＊＝発行済。S＝署名のみ。R＝批准。A＝加入。A*＝加入手続済、ただし当該条約の締約国の承認未了。

初出一覧

第一章　「国際民事訴訟法」高桑昭＝道垣内正人編『国際民事訴訟法（財産法関係）（新・裁判実務大系３）』（青林書院、平成一四年（二〇〇二年））一頁―一四頁
第二章　「わが国における外国等に対する民事裁判権の免除」成蹊法学七一号（成蹊法学会、平成二一年（二〇〇九年））一頁―一六頁
第三章　（高桑昭。国際商取引法［第二版］（有斐閣、平成一八年（二〇〇六年））三〇九頁―三一三頁、三一六頁―三一七頁
第四章　「当事者能力」高桑昭＝道垣内正人編『国際民事訴訟法（財産法関係）（新・裁判実務大系３）』（青林書院、平成一四年（二〇〇二年））一六三頁―一七二頁
第五章　「渉外的民事訴訟事件における送達と証拠調」法曹時報三七巻四号（法曹会、昭和六〇年（一九八五年））一頁―六一頁
第六章　「わが国における外国判決の承認についての再論」成蹊法学七二号六五頁―一一三頁（成蹊法学会、平成二二年（二〇一〇年））
第七章　「民事裁判権の免除」澤木敬郎・青山善充編『国際民事訴訟法の理論』（有斐閣、昭和六二年（一九八七年））一四七頁―二〇〇頁
第八章　「民事手続法に関する多数国間条約」澤木敬郎・青山善充編『国際民事訴訟法の理論』（有斐閣、昭和六二年（一九八七年））四九三頁―五三三頁
第九章　国際裁判管轄権に関する条約の立法論的考察」新堂幸司ほか編『三ヶ月章先生古稀祝賀　民事手続法の革新（上巻）』（有斐閣、平成四年（一九九二年））三二五頁―三五九頁
第一〇章　「法例修正案に関する参考書と理由書」国際法外交雑誌八六巻二号三〇頁―四七頁（国際法学会、昭和六二年（一九八七年））
第一一章　「海事法律関係と法例の適用」法学論叢一三四巻五・六号八一頁―一〇六頁（京都法学会、平成六年（一九九四年））
第一二章　「新たな仲裁法と渉外的仲裁」法曹時報五六巻七号一頁―二六頁（法曹会、平成一六年（二〇〇四年））
第一三章　「国際物品売買契約に関する国際連合条約の適用」法曹時報六一巻一〇号一頁―二六頁（法曹会、平成一七年（二〇〇九年））
第一四章　「ハーグ国際私法会議と国際私法の統一」国際法外交雑誌九二巻四・五合併号一〇頁―三五頁（国際法学会、平成六年（一九九四年））
第一五章　「ハーグ国際私法条約における最終条項」国際法外交雑誌七七巻五号五〇頁―七三頁（国際法学会、昭和五四年（一九七九年））

ワ行

欧字

マ行

ヤ行

ラ行

タ行

ナ行

ハ行

サ行

条約名索引

（略称、通称を含む）

ア行

カ行

東京地判 平 10・2・25 判時 1664 号 78 頁 ……………………………………… 145
東京地判 平 10・2・25 判タ 972 号 258 頁、判時 1664 号 78 頁 …………………… 178
東京高判 平 10・2・26 判時 1647 号 107 頁 ………………………………………… 179
最判 平 10・4・28 民集 52 巻 3 号 853 頁 ……………………………………144,155,158
最判 平 10・4・28 民集 52 巻 3 号 853 頁、裁判所時報 1218 号 4 頁、判時 1639 号 19 頁、判タ 973 号 95 頁 ……………………………………………………………… 179
東京高判 平 10・12・25 判時 1665 号 64 頁 …………………………………………22
横浜地判 平 11・3・30 判時 1696 号 120 頁 …………………………………… 155,179
水戸地静ヶ崎支判 平 11・10・29 判タ 1034 号 270 頁 ……………………… 145,179
東京地判 平 12・11・30 判時 1740 号 54 頁 …………………………………………22
東京高判 平 13・2・8 判タ 1059 号 232 頁 …………………………………… 162,180
最判 平 13・6・8 民集 55 巻 4 号 727 頁 ………………………………………… 39,57
東京高判 平 14・3・29 判例体系国際私法 5819 頁 ………………………………21
最判 平 14・4・12 民集 56 巻 4 号 729 頁 ……………………………………………22
名古屋高判 平 14・5・22 ジュリ 1285 号 133 頁 ……………………………… 180
名古屋高判 平 14・5・22 判例集未登載 ………………………………………… 143
横浜地判 平 14・8・29 判時 1816 号 118 頁 …………………………………………22
東京高判 平 15・2・5 民集 60 巻 6 号 2554 頁 ……………………………………21
大阪高判 平 15・4・9 判時 1841 号 111 頁 ……………………………………… 166
大阪高判 平 15・4・9 判時 1841 号 111 頁、判タ 1141 号 270 頁 ………………… 180
横浜地横須賀支判 平 12・5・30 判タ 1059 号 235 頁 ………………………… 179
東京地判 平 15・7・31 判時 1850 号 84 頁、判タ 1150 号 284 頁 ……………………22
名古屋地判 平 15・11・24 判時 1728 号 58 頁、判タ 1068 号 234 頁 ……………… 180
最決 平 16・4・8 民集 58 巻 4 号 835 頁 ……………………………………………54
東京地中間判 平 17・9・29 判時 1907 号 152 頁、労判 904 号 35 頁 ………………23
東京地判 平 18・1・19 判タ 1229 号 334 頁 …………………………………… 145,181
最判 平 18・7・21 民集 60 巻 6 号 2542 頁 …………………………………………23
東京高判 平 18・9・29 判時 1957 号 20 頁 ……………………………………… 181
東京高判 平 18・10・30 判時 1965 号 70 頁 …………………………………… 166,181
最判 平 19・3・23 民集 61 巻 2 号 619 頁、家月 59 巻 7 号 72 頁、訟務月報 54 巻 3 号 642 頁、裁判所時報 1432 号 4 頁、判時 1967 号 36 頁、判タ 1239 号 120 頁 181
最判 平 19・3・27 民集 61 巻 2 号 711 頁 ……………………………………………76
東京家判 平 19・9・2 家月 60 巻 1 号 108 頁、判時 1995 号 114 頁、判タ 1255 号 299 頁……………………………………………………………………………… 181
知財高裁 平 20・12・24（平成 20 年（ネ）10012 号）裁判所ホームページ …… 146

東京高判 昭 54・7・3 高民集 32 巻 2 号 126 頁 ……70
最判 昭 56・6・7 民集 37 巻 5 号 611 頁 …… 136
最判 昭 56・10・16 民集 35 巻 7 号 1224 頁 ……39
東京高判 昭 56・12・17 判時 1034 号 88 頁 …… 203,214
東京高判 昭 57・3・31 判例時報 1042 号 100 頁 …… 133
大阪高判 昭 57・4・14 高民集 35 巻 1 号 70 頁 ……71
大阪高判 昭 57・4・14 判時 1053 号 115 頁 …… 215
東京地決 昭 57・5・31 労民集 33 巻 3 号 472 頁 …… 230
最判 昭 58・6・7 民集 37 巻 5 号 611 頁 …… 133,166
最判 昭 60・2・26 家月 37 巻 6 号 25 頁 …… 145
東京地判 昭 60・7・15 判時 1211 号 120 頁 …… 307
東京地判 昭 63・11・11 判時 1315 号 96 頁 …… 158
横浜地判 平元・3・24 判時 1332 号 109 頁 …… 144,162
東京高判 平 2・2・27 家月 42 巻 12 号 31 頁 …… 162
東京地判 平 2・3・26 金商 857 号 39 頁 …… 158
東京地判 平 3・2・18 判時 1376 号 79 頁、判タ 760 号 250 頁 ……70
東京地判 平 4・1・30 判時 1439 号 138 頁 …… 165
東京高判 平 5・11・15 高民集 46 巻 3 号 98 頁、家月 46 巻 6 号 47 頁 …… 162,169
東京地判 平 6・1・14 判時 1509 号 96 頁、判タ 864 号 267 頁 …… 175
東京地判 平 6・1・31 判時 1509 号 101 頁、判タ 837 号 300 頁 …… 175
京都家審 平 6・3・31 判時 1545 号 81 頁 …… 176
東京地判 平 7・5・29 判タ 904 号 202 頁 …… 176
大阪地判 平 8・1・17 判時 1621 号 125 頁、判タ 956 号 286 頁 …… 176
東京高判 平 8・3・3 判タ 950 号 230 頁 …… 176
最判 平 8・6・24 民集 5 巻 7 号 145 頁 ……66
東京地判 平 8・9・2 判時 1608 号 103 頁 …… 177
東京地八王子支判 平 9・3・14 判時 1612 号 101 頁、判タ 953 号 298 頁 ……21
最判 平 9・7・11 民集 51 巻 6 号 2573 頁 …… 153,177
最判 平 9・9・4 民集 51 巻 8 号 3657 頁 …… 367
東京高判 平 9・9・18 判時 1630 号 62 頁 …… 158
東京高判 平 9・9・18 判時 1630 号 64 頁 …… 177
最判 平 9・11・11 民集 51 巻 10 号 4055 頁 …… 39,59
東京地八王子支判 平 9・12・8 判タ 976 号 235 頁 …… 178
東京地八王子支判 平 10・2・13 判タ 987 号 282 頁 …… 178
東京高判 平 10・2・24 判時 1657 号 79 頁 …… 159
東京地判 平 10・2・24 判時 1657 号 79 頁、金融商事 1039 号 20 頁 …… 178

裁判例索引

横浜地判 大 13・7・16 新聞 2294 号 7 頁 …… 225
大決 昭 3・12・28 民集 7 巻 1128 頁 …… 215
大判 昭 8・12・5 新聞 3670 号 16 頁 …… 166
東京地判 昭 29・6・9 下級民集 5 巻 6 号 836 頁 …… 202
東京地判 昭 30・3・31 下民集 6 巻 3 号 616 頁 …… 69
東京高判 昭 30・8・9 下民集 6 巻 8 号 1583 頁 …… 69
東京地判 昭 30・12・23 下民集 6 巻 12 号 2679 頁 …… 202,214
青森地判 昭 31・2・14 労民集 7 巻 1 号 103 頁 …… 203
福岡高決 昭 31・3・15 下民集 7 巻 3 号 629 頁 …… 203
福岡地判 昭 31・3・23 労民集 7 巻 2 号 35 頁 …… 203
東京地判 昭 32・3・16 労民集 8 巻 2 号 243 頁 …… 203
東京地判 昭 35・8・9 下民集 11 巻 8 号 1647 頁 …… 69
東京地判 昭 35・9・19 下民集 11 巻 9 号 1931 頁 …… 214
最大判 昭 39・3・25 民集 18 巻 3 号 486 頁 …… 155
東京地判 昭 40・9・29 判タ 184 号 170 頁 …… 225
東京地判 昭 42・11・13 下民 18 巻 11012 号 1093 頁 …… 144
東京高判 昭 43・6・28 高民集 21 巻 4 号 353 頁 …… 69
東京地判 昭 43・12・20 労民集 19 巻 6 号 1610 頁 …… 71
東京高判 昭 45・4・8 下民集 21 巻 3・4 号 557 頁 …… 225
東京地判 昭 47・2・19 判時 670 号 66 頁 …… 70
東京地判 昭 47・5・16 下民集 23 巻 5 〜 8 号 230 頁 …… 70
東京地判 昭 47・10・17 下民 24 巻 9 〜 12 号 738 頁 …… 367
大阪高決 昭 48・7・12 判例時報 737 号 49 頁 …… 134
東京地判 昭 49・6・17 判例時報 748 号 77 頁 …… 344
最判 昭 49・9・26 民集 28 巻 6 号 1331 頁 …… 344
東京高判 昭 49・12・20 高民集 27 巻 7 号 985 頁 …… 70
最判 昭 50・7・15 民集 29 巻 6 号 1061 頁 …… 71,367
最判 昭 50・11・28 民集 29 巻 10 号 1554 頁 …… 55
東京地判 昭 51・12・21 下民集 27 巻 9 〜 12 号 801 頁 …… 133,158
京都地判 昭 52・9・16 判時 890 号 107 頁 …… 215
東京地決 昭 52・9・21 判時 884 号 77 頁 …… 71,230
大阪地判 昭 52・12・22 判タ 361 号 127 頁 …… 170

マ行

ヤ行

ラ行

ナ行

ハ行

タ行

サ行

事項索引

ア行

カ行

【著者紹介】

高桑　昭（たかくわ あきら）

1937年4月東京市渋谷区生れ。1960年3月東京大学法学部卒業。1962年4月東京地方裁判所判事補、その後法務省民事局参事官（外務省条約局併任）、立教大学法学部教授、京都大学大学院法学研究科教授、帝京大学教授を経て、現在、成蹊大学大学院法務研究科教授、弁護士（森・濱田松本法律事務所）。法学博士（京都大学）。この間、法制審議会国際私法、民法、商法各部会幹事、国際連合国際商取引法委員会、ハーグ国際私法会議における日本国政府代表、司法試験（民法）、新司法試験（国際関係法私法系）の各委員を務める。

〔主要著書〕

『国際商事仲裁法の研究』（信山社、2000年）、『国際商取引法（第３版）』（有斐閣、2011年）、『国際取引における私法の統一と国際私法』（有斐閣、2005年）（いずれも単著）、『注解仲裁法』（青林書院、1988年）、『注釈と論点仲裁法』（青林書院、2007年）（いずれも小島武司教授と共編著）、『国際取引法（第２版）』（青林書院、1993年）（江頭憲治郎教授と共編著）、『新・裁判実務大系　国際民事訴訟法（財産法関係）』（青林書院、2002年）（道垣内正人教授と共編著）がある。

Treatises on the Law of Cross-border Civil Procedure and Private International Law

国際民事訴訟法・国際私法論集　〔検印省略〕

2011年10月30日　初 版　第1刷発行　※定価はカバーに表示してあります。

著者©高桑　昭　発行者　下田勝司　印刷・製本／中央精版印刷

東京都文京区向丘1-20-6　郵便振替00110-6-37828

〒113-0023　TEL(03)3818-5521　FAX(03)3818-5514

発行所　株式会社　東信堂

Published by TOSHINDO PUBLISHING CO., LTD.

1-20-6, Mukougaoka, Bunkyo-ku, Tokyo, 113-0023 Japan

E-mail：tk203444@fsinet.or.jp

ISBN978-4-7989-0079-7 C3032